CONSTITUCIONALISMO E COMPARATIVISMO

CONTRACORRENTE

Emilio Peluso Neder Meyer

CONSTITUCIONALISMO E COMPARATIVISMO

SÃO PAULO

2024

CONTRACORRENTE

Alameda Itu, 852 | 1º andar |
CEP 01421 002
www.editoracontracorrente.com.br
contato@editoracontracorrente.com.br

EDITORES
Camila Almeida Janela Valim
Gustavo Marinho de Carvalho
Rafael Valim
Walfrido Warde
Silvio Almeida

EQUIPE EDITORIAL
COORDENAÇÃO DE PROJETO: Erick Facioli
REVISÃO: Beatriz Duarte Lopes
PREPARAÇÃO DE TEXTO E REVISÃO TÉCNICA: Amanda Dorth
DIAGRAMAÇÃO: Gisely Fernandes
CAPA: Giovani Castelucci e
Guilherme Vieira (Estúdio Daó)

EQUIPE DE APOIO
Carla Vasconcelos
Regina Gomes
Nathalia Oliveira
Geovanna Sales

Dados Internacionais de Catalogação na Publicação (CIP)
(Câmara Brasileira do Livro, SP, Brasil)

Meyer, Emilio Peluso Neder
Constitucionalismo e comparativismo / Emilio Peluso Neder Meyer.
-- 1. ed. -- São Paulo : Editora Contracorrente, 2024.

Bibliografia.
ISBN 978-65-5396-207-1

1. Democracia 2. Direito comparado 3. Direito constitucional - Brasil
I. Título.

24-220816 CDU-342(81)

Índices para catálogo sistemático:

1. Brasil : Direito constitucional 342(81)
Aline Graziele Benitez - Bibliotecária - CRB-1/3129

@editoracontracorrente
Editora Contracorrente
@ContraEditora
Editora Contracorrente

SUMÁRIO

INTRODUÇÃO

Há alguns anos, alunos e pesquisadores de graduação vinham sugerindo a escrita de um livro que pudesse orientá-los mais especificamente nos debates dos temas de Teoria da Constituição, disciplina que leciono há alguns anos. Ao mesmo tempo, algumas publicações individuais foram se acumulando e, também, foi surgindo a demanda por uma obra que as unificasse. Some-se, ainda, que um mergulho cada vez maior nos estudos constitucionais comparados dirigisse e desse uma certa matriz básica para artigos e capítulos escritos ao longo da carreira. Finalmente, a inauguração do *Constituições – Centro de Constitucionalismo e Comparativismo*,[1] na Faculdade de Direito da UFMG e sua incorporação como projeto de pesquisa do Programa de Pós-Graduação em Direito da UFMG fizeram com que o conteúdo desse livro tivesse um propósito mais orgânico.

Deve-se reconhecer, portanto, que, como qualquer resultado de pesquisa, este é fruto de um trabalho conjunto. Ele se desdobra em atividades que se deram ao longo de anos de dedicação, mas que estão envolvidas em trabalhos individuais e conjuntos que, ao cabo, são sempre o ponto final de um trabalho coletivo. Seja no *Centro de*

1 Disponível em: https://constituicoes.com.

Estudos sobre Justiça de Transição,[2] no mencionado *Constituições*, nas atividades junto à *ICON-S* (*International Society of Public Law*)[3] ou na linha de pesquisa a qual me vinculo, com diálogos, debates, questionamentos, aulas, atividades de orientação e grupos de pesquisa, que foram fundamentais para testar e amadurecer várias das ideias aqui presentes. Publicizar e difundir resultados prévios em blogs e websites como *Jota*,[4] *I-Connect*[5] *Blog* e *Verfassunsblog*,[6] também foi central para ampliar o diálogo e expandir o alcance da pesquisa.

Aproveito essa ocasião, assim, para já agradecer todos aqueles que permitiram, em diversos momentos da minha carreira, que os capítulos dessa obra fossem escritos. Meu núcleo familiar principal foi sempre paciente e carinhoso em oferecer parte do tempo que lhes roubo: Renata, minha esposa, Isabela e Beatriz, minhas filhas, nosso amor aparece aqui traduzido na dedicação que tenho à área acadêmica. A meus pais, Tufi e Beth, e meus irmãos, Lorenza e Guido (infelizmente não mais entre nós), vou sempre agradecer o respeito que me foi incutido pelos estudos.

No campo da pesquisa, como ressaltado, devo dedicar meu obrigado pela interlocução sempre frutífera. No diálogo internacional, Richard Albert tem se mostrado, como sempre, extremamente colaborativo e inovador nas questões que discutimos. Ligados por outros trabalhos recentes, Juliano Benvindo e Juliana Cesário Alvim. têm sido grandes companheiros, ótimos parceiros e colaboradores tanto no *Constituições* quanto no diálogo deste com o *CECC – Centro de Estudos Constitucionais Comparados*, da UnB.[7] Agradeço

2 Disponível em: https://cjt.ufmg.br.

3 Disponível em: https://www.icon-society.org/brazil/.

4 Disponível em: https://beta.jota.info/.

5 Disponível em: https://www.iconnectblog.com.

6 Disponível em: https://verfassungsblog.de.

7 Disponível em: https://www.comparado.com.br.

também a Jane Reis, da UERJ, pelo constante diálogo proveitoso para os resultados que aqui aparecem.

Dentro da UFMG, devo agradecer a meus interlocutores de sempre: Thomas Bustamante, David Gomes, Lívia Miraglia, Marcelo Ramos e Pedro Nicoli sempre me colocam pontos fundamentais para pensar e repensar a carreira acadêmica. Faço um especial agradecimento a Marcelo Cattoni pela caminhada em que me acompanha desde a graduação. De modo semelhante, mas fora da UFMG, agradeço a Álvaro Ricardo de Souza Cruz por ter me feito gostar tanto da academia quanto do Direito Constitucional.

Agradeço também a todos os membros do *Constituições*, mas especialmente a Vinícius Menezes e Laura Horsth, que leram os originais da obra e, em tão tenra formação, já se dedicam ao Direito Constitucional. Felipe Tirado, Jessica Holl, Raquel Possolo, Ana Luiza Marques, Lucas Prates, Natasha Burrell, Milena Ângulo e Henrique Bazan têm sido excelentes interlocutores com chances promissoras de se tornarem grandes juristas.

O presente livro tem o objetivo de problematizar algumas questões da teoria constitucional por meio da relação entre Constitucionalismo e Comparativismo. Não apenas esse tema, mas aqueles introdutórios do Direito Constitucional (hermenêutica, controle de constitucionalidade, poder constituinte, direitos fundamentais, entre vários outros) são aqui abordados não só com o objetivo de permitir um passo inicial no seu debate, mas também de estimular pontos derivados em termos de pesquisa. Ou seja, cuida-se de um livro para pesquisadores de diversos níveis, além de profissionais do Direito e da Ciência Política. Mas não só: seguindo os objetivos do grupo de projeto de pesquisa "Constituições – Centro de Constitucionalismo e Comparativismo", o livro se propõe a manter aceso o debate de institutos e mecanismos fundamentais para as democracias constitucionais.

Há capítulos que são completamente inéditos; outros são baseados em publicações anteriores. O capítulo I parte de discussões presente no artigo "Constitucionalismo iliberal".[8] O capítulo II foi publicado em outra versão como artigo,[9] assim como os capítulos III e IV.[10] Os capítulos VII a XI revisitam temas que apareceram em uma obra anterior.[11] O capítulo XIII retoma questões de um capítulo presente em obra organizada.[12] O capítulo XIV é uma tradução reformulada de *Illiberalism in Brazil: From Constitutional Authoritarianism to Bolsonarism*.[13]

Para um panorama geral da obra, marco que o Capítulo I traz as indagações fundamentais sobre os conceitos de constituição e constitucionalismo. Mais do que oferecer respostas finais, o que se almeja é lançar perguntas provocativas sobre os limites desses conceitos que admitem várias concepções.[14] O Capítulo II apresenta algumas indagações metodológicas sobre como proceder em termos

---

8 MEYER, Emílio Peluso Neder. "Constitucionalismo iliberal". *Revista Direito e Práxis*, vol. 13, 2022, pp. 2595-2622.

9 MEYER, Emílio Peluso Neder. "Repensando o Direito Constitucional Comparado no Brasil". *Revista de Investigações Constitucionais*, vol. 6, nº 2, mai./ago. 2019, pp. 479-502.

10 MEYER, Emílio Peluso Neder. "Brexit e a unicidade da Constituição do Reino Unido: entre crise política, crise democrática e crise constitucional". *Revista de Direito Brasileira*, vol. 35, nº 13, mai./ago. 2023; MEYER, Emílio Peluso Neder. "Um processo de desmistificação: compreendendo criticamente o constitucionalismo estadunidense". *Revista Direito Público*, vol. 15, nº 83, set./out. 2018, pp. 9-32.

11 MEYER, Emílio Peluso Neder. *A decisão no controle de constitucionalidade*. São Paulo: Método, 2008.

12 MEYER, Emílio Peluso Neder. "Uma teoria dos direitos fundamentais a partir da Constituição de 1988: as principais contribuições para a construção de uma metódica brasileira". *In*: CLÈVE, Merlin Clemèrson; FREIRE, Alexandre (Coord.). *Direitos Fundamentais e Jurisdição Constitucional*. São Paulo: Revista dos Tribunais, 2014.

13 MEYER, Emílio Peluso Neder. "Illiberalism in Brazil: From Constitutional Authoritarianism to Bolsonarism". *Journal of Illiberalism Studies*, 2023, pp. 21-45.

14 GALLIE, W. B. "Essentially contested concepts". *Proceedings of the Aristotelian Society*, vol. 56, 1956, pp. 167-198.

de estudos constitucionais comparados. Uso alguns exemplos de casos concretos para, novamente, indagar sobre os rumos desse exercício no Brasil. Já no terceiro capítulo, inicio uma seleção que se pode dizer arbitrária de alguns constitucionalismos repetidamente estudados: os casos inglês, americano (Capítulo IV), francês (Capítulo V) e alemão (Capítulo VI). A ideia, contudo, é trazer novos aportes. Penso que são referenciais ainda importantes para quem está tendo um primeiro contato com o constitucionalismo liberal; mas já antecipo a crítica de que poderia seguir outros caminhos – o que faço mais episodicamente ao longo de outros temas.

O Capítulo VII pretende ser uma introdução à Teoria Discursiva do Direito habermasiana. De modo derivado, o Capítulo VIII busca dar maior sofisticação ao debate sobre processos constituintes e legislativos retornando às bases do pensamento daquele autor alemão. Os Capítulos IX e X formam um amálgama hermenêutico: estão separados com vistas a não cansar o leitor. No primeiro, discuto a proposta de Ronald Dworkin e introduzo o pensamento de Klaus Günther; no segundo, oponho Robert Alexy a Jürgen Habermas. Proponho uma ideia de controle procedimental de constitucionalidade, seguindo autores como Habermas e Marcelo Cattoni, no Capítulo XI, além de trazer alguns breves subsídios sobre a temática. No Capítulo XII, lanço questões sobre o poder constituinte.

O Capítulo XIII almeja propor e recuperar temas centrais da teoria dos direitos fundamentais, seguindo a lógica desenhada ao longo do livro. Finalmente, o Capítulo XIV indaga sobre a índole autoritária de parte de alguns constitucionalistas brasileiros, fazendo um pequeno (e não tão rigoroso, para a ira dos historiadores do Direito) escorço histórico de suas relações no constitucionalismo que nos é próprio.

Não se trata, portanto, de um livro monográfico. Procurei reunir trabalhos que dialogavam uns com os outros ao longo de minha trajetória acadêmica. Novamente, a ideia é dar um pequeno passo em direção ao conhecimento introdutório de temas da Teoria da Constituição, do Direito Constitucional e do Direito Constitucional Comparado.

O leitor encontrará aqui vários subsídios importantes para trabalhar a Teoria da Constituição, o Direito Constitucional e o Direito Constitucional Comparado. Não tive a pretensão de esgotar todos os temas – e, mesmo assim, a obra é longa em pontos e conteúdo. Trabalhar constitucionalismo e comparativismo em tempos nos quais não faltam exemplos de instituições e atores da sociedade civil contrários às suas instituições não tem sido nada fácil. Imaginemos convencer os leitores, em geral, da importância de tais assuntos. Seja no Brasil do 8 de janeiro de 2023, nos Estados Unidos de 6 de janeiro de 2021, na Inglaterra do *Brexit*, na Índia do domínio parlamentar do *Bharatiya Janata Party*, na Hungria de Orbán, ou em qualquer comunidade política em que a democracia decline, é fundamental que possamos recuperar o sentido dos conceitos que integram o vocabulário constitucional. Espero que o leitor encontre algum efeito motivante com o texto que se segue.

CAPÍTULO I

CONSTITUIÇÕES E CONSTITUCIONALISMO

Introdução

Não é tarefa fácil designar o que pode corresponder a uma constituição. A literatura da Teoria da Constituição e do Direito Constitucional vem se esforçando no campo empírico por circunscrever o conceito de constituição a disposições textuais. Mas isto não significa que não sejam tais autores cientes de que uma constituição é bem mais do que isso. Elkins, Ginsburg e Melton, por exemplo, apontam que é possível distinguir constituições como função, voltadas a limitar o governo (ligando-se à própria ideia de constitucionalismo), definir uma comunidade política e seus objetivos e organizar instituições, e constituições como forma, a designar o documento escrito que tem organizado grande parte dos Estados modernos.[1] Em uma recorrente diferenciação, pode-se também adotar a dupla "Constituições com

1 ELKINS, Zachary; GINSBURG, Tom; MELTON, James. *The Endurance of National Constitutions*. Cambridge: Cambridge University Press, 2009, p. 38.

letra maiúscula" (*large-C Constitutions*) para designar um texto em específico e "constituições com letra minúscula" (*small-c constitutions*), em referência a uma ordem constitucional que ultrapassa o espaço do texto.

Dados empíricos provam que o período revolucionário a englobar os episódios francês e norte-americano foram fundamentais para o advento de constituições escritas no mundo. Há diferenças, entretanto, se a formação do Estado se deu antes ou após 1789; caso tenha se dado antes, 50% dos mesmos Estados já vinham sobrevivendo sem constituições por até 300 anos. Agora, se o nascimento dos Estados se deu após 1789, pelo menos no segundo ano de vida 85% daqueles Estados adotaram constituições. Ao final do século XIX, entretanto, alguns exemplos importantes permaneceram sem constituição, como China ou Tailândia.[2]

1 O que é uma constituição?

A definição de uma constituição (com letra minúscula para referenciar o fenômeno jurídico e político) pode ser simples como o conjunto normativo que envolve a organização do Estado e o conjunto de direitos fundamentais relativos a uma determinada ordem estatal. Ou pode ser mais complexo, como tendente a fundamentar uma ordem supranacional – um dos projetos que parece ter, no momento, fracassado.[3] Pode-se ir além e considerar que uma constituição independe de apenas uma codificação textual, englobando convenções constitucionais, documentos fundantes, organização do Estado e declarações de direitos. Os casos de Israel e Inglaterra talvez

---

2 ELKINS, Zachary; GINSBURG, Tom; MELTON. *The Endurance of National Constitutions*. Cambridge: Cambridge University Press, 2009, p. 43.

3 GRIMM, Dieter. "Does Europe need a constitution?" *European Law Journal*, 1995, pp. 282-302.

sejam, hoje, os mais pedagógicos.[4] Suas singularidades sinalizam, contudo, para o fato de que, em outros contextos, constituições vão além da dimensão textual.

Da consolidação de um movimento indicativo da adoção de constituições ao redor do mundo, e mesmo da disputa e debate sobre quais são seus elementos constitutivos, é que se fala de um movimento do constitucionalismo. Pode-se dizer que há contextos em que há constituições, mas não há constitucionalismo, como H. W.O. Okoth-Ogendo já se referiu ao contexto africano.[5] Jacobsohn indica, de modo significativo, que talvez seja mais adequado pensar tais conceitos jurídicos de forma dinâmica. Assim, o constitucionalismo poderia ser retratado como o percurso constitucional de um contexto específico (em que várias constituições podem aparecer) e que podem gerar diversas formas de se conceber a identidade constitucional, nenhuma delas absoluta e eterna.[6]

Daí que se coloque, também o debate de se haveria algo de essencial no constitucionalismo, como a configuração própria do liberalismo político. A ideia dinâmica e desarmônica de identidade constitucional tende a indicar que o constitucionalismo liberal pode ser um objetivo, mas que pode haver percalços ao longo do caminho que refutam essa possibilidade momentaneamente. Daí que o constitucionalismo possa também ser classificado como autoritário ou iliberal – o que não significa que ele apenas assim será durante toda

---

4 NAVOT, Suzie. *The constitution of Israel*: a contextual analysis. Bloomsbury Publishing, 2014.

5 *In:* JACOBSOHN, Gary Jeffrey. "How to think about the reach of constitutional identity". *Comparative Constitutional Studies*, vol. 1, nº 1, 2023, pp. 1-23.

6 *In:* JACOBSOHN, Gary Jeffrey. "How to think about the reach of constitutional identity". *Comparative Constitutional Studies*, vol. 1, nº 1, 2023, p. 20.

a história constitucional de um contexto.[7] Pense-se, também, que para um Estado que busca ser, ao mesmo tempo, judeu e democrático, como Israel, estaríamos diante da refutação da possibilidade de inseri-lo dentro do constitucionalismo.

2 Constitucionalismo, liberalismo e iliberalismo

Landau registra que, apesar da consolidação de políticas iliberais, não há a adoção explícita, em constituições, de um desenho completo de constitucionalismo iliberal.[8] Tais constituições adotam instituições próprias do constitucionalismo liberal e, em seguida, é que populistas subvertem ou abusam de seus resultados. A afirmação é, em parte, aceitável, mas não na totalidade: a invocação, no preâmbulo da Constituição Húngara de 2012, do cristianismo como base para criar uma narrativa de uma identidade constitucional parcial em relação à religião tem claro perfil iliberal; o mesmo texto constitucional reduz a cidadãos de segunda classe aqueles que não compartilham da etnia religiosa cristã, como judeus e povos Romani.[9]

O abuso de instituições constitucionais liberais pode ser um caminho preferido por líderes iliberais. Afinal, é muito mais inteligente propagandear-se como liberal e democrata, enquanto esses predicados são subvertidos de modo sub-reptício. Mas não são tão evidentes os casos de constituições declaradamente iliberais: ou seriam

7 MEYER, Emilio Peluso Neder. "Constitucionalismo iliberal". *Revista Direito e Práxis*, 2022.

8 LANDAU, David. "The Myth of the Illiberal Democratic Constitution". *In*: SAJÓ, András; UITZ, Renáta; HOLMES, Stephen (Coord.). *Routledge Handbook of Illiberalism*. Abingdon: Routledge, 2022, pp. 425-441.

9 ROSENFELD, Michel. "Deconstructing Constitutional Identity in Light of the Turn to Populism". *In*: HIRSCHL, Ran; ROZNAI, Yaniv (Coord.). *Deciphering the Genome of Constitutionalism*: The Foundations and Future of Constitutional Identity. Cambridge: Cambridge University Press, 2024, p. 286.

constituições liberais que podem ser abusadas ou seriam constituições declaradamente autoritárias.[10] A performance de regimes iliberais e populistas dependeria, então, da criação de desenhos constitucionais que fortalecessem a regra da maioria em prejuízo de institutos constitucionais como direitos fundamentais e cortes; mas isso não ocorre tão frequentemente. Landau enfatiza que a interação entre regras formais e informais, o manejo de instituições como comissões eleitorais, *ombudsman* e agências de mídia e a supressão de limites de reeleição são mais comuns para propósitos iliberais.[11] Com isso, uma democracia iliberal seria um regime instável e sempre tendente a se tornar autoritário.

Aqui residiria a possibilidade de afastar o constitucionalismo iliberal como categoria autônoma. Como situações de colapso democrático têm diminuído, a existência de transições mais lentas de democracias para regimes autoritários seria a prova de uma linha contínua que não permite a autonomia do constitucionalismo iliberal. Destruir sistemas de fiscalização de decisões majoritárias seria o caminho iliberal. Ocorre que essa conclusão pode ser enganosa. Ela perde de vista a possibilidade de detectar realmente de qual transição se está falando ou, pelo menos, em qual estágio se situa um regime político em que a democracia sucumbe, ainda que lentamente. Não se pode desconsiderar o fato de que há apoio eleitoral a regimes iliberais, o que demanda uma verificação analítica especial.

Assim, é necessário explorar mais especificamente como o manejo de instituições do constitucionalismo favorece o iliberalismo, permitindo, enfim, a autonomização do constitucionalismo iliberal.

---

10 GINSBURG, Tom; MOUSTAFA, Tamir. *Rule by Law*: The Politics of Courts in Authoritarian Regimes. Cambridge: Cambridge University Press, 2008.

11 LANDAU, David. "The Myth of the Illiberal Democratic Constitution". *In*: SAJÓ, András; UITZ, Renáta; HOLMES, Stephen (Coord.). *Routledge Handbook of Illiberalism*. Abingdon: Routledge, 2022, p. 429.

Já é bastante conhecido o diagnóstico de Kim Lane Scheppele sobre um legalismo autocrático em que mandatos eleitorais e reformas legais e constitucionais são combinados em favor de uma agenda iliberal.[12] Com esses movimentos, é possível diminuir a responsabilidade do executivo, limitar a competição eleitoral e implodir instituições de *accountability*. É nesse manejo das próprias instituições que reside o constitucionalismo iliberal.

Drinóczi e Bien-Kacala chamam a atenção para o fato de que a gradualidade da deterioração deve ser considerada como geradora de camadas que permitem a tipologia do constitucionalismo iliberal.[13] Afastando os casos da Hungria e da Polônia de casos como os da Rússia e da Turquia, as autoras defendem que os primeiros sistemas constitucionais ainda podem ser considerados democracias, mesmo que em uma perspectiva falha ou fraca. Formas diversas de constitucionalismo assumiriam uma versão mais tênue em que caberiam manifestações em que podem prevalecer modalidades de identidade constitucional e desenho constitucional em que o iliberalismo floresce e se consolida. Como o constitucionalismo iliberal é parte de um processo, um líder populista, por exemplo, pode ou não ter o autoritarismo como seu fim último. Ou seja, o importante aqui é detectar como há um processo em marcha que pode ser classificado como o de um constitucionalismo iliberal.

Como referência central para a definição do constitucionalismo iliberal, Drinóczi e Bien-Kacala partem dos pressupostos de que há uma concepção iliberal de democracia em voga;[14] ocorre, também,

---

12 SCHEPPELE, Kim Lane. "Autocratic legalism". *The University of Chicago Law Review*, vol. 85, nº 2, 2018, pp. 545-584.

13 DRINÓCZI, Tímea; BIEŃ-KACAŁA, Agnieszka. *Illiberal Constitutionalism in Poland and Hungary*: The Deterioration of Democracy, Misuse of Human Rights and Abuse of the Rule of Law. Nova York: Routledge, 2021, p. 18.

14 DRINÓCZI Tímea; BIEŃ-KACAŁA, Agnieszka. *Illiberal Constitutionalism in Poland and Hungary*: The Deterioration of

um abuso no discurso sobre direitos humanos; e, por fim, o próprio Estado de Direito é praticado em um sentido iliberal.

Conceitualmente, pode-se definir que o constitucionalismo iliberal é uma classificação de um regime político em que as principais instituições do constitucionalismo (Estado de Direito, direitos fundamentais e separação de poderes) são abusadas em *prol* da manutenção do poder político em favor de um líder ou partido político que pressupõe que a democracia, essencialmente, é uma questão de regra da maioria. O iliberalismo que alimenta cada tipo de constitucionalismo iliberal é dependente de contexto. Práticas políticas iliberais serão manejadas oportunisticamente, segundo as necessidades de momento e local. É central que, mesmo que haja inconstitucionalidades e ilegalidades, o quadro geral seja o de manutenção de um regime constitucional, ainda que apodrecido ou deteriorado em favor de um líder ou de um partido político.

3 Constitucionalismo e populismo

A partir do recorrente debate teórico e político, é necessário também separar o constitucionalismo iliberal de noções correlatas como populismo e constitucionalismo populista. Pense-se, por exemplo, na noção de populismo apresentada por Jan-Werner Müller.[15] O conceito de populismo de Müller pressupõe um imaginário moral da política que é, ao mesmo tempo, puro e ficcionalmente unificado, em que o povo é oposto às elites que, de seu turno, são corruptas ou detentoras de uma moralidade inferior.[16] Apenas os populistas representariam o povo; outros atores políticos não. Não há oposição

---

Democracy, Misuse of Human Rights and Abuse of the Rule of Law. Nova York: Routledge, 2021, p. 38.

15 MÜLLER, Jan-Werner. *What Is Populism?* Philadelphia: University of Pennsylvania Press, 2016.

16 MÜLLER, Jan-Werner. *What Is Populism?* Philadelphia: University of Pennsylvania Press, 2016, p. 32.

política legítima e quem dela participa não toma parte no próprio povo. Mais do que isso: nas elites identifica-se uma impossibilidade de participação na própria ideia de povo. Deve estar presente algum tipo de critério de distinção entre os moralmente puros e os impuros. O critério pode ser de raça, pertencimento político, produtividade, corruptibilidade, entre outros.

A rejeição ao pluralismo não é, contudo, um "privilégio" do populismo, podendo-se encontrar outras formas de manifestação política – por exemplo, de intolerância religiosa – que não têm um apelo populista. Condições equânimes para pleitos eleitorais concorrenciais não serão algo primordial para populistas. E ao chegar ao poder, eles irão incorporar uma noção enviesada da representação política por meio da qual simbolicamente atuarão em nome do povo real.[17]

Mounk relembra que o trabalho da oposição em um contexto de populismo é muito mais difícil, envolvendo a necessidade de tomar as ruas, provocar a efetiva oposição representativa, promover longas assembleias, buscar financiamento e outras exigências que trabalhem a favor de manter as regras do sistema político existente.[18] E aqui eleições desempenham, de fato, um papel tanto preventivo como reativo fundamental. Reeleições ou mesmo terceiros mandatos foram fundamentais para consolidar o projeto populista de atores políticos como Putin ou Erdogan; e foram grandes testes para Donald Trump, Narendra Modi e Jaroslaw Kaczynski em seus respectivos sistemas políticos. E, nesse caso, é preciso que movimentos de oposição compreendam a necessidade de um envolvimento político mais amplo, em nome da defesa da democracia e com chances reais de vitória para que possam derrotar uma proposta populista.

---

17 MÜLLER, Jan-Werner. *What Is Populism?* Philadelphia: University of Pennsylvania Press, 2016, p. 54.

18 MOUNK, Yascha. *The People vs. Democracy.* Cambridge: Harvard University Press, 2018, p. 269.

Apesar das peculiaridades de cada regime político, alguns desafios têm sido comuns e deram espaço para a onda populista que pode ser observada ao redor do mundo nos anos 2020. Decréscimos nos padrões de vida de pessoas comuns, aceleração do desafio multiétnico das democracias atuais e o crescimento das mídias sociais com ascensão de *outsiders* são desafios comuns. Lidar com tais questões envolve redefinição de como nos enxergamos como nações, mais segurança em termos econômicos no futuro e freios às mentiras e ódio nas redes sociais.[19] Essas questões indicam que tratar o populismo unitariamente pode ser um erro: deve-se entender que tanto a regra majoritária quanto procedimentos de democracia deliberativa ainda podem ser resgatados de modo qualificado e que é o abuso desses mecanismos somado ao constante ataque às instituições que pode ser ainda mais problemático.

Certifique-se, aqui, que muitos dos movimentos hoje encarados como populistas ou como de direita radical não se denominariam com tais epítetos. Alguns desses movimentos questionam até mesmo a pertinência política, ainda hoje, da distinção entre direita e esquerda. Esse é um ponto importante para que o populismo não seja jogado apenas no colo de um dos espectros políticos, normalmente aquele que é objeto de oposição. De qualquer maneira, é preciso reconhecer a prevalência do sucesso político da direita radical populista nas décadas de 2010 e 2020. Esse movimento é condensado por Cas Mudde em características de nativismo, autoritarismo e populismo.[20] O nativismo implica nacionalismo e xenofobia, marcando claramente os membros do grupo dominante contra aqueles que devem ser excluídos da dinâmica política. O autoritarismo supõe uma ordem estrita da sociedade em que a insubordinação deve ser punida severamente. O populismo, por fim, secciona claramente dois

---

19 MOUNK, Yascha. *The People vs. Democracy*. Cambridge: Harvard University Press, 2018, p. 279.

20 MUDDE, Cass (Coord.). *The Populist Radical Right*: a Reader. Londres: Routledge, 2017, p. 27.

grupos opostos na sociedade, o povo puro e a elite corrupta, sendo apenas o primeiro a expressão da vontade geral.

É preciso também problematizar uma noção importante para a construção do constitucionalismo iliberal, a ideia de constitucionalismo populista. Paul Blokker sustenta que o povo ganha primazia nessa nova forma de constitucionalismo.[21] Ela tem como elementos centrais o domínio da vontade popular em prejuízo das instituições, do majoritarianismo em prejuízo da democracia representativa, a prevalência de um ressentimento jurídico ante as instituições do constitucionalismo liberal e uma instrumentalização das mesmas instituições. Ressentimento jurídico e instrumentalização são características fundamentais para o próprio constitucionalismo iliberal, especialmente no que concerne à centralidade das próprias instituições jurídicas. O iliberalismo, como visto, preza o majoritarianismo. Dessa forma, a consolidação do iliberalismo e do constitucionalismo iliberal parecem mais em voga do que em um conceito de constitucionalismo populista.[22]

4 Constitucionalismo e crise da democracia constitucional

É preciso refletir também sobre o alcance e a dinâmica do constitucionalismo diante de ameaças de projetos iliberais ou autoritários. Ou seja, mesmo antes da consolidação de um regime de constitucionalismo iliberal, há vários elementos que buscam manter a higidez do constitucionalismo liberal. O fenômeno de um decréscimo na qualidade da democracia ao redor do mundo tem chamado a

21 BLOKKER, Paul. "Populist Constitutionalism". *In*: DE LA TORRE, Carlos (Coord.). *Routledge Handbook of Global Constitutionalism*. Londres: Routledge, 2018, p. 113.

22 Para uma fundamentada crítica ao abuso dos conceitos de populismo e constitucionalismo populista, cf. CÂMARA, Heloísa Fernandes. "Populistas e autoritários? Debates sobre usos do conceito". *Direito & Práxis*, vol. 12, nº 2, 2021, pp. 861-884.

atenção de entidades da sociedade civil e, sobretudo, da academia. Não é preciso lembrar o leitor de casos como o norte-americano, com repetidos excessos do Executivo e ataques ao Judiciário, o húngaro, com a substituição constitucional como plataforma para a democracia iliberal e o deliberado ataque às universidades, o polonês, com tentativas exitosas e frustradas de captura das cortes, ou o filipino, com a sangrenta guerra às drogas de Rodrigo Duterte.

Essa miríade de casos tem feito com que observadores alertem para o início preocupante de um refluxo da terceira onda democrática, para usar a leitura de Samuel Huntington.[23] Uma vasta bibliografia foi produzida nos anos 2020. Ou seja, parece haver uma preocupação clara da academia em se posicionar contra as perdas que a democracia, no mais das vezes em seu sentido mais liberal, tem sofrido. Tom Gerald Daly desenvolveu um excelente trabalho de organização dessa bibliografia, procurando, inclusive, prover uma base de conceitos-chave para compreender as mais recentes perspectivas.[24]

Uma das mais "populares" tentativas de compreender o presente campo de pesquisa veio do *best-seller* de Steve Levitsky e Daniel Ziblatt, *How Democracies Die*.[25] Não obstante fazerem reduções bastante criticáveis, como colocar na mesma categoria Hugo Chávez e Adolf Hitler, os autores procederam a uma interessante análise sobre a estrutura das democracias constitucionais atuais, naquilo que veem como "normas implícitas". Assim, o desprezo pela "tolerância mútua" (*mutual tolerance*) e pela "parcimônia institucional" (*institutional forbearance*) seria capaz de provocar sérios danos a um

---

23 HUNTINGTON, Samuel. *A terceira onda*: a democratização no final do século XX. São Paulo: Ática, 1994.

24 DALY, Tom Gerald. "Democratic decay: Conceptualising an Emerging Research Field". *Hague Journal on the Rule of Law*, vol. 11, nº 1, 2019, pp. 9-36.

25 LEVITSKY, Steven; ZIBLATT, Daniel. *How Democracies Die*. Nova York: Crown, 2018. Em português: LEVITSKY, Steven; ZIBLATT, Daniel. *Como as democracias morrem*. São Paulo: Zahar, 2018.

projeto democrático, sem que fosse necessário apelar para afrontas mais explícitas ao sistema constitucional. Ganha importância aqui o conceito de Mark Tushnet de "jogo duro constitucional" (*constitutional hardball*), pelo qual o manejo de institutos e instituições sem um efetivo rompimento de suas bordas, mas apelando para uma constante pressão, pode significar um processo mais lento de deterioração (e, nem por isso, menos danoso).[26]

Deve-se ter em mente, pois, que há modos criativos e sofisticados de se subverter uma democracia constitucional. E, então, não se pode apenas colocar Chávez e Hitler em uma mesma categoria, como não se pode pensar que os únicos referencias do fascismo e do autoritarismo são os anos 1930 e 1970. Há sérios riscos de anacronia e de cegueira para a complexidade do que hoje envolve os perigos para a democracia. Talvez deveríamos atentar para como partes da democracia hoje, e em diferentes aspectos contextuais, são atingidas. O que não significa que história e dados empíricos sejam desimportantes: devemos, contudo, saber como considerá-los seriamente. Como alerta David Runciman, há diferenças fundamentais em relação ao século XX. E se podemos forçar os estertores das instituições ao máximo, podemos também evitar que elas entreguem o que de fato deveriam.[27]

Nancy Bermeo chama a atenção para a diminuição dos antigos *golpes de Estado clássicos* e sua substituição por *golpes promissórios* (que, supostamente, defenderiam a legalidade vigente e se comprometeriam a convocar novas eleições em tempo breve – promessas fáceis de serem descumpridas), *engrandecimento do Executivo* (*executive aggrandizement*, em que o Poder Executivo se livra continuamente de instrumentos de *checks and balances*), além de manipulações

---

26 TUSHNET, Mark. "Constitutional hardball". *J. Marshall l. Rev.*, vol. 37, 2003, p. 523.

27 "All continue to function as they ought while failing to deliver what they should" (RUNCIMAN, David. *How Democracy Ends*. Nova York: Basic Books, 2018, p. 4).

eleitorais.[28] Essas manobras podem ser colocadas sob a etiqueta de um conceito interpretativo: *democratic backsliding*, ou "retrocesso autoritário", um fenômeno que abrangeria o enfraquecimento ou eliminação de instituições políticas que dão base a uma democracia.

Larry Diamond faz, ainda, referência ao que chama de *democratic recession* ("recessão democrática"), algo que envolveria fenômenos diversos como o *democratic breakdown* (uma quebra do sistema democrático mais definida e localizada), uma queda na qualidade de democracias mais novas, um aprofundamento do autoritarismo e problemas que assolam democracias mais consolidadas.[29] Mais recentemente, Tom Ginsburg e Aziz Huq buscaram resumir o ataque ao núcleo das democracias liberais como centrado em minar eleições livres e justas, direitos de manifestação e associação e a base de estabilidade, previsibilidade e publicidade fornecida pelo respeito ao *rule of law* ou Estado de Direito.[30] Daly faz a tentativa de organizar as diversas categorias recentemente propostas em um conceito que seria mais sensível à complexidade do momento: *democratic decay* ou "decadência democrática". A decadência democrática significaria a degradação incremental das estruturas e da substância da democracia constitucional liberal.[31]

Contudo, se a decadência democrática pode aparecer como um conceito "guarda-chuva", ela deve também ser capaz de perceber outras nuances que podem revelar a subversão de democracias constitucionais. Nem sempre a estrutura ocidental e própria do norte

---

28 BERMEO, Nancy. "On democratic backsliding". *J. Democracy*, vol. 27, nº 1, 2016, p. 5.

29 DIAMOND, Larry. "Facing up to the democratic recession". *J. Democracy*, vol. 26, 2015, p. 141.

30 GINSBURG, Tom; HUQ, Aziz Z. *How to Save a Constitutional Democracy*. Chicago: University of Chicago Press, 2018, p. 9.

31 DALY, Tom Gerald. "Democratic decay: Conceptualising an emerging research field". *Hague Journal on the Rule of Law*, vol. 11, nº 1, 2019, p. 15.

global vai ser suficiente para detectar todos os problemas, ainda que também não se queira perder o mínimo que a tradição pós-revolucionária procurou consolidar. Haggard e Kaufman indicam que, para democracias da terceira onda, o problema parece estar mais ligado ao que eles chamam de *síndrome da democracia fraca*: um conjunto de causas políticas e econômicas que envolvem históricos de pretorianismo (a falha de governos democráticos em controlar militares), fraca institucionalização e baixa performance econômica.[32]

Perspectivas mais robustas sobre o que significa uma democracia constitucional não afastam o problema grave que pode assolá-la da fácil associação entre neoliberalismo e autoritarismo. Wendy Brown destaca as transformações ocasionadas pelo neoliberalismo não só nos regimes democráticos, mas em uma própria atuação sobre os elementos políticos da democracia, que passam a ser transformados em elementos econômicos.[33] No contexto norte-americano, Jon Michaels classifica como um *constitutional coup*, ou golpe constitucional, o ataque à ligação entre Estado e um povo, suas práticas e infraestrutura. O mercado não é democrático, deliberativo ou jurídico como uma ordem constitucional deve ser. A fusão entre mercado e poder político leva a um afastamento das instâncias fiscalizatórias estatais e da sociedade civil na prestação de serviços que se tornaram públicos com o Estado administrativo do século XX. Isto redunda em não menos Estado, mas mais Estado e um Estado abusivo e despreocupado com o sistema de *checks and balances* da separação de poderes.[34]

---

32 HAGGARD, Stephan; KAUFMAN, Robert. *Dictators and Democrats*: Masses, Elites and Regime Changes. New Jersey: Princeton University Press, 2016, p. 224.

33 BROWN, Wendy. *Undoing the Demos*: Neoliberalism's Stealth Revolution. Nova York: Zone Books, 2017, p. 18.

34 MICHAELS, Jon D. *Constitutional Coup*: Privatization's Threat to the American Republic. Cambridge: Harvard University Press, 2017, p. 12.

Durante o governo Bolsonaro, não faltaram sinais e atos concretos que indicavam o caminho em direção à decadência democrática. Procurei apontar causas, fazer um diagnóstico e contribuir com o debate comparado em 2021.[35] O período de 2014 a 2022 foi exemplar de um processo de erosão da democracia constitucional brasileira. Partindo de Ginsburg e Huq, procurei pensar o conceito de *erosão constitucional* para encapsular processos de deterioração que atacassem a identidade constitucional de cada comunidade política. A ideia, assim, era ser sensível a contextos em que a densidade da democracia constitucional pudesse ser de variantes diversas de países como Estados Unidos ou europeus. O processo brasileiro parece ter seguido em direção diversa. Mas, como no caso americano, é preciso estar alerta a retrocessos permanentes. A democracia não é um projeto acabado. Mas ela não precisa, e não pode, deixar de ser um projeto em andamento.

Conclusões

De todo o exposto, o que resta são indicações do que o constitucionalismo e as constituições *não* devem ser. Para sermos mais didáticos, contudo, precisamos de um conceito de constitucionalismo e de um conceito de constituição. À luz do que pode colher nos capítulos que se seguem, as *constituições podem ser definidas como fenômenos jurídico-políticos que correlacionam direitos fundamentais e organização do Estado em um projeto intergeracional de uma determinada comunidade política*. O constitucionalismo, de origem protetiva de tal conceito, surge como um movimento que reivindica constituições democráticas para comunidades políticas no campo comparado. A dinamicidade de tais conceitos não refuta a possibilidade de que se possa detectar constitucionalismo em ordens que, por delimitações temporais, pendam para o iliberalismo ou o autoritarismo.

---

35 MEYER, Emilio Peluso Neder. *Constitutional erosion in Brazil*. Oxford: Hart Publishing, 2021.

Ao assumir uma perspectiva que seja, ao mesmo tempo, atenta às distorções pragmáticas e políticas do constitucionalismo liberal, procurando subvertê-lo, mas ao também não abandonar a leitura normativa que postula a necessidade de correções daquelas práticas, é possível melhor diagnosticar certas situações políticas com vistas a normatizá-las. O que se supõe é que pontos de vista normativos estão em tensão com pontos de vista empíricos e que, por isso, não são auto-excludentes.

CAPÍTULO II

DIREITO CONSTITUCIONAL COMPARADO

Introdução

O renascimento do Direito Constitucional Comparado tem sido objeto de ampla discussão. Países acostumados a se autorreferenciar em termos de constitucionalismo, como os Estados Unidos, têm dirigido boa parte de sua atenção para o que acontece em outras jurisdições. Esse movimento remonta a meados dos anos 1990. Hirschl narra as dificuldades iniciais apresentadas por obstáculos como "internet discada" (*dial-up internet access*) para se ter acesso a bancos de dados jurisprudenciais de cortes estrangeiras mesmo em universidades como Yale,[1] para além dos enormes estoques de coleções antigas que traziam material de julgados. Imagine-se a dificuldade em estruturas universitárias do sul global. A situação é hoje contrastada com a construção cada vez mais ampla de bancos de dados sobre decisões judiciais por parte de inúmeras cortes,

1 HIRSCHL, Ran. *Comparative Matters*: The Renaissance of Comparative Constitutional Law. Oxford: Oxford University Press, 2014, p. 1.

mas também de fontes bibliográficas constitucionais vastas, como os projetos *Constitute*,[2] do *Comparative Constitutions Project*,[3] *World Constitutions Illustrated*,[4] mantido pela gigantesca base de dados *Hein Online*, além de inúmeras publicações no campo de conhecimento.[5]

Ao lado da expansão instrumental que a internet permitiu, verifica-se um crescente e robusto interesse em outras jurisdições impulsionado não só por objetivos acadêmicos, mas também por demandas de tribunais (que, não raro, usam mal o Direito Constitucional Comparado) e mesmo de participantes de processos constituintes. Ao mesmo tempo, pouco se tem avançado em proposições metodológicas mais robustas. No caso brasileiro, a questão é agravada também pela ausência de interesse por regiões e países do "sul global": por que não investir em estudos de sistemas constitucionais mais parecidos com o brasileiro (por exemplo, México), ao invés de olhar apenas para os Estados Unidos e a Europa Ocidental? É curioso que este não é um problema apenas nosso. Hirschl menciona que a Suprema Corte de Israel,[6] talvez em busca do "título" de democracia libe-

---

2 Disponível em: https://www.constituteproject.org.

3 Coordenado por Zachary Elkins, Tom Ginsburg e James Melton. Disponível em: https://comparativeconstitutionsproject.org. Acessado em: 22.05.2024.

4 Disponível em: http://heinonline.org/HOL/Index?collection=cow&set_as_cursor=clear.

5 Apenas para ficar em dois exemplos mais ambiciosos, cf. a *Max Planck Encyclopedia of Comparative Constitutional Law* (Disponível em: http://oxcon.ouplaw.com/page/590) e a coleção *Constitutional Sytems of the World*, da editora *Hart Publishing*, que publica volumes sobre análises contextuais de diversas ordens constitucionais como Israel, Chile, Singapura, Espanha, África do Sul, entre muitos outras (Disponível em: http://www.bloomsburyprofessional.com/series/constitutional-systems-of-the-world/), sendo editada pelos Professores Peter Leyland, Andrew Harding, Benjamin Berger, Rosalind Dixon e Heinz Klug.

6 HIRSCHL, Ran. *Comparative Matters*: The Renaissance of Comparative Constitutional Law. Oxford: Oxford University Press, 2014, p. 9.

ral ocidental, privilegia a referência a casos decididos nos Estados Unidos, no Reino Unido, na Alemanha e no Canadá. Prejudica-se, senão anula-se, contextos de divergência étnica similar ao de Israel, como Índia, Turquia ou Malásia.

Desse modo, iremos aqui apontar algumas questões metodológicas importantes. O objetivo geral é o de provocar o pesquisador, o acadêmico, o propositor de políticas públicas, o promotor e o juiz para que compreenda a necessidade de repensar o significado do Direito Constitucional Comparado. Para tanto, recorreremos, com o uso de um método exploratório, aos principais referenciais teóricos que tanto introduzem o estado da arte quanto avançam na tentativa de mudá-lo. A metodologia também se socorre de dois exemplos de usos equivocados do Direito Constitucional Comparado, via uma *análise jurisdicional* e uma *análise acadêmica*. Destaque-se que não se supõe um amplo hiato entre esses campos, apesar de tribunais, especialmente no Brasil, assim indicarem. Os resultados de pesquisa apontam que há, de um lado, uma verdadeira inquietação que tanto move a academia a olhar mais além do chamado norte global e das antigas referências tidas como canônicas, quanto a de adequadamente indagar qual é o modo adequado de enxergar o campo.

1 Uma definição do estado da arte do Direito Constitucional Comparado

Uma marcante reconstrução histórica do Direito Constitucional Comparado é feita no trabalho de Ran Hirschl.[7] Ele retoma três obras fundamentais produzidas no campo do Direito Público nos séculos XVI, XVII e XVIII: Jean Bodin e seus *Os seis livros da república* (1576); Jon Selden e seu *De jure naturali et gentium juxta desciplinam ebraorum* (1640); e, Montesquieu, tanto em *Cartas*

7 HIRSCHL, Ran. *Comparative Matters*: The Renaissance of Comparative Constitutional Law. Oxford: Oxford University Press, 2014, pp. 112 e ss.

persas (1721) quanto em *O espírito das leis* (1748). Seria possível observar o predomínio de uma quase fusão entre comparativismo político e comparativismo governamental no início do século XX.[8] É o que seria possível depreender de Georg Jellinek, em *The Declaration of the Rights of Man and of Citizens*: A Contribution to Modern Constitutional History (1895), e de James Bryce, em *The American Commonwealth* (1888).

Avançando sobre o século XX, o *Derecho constitucional comparado*, de Manuel García-Pelayo,[9] publicado pela primeira vez em 1950, divide o empreendimento comparativo em uma primeira parte, dedicada a instituições e institutos que podem ser colhidos de diversas ordens constitucionais (inclusive propondo-se uma teoria da constituição), e uma segunda parte, em sistemas constitucionais específicos que são mais detidamente analisados: Reino Unido, Estados Unidos, França, Suíça e União Soviética. Note-se a ênfase no Ocidente, aparecendo a União Soviética mais como um inevitável caso de comparação *a contrario sensu*. De qualquer forma, o espanhol que lutara na Guerra Civil daquele país e viria a presidir o Tribunal Constitucional espanhol, apesar de seu conhecimento também em Ciência Política, não deixa de enfatizar a perspectiva do jurista: o Direito Constitucional Comparado teria como

> (...) misión el estudio teórico de las normas jurídico-constitucionales positivas (pero no necesariamente vigentes) de varios Estados, preocupándose de destacar las singularidades y los contrastes entre ellos o entre grupos de ellos.[10]

---

8 HIRSCHL, Ran. *Comparative Matters*: The Renaissance of Comparative Constitutional Law. Oxford: Oxford University Press, 2014, p. 157.

9 GARCÍA-PELAYO, Manuel. *Derecho constitucional comparado*. Madri: Alianza Universidad Textos, 1993.

10 GARCÍA-PELAYO, Manuel. *Derecho constitucional comparado*. Madri: Alianza Universidad Textos, 1993, p. 20.

Os anos 1960 e 1970 marcariam uma mudança de interesse, dirigida a definir os termos comparados de uma *engenharia* ou *desenho constitucional*. Em uma parte significativa dos casos, isto envolveria aprofundar no conhecimento comparado de forma a permitir sólidas transições de situações de conflito ou de regimes autoritários para regimes democráticos.[11] E aqui ganharam proeminência os trabalhos de autores muitos mais vinculados à Ciência Política, como Arend Lijphart, Juan Linz e Alfred Stepan. Estudos sobre as relações entre ordens domésticas, internacionais e transnacionais vão também depender de avanços no campo da Sociologia (veja-se, por exemplo, a influência de Niklas Luhmann ou de Gunther Teubner no trabalho de Marcelo Neves). De modo semelhante, mesmo debates sobre legitimidade ou a relação entre direito e democracia redimensionaram o significado do Direito Constitucional Comparado e sua relação com a Filosofia Política.[12] Mesmo para analisar o papel de interesses de setores específicos da arena política no desenho constitucional demandaram investigações para além do olhar do jurista, como fizeram o próprio Hirschl e Tom Ginsburg.[13]

---

11 Para uma discussão sobre *constitucionalismo transicional*, ver MEYER, Emilio Peluso Neder. "Judges and Courts Destabilizing Constitutionalism: The Brazilian Judiciary Branch's Political and Authoritarian Character". *German Law Journal*, vol. 19, nº 4, 2018, p. 755, e, em um sentido diverso, mais próximo de uma leitura de ponderação de valores constitucionais, BERNAL-PULIDO, Carlos. "Transitional Justice within the Framework of a Permanent Constitution: The Case Study of the Legal Framework for Peace in Colombia". *Cambridge Jornal of International and Comparative Law*, vol. 3, nº 4, 2014, p. 1136.

12 Pense-se, no caso brasileiro, na produção científica de autores como Lenio Streck (STRECK, Lenio. *Jurisdição Constitucional*. 5ª ed. Rio de Janeiro: Forense, 2018) ou Cattoni de Oliveira (CATTONI DE OLIVEIRA, Marcelo Andrade. *Contribuições para uma Teoria Crítica da Constituição*. Belo Horizonte: Arraes Editores, 2017).

13 HIRSCHL, Ran. *Towards Juristocracy*: The Origins and Consequences of the New Constitutionalism. New Haven: Harvard University Press, 2004; GINSBURG, Tom. *Judicial Review in New Democracies*: Constitutional Courts in Asian Cases. Cambridge: Cambridge University Press, 2003.

Nas décadas de 1980 e 1990, algumas obras tornar-se-iam referências, ao menos em países de *civil law* (ainda que se deva ter cautela com a pertinência atual dessa distinção). Curiosamente, algumas delas permaneceram com um olhar atento à organização, ainda que não assumissem a perspectiva de uma maior transdisciplinariedade. A *Introduzione al diritto costituzionale comparato*, de Biscaretti de Ruffìa, publicada originalmente em 1988, foca excessivamente no dualismo *forma de Estado* e *forma de governo*, para, entretanto, explicitamente assumir um ponto de vista jurídico, vez que o Direito Constitucional comparado seria uma ciência jurídica. O autor não deixa, contudo, de assinalar a preferência de autores de *common law* pela ausência de cisão do campo do Direito Constitucional Comparado com o *comparative government*.[14]

No caso brasileiro, obras exclusivamente dedicadas ao Direito Constitucional Comparado e preocupadas com questões metodológicas são encontradas com menor facilidade. Ricardo Malheiros Fiuza procurou realizar um estudo mais centrado no Poder Judiciário (mas não exclusivamente),[15] sem estabelecer bases rigorosas para a escolha dos sistemas constitucionais. Há elementos do constitucionalismo de Luxemburgo e do Timor-Leste, mas sem uma clara determinação de como tratá-los e o que os une e os separa. Ivo Dantas buscou expor o problema da ausência de preocupação com uma "epistemologia" do Direito Constitucional Comparado no Brasil, não sem destacar que discussões prévias sobre o status do Direito Comparado estiveram presentes, mas de modo esparso.[16]

---

14 BISCARETTI DE RUFFÌA, Paolo. *Introducción al derecho constitucional comparado*: las "formas de Estado" y las "formas de gobierno". Cidade do México: Fondo de Cultura Económica, 1996, p. 84.

15 FIUZA, Ricardo Arnaldo Malheiros. *Direito Constitucional Comparado*. 4ª ed. Belo Horizonte: Del Rey, 2004.

16 DANTAS, Ivo. *Novo Direito Constitucional Comparado*. 3ª ed. Curitiba: Juruá, 2010, p. 43.

Diversos trabalhos procuraram explorar os inúmeros caminhos seguidos após as mudanças no Direito Constitucional Comparado fora do Brasil. De forma mais próxima à deste capítulo, Ribas e Dutra trataram do renascimento do Direito Constitucional Comparado em um caminho próximo ao de Hirschl, propondo balizas para o que ele chama de "Estudos Constitucionais Comparados".[17] Ainda assim, sobram questões urgentes em termos de comparativismo no Brasil.

2 Contra o imperialismo no Direito Comparado

Uma importante advertência inicial deve guiar qualquer empreendimento de Direito Constitucional Comparado ou o que aqui chamaríamos de um *constitucionalismo comparado*. Esta advertência está fundada em uma contraposição a um certo tipo de *imperialismo* que acompanha a estrutura do constitucionalismo que vem, há pelo menos três séculos, tentando se consolidar globalmente. Como destaca James Tully,[18] ao menos três formas de ação tornaram a "democracia constitucional" ocidental e de perfil estadunidense/europeu parte de um "direito imperial" (*imperial right*), abrangente de um "direito" dos Estados europeus e suas empresas de participar livremente do mercado de sociedades não europeias e de dois deveres correlatos: o dos Estado europeus de "civilizar" outras sociedades e o de estas sociedades de hospedar práticas europeias.

Por três métodos o "direito imperial" se implementou no último milênio. O primeiro deles consistia no assentamento de colônias europeias nas Américas, na Austrália e na Nova Zelândia. O segundo método partiu de uma "imperialização" via governo colonial indireto,

17 DUTRA, Deo Campos; VIEIRA, José Ribas. "O Direito Constitucional Comparado entre Renascimento e Consolidação". *Sequência*, nº 76, 2017, pp. 69-94.

18 TULLY, James. "The Imperialism of Modern Constitutional Democracy". *In*: LOUGHLIN, Martin; WALKER, Neil (Coord.). *The Paradox of Constitutionalism*: Constituent Power and Constitutional Form. Oxford: Oxford University Press, 2007, p. 328.

reorganizando governos locais, "civilizando" e ocidentalizando elites locais, dividindo oposições etc. O terceiro método aceita um certo grau de autonomia governamental local desde que sob uma zona de influência ou hegemonia, impondo formas políticas e jurídicas específicas para atender ao livre comércio objetivado por norte-americanos e europeus. A base de projetos como esses é uma palavra bastante recorrente no vocabulário jurídico brasileiro: "civilização". O alcance de um padrão de civilização deve ser o objetivo de Estados que não compartilham os aspectos centrais do constitucionalismo como estabelecido no final do século XIX na Europa e nos Estados Unidos: cabe a esses países conduzir o "dever de civilizar".[19]

Em uma perspectiva crítica próxima daquela de Tully, Pierre Legrand apresenta duas grandes correntes do direito comparado atual:[20] a) Uma tradicional, que ele identifica com o positivismo

---

19 "Como recurso resultante, ricas petrotiranias, ditaduras complacentes com condições péssimas de trabalho em indústrias de roupas e dependências regionais estrategicamente importantes permanecem como 'Estados falidos' instáveis, sendo um resultado direto de sua continua sujeição à manipulação informal imperial: as elites dependentes são constrangidas por sua dependência para suprimir as aspirações democráticas do povo de controle seus próprios recursos e condições de trabalho; pessoas são levadas à violência para autodefesa; isto é chamado de falha e terrorismo; e – como Locke previu – a intervenção é a consequência". Tradução livre de: "The resulting resource rich petrotyrannies, sweatshop dictatorships, and strategically important regional dependencies remain unstable 'failed states' as a direct result of their continuing subjection to informal imperial manipulation: the dependent elites are constrained by their dependency to suppress the democratic aspirations of their people to control their own resources and work conditions; the people are driven to violence in self-defence; this is called failure and terrorism; and – as Locke predicted – intervention follows" (TULLY, James. "The Imperialism of Modern Constitutional Democracy". *In*: LOUGHLIN, Martin; WALKER, Neil (Coord.). *The Paradox of Constitutionalism*: Constituent Power and Constitutional Form. Oxford: Oxford University Press, 2007, p. 333).

20 LEGRAND, Pierre. "Jameses at Play: a Tractation on the Comparison of Laws". *The American Journal of Comparative Law*, vol. 65, 2017,

científico, ainda tributária da relação sujeito/objeto e visando cumprir o objetivo de isolar um objeto de questões culturais e históricas que podem cercá-lo; b) Uma corrente mais viva, preocupada com o estudo contextual de normas jurídicas, aberta à atividade interpretativa e ao engajamento transdisciplinar. O Direito Comparado deveria se aproximar do segundo empreendimento: é isto que possibilitaria que, ao lidar com o estrangeiro e o não familiar, o "comparativismo" suspendesse a normalidade autocentrada e satisfeita consigo mesma. Mais do que isso, ele poderia promover uma prática de reposicionar o jurista perante o mundo e a história.

Para enfrentar o positivismo filosófico que assola o "comparativismo", Legrand sugere que dois processos sejam empreendidos cumulativamente: "enculturação" (*enculturation*) e "interpretação".[21] Conhecer e confrontar as diversas interpretações que se colocam sobre um determinado texto legal demonstra que a tarefa do "comparativismo" é muito mais complexa do que se imagina e demanda muito mais do que opor estruturas vazias de conteúdo. Ao traçar um paralelo com a teoria literária comparada, Sherally Munshi irá destacar que não é a justaposição que define o Direito Comparado, mas uma orientação que, além de intelectual, é ética.[22] Isto pode revelar a amplitude da tarefa comparativa que, talvez, muito mais do que ser um ramo didático isolado, pode demandar que todo estudo seja comparativo. Nos Estados Unidos, a orientação ainda permanecerá eurocêntrica e é contra isto que se deve lutar.[23]

---

p. 2.

21 LEGRAND, Pierre. "Jameses at Play: a Tractation on the Comparison of Laws". *The American Journal of Comparative Law*, vol. 65, 2017, p. 21.

22 MUNSHI, Sherally. "Comparative law and decolonizing critique". *American Journal of Comparative Law*, vol. 65, 2017, p. 212.

23 "O Eurocentrismo pode descrever modelos convencionais de pesquisa nos quais o Ocidente é moldado como agente da história universal e o restante é medido em termos de sua semelhança com o mesmo. Ou pode se referir à confiança de que o Ocidente é a última fonte do Iluminismo

O caminho pode ser o de praticar um comparativismo que compreenda o caráter estrangeiro não só daqueles além da fronteira, mas dos que fazem parte do mesmo e tradicional "Estado-nação": ele pode ser útil em identificar um pano de fundo jurídico que continuamente destaca o papel das instituições em prejuízo dos sujeitos minoritários que atuam politicamente. Não será à toa que Munshi tomará como referência o trabalho de Manisha Sinha, *The Slave's Cause: a history of abolition*, para destacar que foi a resistência escrava, e não o liberalismo burguês, o principal fator no movimento de libertação contra a escravidão.[24]

3 Comparativismo e judicialização

Nos Estados Unidos, um arquétipo de um certo "isolacionismo" constitucional, o debate sobre o comparativismo não deixou de chegar, ainda que muito mais tarde do que em outros países. Não se trata de supor que o Direito Comparado fosse desconhecido: a questão é que ele era muito mais uma disciplina de curiosidade acadêmica do que uma fonte recorrente de decisões judiciais e políticas públicas. Foram as decisões seminais da Suprema Corte nos casos *Atkins v.*

---

no mundo moderno, de ideias como liberdade e igualdade. Mas, no sentido mais amplo, o Eurocentrismo se refere ao hábito geral de atribuir autoridade apenas a certas formas de conhecimento – enquanto se despreza e se deprecia outras". Tradução livre de: "Eurocentrism may describe conventional research models in which the West is cast as the agent of universal history and the rest are measured in term of their resemblance to It. Or it may refer to the confidence that the West is the ultimate source of enlightenment in the modern world, of ideas like freedom and equality. But in the broadest sense, Eurocentrism refers to the general habit of attributing authority to only certain forms of knowledge – what we might generally refer to as western rationality – while disregarding and disparaging others" (MUNSHI, Sherally. "Comparative law and decolonizing critique". *American Journal of Comparative Law*, vol. 65, 2017, p. 224).

24 Ver SINHA, Manisha. *The Slave's Cause*: a History of Abolition. New Haven: Yale University Press, 2016.

Virginia, 536 U.S. 304 (2002), *Lawrence v. Texas*, 539 U.S. 558 (2003) e *Roper v. Simmons*, 543 U.S. 551 (2005), que forneceram os primeiros elementos para a inauguração de um debate judicial e acadêmico (em um sentido mais transversal).[25] Os *Justices* da Suprema Corte Antonin Scalia e Stephen Breyer travaram um verdadeiro confronto a respeito da possibilidade de fundamentar decisões judiciais estadunidenses em fontes estrangeiras.[26] É necessário destacar que esta tem sido uma das principais vertentes de discussão sobre as possibilidades de interseções entre ordens constitucionais estrangeiras e entre ordens nacionais e supranacionais, povoando um amplo debate na doutrina e teoria constitucionais atuais.[27] Sobre o porquê de se recorrer ao Direito Constitucional Comparado, contudo, não se pode aderir apenas à uma justificativa como a do *Justice* Stephen Breyer de que uma "sensibilidade cosmopolita" é sempre melhor.[28] É claro que é preciso ir além.

---

25 Os casos discutiam, respectivamente, a aplicação de pena de morte a pessoas com deficiências mentais, a criminalização de condutas homoafetivas pelos Estados e a aplicação de pena de morte a menores. Para uma recuperação desses e outros casos, assim como de negativas de *certiorari* (impedindo, pois, que um caso deságue na Suprema Corte dos Estados Unidos), ver CHOUDHRY, Sujit. "Migration as a new metaphor in comparative constitutional law". *In*: ______ (Coord.). *The Migration of Constitutional Ideas*. Cambridge: Cambridge University Press, 2006, p. 2.

26 Ver DORSEN, Norman. "A Conversation between US Supreme Court Justices". *International Journal of Constitutional Law*, vol. 3, nº 4, 2005, pp. 519-541

27 Para tanto, com formas bastante diversas de abordagem, ver NEVES, Marcelo. *Transconstitucionalismo*. São Paulo: Martins Fontes, 2008; JACKSON, Vicki. *Constitutional Engagement in a Transnational Era*. Nova York: Oxford University Press, 2010; WATERS, Melissa. "Getting Beyond the Crossfire Phenomenon: a Militant Moderate's Take on the Role of Foreign Authority in Constitutional Interpretation". *Fordham Law Review*, vol. 77, 2008, pp. 635-646.

28 CHOUDHRY, Sujit. "Migration as a new metaphor in comparative constitutional law". *In*: ______ (Coord.). *The Migration of Constitutional Ideas*. Cambridge: Cambridge University Press, 2006, p. 6.

Cheryl Saunders,[29] ao percorrer o caminho de possibilidades do Direito Constitucional Comparado pela via da judicialização australiana, sustenta que duas eram as temáticas principais contra o uso de experiências estrangeiras em decisões judiciais: a) uma de cunho originalista, atribuível a Scalia, segundo a qual as fontes estrangeiras podem não ter sido objeto de deliberação nos processos constituintes que levaram à constituição de um determinado contexto; b) a segunda, levantada por Richard Posner, concerne a dificuldades metodológicas insuperáveis, como a impossibilidade de total conhecimento do contexto constitucional no qual se desenvolveram os elementos referidos.[30]

No que concerne à crítica sobre a legitimidade, é preciso referenciar que ela pressupõe uma leitura bastante restrita das diversas nuances percorridas por esta que poderíamos chamar de uma "judicialização comparada": um uso leve das práticas, exemplificado por referências a experiências internacionais, pelas menções a dados empíricos a respeito da prática de princípios em outras ordens ou menção a contextos estrangeiros para direcionar uma determinada decisão da corte que, contudo, se funda em argumentos domésticos. Há, contudo, também um uso mais profundo em que são *emprestados* argumentos de cortes estrangeiras, recorre-se ao direito estrangeiro para embasar a interpretação de um dispositivo constitucional ou, ainda, o direito estrangeiro aparece como elemento empírico que justifica o transplante de direito ou instituto estrangeiro.[31]

---

29 SAUNDERS, Cheryl. "The Use and Misuse of Comparative Constitutional Law". *Indiana Journal of Global Legal Studies*, vol. 13, nº 1, 2006, p. 49.

30 Ver POSNER, Richard. "No thanks, we already have our own laws". *Legal Aff*, 2004, p. 40.

31 SAUNDERS, Cheryl. "The Use and Misuse of Comparative Constitutional Law". *Indiana Journal of Global Legal Studies*, Melbourne, vol. 13, nº 1, 2006, p. 50.

A discussão é ainda sofisticada na direção de se apartar um uso *construtivo* do direito estrangeiro, que passa a agir como guia em direções que poderiam ser julgadas como positivas ou negativas, de um uso *reflexivo*, permitindo que o mesmo direito estrangeiro sirva para direcionar os juízes para as potencialidades dos seus próprios sistemas jurídicos – é dizer, passa a ser necessário explorar as vantagens e desvantagens de uma decisão ou instituto no seu próprio espaço de nascimento. Pode-se ainda discutir se o recurso ao direito comparado significa um "método interpretativo" ou mesmo um valor ideológico; e, mesmo, se há que se falar em um *diálogo*.

É assim, por exemplo, que Saunders enxergará o modo como a Suprema Corte da Austrália fundamentou sua decisão em *Australian Capital Television Pty. Ltd. v. Commonwealth*, (1992) 177 C.L.R. 106, um caso em que estava em jogo a validade de uma lei da *Commonwealth* que proibia propaganda política televisionada no período anterior a eleições gerais, regionais ou locais.[32] Por não haver uma declaração de direitos australiana, colocou-se em discussão a possibilidade de se falar em uma liberdade política derivada do sistema representativo institucionalizado constitucionalmente.[33] Ao rechaçar uma vinculação ao sistema constitucional estadunidense e afirmar uma filiação ao sistema representativo britânico – qualificando a Constituição australiana como parte de um "direito estatutário" (*statutory law*) de especial dignidade diferente daquele norte-americano –, a Suprema Corte faria um trabalho comparativo dialógico.

A oposição à busca judicial pelo direito estrangeiro funda-se também em problemas de ordem metodológica. Em verdade, seria preciso separar de modo mais analítico a dimensão da argumentação judicial e a metodologia do Direito Comparado. Saunders destaca que uma questão diz respeito à qual seria a relação adequada entre

32 SAUNDERS, Cheryl. "The Use and Misuse of Comparative Constitutional Law". *Indiana Journal of Global Legal Studies*, Melbourne, vol. 13, nº 1, 2006, p. 56.

33 A Constituição australiana data de 1901.

direito nacional e estrangeiro no momento de um julgamento perante uma corte.[34] A segunda questão apontada liga-se ao potencial uso manipulativo do direito estrangeiro (uso esse que pode ser doméstico também, mas que, nesse caso, se curva a padrões mais assentados dentro do contexto), concretizada na expressão *cherry-picking*: decisões e institutos estrangeiros interessariam apenas para justificar uma posição de antemão já estabelecida.[35]

Em termos propriamente metodológicos, o Direito Comparado pode apresentar limitações bastante intuitivas, como o acesso, manejo e compreensão de fontes estrangeiras, como também um desafio mais significativo: como conhecer adequadamente o contexto em que se deu produziu a fonte. Todos esses obstáculos podem produzir o que é chamado de um "mau uso" do direito comparado por meio do qual juízes e cortes limitam arbitrariamente as jurisdições a que se referem, não justificando o resultado da seleção. Para tentar orientar e evitar dito "mau uso", Saunders aponta cinco pautas, das quais traremos à discussão apenas quatro, em vista do contexto eminentemente de *Commonwealth* da última.[36] A uma, se a corte se propõe a um maior

---

34 SAUNDERS, "Cheryl. The Use and Misuse of Comparative Constitutional Law". *Indiana Journal of Global Legal Studies*, Melbourne, vol. 13, nº 1, 2006, p. 66.

35 Nas audiências de confirmação de sua indicação perante o Senado estadunidense, o atual *Chief Justice* John Roberts afirmou que essa justificativa transnacional pós-decisão equivaleria a olhar uma multidão e escolher seus amigos (CHOUDHRY, Sujit. "Migration as a new metaphor in comparative constitutional law". *In*: _____ (Coord.). *The Migration of Constitutional Ideas*. Cambridge: Cambridge University Press, 2006, p. 7).

36 Saunders (SAUNDERS, Cheryl. "The Use and Misuse of Comparative Constitutional Law". *Indiana Journal of Global Legal Studies*, vol. 13, nº 1, 2006, p. 65) refere-se à *English Practice Direction on the Citation of Authorities*, que requer que advogados perante cortes do Reino Unido justifiquem o recurso ao direito estrangeiro. Apesar de ser esta uma demanda para as partes e seus advogados, ela acredita que a normativa coopera para um uso mais refletido do direito comparado. Ver *Practice Direction (Citation of Authorities)*, (2012) 1 W.L.R. 1001

diálogo, diminui-se a necessidade de um profundo conhecimento contextual da fonte. A duas, a metodologia aparece como um embaraço se o judiciário visa apenas "transplantar" a solução jurídica de outro contexto, guiando-se por razões funcionais e segundo uma lógica não reflexiva, mas construtiva (em um mal sentido). A três, quanto maior o alcance do uso do direito estrangeiro, mais importante que direcionamentos metodológicos sejam apontados pela própria corte.

Por estar imerso em uma tradição de *common law* (no que ainda a distinção com ordens de *civil law* tem pertinência), o trabalho de Saunders aponta que o uso do Direito Comparado interage com o procedimento judicial do *common law* – esta sua quarta pauta.[37] Por exemplo: a obrigatoriedade de que os advogados das partes citem certas autoridades; erros e omissões de uma parte podem ser explorados pela parte adversa; defeitos argumentativos podem ser explorados por votos minoritários, comentadores e pela própria esfera pública. Estes instrumentos são também úteis se trazidos para o campo do manejo do Direito Comparado.

Não menos influente foi o estudo apresentado por Vicki Jackson, *Constitutional Engagement in a Transnational Era*. Ela apresentou três modelos de relação de decisões de juízes e tribunais domésticos com cortes estrangeiras e transnacionais. A relação pode ser, em primeiro lugar, de *resistência*: cortes assumiriam uma posição em relação às constituições de afirmação auto-identitária que não permitiria a referência a precedentes e fontes alienígenas. *Justices* da Suprema Corte Estadunidense como John Roberts e Samuel Alito seguiriam uma posição desse tipo, além, é claro, do que já o fizera Scalia. Em segundo lugar, pode-se estar diante de posições

(Eng.). Disponível em: https://www.judiciary.uk/wp-content/uploads/JCO/Documents/Practice+Directions/lcj-pract-dir-citation-authorities-2012.pdf. Acessado em: 06.08.2024.

37 SAUNDERS, Cheryl. "The Use and Misuse of Comparative Constitutional Law". *Indiana Journal of Global Legal Studies*, Melbourne, vol. 13, nº 1, 2006, p. 74.

de *convergência*. Haveria uma predisposição a aceitar normas, por exemplo, do Direito Internacional dos Direitos Humanos, como informativas da interpretação de normas constitucionais; ao lado desse motivo, situações como o pertencimento à União Europeia ou à *Commonwealth* dirigiriam decisões judiciais. Jackson cita os casos dos arts. 93 da Constituição Colombiana, de 1991, 75, inc. 22, da Constituição Argentina e 4º das disposições provisórias da Constituição Peruana de 1993.[38]

O modelo decisional de *engajamento*, de seu turno, apresenta um posicionamento de maior abertura, em que elementos de autorreflexão desempenham um papel significativo. De um lado, o *engajamento deliberativo* assume que há uma permissibilidade ou abertura do sistema ao Direito Internacional e ao direito estrangeiro: seria o caso do voto da *Justice* Sandra Day O'Connor em *Roper v. Simmons*, 543 U.S. 551 (2005), que declarou inconstitucional a pena de morte para adolescentes. Houve uma refutação explícita de uma divisão estanque entre o direito estadunidense e tendências globais, não sem antes exigir um exame detalhado de normas e práticas dos Estados da federação. De outro lado, o *engajamento relacional* pressupõe que, necessariamente, o Direito Internacional e o direito estrangeiro sejam verificados, cabendo ao juiz ou à corte decidir por sua incidência efetiva no caso concreto. Na África do Sul, por exemplo, "(...) a demanda [constitucional] é procedimental, não substantiva: as cortes *devem considerar* o direito internacional, mas a constituição não requer conformidade".[39] Nota-se, portanto,

---

38 JACKSON, Vicki. *Constitutional Engagement in a Transnational Era*. Nova York: Oxford University Press, 2010, p. 43.

39 Tradução livre de: "The requirement is procedural, not substantive: the courts *must consider* international law, but the constitution does not require conformance" (JACKSON, Vicki. *Constitutional Engagement in a Transnational Era*. Nova York: Oxford University Press, 2010, p. 78). Para um debate a respeito da relação entre as categorias de Jackson e a justiça transicional no Brasil, ver Torelly (TORELLY, Marcelo. *Governança transversal dos direitos fundamentais*. Rio de

que a discussão sobre o papel do Direito Constitucional Comparado passa também pelo enfrentamento dos limites e possibilidades da atuação jurisdicional.

O processo, contudo, se dirige para um fortalecimento cada vez maior da comunicação entre cortes, ainda que permaneçam formas de rechaçar a doutrina e julgados estrangeiros. No Quênia, na famosa série de julgados do caso *BBI* (*Building Bridges Initiative*), cortes inferiores citaram longamente a doutrina das emendas constitucionais inconstitucionais e a doutrina da estrutura básica da Suprema Corte Indiana para declarar inconstitucional uma ampla reforma da Constituição de 2010. Mas a Suprema Corte, apesar de confirmar a inconstitucionalidade, refutou a aplicação de teses estrangeiras no solo queniano.[40] Em Israel, a Suprema Corte, de seu turno, em 2024, incorporou a doutrina das emendas constitucionais inconstitucionais para anular a ampla reforma constitucional que objetivava restringir suas competências no controle de constitucionalidade.[41]

Janeiro: Lumen Juris, 2016), Patrus (PATRUS, Rafael Dilly. *Articulação Constitucional e Justiça de Transição*. Belo Horizonte: D'Plácido, 2016) e Tirado (TIRADO, Felipe Guimarães Assis. *Human Rights, Transitional Justice and Transnational Law*: Towards Accountability for Crimes Against Humanity in Brazil. Belo Horizonte: UFMG, 2018. (Dissertação de Mestrado).

40 ROZNAI, Yaniv; OKUBASU, Duncan M. "Stability of constitutional structures and identity amidst 'political settlement': lessons from Kenya and Israel". *Comparative Constitutional Studies*, Melbourne, vol. 1, nº 1, 2023, pp. 101-123. Para a doutrina das emendas constitucionais inconstitucionais, e também para a doutrina da estrutura básica, ver ROZNAI, Yaniv. *Unconstitutional constitutional amendments*: The limits of amendment powers. Oxford: Oxford University Press, 2017.

41 WEILL, Rivka. *Conceptualizing Democratic Backsliding as a Threat to Constitutional Identity*: Israel as a Case Study. 2024, p. 33. (Manuscrito com a autora).

4 Empréstimos constitucionais, transplantes jurídicos, migração de ideias constitucionais: qual metáfora?

Desde o final dos anos 1990, a teoria constitucional tem procurado lidar com o fenômeno de retorno do comparativismo recorrendo a metáforas diversas. Choudhry alude ao precursor estudo de Alan Watson, "Legal Transplants: An Approach to Comparative Law" que inauguraria o debate sobre a pertinência de "transplantes jurídicos" ou *legal transplants*.[42] Choudhry recupera o debate travado entre aqueles que, como Pierre Legrand, sustentariam a impossibilidade do transplante, uma vez que normas jurídicas seriam tão cultural e socialmente embebidas que a transposição deveria ser não só do resultado, mas também de todo o processo que nelas (normas jurídicas) culmina; ao passo que James Whitman e David Nelken fariam importantes advertências no sentido de que há processos efetivos que ocorrem transculturalmente e que não podem ser ignorados por um impulso pela convergência.[43]

É assim que uma recorrente metáfora no Direito Constitucional Comparado também não seria imune a críticas: "empréstimos constitucionais" ou *constitutional borrowing*. Kim Lane Scheppele

---

42 CHOUDHRY, Sujit. "Migration as a new metaphor in comparative constitutional law". *In*: ______ (Coord.). *The Migration of Constitutional Ideas*. Cambridge: Cambridge University Press, 2006, p. 17.

43 Não se deve, contudo, deixar de considerar o que se segue: "Como têm sublinhado alguns teóricos do Direito Constitucional Comparado, a prática da citação não pode se transformar em um mero 'transplante' de fontes jurídicas estrangeiras; ela deve ser feita conforme pautas metodológicas claras e pré-definidas, que auxiliem os juízes a utilizá-las apenas como um complemento da motivação da decisão" (VALE, André Rufino do. "O argumento comparativo na jurisdição constitucional". *Conjur*, mai. 2014, p. 1. Disponível em: https://www.conjur.com.br/2014-mai-03/observatorio-constitucional-argumento-comparativo-jurisdicao-constitucional#_ftnref4_7296. Acessado em: 12.07.2024.

relembra que pensar em um empréstimo (ou um comodato) constitucional envolveria a necessidade de um futuro retorno do objeto emprestado;[44] e mais, deveria haver permissão inicial para o empréstimo e até eventual melhora no objeto após sua devolução. Isto não acontece no modo como convencionalmente se usou a expressão "empréstimo constitucional". Daí ela propõe a ideia de uma "influência constitucional cruzada" ou *cross constitutional influence*.[45] Esse termo seria mais abrangente, envolvendo influências positivas e negativas, diretas e indiretas. Scheppele faz a percuciente afirmação de que, principalmente em momentos constituintes, pode ser mais importante negar o que um sujeito constitucional não é, ou não pode ser, do que fazer difíceis ilações sobre o que o futuro pode aguardar.

Isto permitiria distinguir entre um *constitucionalismo aspiracional*, em que tanto no processo constituinte como na interpretação importa mais olhar para o futuro e definir quais objetivos devem estar em jogo, e um *constitucionalismo aversivo*, no qual há uma definição clara do que se quer evitar, fazendo-se uma rejeição de uma possibilidade constitucional. Nesse último sentido, o preâmbulo da Lei Fundamental de Bonn, de 1949, ao invocar uma consciência da responsabilidade perante Deus e os homens do povo alemão, teria feito uma clara rejeição do passado nacional-socialista. De modo

---

44 SCHEPPELE, Kim Lane. "Aspirational and Aversive Constitutionalism: The Case for Studying Cross-Constitutional Influence Through Negative Models". *I.CON*, vol. 1, nº 2, 2003, p. 296.

45 O termo remete à tipologia proposta por Anne-Marie Slaughter (SLAUGHTER, Anne-Marie. A "Typology of Transjudicial Communication". *University of Richmond Law Review*, Richmond, vol. 29, nº 99, 1994, p. 99) sobre a comunicação judicial, que envolveria: comunicação horizontal, comunicação vertical; comunicação vertical-horizontal mista; diálogo direto; monólogo; diálogo intermediado. Essas comunicações poderiam cumprir funções de: melhorar a efetividade de decisões de tribunais supranacionais; assegurar e promover a aceitação de obrigações internacionais recíprocas; fertilização cruzada; melhorar a persuasão, autoridade ou legitimidade de decisões judiciais individuais; e, promover deliberação coletiva.

semelhante, o preâmbulo da Constituição Sul-Africana, de 1996, começa com a eloquente afirmação de que o povo daquele país reconhece as injustiças do passado. Poder-se-ia adicionar o modo como o preâmbulo da Constituição da Tunísia, de 2014, se orgulhar da luta de seu povo pela liberdade contra a tirania. Esses cortes epistemológicos são importantes, mas não se deve deixar de considerar que o constitucionalismo deve ter sempre um olhar dirigido tanto ao passado quanto ao futuro.

Fala-se, também, em "diálogos" entre cortes, ou na "migração de ideias constitucionais" (*migration of constitutional ideas*), como prefere Choudhry,[46] uma expressão que parece tentar abranger vários fenômenos: por que aderir a um precedente estrangeiro, por que rejeitá-lo, quais fundamentos estão em jogo, até onde se explorou o contexto sociopolítico da decisão referenciada, entre outros. O que se deve assinalar, desse modo, é que não se pode ter uma atitude inocente em relação ao estrangeiro e ao supranacional. E talvez esta seja mais uma questão de metodologia do que de metáforas.

5 Quem importa no Direito Constitucional Comparado?

Com todas as mudanças no interesse científico por ordens constitucionais fora do norte global, ainda assim, o movimento tem sido menos expansivo do que deveria. Tushnet e Khosla, por exemplo, destacam que a Ásia Oriental (China, Japão, Mongólia, Singapura, Indonésia, Coréia do Sul, entre outros) tem recebido mais atenção que o Sul Asiático ou Ásia Meridional, com exceção, em alguns aspectos, da Índia (a se incluir, pois, Paquistão, Nepal,

---

46 CHOUDHRY, Sujit. "Migration as a new metaphor in comparative constitutional law". *In*: ______ (Coord.). *The Migration of Constitutional Ideas*. Cambridge: Cambridge University Press, 2006, p. 22.

Bangladesh, Sri Lanka, Afeganistão, Maldivas, Sudão, Mianmar).[47] Cinco dos países da Ásia Meridional (Bangladesh, Índia, Nepal, Paquistão e Sri Lanka) compartilham elementos de desenvolvimento constitucional em meio a tensas relações entre direito e política. É claro que constituições e constitucionalismo canalizam um encontro entre os sistemas do direito e da política que precisa ser devidamente mediado. Mas há aspectos interessantes naquela região que podem iluminar a forma como se pensa o Direito Constitucional no Brasil e na América Latina, para além de uma leitura com os olhos direcionados para o norte – como parece ter sido a tradição recorrente. É claro que isto deve ser feito a partir de um ponto de vista dirigido contextualmente para problemas levantados pelos próprios *atores constitucionais*; só assim, a comparação pode se tornar plausível, como ressalta Choudhry em relação à Ásia Meridional, Turquia e Espanha e suas preocupações com políticas constitucionais de línguas oficiais.[48]

É aqui que se deveria, segundo Tushnet e Khosla, falar de um *constitucionalismo instável*.[49] Esta seria uma tipologia de constitucionalismo que se refere à ação de atores comprometidos com a ideia de constitucionalismo, ainda que exigências liberais nem sempre estejam presentes, mas há um desejo de governança estável a ser consolidada. A expressão é indicativa de quais caminhos importam no Direito Constitucional Comparado e se podemos segmentar arbitrariamente a investigação científica. Elementos como federalismo simétrico e

---

47 TUSHNET, Mark; KHOSLA, Madhav. "Unstable Constitutionalism". *In*: ______ (Coord.). *Unstable Constitutionalism*: Law and politics in South Asia. Cambridge: Cambridge University Press, 2015, p. 3.

48 CHOUDHRY, Sujit. "How To Do Constitutional Law and Politics in South Asia". *In*: TUSHNET, Mark; KHOSLA, Madhav (Coord.). *Unstable Constitutionalism*: Law and politics in South Asia. Cambridge: Cambridge University Press, 2015, p. 19.

49 TUSHNET, Mark; KHOSLA, Madhav. "Unstable Constitutionalism". *In*: ______. *Unstable Constitutionalism*: Law and politics in South Asia. Cambridge: Cambridge University Press, 2015, p. 5.

assimétrico, reconhecimento de plurinacionalismo, multiculturalismo, estariam presentes, mas opções constitucionais interessantes de diversos pontos de vista competiriam entre si de uma forma a evitar a consolidação de um só paradigma. O direito enfrentaria obstáculos significativos para mediar fatores sociais que empurram esses países para a instabilidade institucional. Questões como desenho institucional ainda são problemáticas para todo o sistema, mais do que o papel de cortes constitucionais ou da interpretação constitucional.[50] De todo modo, a tendência das partes em conflito nesses países seria a de busca de uma definição constitucional do tipo de Estado que pretendem e não de colocar fim ao projeto comum.

É, assim, um problema central problematizar a ideia de *instabilidade constitucional*. Fontes para tal fenômeno podem ser externas a ele, mas também podem incluir a atuação de instituições que fazem parte do próprio sistema constitucional. Parte da tarefa consiste justamente na identificação das fontes de instabilidade e na apresentação de respostas. A questão é que, diante de uma instabilidade que é *constitucional*, as respostas não podem partir apenas da política, mas devem vir também do direito, ou melhor, da abordagem

---

50 Ante o cenário jurídico-político brasileiro pós-2016, há suficientes razões para questionar o modo como se aplica a Constituição brasileira de 1988, para muito além dos problemas recorrentes que afligem constitucionalistas brasileiros. Quais os limites para o uso (ou mau uso) do *impeachment* no Brasil e em países latino-americanos? A judicialização da política e a politização da justiça foram tão longe a ponto de romper com a ordem institucional de 1988? Há espaço para uma constituição dirigente ante uma emenda constitucional que instituía, na visão de alguns, um estado de exceção econômico? (STRECK, Lenio. "Check list: 21 razões pelas quais já estamos em Estado de exceção". *Conjur*, jun. 2017, p. 1. Disponível em: https://www.conjur.com.br/2017-jun-29/senso-incomum-check-list-21-razoes-pelas-quais-estamos-estado-excecao. Acessado em: 12.07.2024).

jurídica da forma constitucional.[51] Será que essa não é uma questão que interessa à América Latina?

Fontes de instabilidade constitucional podem se apresentar por meio das instituições que rompem com as formas tradicionais de fixação de fronteiras de divisão de trabalho. Análises de fatores desse tipo demandam mais e mais dos estudiosos do constitucionalismo comparado. A investigação de propostas de constitucionalismo que ultrapassam o enquadramento liberal demonstra que se deve evitar o que se poderia chamar de *segmentação comparada*, ou seja, dar privilégio excessivo a paradigmas constitucionais tradicionais que podem impedir o contato com experiências menos frequentes de comparativismo.

6 Transdisciplinariedade nos estudos constitucionais comparados

Se é possível remontar a fontes bastante remotas do Direito Comparado, como o faz Hirschl,[52] voltando a normas religiosas pré-modernas e passando por Bodin, Selden e Montesquieu, de outra parte, a contemporaneidade, além de resgatar os estudos

---

51 "Implícito é o entendimento de que normas e instituições jurídicas também têm o potencial de moldar realidades sociopolíticas na sua própria forma distinta: por estas razões, o desenho jurídico importa. O fenômeno específico do constitucionalismo instável existe porque o direito é trazido à discussão em meio à política". Tradução livre de: "Implicit is an understanding that legal norms and institutions also have the potential to shape sociopolitical realities in their own distinct fashion; for that reason, legal design matters. The precise phenomenon of unstable constitutionalism exists because law is brought into discussion with politics" (TUSHNET, Mark; KHOSLA, Madhav. "Unstable Constitutionalism". *In*: ______ (Coord.). *Unstable Constitutionalism*: Law and politics in South Asia. Cambridge: Cambridge University Press, 2015, p. 3).

52 HIRSCHL, Ran. *Comparative Matters*: The Renaissance of Comparative Constitutional Law. Oxford: Oxford University Press, 2014, p. 77.

constitucionais comparados, demanda transdisciplinariedade para lidar com a complexidade. Talvez por isso faça mais sentido falar em "Estudos Constitucionais Comparados", ao invés de "Direito Constitucional Comparado". Mais do que meramente citar dispositivos legais ou decisões judiciais descontextualizadas, é preciso avançar por opções metodológicas que vão além do estudo teórico. Este, de fundamental importância normativa, não pode ignorar questões empíricas. É claro que não se está aqui a renovar velha dicotomia *law in books* e *law in action*, de Roscoe Pound.[53] Há pressupostos hermenêuticos que não podem ser simplesmente ignorados. Por isto mesmo é que a transdisciplinariedade é um fator fundamental na investigação constitucional comparada: a separação das atividades de juristas, cientistas políticos e sociólogos é prejudicial.

Assim, e novamente com Hirschl,[54] os fatores de *necessidade*, *curiosidade* e *demanda política* devem ser combinados com metodologias de análise que podem abrir o campo de interesse dos estudos comparados. Questões como comportamento judicial, dinâmicas de processos constituintes, formas de aprovação emendas constitucionais ou modelos de efetivação de decisões judiciais importam, desde que adequada e cientificamente apreendidos. Pode ser que o instrumental para esse tipo de análise escape de modo imediato ao jurista; é aí que o desenvolvimento de pesquisas com acadêmicos de outras áreas importa. E uma contestação que é feita por Hirschl é de extrema importância:[55] enquanto as ciências sociais em geral avançaram muito em termos de estudos comparados, os juristas mantiveram-se limitados em termos metodológicos. Uma pressuposição simples decorrente disto é que constituições não se produzem

---

53 Ver POUND, Roscoe. "Law in Books and Law in Action". *American Law Review*, vol. 44, nº 12, 1910, pp. 12-36.

54 HIRSCHL, Ran. *Comparative Matters*: The Renaissance of Comparative Constitutional Law. Oxford: Oxford University Press, 2014, p. 13.

55 HIRSCHL, Ran. *Comparative Matters*: The Renaissance of Comparative Constitutional Law. Oxford: Oxford University Press, 2014, p. 152.

no vácuo, estando diretamente relacionadas ao contexto político, econômico e social que buscam normatizar.

É importante, contudo, tentar entender o que significa produzir estudos em Direito Constitucional ou em Direito Constitucional Comparado de modo atento a dados empíricos. Não nos parece, assim, acertada a crítica de Hirschl a Dworkin no sentido de que nenhuma de suas seis grandes obras recorre a dados empíricos para entender as origens e consequências do constitucionalismo e do controle de constitucionalidade (*judicial review*).[56] Pois tratar o direito como um empreendimento interpretativo nada mais exige do que tomar em consideração dados empíricos, principalmente os que circundam um caso concreto posto à disposição de um juiz ou um tribunal. O que indica que uma busca por respostas em sistemas constitucionais comparados exigirá muito mais do intérprete. Talvez o problema esteja no ponto de partida: uma leitura positivista (com todas as reduções que podem caber nesse termo) do Direito Comparado pode resultar em um *empréstimo constitucional* equivocado justamente porque ignora aspectos econômicos, sociais ou políticos do contexto estrangeiro ou supranacional. Interpretar pede mais em termos de comparativismo. O que não significa que questões, por exemplo, de ordem econômica devam ganhar primazia sobre uma leitura normativa do direito.

---

56 "Curiosamente, nenhum dos seis supostamente apaixonados livros de Ronald Dworkin sobre constitucionalismo cita nenhum trabalho empírico sobre as origens e consequências da constitucionalização e do controle de constitucionalidade". Tradução livre de: "Interestingly, none of Ronald Dworkin's six passionately argued books on constitutionalism cites any empirical work on the origins and consequences of constitutionalization and judicial review" (HIRSCHL, Ran. *Comparative Matters*: The Renaissance of Comparative Constitutional Law. Oxford: Oxford University Press, 2014, p. 152, nota 3).

7 Análises small-N e large-N

A literatura sobre Direito Constitucional Comparado alerta para a necessidade de dirigir adequadamente as formas de abordagem de fenômenos constitucionais, evitando-se generalizações indevidas. Ran Hirschl alerta para a necessidade de distinguir análises *small-N*,[57] voltadas a um comparativismo de estudo de casos e mais prudente, já presentes no Direito Constitucional Comparado em geral. Elas são, contudo, deficientes quando o assunto é proceder a rigorosas metodologias que permitam conclusões mais precisas. De outra parte, a pesquisa estadunidense tem se concentrado mais em estudos *large-N*, apresentando métodos de coleta de dados rigorosos e análises estatísticas. Elas não deixam, contudo, de ser problemáticas também. Observe-se, por exemplo, que o difundido estudo de Law e Versteeg,[58] parte de um conceito reduzido de constituições como cartas de direitos somente, universaliza uma dicotomia em norma e fato já bastante questionado, por exemplo, no Direito Constitucional alemão e ainda elogia constituições como a saudita por uma suposta honestidade em preferir explicitamente aspirar menos liberdade de imprensa.

Exige-se, portanto, um esclarecimento dos objetivos do constitucionalista que trabalha comparativamente. É preciso delimitar que tipo de investigação está em jogo – analítica ou empírica – e quais reivindicações – baseada em dados ou normativa. Mas como destaca Hirschl,[59] deve-se ter em mente que tais tipologias metodológicas não são mutuamente excludentes. Estudos *small-N* e estudos *large-N* não se opõem de modo absoluto.

---

57 HIRSCHL, Ran. *Comparative Matters*: The Renaissance of Comparative Constitutional Law. Oxford: Oxford University Press, 2014, p. 226.

58 LAW, David; VERSTEEG, Mila. "Sham Constitutions". *California Law Review*, Berkeley, vol. 101, nº 4, 2013, p. 870.

59 HIRSCHL, Ran. *Comparative Matters*: The Renaissance of Comparative Constitutional Law. Oxford: Oxford University Press, 2014, p. 279.

8 Usos equivocados do Direito Comparado no Brasil

O acesso e o manejo do Direito Comparado no Brasil nunca deixaram de ser problemáticos. Há obstáculos variados. Um primeiro seria de *insuficiência*. Se o Direito Comparado e o Direito Comparado Constitucional importam, principalmente em termos de atividade acadêmica e judicial, a tendência é que eles ocupem um lugar de quase "enobrecimento" dos produtos dessas atividades. Como destacou Conrado Hübner Mendes em relação às decisões do Ministro Luiz Fux do Supremo Tribunal Federal,[60] pode às vezes sobrar "estrangeirismos" no lugar de análise cuidadosa de um caso concreto. Também em termos de insuficiência, deve-se destacar que juízes tem um contato restrito tanto com a academia brasileira quanto com a academia estrangeira – aqui em um nível mais insatisfatório. Pesquisa da Associação dos Magistrados Brasileiros (AMB) demonstrou que, no quesito "Fundamentação das decisões judiciais", não obstante não se tenha investigado a persuasão de fontes e decisões estrangeiras e supranacionais, houve pergunta direcionada obras jurídicas de referência. Em relação a estas, apareceram poucos autores estrangeiros: 0,5% dos entrevistados falaram em Alexy;[61] 0,3%,

---

60 MENDES, Conrado Hübner. "Debaixo da toga de Fux, bate um coração". *Época*, jan. 2019. Disponível em: https://epoca.globo.com/debaixo-da-toga-de-fux-bate-um-coracao-23381940. Acessado em: 12.07.2024

61 O caso de Alexy é exemplar, uma vez que, desde o início de seus estudos no Brasil em meados da década de 1990, critica-se a apropriação acrítica, senão indevida da ponderação de valores. Para tanto, ver MEYER, Emilio Peluso Neder. *Decisão e jurisdição constitucional*: crítica às sentenças intermediárias, técnicas e efeitos do controle constitucionalidade em perspectiva comparada. Rio de Janeiro: Lumen Juris, 2017; e MORAES, Fausto de Santos. *Ponderação e arbitrariedade*: a inadequada recepção de Alexy pelo STF. 2ª ed. Salvador: Juspodivm, 2018. Aliás, a própria proporcionalidade é um exemplo de *migração de ideias constitucionais* exitoso, mas não imune a críticas. Ver, também, BARAK, Ahron. *Proportionality*: Constitutional Rights and Their Limitations.

em Kelsen e Dworkin; 0,2%, em Beccaria e Bobbio; 0,1%, em Luigi Ferrajoli, Piero Calamandrei e John Rawls.[62]

É claro que, como quaisquer dados empíricos, é preciso compreendê-los. Eles escondem que juízes podem fazer referência a autores brasileiros que comungam (o que não é indispensável, é claro) de ideias estrangeiras ou supranacionais. Mas indica algumas percepções. Como declarou o jornalista Elio Gaspari,[63] é estranho que se enfrente as difíceis consequências da delação premiada ou que se queira importar o *plea bargain* conhecendo apenas dois (na verdade, um) juristas estadunidenses.

Não são poucos os exemplos de problemas no manejo do Direito Constitucional Comparado e não teríamos todo o espaço necessário para aqui analisá-los. Fiquemos apenas com dois: um de *aspecto jurisdicional* e outro de *aspecto acadêmico*. No campo jurisdicional, o voto da Ministra Rosa Weber, do Supremo Tribunal Federal, no *Habeas Corpus* (HC) 152.752,[64] impetrado pelo ex-Presidente Lula, indica uma frouxa fundamentação que peca por uma referência talvez predisposta a um resultado que não se adequa às premissas fundamentadoras. Assim, um conhecido autor da teoria dos precedentes como Frederick Schauer é referenciado

---

Cambridge: Cambridge University Press, 2012, e JACKSON, Vicki; TUSHNET, Mark (Coords.). *Proportionality*: New frontiers, new challenges. Nova York: Cambridge University Press, 2017.

62 VIANNA, Luiz Werneck; CARVALHO, Maria Alice Rezende de; BURGOS, Marcelo Baumann. *Quem somos*: a magistratura que queremos. Rio de Janeiro: Associação dos Magistrados Brasileiros, 2018, p. 133.

63 GASPARI, Elio. "Os juízes no deserto de juristas". *Folha de S. Paulo*, fev. 2019. Disponível em: https://www1.folha.uol.com.br/colunas/eliogaspari/2019/02/os-juizes-no-deserto-de-juristas.shtml. Acessado em: 12.07.2024.

64 BRASIL. SUPREMO TRIBUNAL FEDERAL. *HC 152.752*. Rel. Min. Edson Fachin. Voto Min. Rosa Weber. Brasília, 4 abr. 2018. Disponível em: https://www.conjur.com.br/dl/leia-voto-ministra-rosa-weber.pdf. Acessado 18.02.2019.

por uma citação em que se defende que tribunais não devem alterar seu entendimento no caso de mudanças de composição.[65] Correta na premissa, a referência torna-se complicada quando se observar que nem o Supremo Tribunal Federal e nem os juízes brasileiros se importam tanto com o sistema de decisões vinculantes, mesmo com o fortalecimento posterior ao Código de Processo Civil brasileiro de 2015: segundo a referenciada pesquisa da AMB, à pergunta de se magistrados deveriam poder decidir sem se pautar necessariamente pelo sistema de súmulas e precedentes vinculantes, cerca 55% dos membros de tribunais superiores responderam que concordam ou muito (30%) ou pouco (25%). Isto demonstra que a importação do sistema para o Brasil, que se inicia, pelo menos, com a Emenda Constitucional n. 45/2004, não correspondeu efetivamente a uma mudança em quinze anos de vigência.

De modo semelhante, referências à integridade proposta por Ronald Dworkin são feitas de modo aleatório. O autor estadunidense é invocado para justificar a necessidade de observar precedentes e respeito pela instituição e, como ele mesmo invocara, não em nome de uma coerência cega, mas, inclusive, superando precedentes. Em seguida, a tese de uma única resposta correta é sustentada, assim como a necessidade de separar a moralidade pessoal do juiz da moralidade política.[66] Mas isto nunca significou para o autor um hiato entre o que defende o julgador e o que ele, de fato, entende como sendo a resposta correta. Se o próprio juiz não acredita ser aquela a resposta correta, por que ele deveria sustentar uma posição

---

65 SCHAUER, Frederick. *Thinking Like a Lawyer*: a New Introduction to Legal Reasoning. Cambridge: Harvard University Press, 2009, p. 37.

66 STRECK, Lenio; MEYER, Emilio Peluso Neder. "O HC de Lula: a maioria transformada em minoria: a 'colegialidade' em ação!" *Consultor Jurídico*, abr. 2018. Disponível em: https://www.conjur.com.br/2018-abr-05/opiniao-hc-lula-maioria-transformada-minoria. Acessado em: 12.07.2024.

colegiada discordante da sua?[67] A decisão demonstra a distância entre uma análise profunda e uma análise superficial, nem tanto do Direito Comparado, mas da teoria comparada.[68]

---

67 "É claro, parece arrogante para pessoas sérias que insistam que haja então uma única verdade exclusiva a respeito da questão interpretativa à mão, ou que aqueles que não enxergam a lei ou a pintura como eles veem estão apenas errados. Parece mais realista e modesto dizer que não há uma única interpretação, mas somente diferentes respostas aceitáveis ou responsáveis.

E mesmo assim, isto é exatamente o que nós não devemos dizer se formos honestos, porque não é o que acreditamos ou podemos acreditar. Repetindo: um estudioso que trabalha por anos em uma nova leitura de *Hamlet* não pode acreditar que suas conclusões interpretativas variadas não são mais válidas que as conclusões contraditórias de outros estudiosos; um juiz que manda alguém para a cadeia baseado em uma interpretação do direito que ele acredita não ser melhor, porém apenas diferente de interpretações concorrentes deveria ele mesmo ser preso". Tradução livre de: "Of course, it seems arrogant to thoughtful people to insist that there is then one exclusive truth about the interpretive issue in hand, that those who do not see the statute or painting as they do are simply in error. It seems more realistic and modest to say that there is no one right interpretation but only different acceptable or responsible ones.

And yet that is exactly what we must not say if we are honest, because it is not what we believe or can believe. To repeat: a scholar who labors for years over a new reading of Hamlet cannot believe that his various interpretive conclusions are no more valid than the contradictory conclusions of other scholars; a judge who sends someone to jail on an interpretation of the law he believes no better than, but only diff erent from, rival interpretations should be jailed himself" (DWORKIN, Ronald. *Justice for Hedgehogs*. Cambridge: The Belknap Press of Harvard University Press, 2011, p. 151).

68 Ainda no *aspecto jurisdicional*, muito do que se discutiu prévia e posteriormente ao julgamento de viragem jurisprudencial sobre a presunção de inocência em termos comparados era baseado no "adágio popular" "só no Brasil é assim". Para uma crítica, ver MEYER, Emilio Peluso Neder. "Presunção de inocência até a segunda instância?" *Jota*, 2016, p. 1. Disponível em: https://www.jota.info/opiniao-e-analise/artigos/presuncao-de-inocencia-ate-a-condenacao-em-segunda-instancia-19022016. Acessado em: 17.02.2018.

No *aspecto acadêmico*, fiquemos apenas com um exemplo de uma publicação em um website jurídico de notícias, o *Jota*. Procurando justificar as afirmações do Governador do Rio de Janeiro eleito, Wilson Witzel, no sentido de que supostos criminosos que estivessem portando armas de uso exclusivo das Forças Armadas, Flávio Jardim,[69] em um longo arrazoado, toma o direito estadunidense por referência. Logo na introdução, nota-se que não há nenhuma pretensão de se buscar algo nem próximo do que seria uma *migração de ideias constitucionais*: o autor destaca que empreenderá uma verificação da "(...) compatibilidade da proposta de Witzel com o direito vigente no país, à luz dos critérios do direito americano". Em seguida, ele passa à definição jurídica do que é o *target killing* nos Estados Unidos. É curioso que há o reconhecimento de que o direito de guerra não é o mesmo que o Direito Penal doméstico; mas este não pareceria ser o problema.

Segue-se uma análise dos critérios de "razoabilidade objetiva" e *clear and presente danger* da Suprema Corte Norte-Americana e a incorporação pela legislação estadual desses *standards* para situações em que acusados ofereçam perigo aos policiais. E daí, com base nesses critérios, ele elaborará a conclusão de que a proposta de Witzel "(...) dificilmente seria considerada inconstitucional". Já que a Lei n. 13.497/2017 trataria como hediondos os crimes de posse de armas privativas das Forças Armadas, parece não haver problemas em comparar nosso caso com o norte-americano. E mesmo quando o autor passa para uma análise do Direito Penal brasileiro, nenhum paralelismo é desenvolvido. Perguntas como "qual o contexto de produção dos precedentes", "como o federalismo se relaciona com as decisões do tribunal", "Estados diversos podem regular diferentemente a questão", "quais aspectos sociais e legais poderiam ser

---

69 JARDIM, Flávio. "Atiradores de elite e o Direito". *Jota*, 21 nov. 2018, p. 1. Disponível em: https://www.jota.info/opiniao-e-analise/artigos/atiradores-de-elite-e-o-direito-21112018. Acessado em: 14.02.2019.

destacados", "qual o alvo usual do policial de cada contexto", entre outras, são deixadas em aberto.

O "irônico" disto é que a campanha eleitoral de Witzel para o Governo do Estado do Rio de Janeiro oscilou entre bravata de campanha e estímulo à violência. Após ele afirmar que "(...) O correto é matar o bandido que está de fuzil. A polícia vai fazer o correto: vai mirar na cabecinha e... Fogo!", uma chacina no morro do Fallet deixou o saldo de treze mortos com indícios de tortura e mortes à facada após rendição.[70] Vê-se que a pergunta sobre as condições de ação da polícia brasileira comparativamente à americana (que também tem alvos preferenciais), de fato, fez falta no estudo acima apontado.

Conclusões

O capítulo buscou reconstruir algumas das principais inquietações que cercam o Direito Constitucional Comparado. Os resultados de pesquisa indicaram que ainda permanece uma forte demanda por rigor metodológico no campo. Saber as perguntas adequadas a fazer pode permitir um uso de fontes comparadas que de fato importe, tanto para a academia quanto para a aplicação do direito, em ganhos. Muito do uso que se tem feito de fontes comparadas tem se mantido no campo de tentativas de fortalecimento de argumentos que previamente são escolhidos de acordo com um resultado esperado. Perde-se, portanto, no espaço argumentativo e interpretativo e distorce-se a fonte em *prol* de um objetivo específico. Os dois exemplos analisados (o voto da Ministra Rosa Weber no HC 152.752 e a importação do *target killing*) indicaram que os problemas metodológicos são, não raro, ignorados quando se fala

70 ALBURQUERQUE, Ana Luiza. "Defensoria vê indícios de mutilações em operação da PM que deixou 13 mortos no Rio". *Folha de S. Paulo*, 12 fev. 2019, p. 1. Disponível em: https://www1.folha.uol.com.br/cotidiano/2019/02/defensoria-do-rio-ve-indicios-de-fuzilamento-em-acao-policial-que-matou-13.shtml. Acessado em: 18.02.2019.

de Direito Comparado no Brasil. Este capítulo busca, ainda que de forma limitada, estimular o debate para propor novas pautas no Direito Constitucional Comparado.

Evitar o recurso excessivo a modelos do norte global e recorrer cada vez mais à transdisciplinariedade parecem ser as questões mais urgentes para o comparativismo no Brasil. É claro que não se deve propor um fechamento nacionalista equivocado. A questão está muito mais em fortalecer pontes de ligação entre experiências diversas, talvez no sentido do que Roland Robertson chamou de "glocalização", ou seja, a manutenção de uma constante tensão entre o local e global.[71] Esse tipo de abordagem exige, contudo, tanto a assunção de um olhar transdisciplinar, que permita ao jurista transbordar os limites tradicionais da ciência jurídica, quanto um ponto de vista não subordinado às práticas impositivas das democracias ocidentais.

71 ROBERTSON, Roland. "Glocalization: Time-Space and Homogeneity-Heterogeneity". *In*: FEATHERSTONE, Mike; LASH, Scott; ROBERTSON, Roland (Coord.). *Global Modernities*. Londres: Sage, 1995, pp. 25-44.

CAPÍTULO III

CONSTITUCIONALISMO INGLÊS: COMPARATIVISMO PELA DIFERENÇA

Introdução

O constitucionalismo inglês é, de fato, um movimento de perfil histórico. Construído ao longo de séculos, ele assume a peculiaridade e o ineditismo de não contar com uma constituição escrita ou positivada, não obstante, ser detentor de uma Constituição.[1] Paradoxal? Não se soubermos compreender como o processo histórico foi e é fundamental para a teoria constitucional inglesa, e talvez para a teoria constitucional como um todo. Um dos primeiros teóricos a definir o sentido tradicional da Constituição inglesa foi Edmund Burke (1729-1797), em seu *Reflections on the Revolution in France*

---

1 Usaremos, no presente texto, o termo "constituição", em minúsculas, para se referir ao fenômeno jurídico-político. Quando tivermos em mente uma constituição datada e/ou localizada temporalmente, usaremos o termo "Constituição".

(1790):[2] ele menciona a característica de uma constituição como uma herança gravada e transmitida por ancestrais para a posteridade.[3] Haveria, por detrás da formação de um costume constitucional, o surgimento de uma "mística" que limitaria o exercício do poder governamental.[4]

Não se pode ignorar, contudo, que há uma precedência temporal no constitucionalismo inglês em relação ao que seria consequência no continente europeu da Revolução Francesa de 1789. McIlwain relembra que a Inglaterra teve mais sorte que seus vizinhos em manter formas de controle de um poder arbitrário.[5] Mas mesmo ela precisou lidar com uma revolução constitucional e uma guerra civil para criar sanções efetivas ao descumprimento de limitações previstas por seu constitucionalismo medieval. Percebe-se que a ilha não foi sempre um oásis de estabilidade.

O sentido moderno de uma constituição viria a tomar distância da noção de uma herança recebida com a participação popular no estabelecimento de um "contrato social". Isto se tornou evidente com o processo que levou à Constituição estadunidense de 1787. Martin Loughlin sugere que o sentido moderno se contrapõe ao sentido tradicional de uma constituição por conta da preocupação atual de uma limitação do governo, ao passo que, anteriormente, cuidava-se de fazer representar modos, culturas e tradições de um

---

2 Como se trata de uma análise do sistema constitucional inglês, não procederemos, a todo momento, a uma tradução de todos os termos originalmente escritos na língua inglesa, a não ser que o contexto demande isto. Trechos mais longos, contudo, serão devidamente traduzidos.

3 BURKE, Edmund. *Reflections on the French Revolution & Other Essays*. Londres e Nova York: J.M. Dent & Sons, E.P. Dutton & Co., 1951, p. 31.

4 LOUGHLIN, Martin. *The British Constitution*: a Very Short Introduction. Oxford: Oxford University Press, 2013, p. 27.

5 MCIILWAIN, Charles. *Constitutionalism*: Ancient and Modern. Ithaca: Cornell University Press, 1947, p. 100.

povo catalisadas em uma unidade política estatal.[6] É o sentido tradicional, portanto, que chama a atenção por sua permanência no contexto inglês: como uma aquisição universalizável pós século XVIII, a ausência de derrotas em guerras ou graves revoluções nos séculos XIX e XX teriam cooperado para a desnecessidade de um documento escrito.

Observe-se, ilustrativamente, que desde o século XVII não houve uma quebra fundamental da autoridade estatal que pudesse exigir uma nova constituição. Em 1707, vê-se a transformação da Inglaterra na Grã-Bretanha, incluindo o País de Gales (desde 1535) e a Escócia (a partir de então, com o Tratado da União). Em 1800, forma-se o Reino Unido da Grã-Bretanha e Irlanda e, após, 1920, surge o Reino Unido da Grã-Bretanha e Irlanda do Norte.[7] Com isso, tem-se hoje um complexo e plurinacional Estado. Apenas esclarecendo que a Inglaterra, por si só, remonta à conquista da Normandia de 1066. Diante desse quadro complexo, Martin Loughlin vê na indisposição tipicamente inglesa (e britânica) de racionalizar em termos de princípios abstratos, optando por um sentido mais prático na política, a razão pela qual não se buscou um único documento constituinte. Tanto a Magna Carta (1215), como o *Petition of Right* (1628), o *Habeas Corpus Act* (1679) ou o *Bill of Rights* (1689) seriam, tão-somente, declarações que corroborariam o antigo, mais do que fazer algo de novo.[8]

Um debate institucional se deu no Parlamento acerca da adoção de um *British Bill of Rights*, o que levaria a um certo grau de um reforço de rigidez. O *Joint Committee on Human Rights* publicou

6 LOUGHLIN, Martin. *The British Constitution*: a Very Short Introduction. Oxford: Oxford University Press, 2013, p. 32.

7 Daí ser difícil adotar um padrão para termos como "Constituição inglesa" ou "Constituição do Reino Unido". Trataremos os dois como equivalentes.

8 LOUGHLIN, Martin. *The British Constitution*: a Very Short Introduction. Oxford: Oxford University Press, 2013, p. 50.

um relatório intitulado *A Bill of Rights for the UK* entre 2007 e 2008, propondo a inclusão de direitos e liberdades civis e políticas, direitos derivados do devido processo legal, direitos socioeconômicos, direitos democráticos e direitos de minoria. O próprio ex-Primeiro-Ministro David Cameron havia feito proposta no sentido da positivação em 2006.[9] Não surpreendentemente, os calorosos debates que ora se dão em torno do *Brexit* fizeram ressurgir a ideia de uma constituição escrita que pudesse aplacar dificuldades não previstas anteriormente em um documento ao menos codificado. O governo de Boris Johnson também contou com um *Bill of Rights Bill*, ainda não aprovado pelo Parlamento.

É interessante, assim, que a característica da *flexibilidade* tenha tensionado historicamente com uma cultura política não acostumada com mudanças bruscas. Se a soberania parlamentar, em tese, permitiria que maiorias políticas promovessem constantemente mudanças constitucionais, não é isto o que se observa historicamente, nem mesmo na tumultuada segunda metade do século XX. Delaney,[10] citando Goldsworthy, lembra que no coração do constitucionalismo britânico está a crença de que um povo agindo autonomamente saberá agir em conformidade com o direito. Ainda assim, é o Parlamento a fonte de toda a legitimidade e o *locus* do debate sobre quais são os rumos constitucionais a se seguir.

No curso de um processo de gradual aumento do autoritarismo no globo, o caso inglês chama a atenção em vista da peculiaridade de um sistema que é não codificado, não escrito. Invocando a tese de Levistky e Ziblatt de que a *tolerância mútua* e a *parcimônia institucional* são normas implícitas ao sistema constitucional estadunidense

---

9 BOGDANOR, Vernon. *Brexit and Our Unprotected Constitution*. Londres: The Constitution Society, 2018, p. 26.

10 DELANEY, Erin. "Brexit Optimism and British Constitutional Renewal". *In*: GRABER, Mark. LEVINSON, Sandford. TUSHNET, Mark. *Constitutional democracy in crisis?* Nova York: Oxford University Press, 2018, p. 400.

que vêm sendo paulatinamente agredidas, Choudhry destaca que talvez a distinção entre normas escritas e não escritas não seja tão radical.[11] Para ele, a missão fundamental de qualquer democracia constitucional é a de criar uma estrutura para a contestação plural, partidária e regrada. Independentemente de ser escrita ou não, ela atende a um propósito que deve ser guardado pelas cortes.

O capítulo que se segue tem como objetivo geral apresentar o debate da Constituição do Reino Unido à luz de seus pressupostos fundamentais e do processo do *Brexit*. Ele parte de uma metodologia que, em termos de Direito Constitucional Comparado, situa-se no que se chama de análise *small-N*.[12] Debruça-se sobre um contexto constitucional específico almejando-se apresentar suas nuances para dele inferir questões de mais amplo alcance. Nosso principal problema é do de definir, à luz do Reino Unido, o que poderia ser categorizado como uma crise, nos aspectos político, democrático ou constitucional.

Para este capítulo, a tradicional separação entre países de *civil law* e *common law* possui efeitos específicos. De um lado, ela permite, por exemplo, criticar a ideia geral de que o Brasil estaria incorporando um sistema de precedentes – veremos que os esclarecimentos do texto apontam para peculiaridades por vezes ignoradas por juristas brasileiros. Por outro lado, como o texto aponta uma onda de crises políticas sucedidas por crises democráticas em diversos países no mundo – a incluir os Estados Unidos, o Brasil, a Hungria e, é o que se discutirá, talvez o Reino Unido – focar em um exemplo com tradições peculiares pode ser pedagógico em termos de

11 CHOUDHRY, Sujit. "Will democracy die in darkness? Calling autocracy by its name". *In*: GRABER, Mark; LEVINSON, Sandford; TUSHNET, Mark. *Constitutional democracy in crisis?* Nova York: Oxford University Press, 2018, p. 572; ver LEVITSKY, Steve; ZIBLATT, Daniel. *How Democracies Die*. Nova York: Crown, 2018.

12 HIRSCHL, Ran. *Comparative Matters*: The Renaissance of Comparative Constitutional Law. Oxford: Oxford University Press, 2014, p. 193.

diferenciações. Uma tradição constitucional pouco explorada pode ter a ensinar que constituições vão muito além de *design* constitucional ou formas positivadas.

A definição de uma crise constitucional é um problema antigo para a Teoria da Constituição e para o Direito Constitucional. A referência constante está nos trabalhos de Carl Schmitt, para quem o estado de exceção pode refletir a forma mais aguda para se testar a força de uma constituição.[13] John Finn,[14] por sua vez, dedicou-se a delinear princípios do constitucionalismo que poderiam ser afetados em ocasiões de estados de emergência e que poderiam a elas responder atestando a duração e a capacidade de manutenção de uma constituição. Jared Diamond tem apontado que crises são indicadoras de *turning points*, ou momentos de virada, na definição da identidade de uma determinada sociedade.[15] Ciente dessas premissas apontadas pela literatura, o capítulo se utilizará do caso do Reino Unido como uma premissa para problematizar as noções de crise política, crise democrática e crise constitucional.

Para tanto, seguem-se os seguintes passos. De um modo amplo, o trabalho se divide no objetivo específico de compreender a Constituição do Reino Unido (algo ainda carente de maiores investigações no Brasil) e lê-la à luz do fenômeno do *Brexit*. De um modo específico, o caminho seguido começa por uma discussão sobre o que se costumou chamar de "contratos de domínio". Em seguida, um esclarecimento é feito sobre as chamadas *constitutional conventions*. De modo semelhante, institutos como *common law*, *law of land* e *precedents* são analisados. O tema da soberania parlamentar, central para a compreensão do constitucionalismo

---

13 SCHMITT, Carl. *Political Theology*. Chicago: University of Chicago Press, 2005, p. 5.

14 FINN, John. *Constitutions in Crisis*: Political Violence and the Rule of Law. Nova York: Oxford University Press, 1991.

15 DIAMOND, Jared. *Upheaval*: Turning Points for Nations in Crisis. Nova York: Little, Brown and Company, 2019, p. 9.

inglês, é também enfrentado, assim como a organização do Parlamento de Westminster, alcançando o sistema parlamentarista. Na sequência, debruça-se sobre a organização judiciária e as mudanças que a atingiram, bem como mudanças constitucionais mais amplas enfrentadas pelo sistema inglês.

Como o caso do Reino Unido é pouco explorado na literatura disponível no Brasil, optou-se por mais detidos esclarecimentos para o leitor em geral. O recorte temporal utilizado aqui é o da consulta popular de 2016 até a ascensão ao poder de Rishi Sunak em 2022.[16] À luz desses pressupostos e de uma análise pontual do contexto europeu, enfrenta-se, ao final, a questão do *Brexit* e de seus desdobramentos.

1 Uma palavra sobre os "contratos de domínio"

Canotilho chama de "contratos de domínio" (*Herrschaftsverträge*) os documentos históricos que não são, individualmente, documentos constitucionais, mas integram, globalmente, o constitucionalismo inglês.[17] É importante que façamos uma breve análise dos mesmos:

a) Magna Carta (1215): entre 1215 e 1225, quatro Magnas Cartas foram lançadas. Ainda assim, é o primeiro documento que alcançou ampla notoriedade. Estabelecida como uma concessão de liberdades pelo Rei João Sem Terra, em verdade, ela reconhece muito mais privilégios que direitos. Cuidou expressamente de proibir que a justiça fosse negada ou postergada. Não mencionou literalmente

16 O trabalho não compreende, portanto, a análise das medidas tomadas para o enfrentamento no Reino Unido da pandemia de COVID-19. Para tanto, ver GROGAN, Joelle. "Right Restriction or Restricting Rights? The UK Acts to Address COVID-19". *Verfassungsblog*, 2020. Disponível em: https://verfassungsblog.de/right-restriction-or-restricting-rights-the-uk-acts-to-address-covid-19/. Acessado em: 13.08.2024.

17 CANOTILHO, José Joaquim Gomes. *Direito Constitucional e Teoria da Constituição*. 7ª ed. Coimbra: Almedina, 2003, p. 55.

a soberania parlamentar, mas estabeleceu restrições ao poder régio em vista da atuação de um grupo de súditos constituído em um conselho comum de nobres e clérigos. Tratou de semear o devido processo legal prévio às restrições à liberdade ou à propriedade (art. 39). Arlidge e Judge esclarecem que apenas três dispositivos (liberdade religiosa, autonomia local e julgamento célere por seus pares) remanescem em vigor nos dias atuais no Reino Unido.[18] Porém, ante seus oitocentos anos de estabelecimento, ela ainda exerce um fascínio na história constitucional inglesa e comparada.[19] Dos quatro exemplares originais de 1215, dois estão na *British Library*, um na *Lincoln Cathedral* e outro na *Salisbury Cathedral*.

b) *Petition of Right* (1628): o documento proveio do julgamento do caso *Darnel* (1627), em que réus foram condenados e presos por se negarem a pagar um tributo estabelecido pelo Rei Charles I. O documento exigia expressa autorização do parlamento para a definição de tais sanções. Mesmo em vigor, Hilaire Barnett[20] esclarece que ele teria sido superado pelo *Bill of Rights*.

c) *Habeas Corpus Act* (1679): apesar da referência ao ano de 1679, o constitucionalismo inglês é dotado de mais de um documento com esse nome (1816 e 1872, por exemplo). O documento garantiu o manejo por qualquer um que se achasse preso do histórico *writ* ou mandado constitucional.

d) *Bill of Rights* (1689): este documento passa a deter uma proeminência ainda maior que a Magna Carta no edifício constitucional inglês. Sua origem é controversa: em meio à longa tensão

---

18 ARLIDGE, Anthony; JUDGE, Igor. *Magna Carta Uncovered*. Oxford: Hart Publishing, 2014, p. 2.

19 Há uma tradução para o inglês do original em latim da Magna Carta disponível em: http://www.bl.uk/magna-carta/articles/magna-carta-english-translation. Acessado em: 30.05.2019, baseada em DAVIS, G. R. C. *Magna Carta*. Londres: British Museum, 1963.

20 BARNETT, Hilaire. *Administrative and Constitutional Law*. 4ª ed. Londres: Cavendish Publishing, 2002, p. 19.

entre Igreja e Estado já iniciada com a fissura da autoridade papal cento e cinquenta anos antes, com Henrique VIII, James II, católico, logo após sua esposa dar à luz a um herdeiro, dissolve o Parlamento em 1688. William de Orange, casado com a filha de James II, Mary, chega à Inglaterra no fim daquele mesmo ano, levando a que James II deixasse o país e o trono. William, não ainda rei, convoca uma Convenção Parlamentar em substituição ao Parlamento efetivo. É esta convenção que proclama o *Bill of Rights*, um documento de claro perfil de *soberania parlamentar*: a Coroa não mais poderia suspender leis sem consentimento do parlamento; a tributação deve ser feita com autorização parlamentar; a liberdade de manifestação parlamentar não poderia ser impedida por cortes ou órgãos externos.[21] Mais do que isso, ele fixou o princípio do *King in Parliament*, superando o princípio de uma soberania parlamentar solitária.[22]

É preciso, contudo, deixar algo claro: o constitucionalismo inglês não se reduz aos "contratos de domínio". Todos aqueles aqui destacados compõem o complexo sistema de uma constituição não codificada. Nenhum deles, e nem somente a soma de todos eles, são, em si mesmos, a Constituição do Reino Unido. Não há um único texto canônico e outros atos, como o *Act of Union* com a Escócia (1707) ou o *Act of Union* com a Irlanda (1800), ou, ainda, os *Judicature Acts* de 1873 e 1875, assim como o *Statute of Westminster*, de 1931, e o *European Communities Act*, de 1972, integram o panorama de atos constitucionais.[23] A Suprema Corte do Reino Unido consignou que os principais atos que submeteram a clássica prerrogativa régia ao comando parlamentar se situariam no período de vinte anos entre

---

21 BARNETT, Hilaire. *Administrative and Constitutional Law*. 4ª ed. Londres: Cavendish Publishing, 2002, p. 21.

22 LEYLAND, Peter. *The Constitution of the United Kingdom*: a Contextual Analyses. 2ª ed. Oxford: Hart Publishing, 2012, posição 1.073.

23 GARDNER, John. "Can There Be a Written Constitution?" *Oxford Legal Studies Research Paper No. 17/2009*. Página 3. Disponível em: https://ssrn.com/abstract=1401244. Acessado em: 06.08.2024.

1688 e 1707: o *Bill of Rights* de 1689, o *Act of Settlement*, de 1701, na Inglaterra e no País de Gales, o *Claim of Right Act*, de 1689, na Escócia, e os *Acts of Union*, de 1706 e 1707, na Inglaterra e no País de Gales, assim como na Escócia, respectivamente.[24] Sendo assim, o que mais integraria esse complexo sistema constitucional?

2 *Constitutional conventions*

Importantes na definição do constitucionalismo inglês são as chamadas convenções constitucionais. Elas representam práticas consolidadas na atuação governamental e das instituições estatais. Assim, Albert Venn Dicey fez referência a poderes discricionários da Coroa que estão situados para além do que estabelecido em atos do Parlamento, sendo regidos, portanto, por convenções constitucionais ou práticas costumeiras.[25] A grande diferença é que, ao contrário das leis, as convenções não seriam aplicadas pelo Judiciário, ainda que possam constar de *obter dicta*. Leyland ilustra a existência de uma convenção ao lembrar do episódio de 1909 em que a *House of*

---

24 SUPREMA CORTE DO REINO UNIDO. *R. (Miller) v. Secretary of State for Exiting the European Union*. Julgamento de 24 de janeiro de 2017. Página 14. Disponível em: https://www.supremecourt.uk/cases/docs/uksc-2016-0196-judgment.pdf. Acessado em: 29.05.2019.

25 É o que se pode verificar em Leyland (The Constitution of the United Kingdom, posição 1.379). Albert Venn Dicey (1835-1922), Professor em Oxford, foi um dos mais importantes juristas ingleses, tendo sido um dos responsáveis pela difusão da expressão *rule of law*. "A explicação de Dicey dominou por quase 100 anos e sua exegese 'quase serviu como uma constituição escrita substituta', dando sentido à miríade de convenções e outras normas desarticuladas que estruturam o sistema britânico de governo". Tradução livre de: "The Diceyan explanation has held sway for over 100 years, and his exegesis has 'almost served as a surrogate written constitution', making sense of the myriad conventions and other unarticulated norms that structure the British system of government" (DELANEY, Erin. "Stability in Flexibility: a British Lens on Constitutional Success". *In*: GINSBURG, Tom; HUQ, Aziz. *Assessing Constitutional Performance*. Nova York: Cambridge University Press, 2016, p. 551).

Lords se recusara a aprovar o orçamento. A pressão do Rei George V no sentido de aumentar o número de assentos na casa, desde que com apoio popular (o que foi alcançado com eleições gerais convocadas), fez com que os *Lords* do Partido Conservador recuassem e finalmente aprovassem o orçamento. Na sequência, o resultado da aprovação de um *act* obrigando a deliberação sobre leis orçamentárias nada mais seria do que uma convalidação de um costume.[26]

3 *Common law, law of the land* e *precedents*

O estilo pragmático influenciou a relação da Constituição britânica com a tradição jurídica anglo-saxã. O chamado *common law* daria contornos a tal influência, por meio da soma de costumes (*custom*, um conjunto de usos, práticas e normas formadas em tempos imemoriais) e precedentes (*precedents*, decisões tomadas no passado, voltadas para casos específicos e que ganham força de precedente a precedente).[27] Observe-se que a lógica não é propriamente de consagração de um princípio geral, mas um convencimento pragmático em um método de casos. Não que o uso dos precedentes não possa recorrer a uma metódica de abordagem por regras. É possível que isto aconteça, mas também haverá um ponto de vista de estabelecimento de similaridades.[28] Tanto é assim que precedentes evitarão um engessamento do sistema pelo uso de técnicas apropriadas: *distinguinshing* (a caracterização de diferenças que evitam

---

26 LEYLAND, Peter. *The Constitution of the United Kingdom*: a Contextual Analyses. 2ª ed. Oxford: Hart Publishing, 2012, posição 1.419.

27 No século XVII, com seu influente trabalho, *Institutes of the Laws of England*, Edward Coke (1552-1634) foi responsável por defender o *common law* como um direito imemorial que, inclusive, era anterior aos normandos. William Blackstone (1723-1780), com seu *Commentaries on the Laws of England*, foi um dos primeiros a impulsionar as lições sobre os princípios fundamentais do *common law*.

28 STEVENS, Katharina. "Reasoning by precedent-between rules and analogies". *Legal Theory*, vol. 24, nº 3, 2018, pp. 216-254.

a aplicação do precedente), *overruling* (a superação do precedente por uma decisão judicial) e *override* (a superação do precedente por uma decisão legislativa).

O recurso a precedentes no contexto inglês chama a atenção para as peculiaridades de um sistema desprovido de constituição escrita. Há um envolvimento de uma noção complexa de constituição – a abarcar "contratos de domínio", costumes, precedentes e atos do Parlamento – com a prática do *common law*. Mais do que isto, e em nome da ideia de um "governo limitado", tornou-se tradição a remissão à expressão *law of the land*, que aparece no art. 39 da Magna Carta. Ela estaria associada à ideia romana de uma *lex terrae* (uma "lei da terra"), alterável apenas pela vontade parlamentar e contraposta a uma *lex regis* (uma "lei régia").[29]

4 Soberania parlamentar e *Acts of Parliament*

A instalação do Parlamento inglês remete ao final do século XIII. Ele se manteve como instituição durante todos os séculos que se seguiram, atuando não só em *prol* da democracia liberal, mas também da monarquia e da oligarquia. Desempenhou e desempenha funções legislativas, consulares e judicantes.

A soberania parlamentar, é claro, não se deu apenas em um momento. As condições postas pela Magna Carta para o surgimento de um conselho de barões legitimador da atuação do rei não foram suficientes para a possibilitar o que se firmou ao longo dos séculos: a ideia de uma *Crown in Parliament*, uma monarquia parlamentar (rei ou rainha em sua capacidade institucional), seria um pouco confusa nos séculos seguintes. No século XIV, pareceu útil unir os chamados *estates*, reuniões com senhores feudais para a discussão de questões financeiras, com os chamados *parlement*, a oitiva de

---

29 LOUGHLIN, Martin. *The British Constitution*: a Very Short Introduction. Oxford: Oxford University Press, 2013, p. 39.

petições por juízes indicados pelo Rei – daí a raiz da atividade judicante do Parlamento. Apenas no reinado de Edward III (1327-1377) é que o Parlamento se torna, de fato, uma instituição.[30] E será com o rompimento de Henrique VIII com o catolicismo, assim como com a submissão da Igreja ao Rei, que o Parlamento se tornará a instituição da vez. Os atos do Parlamento (*Acts of Parliament*) passam a ser a mais alta expressão do direito.

Pode-se perceber, portanto, que a evolução da soberania parlamentar dependeu mais da sua ligação com a monarquia do que propriamente do exercício, em uma fração de tempo definida, de um poder constituinte originário.[31] O Poder Legislativo se coloca não apenas na representação popular na *House of Commons*, mas na ideia de uma *Crown-in-Parliament* que pulveriza a autoridade legislativa na Coroa, na *House of Lords* (Câmara dos Lordes) e, é claro, na *House of Commons* (Câmara dos Comuns).

A conformação da soberania parlamentar deveu muito à luta entre monarquia e Parlamento. O desenho institucional só seria possível após diversos eventos históricos: a guerra civil (1642-1649), a execução de Charles I (1649), a formação da *Commonwealth* e do Protetorado de Oliver Cromwell (1649-1660), a restauração monárquica (1660) e os já narrados fatos relativos à ocupação do trono por William e Mary (1688).[32] E, por certo, seria o *Bill of Rights* que fundamentaria a autoridade do parlamento: ainda que o governo permanecesse nas mãos do Rei, os instrumentos de controle ficariam com o Parlamento. O governo representativo e responsável apareceria com a indicação de líderes parlamentares como ministros do Rei.

---

30 LOUGHLIN, Martin. *The British Constitution*: a Very Short Introduction. Oxford: Oxford University Press, 2013, p. 43.

31 DELANEY, Erin. "Stability in Flexibility: a British Lens on Constitutional Success". *In*: GINSBURG, Tom; HUQ, Aziz. *Assessing Constitutional Performance*. Nova York: Cambridge University Press, 2016, p. 550.

32 LOUGHLIN, Martin. *The British Constitution*: a Very Short Introduction. Oxford: Oxford University Press, 2013, p. 45.

Com o fortalecimento do partidarismo de *Whigs* e *Tories* no século XVIII e a consolidação das convenções constitucionais, os poderes de prerrogativa foram transferidos aos ministros que, de seu turno, tornaram-se responsáveis perante o Parlamento. De qualquer modo, a soberania parlamentar se tornaria um fato. Desde George I (1714-1727), nenhuma sanção real (*royal assent*) aos *acts of Parliament* foi negada. E se, no século XVIII, os teóricos políticos chamariam de *mixed constitution* (constituição mista) o equilíbrio entre Coroa e Parlamento, os séculos XIX e XX assistiriam ao predomínio da *House of Commons*.[33]

Diante desses fatos, o Parlamento moderno fez crescer paulatinamente o direito positivo britânico. Se o número de *bills* ou *acts* aprovados no Parlamento não avançou muito dentro do século XX, por outro lado, sua extensão e complexidade aumentaram. Entretanto, tal conjunto de dispositivos normativos vem na retaguarda do que se chama genericamente de *statutory instruments*, regulamentos aprovados pelo Executivo. Deixe-se claro, contudo, que o adjetivo *statutory* (o direito estatutário, em uma tradução simples), tende abarcar, em geral, normas positivadas, por oposição ao *common law* ou direito costumeiro.

5 O Parlamento de Westminster

A Constituição do Reino Unido reflete uma organização estatal. É preciso atentar para a organização das instituições, começando pelo próprio Parlamento. O Palácio de Westminster abarca, desde 1922, o Parlamento de Westminster, destinado a regular e legitimar a atuação governamental no Reino Unido da Grã-Bretanha e Irlanda do Norte, ou seja, incluindo relações jurídicas na Inglaterra, Escócia, País de Gales (ou seja, a Grã-Bretanha) e Irlanda do Norte. Isto, contudo, com a ressalva do que se costumou chamar de *devolution*

---

33 TOMBS, Robert. *The English and their history*. Nova York: Alfred Knopff, 2015, p. 316.

powers, ou "poderes devolvidos", é dizer, algumas competências legislativas locais que retornaram aos legislativos daqueles Estados ao longo, principalmente, das últimas décadas.

O Parlamento de Westminster adota uma forma curiosa: por se originar no *King's Council* (Conselho do Rei), entende-se que sua composição abarca a Coroa (*The Crown*), a Câmara dos Comuns (*House of Commons*) e a Câmara dos Lordes (*House of Lords*).[34] A democratização efetiva da *House of Commons* demorou séculos, acontecendo efetivamente apenas em 1928. Segundo o *Fixed-Term Parliaments Act* de 2011, o Parlamento funcionava por um prazo máximo de cinco anos, a não ser que viesse a ser dissolvido antes disto. O *Dissolution and Calling of Parliament Act*, de 2022, revogou o *Fixed-Term Parliaments Act* de 2011 e restabeleceu as prerrogativas da Coroa. O Parlamento é convocado e dissolvido por meio de uma Proclamação da Coroa (que não tem mais aqui um *prerrogative power*, agindo simbolicamente), com o auxílio do *Privy Council*. Na prática, o Primeiro-Ministro busca uma dissolução em data que possa favorecer seu partido – contudo, isto pode ser antecipado por uma moção de confiança. Em termos de composição, no ano de 2015, a *House of Commons* contava com 650 representantes de diversas áreas do território britânico (*constituencies*).

Já a Câmara dos Lordes (*House of Lords*), até 1999, contava com uma maioria de cargos ocupados pelo critério hereditário e uma minoria de cargos cujos ocupantes eram nomeados. Em 2015, abrigava com 26 *Lords Spiritual*, ou seja, membros representantes do clero, assim como *Lords Temporal*, é dizer, representantes seculares. Não há um número fixo de nomeados, sendo que, naquele ano, 781 membros do Parlamento tinham assento na casa. Cuida-se de órgão que também remete a um *King's Council* (Conselho do Rei), tendo recebido o nome de Câmara dos Lordes no século XVI.

---

34 BARNETT, Hilaire. *Administrative and Constitutional Law*. 4ª ed. Londres: Cavendish Publishing, 2002, p. 455.

A nomeação dos membros cabe à Coroa Britânica, como o auxílio do Primeiro-Ministro ou da Comissão de Nomeações da Câmara dos Lordes (*House of Lords Appointment Commission*). Além das funções legiferante e de fiscalização, até 2009, a casa também exercia a função jurisdicional por meio do Comitê de Apelação da Câmara dos Lordes (*Appellate Committee of the House of Lords*).[35]

Os *Acts of Parliament* de 1911 e 1949 já haviam limitado sobremaneira o papel da Câmara dos Lordes, perdendo ela seu papel de "veto" para a maioria das matérias. Emendas parlamentares passaram a servir como conselhos para a Câmara dos Comuns e a chamada *Salisbury Convention* impediu emendas em propostas advindas do manifesto do partido do governo, lançado previamente às eleições.[36] Seus poderes passaram a se restringir muito mais a atrasar deliberações ou dar publicidade a processos a fim de gerar algum constrangimento.[37]

6 Um Executivo parlamentarista

O governo inglês, como se pode notar, é essencialmente parlamentar. Isto tem levado a que se diga que não há propriamente separação de poderes no Reino Unido,[38] mas uma limitada separação

---

35 STRECK, Lenio. *Jurisdição constitucional e decisão jurídica*. 3ª ed. São Paulo: RT, 2013, p. 354.

36 A *Salisbury Convention* apareceu no Governo trabalhista de Clement Atlee, entre 1945 e 1951, sendo resultante do trabalho de oposição de Lorde Salisbury na Câmara Alta. Cf. REINO UNIDO. *Withdrawal Agreement and Political Declaration*. 2018. Disponível em: https://www.gov.uk/government/publications/withdrawal-agreement-and-political-declaration. Acessado em: 29.05.2019.

37 DELANEY, Erin. "Stability in Flexibility: a British Lens on Constitutional Success". *In*: GINSBURG, Tom; HUQ, Aziz. *Assessing Constitutional Performance*. Nova York: Cambridge University Press, 2016, p. 405.

38 "O segredo eficiente da Constituição inglesa pode ser descrito como a próxima união, a quase completa fusão dos poderes executivo e legislativo". Tradução livre de: "The efficient secret of the English Constitution

de funções com várias tarefas se sobrepondo.[39] A partir do *Bill of Rights* de 1689, o controle das prerrogativas régias coube ao Parlamento. Isto é o que deu origem à chamada "constituição incomparável" (*matchless constitution*), em que um acordo de um governo *representativo e responsável* trouxe o Parlamento para o centro das atenções. Líderes parlamentares do partido com maior número de votos, encabeçados no gabinete (*cabinet*) do Primeiro-Ministro, desde então, passaram a ser os ministros da Coroa, recorrendo a um procedimento mais flexível que o *impeachment* para controlar a legitimidade ministerial: o voto de desconfiança. Com isto, estava formado um governo de gabinete que evitaria a hipertrofia do Executivo. Martin Loughlin adiciona também a existência de uma burocracia de servidores públicos recrutados a partir de exames meritórios, a partir de 1854, como algo fundamental para um autocontrole do sistema.[40]

A partir dessa estrutura, seria possível falar em uma convenção de responsabilidade coletiva baseada em três fundamentos:

a) *sigilo*, já que as deliberações executivas devem acontecer de modo fechado, postergando o debate aberto entre os membros;

b) *unanimidade*, dado que os todos os membros do governo devem apoiar a decisão;

c) *confiança*, uma vez que o governo deve ser apoiado pelo Parlamento e deve renunciar se perder um voto de confiança.

---

may be described as the close union, the nearly complete fusion of the executive and legislative powers" (BAGEHOT, Walter. *The English Constitution*. Oxford: Oxford University Press, 2001, p. 11).

39 LEYLAND, Peter. *The Constitution of the United Kingdom*: a Contextual Analyses. 2ª ed. Oxford: Hart Publishing, 2012, posição 2.030.

40 LOUGHLIN, Martin. *The British Constitution*: a Very Short Introduction. Oxford: Oxford University Press, 2013, p. 61.

O protagonismo da soberania parlamentar se solidificou após anos de disputas. O *Bill of Rights* resultou em que o Parlamento não pode ser suspenso pela Coroa a não ser com seu consentimento; o aumento de tributos só pode ocorrer sob sua autorização; e, nenhum exército pode ser formado em tempos de paz sem seu consentimento. Apesar do poder real aparecer em todas as funções constitucionais (a Rainha abre cada sessão parlamentar a partir de seu trono na *House of Lords* e a justiça é provida por cortes reais), o tempo cuidou de afastá-lo do exercício cotidiano de funções governamentais. Além de normas estatutárias, como o *Act of Settlement* de 1701, convenções constitucionais e decisões judiciais limitaram o exercício do chamado *prerogative power*.[41]

41 LEYLAND, Peter. *The Constitution of the United Kingdom*: a Contextual Analyses. 2ª ed. Oxford: Hart Publishing, 2012, posição 2.057. Não se esqueça da fundamental importância que as chamadas *royal prerrogatives* ainda detêm no constitucionalismo inglês atual. Elas envolvem competências da Coroa e do Gabinete, normalmente afetas à chefia de Estado, como assinatura de tratados, declaração de guerra e celebração de paz, limitação da entrada de estrangeiros no país e atribuição de passaportes. Elas foram invocadas pela ex-Primeira-Ministra Theresa May para defender que caberia ao Poder Executivo acionar o art. 50 do Tratado de Lisboa para dar início ao processo do *Brexit*. "A prerrogativa real envolve aqueles direitos da Coroa que se originaram nos privilégios monárquicos do arcaico *common law*, ao invés de uma concessão legal de autoridade pelo Parlamento. A prerrogativa real existe em virtude da tradição e do costume, não por um Código ou constituição oficialmente positivados e tem-se provado difícil elaborar um catálogo abrangente de poderes de prerrogativa". Tradução livre de: "The royal prerogative comprises those rights of the Crown which originate in the archaic common-law privileges of the monarch rather than from a legal grant of authority by Parliament. The royal prerogative exists by tradition and custom, not by any officially written-down code or constitution, and it has proved difficult to give a comprehensive catalogue of prerogative powers" (DOUGLAS-SCOTT, Sionhaidh. "Brexit, Article 50 and the Contested British Constitution". *Modern Law Review*, vol. 79, nº 6, 2016, p. 1.027).

7 A organização judiciária e o fortalecimento das cortes

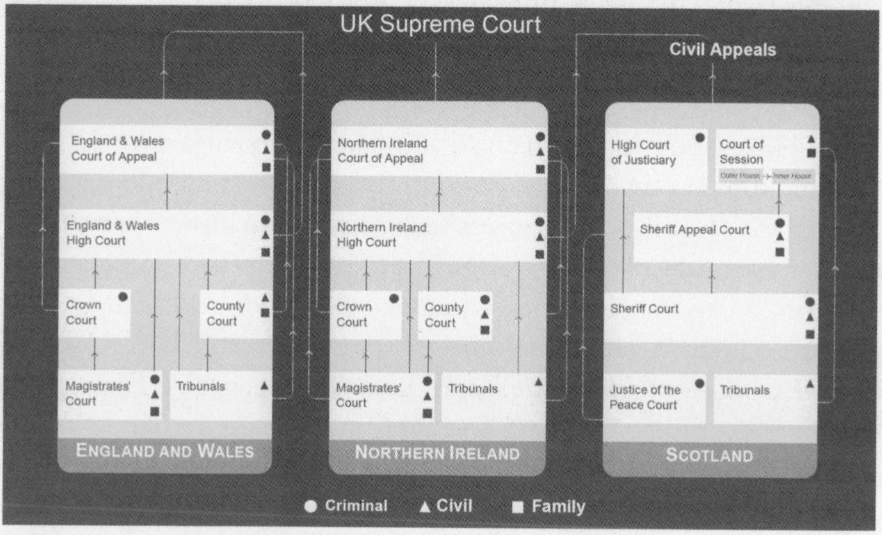

Fonte: https://www.supremecourt.uk/docs/supreme-court-and-the-uks-legal--system.pdf. Acessado em: 29.05.2019.

Como se pode denotar pelo organograma acima, a função de instância recursal final passou a caber à Suprema Corte do Reino Unido (*UK Supreme Court*), criada em 2009 em decorrência da aprovação do *Constitutional Reform Act* (Ato de Reforma Constitucional) de 2005. Em verdade, tais mudanças remetem a 1998, quando o *Human Rights Act* incorporou ao direito inglês as determinações previstas na Convenção Europeia de Direitos Humanos. Não que boa parte destes direitos já não fosse garantida, a incorporação foi muito mais uma sinalização a mais no sentido de se abraçar a inserção na União Europeia.[42] No que tange especificamente ao Poder Judiciário, isto significou um avanço no sentido de se agregar um

42 BARROSO, Luís Roberto. *Curso de Direito Constitucional contemporâneo*: os conceitos fundamentais e a construção do novo modelo. São Paulo: Saraiva, 2015, p. 14.

arremedo de controle jurisdicional de constitucionalidade nesse país: passou-se a permitir a chamada *declaração de incompatibilidade*, em que o juiz, diante de um caso concreto, provê decisão alertando o Parlamento para a necessidade de revisão de legislação contrária ao *Human Rights Act*.[43]

Há episódio histórico no constitucionalismo inglês em que já se utilizou um "protossistema" de controle jurisdicional de constitucionalidade. A *Court of Common Pleas* decidiu, em 1610, capitaneada por Sir Edward Coke, que o *common law* detinha precedência sobre os atos do Parlamento inglês. Cuidou-se do famoso *Bonham's Case*, em que o médico que dava nome ao caso discutia a legitimidade do *Royal College of Physicians* para conceder licenças e fiscalizar o exercício da profissão de médico em Londres, com base no *College of Physicians Act* de 1553. Thomas Bonham teve seu pedido deferido por Coke ao argumento de que o *Royal College of Physicians* não

43 O Relatório do Ministério da Justiça do Reino Unido de 2013-2014, apresentado ao Comitê Conjunto sobre Direitos Humanos do Parlamento informa que, desde 2000, quando o *Human Rights Act* entrou em vigor, das 20 declarações de incompatibilidade, 12 resultaram em alterações de legislação primária (parlamentar) ou secundária (delegada a órgãos específicos). Dentre os casos, aponte-se, por exemplo, *Bellinger v. Bellinger* (*House of Lords* (2003)), em que um transexual, após cirurgia de mudança de sexo masculino para feminino, sustentava a ilegitimidade do *Matrimonial Causes Act of 1973* (Lei das Causas Matrimoniais de 1973), Seção 11 (c), por não dispor a respeito de situações de mudança de gênero. O pleito foi reconhecido. Observe-se que em *Goodwin v. UK* (Recurso 28957/95), a Corte Europeia de Direitos Humanos já havia reconhecido a violação dos arts. 8º e 12 da Convenção Europeia de Direitos Humanos pela ausência de regulação da questão e que uma solução já havia sido provida com o *Gender Recognition Act 2004* (Lei de Reconhecimento de Gênero de 2004). Cf. REINO UNIDO. *Responding to human rights judgments*: Report to the Joint Committee on Human Rights on the Government response to human rights judgments 2013-14. Página 40. Disponível em: https://assets.publishing.service.gov.uk/government/uploads/system/uploads/attachment_data/file/389272/responding-to-human-rights-judgments-2013-2014.pdf. Acessado em: 06.08.2024.

detinha função jurisdicional e de que o ato do parlamento violava o *common law*. Já sabemos, contudo, que a soberania parlamentar iria se sobrepor por anos a fio a esta episódica decisão.

Para além da *declaração de incompatibilidade*, o *Constitutional Reform Act* de 2005 abriu espaço para uma ascensão do Poder Judiciário corporificada na Suprema Corte do Reino Unido. Esta iniciou seus trabalhos em 1º de outubro de 2009. Os chamados *Law Lords*, membros da Câmara dos Lordes que exerciam função judicante no momento da criação da Suprema Corte foram incorporados a este órgão, que não mais atribuiria a novos juízes títulos nobiliárquicos. Em 2015, a corte contava com 12 *Justices* (juízes ou, na nossa terminologia, ministros).

Uma importante discussão diz respeito à dimensão e à possibilidade do exercício do *judicial review*. Na tradição inglesa, o termo se refere muito mais à situação de reconhecimento da invalidade da legislação secundária em relação à legislação primária. Ainda assim, discute-se o papel proeminente que já vinha desempenhando a Câmara dos Lordes, por meio de sua função judicial, em invalidar inúmeros atos do governo britânico, como se deu em relação a diversas normas antiterrorismo durante a década de 2000.[44] Não houve ainda uma manifestação mais clara da Suprema Corte do Reino Unido nesse sentido. Desse modo, a *declaração de incompatibilidade* tem se mostrado como algo mais próximo do que se poderia chamar de um *weak judicial review*,[45] se acaso tomemos o *Human Rights Act* de 1998 como parte da Constituição do Reino Unido. Não se

---

44 DREWRY, Gavin. "The UK Supreme Court – A Fine New Vintage, or Just a Smart New Label on a Dusty Old Bottle?" *International Journal for Court Administration*, 2011, pp. 1-14. Disponível em: https://www.iacajournal.org/articles/60/galley/42/download/. Acessado em: 29.05.2019.

45 TUSHNET, Mark. *Weak courts, strong rights*: judicial review and social welfare rights in comparative constitutional law. Nova Jersey: Princeton University Press, 2009.

pode desconsiderar que a declaração de incompatibilidade não afeta a validade do ato e não é vinculante para as partes do processo.[46]

De qualquer modo, foram mais comuns os casos de não aplicação de atos do Parlamento por contrariedade ao Direito Comunitário da União Europeia. Foi o que se deu no importante precedente de *R. v. Secretary of State, ex p Factortame Ltd.* (1991), em que a Câmara dos Lordes deixou de aplicar o *Merchant Shipping Act* por colisão com tratados da União Europeia. Para além da Convenção Europeia de Direitos Humanos, de 1950, incorporada domesticamente com o *Human Rights Act*, de 1998, é preciso acrescentar a complexidade hermenêutica que a Carta de Direitos Fundamentais da União Europeia (adotada em 2000, efetivada pelo Tratado de Lisboa, de 2007, e sob efeitos em 2009) gerará para as instituições nacionais. É o que se apresentou em *Benkharbouche v. Secretary of State for Foreign Affairs* (2017), em que a Suprema Corte do Reino Unido decidiu que, em vista do art. 47 da Carta de Direitos Fundamentais, o direito a um remédio efetivo deveria abarcar um afastamento da imunidade da embaixada sudanesa em *prol* de uma devida proteção de uma funcionária demissionária.[47]

---

46 Veja-se: "(6) Uma declaração sob esta seção ('uma declaração de incompatibilidade') – (a) não afeta a validade, contínua operacionalidade ou efetividade do dispositivo a respeito do qual é feita; e (b) não é vinculante para as partes do procedimento no qual é feita". Tradução livre de: "(6) A declaration under this section ('a declaration of incompatibility') – (a) does not affect the validity, continuing operation or enforcement of the provision in respect of which it is given; and (b) is not binding on the parties to the proceedings in which it is made". Cf. REINO UNIDO. *Human Rights Act 1998*. Disponível em: https://www.legislation.gov.uk/ukpga/1998/42/section/4. Acessado em: 28.03.2018.

47 BOGDANOR, Vernon. *Brexit and Our Unprotected Constitution*. London: The Constitution Society, 2018, p. 25.

8 Mudanças constitucionais

As mudanças que aconteceram durante o governo do ex-Primeiro Ministro Tony Blair, principalmente entre 1997 e 2005, talvez sejam aquelas que mais transformaram o constitucionalismo inglês desde o século XVIII. A respeito das alterações que se definiram sob o *Human Rights Act*, de 1998, é preciso lembrar de casos como *Thoburn v. Sunderland City Council*, de 2003, em que o *Lord Justice* Laws definiu o ato parlamentar como portador de uma qualificação constitucional, impedindo qualquer tipo de revogação implícita, é dizer, exigindo que o Parlamento explicitamente sobre ele se posicionasse caso decidisse por exclui-lo da ordem jurídica inglesa.[48] Esse tipo de alteração definiu também novas conformações institucionais, já que os juízes ingleses passaram a uma situação em que se tornou fundamental interagir com a jurisprudência da *European Court of Human Rights*.

Mudanças importantes se deram em termos de soberania compartilhada com o ápice de um processo representado nos *devolution acts*: o *Scotland Act* (1998), o *Government of Wales Act* (1998) e o *Northern Ireland Act* (1998). A soberania do Parlamento de Westminster foi preservada desde o início do processo devolutivo, já que, pelo menos em tese, poderia haver revogação dos atos de devolução. As principais mudanças vieram com a possibilidade de que os parlamentos escocês e irlandês passaram a poder editar legislação primária. O País de Gales continuou com acesso apenas à legislação secundária. As mudanças foram sensíveis porque envolveram algum grau de atribuição que aproximou o Reino Unido, ao menos em parte, de uma federação – ainda que o sistema devolutivo impeça equiparação rígida. Importante nesse campo foi que o governo Blair estabeleceu referendos locais antes de iniciar o processo devolutivo.

---

48 DELANEY, Erin. "Judiciary Rising: Constitutional Change in the United Kingdom". *Northwestern University Law Review*, vol. 108, nº 2, 2014, p. 560.

Esse foi o começo do processo que desaguou nas consequências de 2016 para esse passo da democracia representativa em direção à democracia popular. E não se esqueça que a Escócia inovou também, em 2014, ao realizar um referendo pela independência em relação ao Reino Unido que acabou resultando em um "não".[49]

A proposta de uma reforma judicial foi pobremente debatida antes do anúncio feito pelo então Primeiro-Ministro Tony Blair de que empreenderia alterações no Poder Judiciário. Ainda assim, ela visaria atender a uma série de decisões tomadas pela Corte Europeia de Direitos Humanos questionando o modelo inglês de separação de poderes e a necessidade de modernização do Poder Judiciário.[50] Uma das mudanças mais impactantes, para além da criação da Suprema Corte do Reino Unido, veio com a transformação de competências do *Lord Chancellor*, figura que antes cumulava os poderes de chefia do Poder Judiciário, presidência da *House of Lords* e membro do gabinete. Dali em diante, ele exerceria apenas uma função correspondente a um Ministro ou Secretário de Justiça.

Todas essas alterações devem ser apreendidas globalmente. Delaney levanta a questão de que, assim percebidas, elas colocam perspectivas de um "quase federalismo" em discussão, tendo o Poder Judiciário ganhado cada vez mais espaço para se posicionar sobre elas.[51] Novamente, o caráter único do constitucionalismo

---

49 BBC. "Scottish referendum: Scotland votes 'No' to independence". *BBC News*, set. 2014. Disponível em: https://www.bbc.com/news/uk-scotland-29270441. Acessado em: 10.07.2024.

50 DELANEY, Erin. "Judiciary Rising: Constitutional Change in the United Kingdom". *Northwestern University Law Review*, vol. 108, nº 2, 2014, p. 570.

51 DELANEY, Erin. "Judiciary Rising: Constitutional Change in the United Kingdom". *Northwestern University Law Review*, vol. 108, nº 2, 2014, p. 575. Não se olvide do papel que uma corte constitucional ou uma suprema corte deve desempenhar em federações, julgando conflitos entre os entes parciais. Para uma leitura de posições diversas a esse respeito no federalismo americano, cf. YOO, John. "The judicial safeguards of

inglês retorna à baila: a Suprema Corte do Reino Unido se coloca sobre os legislativos que advieram do processo devolutivo, mas não sobre o Parlamento de Westminster. Em *AXA General Insurance Ltd. v. HM Lord Advocate*, a Suprema Corte do Reino Unido, em certas passagens, assentou que, apesar da autonomia devolvida do Parlamento escocês (o chamado Parlamento de Holyrood), a Constituição britânica não permitiria abrir um conflito entre o *rule of law* e a soberania de Westminster, essa sempre prevalente. Esses e outros fatores empurram ainda o Parlamento inglês para função de promover uniformidade no âmbito da aplicação de direitos fundamentais no Reino Unido, apesar do *Human Rights Act* e apesar da Suprema Corte do Reino Unido. Ainda assim, Delaney[52] aponta que o governo multinível (ou quase federal) e a proteção de direitos ainda dariam espaço para maior protagonismo da corte. Veremos, a seguir, que, também no campo político, a Suprema Corte do Reino Unido se destacaria.

9 *Brexit*

Em 23 de junho 2016, pesquisas indicavam uma vitória da permanência do Reino Unido na União Europeia por 52% a 48%.[53] Pouca diferença, mas o suficiente para uma cosmopolita Londres desacreditar o poder do interior da Inglaterra. A proposta de campanha do ex-Primeiro-Ministro conservador David Cameron nas eleições de 2010 e 2015 repetiria referendo prévio ocorrido após a entrada

federalism". *Southern California Law Review*, vol. 70, 1996, p. 1.311-1.406.

52 DELANEY, Erin. "Judiciary Rising: Constitutional Change in the United Kingdom". *Northwestern University Law Review*, vol. 108, nº 2, 2014, p. 605.

53 THE TELEGRAPH. "How right or wrong were the polls about the EU referendum?" *The Telegraph*, 27 jun. 2016. Disponível em: https://www.telegraph.co.uk/news/2016/06/24/eu-referendum-how-right-or-wrong--were-the-polls/. Acessado em: 15.07.2024.

do Reino Unido na União Europeia – a entrada se deu em 1973 e o referendo, em 1975. Para 2016, o *European Union Referendum Act 2015*, que sucedeu projetos legislativos anteriores fracassados, previa a realização da consulta popular até 31 de dezembro de 2017.[54] Cameron, portanto, antecipou bastante a ocasião da verificação pela permanência (*remain*) ou abandono (*leave*). Foram 51,9% dos votos pela saída da União Europeia e 48,1% pela permanência. A certa surpresa na votação levou à queda de David Cameron e à ascensão de Theresa May ao cargo de Primeira-Ministra.

O primeiro aspecto a se destacar em relação à decisão popular é que não haveria, propriamente, uma tradição de soberania popular no constitucionalismo inglês. Questões centrais nunca dependeram de consulta popular. Assim, questionou-se, de um lado, se a decisão popular seria vinculante e, de outro, se a soberania popular se colocaria sobre a soberania da *Crown in Parliament*.[55] O segundo aspecto diz com o questionamento de uma adequada formação da vontade democrática em tempos de mídias sociais, internet, *fake news* e *bots*. O diretor da campanha do *Leave*, Dominic Cummings, desenvolveu o que foi chamado de *Project Waterloo*, com o qual buscava-se persuadir quase nove milhões de pessoas dez dias antes do referendo com temas alarmantes: inundação do Reino Unido pela migração turca, custo para o Reino Unido de 350 milhões de

---

54 REINO UNIDO. *European Union Referendum Act 2015*. Disponível em: http://www.legislation.gov.uk/ukpga/2015/36/contents/enacted. Acessado em: 29.05.2019.

55 "O direito constitucional do Reino Unido (a Escócia pode ser um problema diferente) não reconhece um princípio de soberania popular. Pelo contrário, a soberania é vista como assentada na *Crown in Parliament* e a política do Reino Unido é baseada na democracia representativa". Tradução livre de: "UK constitutional law (Scotland may be a different matter) does not acknowledge a principle of popular sovereignty. Instead, sovereignty is seen as resting with the Crown in Parliament, and UK politics is based on representative democracy" (DOUGLAS-SCOTT, Sionhaidh. "Brexit, Article 50 and the Contested British Constitution". *Modern Law Review*, vol. 79, nº 6, 2016, p. 1.021).

libras esterlinas por semana em relação à União Europeia e a possibilidade de que esse dinheiro fosse para o sistema público de saúde (*NHS*, o *National Health Service*).[56] No dia 29 de maio de 2019, Boris Johnson, ex-Prefeito de Londres e ex-Secretário de Relações Exteriores de Theresa May, foi denunciado e convocado a depor em uma ação criminal perante cortes londrinas justamente por difundir as notícias referentes aos supostos gastos semanais de 350 milhões de libras esterlinas.[57]

Várias perguntas de índole constitucional apareceram logo após o referendo e não encontravam resposta imediata para uma questão premente. É claro que, nesse ponto, a ausência de disposições escritas na Constituição britânica deixava problemas em aberto. Como destacou Sionaidh Douglas-Scott,[58] os questionamentos iam desde saber se acionar o art. 50 dependia de um ato do Parlamento, se deveria haver novo referendo para aprovar o acordo de abandono e qual era o papel das *devolved nations* (Escócia, País de Gales e Irlanda do Norte) no processo.

May teria como principal tarefa levar adiante o processo de acionamento e concretização do procedimento previsto no art. 50 do Tratado de Lisboa, invocado por um Estado-membro pela primeira vez na história.[59] Nota-se pela redação daquele dispositivo que o Reino Unido já enfrentaria uma dificuldade inicial, uma vez que o

---

56 MOORE, Martin. *Democracy hacked*: political turmoil and information warfare in the digital age. Londres: Oneworld, 2018, p. 127.

57 QUINN, Benn. “Boris Johnson to appear in court over Brexit misconduct claims”. *The Guardian*, 29 mai. 2019. Disponível em: https://www.theguardian.com/politics/2019/may/29/boris-johnson-appear-court-eu-referendum-misconduct-claims. Acessado em: 15.07.2024.

58 DOUGLAS-SCOTT, Sionhaidh. “Brexit, Article 50 and the Contested British Constitution”. *Modern Law Review*, vol. 79, nº 6, 2016, p. 1.022.

59 “ARTIGO 50º

1. Qualquer Estado-Membro pode decidir, em conformidade com as respectivas normas constitucionais, retirar-se da União.

comando expressa que a retirada da União Europeia será feita de acordo com as "normas constitucionais" domésticas. De qualquer modo, não era ignorado que a saída geraria um enorme impacto constitucional no Reino Unido e importantes efeitos institucionais na União Europeia. Some-se, ainda, o fato de que, por exemplo, na Escócia, a votação foi de 62% pela permanência. Os chamados *Devolution Acts*, contudo, não garantem àquele Estado qualquer decisão nem em assuntos externos, nem, especificamente, em relação à pertença à União Europeia. Ocorre que tal leitura simplista e positivista concorre com a visão de um processo complexo de estabelecimento de uma união no Reino Unido (para ser redundante) e com o fato de que o direito europeu se imiscuiu de forma profunda

---

2. Qualquer Estado-Membro que decida retirar-se da União notifica a sua intenção ao Conselho Europeu. Em função das orientações do Conselho Europeu, a União negocia e celebra com esse Estado um acordo que estabeleça as condições da sua saída, tendo em conta o quadro das suas futuras relações com a União. Esse acordo é negociado nos termos do nº 3 do artigo 218º do Tratado sobre o Funcionamento da União Europeia. O acordo é celebrado em nome da União pelo Conselho, deliberando por maioria qualificada, após aprovação do Parlamento Europeu.

3. Os Tratados deixam de ser aplicáveis ao Estado em causa a partir da data de entrada em vigor do acordo de saída ou, na falta deste, dois anos após a notificação referida no nº 2, a menos que o Conselho Europeu, com o acordo do Estado-Membro em causa, decida, por unanimidade, prorrogar esse prazo.

4. Para efeitos dos nº 2 e 3, o membro do Conselho Europeu e do Conselho que representa o Estado-Membro que pretende retirar-se da União não participa nas deliberações nem nas decisões do Conselho Europeu e do Conselho que lhe digam respeito.

A maioria qualificada é definida nos termos da alínea b) do nº 3 do artigo 238.o do Tratado sobre o Funcionamento da União Europeia.

5. Se um Estado que se tenha retirado da União voltar a pedir a adesão, é aplicável a esse pedido o processo referido no artigo 49".

Para o texto completo do tratado, cf. UNIÃO EUROPEIA. *Tratado de Lisboa*. Disponível em: https://www.parlamento.pt/europa/Documents/Tratado_Versao_Consolidada.pdf. Acessado em: 29.05.2019.

com o direito doméstico e a própria Constituição britânica. Daí que, em 2016, Douglas-Scott já alertava para a possibilidade de que uma tentativa de imposição *tour court* de uma única visão sobre a Constituição do Reino Unido no processo do *Brexit* poderia resultar em uma crise constitucional.[60]

Em 7 de dezembro de 2016, a *House of Commons* votou a favor do acionamento do art. 50 por uma maioria de 461 votos a favor e apenas 89 contra. A Câmara dos Comuns parecia estar alinhada com o resultado das eleições e abraçava a tese de Theresa May de que era seu gabinete que dispunha de *prerogative powers* para acionar o art. 50 do Tratado de Lisboa. Na linha de uma evolução da proeminência judicial na Constituição do Reino Unido, havia, contudo, uma Suprema Corte no caminho.

Em *R. (Miller) v. Secretary of State for Exiting the European Union*, a Suprema Corte do Reino Unido decidiu que o governo (ou o gabinete) não detinha a prerrogativa real de dar início ao processo de abandono da União Europeia e recusou-se a reconhecer que as *devolved legislatures* teriam que dar seu assentimento ao Parlamento de Westminster nesse processo.[61] Vale observar que a Suprema Corte faz a afirmação conceitual na decisão de que os arranjos constitucionais ingleses evoluíram ao longo do tempo de modo pragmático e principiológico, combinando leis (*statutes*), eventos, convenções, contribuições acadêmicas e decisões judiciais.[62] Ao cabo, é aquela

---

60 DOUGLAS-SCOTT, Sionhaidh. "Brexit, Article 50 and the Contested British Constitution". *Modern Law Review*, vol. 79, nº 6, 2016, p. 1.038.

61 SUPREMA CORTE DO REINO UNIDO. *R. (Miller) v. Secretary of State for Exiting the European Union*. Julgamento de 24 de janeiro de 2017. Disponível em: https://www.supremecourt.uk/cases/docs/uksc-2016-0196-judgment.pdf. Acessado em: 29.05.2019.

62 SUPREMA CORTE DO REINO UNIDO. *R. (Miller) v. Secretary of State for Exiting the European Union*, p. 14.

Constituição que abriga uma soberania parlamentar,[63] nas palavras de Elliot, "muscularmente" defendida pela Suprema Corte, ainda que ela tenha sido contraditoriamente conservadora em relação aos poderes das *devoluted nations*.[64]

A decisão da Suprema Corte não criou problemas para o governo de May, que a cumpriu com a aprovação do *European Union (Notification of Withdrawal) Act*, de 2017, que recebeu a sanção real em 16 de março de 2017. No dia 29 de março de 2017, chegava a uma carta de Theresa May ao então Presidente do Conselho Europeu, Donald Tusk, invocando o art. 50 do Tratado de Lisboa. O recebimento da carta abria o processo de dois anos previsto no art. 50 para finalização dos acordos de saída. Em outras palavras, a previsão seria a de que tudo estivesse concluído em 29 de março de 2019. Em 8 de junho, é realizada uma eleição geral, em que May buscava consolidar apoio popular para levar adiante o processo. Seu

---

63 "Durante o referendo, eleitores foram constantemente alertados para 'devolver o controle' e restabelecer ao Parlamento a soberania em relação à União Europeia. Ainda assim, em qual sentido estar-se-ia 'devolvendo o controle' ao Parlamento se o governo fosse capaz, usando de seus antigos poderes de prerrogativa, de dirigir todo o processo de abandono da União Europeia sem qualquer envolvimento parlamentar significativo? Isto seria extremamente antidemocrático e democracia foi o que parecia que o referendo possibilitaria". Tradução livre de: "During the EU referendum, voters were constantly urged to 'take back control' and regain Parliamentary sovereignty from the EU. Yet in what sense would Parliament be 'taking back control', if the government were able, using its ancient prerogative powers, to manage the whole EU withdrawal process without any significant parliamentary involvement? That would be extremely undemocratic, and democracy is what we are told the EU referendum was about" (DOUGLAS-SCOTT, Sionhaidh. "Brexit, Article 50 and the Contested British Constitution". *Modern Law Review*, vol. 79, nº 6, 2016, p. 2).

64 ELLIOTT, Mark. "The Supreme Court's Judgment in Miller: In Search of Constitutional Principle (April 13, 2017)". *Cambridge Law Journal*, University of Cambridge Faculty of Law Research Paper No. 23/2017, p. 5. Disponível em: https://ssrn.com/abstract=2952331. Acessado em: 15.07.2024.

Partido Conservador perde a maioria e ela se mantém no cargo com o apoio do Partido Democrático Unionista (*Democratic Unionist Party*) da Irlanda do Norte.

É aqui que uma crise política tem início. Vale, nesse sentido, recorrer à Elkins e seu alerta para o fato de que uma *crise democrática* pode implicar uma *crise constitucional*, já que constituições devem, ao menos normativamente, aspirar regimes democráticos.[65] Quando as tensões genuínas da democracia entre consenso e representação, consenso e efetividade, liberdade e igualdade, vão mal por problemas relacionados a competição, participação, direitos e liberdades civis, transparência, *accountability*, controle do Executivo ou independência judicial, é hora de refletir sobre o que está em jogo. Vários desses fatores não parecem ir mal no Reino Unido: porém, a perpetuação de um *deadlock*, de um impasse em relação a como mediatizar consulta popular e representação parlamentar, indica problemas.[66]

Em 21 de setembro de 2018, a União Europeia consolidou uma série de negativas em relação a primeira tentativa de um acordo proposta pelo Reino Unido.[67] Em 25 de novembro de 2018, porém,

---

65 ELKINS, Zachary. "Is the Sky Falling? Constitutional Crises in Historical Perspective". *In*: GRABER, Mark; LEVINSON, Sandford; TUSHNET, Mark. *Constitutional democracy in crisis?* Nova York: Oxford University Press, 2018, p. 53.

66 Veja-se, por exemplo, que o banco de dados *Varieties of Democracy*, no quesito "democracia deliberativa", apresenta um índice de ápice do Reino Unido situado em 0,9. Depois disso, e mesmo com o referendo de 2016, houve quedas importantes, chegando a 0,77 em 2018. Comparativamente, o índice brasileiro foi, em 2018, de 0,49, próximo ao índice de 0,52, de 1989, e longe do ápice de 0,82, de 2014. Cf. V-DEM (2019).

67 STONE, Jon. "All the times EU has said 'no' to Theresa May's Chequers Brexit trade plan". *The Independent*, 21 set. 2018. Disponível em: https://www.independent.co.uk/news/uk/politics/eu-brexit-theresa-may-plan-trade-deal-chequers-tusk-leaders-macron-a8548516.html. Acessado em: 15.07.2024.

os representantes de 27 Estados no Conselho da Europa aceitam a proposta britânica.[68] O confronto no ano de 2019 dentro do Parlamento de Westminster iria acelerar de modo inédito a espiral da crise política. Em 15 de janeiro de 2019, pela primeira vez, a proposta do governo é rejeitada por 432 votos a 202. Em 12 de março de 2019, pela segunda vez, a proposta é rejeitada por 391 votos a 242; no dia 14 de março, o Parlamento autoriza uma requisição de extensão do prazo de dois anos. O Conselho Europeu defere uma extensão condicionada até 22 de maio de 2019.

A expressão "crise constitucional" ganhou repercussão quando, no dia 18 de março de 2019, o então Presidente (*Speaker*) da *House of Commons*, John Bercow, invocou uma convenção constitucional de 1604 (que teria sido repetida em 1864, 1870, 1882 e 1912) que impediria a reapresentação sucessiva de questões idênticas perante a casa parlamentar.[69] A proposição não poderia nem ser a mesma, nem ser substancialmente a mesma.[70] O governo de May, então, retirou da proposta uma declaração política vaga sobre como se

---

68 REINO UNIDO. *Withdrawal Agreement and Political Declaration*. 2018. Disponível em: https://www.gov.uk/government/publications/withdrawal-agreement-and-political-declaration. Acessado em: 29.05.2019.

69 Thom Brooks, professor da Durham University, confirmou o relato de Bercow de que o *Guide to Parliamentary Practice*, publicado pelo assistente da Câmara dos Comuns Erskine May, em 1844, atestava a adesão a uma prática constitucional de não aceitar a propositura na mesma sessão legislativa de um projeto outrora rejeitado (BROOKS, Thom. "As a professor of law, I am convinced John Bercow's Brexit decision is correct". *The Independent*, 19 mar. 2019. Disponível em: https://www.independent.co.uk/voices/brexit-vote-deal-john-bercow-theresa--may-parliament-delay-a8829296.html. Acessado em: 15.07.2024).

70 ELGOT, Jessica; MASON, Rowena. "May laments 'very disappointing' EU elections as voters take Brexit revenge". *The Guardian*, 27 mai. 2019. Disponível em: https://www.theguardian.com/politics/2019/may/27/eu-elections-tories-and-labour-savaged-as-voters-take-brexit-revenge. Acessado em: 15.07.2024.

dariam as futuras relações mercantis.[71] A terceira proposta foi também derrotada, no dia 29 de março de 2019 (data original do vencimento do prazo de dois anos), por 344 votos a 286. No dia 10 de abril de 2019, o Conselho Europeu concedeu nova extensão até 31 de outubro de 2019 ou no dia seguinte à eventual aprovação do acordo pelo Parlamento. Theresa May anunciou sua renúncia como líder do Partido Conservador para o dia 7 de junho de 2019 e o líder do Partido Trabalhista, Jeremy Corbyn, passou a defender a ideia de um segundo referendo.[72]

Em processo interno de definição de um substituto para Theresa May, o Partido Conservador levou ao cargo de Primeiro-Ministro o controverso Boris Johnson. Sua medida mais drástica, e que levaria a uma aceleração da crise política, foi o aconselhamento à Rainha para que editasse de uma *prorogation* (prorrogação ou suspensão) do Parlamento a poucos dias do encerramento do prazo do *Brexit* perante o Conselho Europeu, é dizer, em 31 de outubro de 2019. A suspensão do Parlamento aconteceu em 8 de outubro de 2019. Johnson passou a ser questionado sobre a legitimidade do ato político, visto que ele parecia pressionar o Parlamento a levar adiante um *no-deal Brexit*, ou seja, um *Brexit* sem acordo com a União Europeia – mais radical e com perigosos efeitos.

A questão foi levada ao Poder Judiciário do Reino Unido. De fato, a *prorogation* demonstra uma atuação do Executivo sobre o Parlamento – sendo diferente de uma suspensão legislativa comum, a *adjournment*. Não se confunde com uma dissolução (*dissolution*),

---

71 REID, David. "Theresa May loses crucial vote on her Brexit deal for a third time". *CNBC*, 29 mar. 2019. Disponível em: https://www.cnbc.com/2019/03/29/brexit-theresa-may-loses-crucial-vote-on-her-deal-for-a-third-time.html. Acessado em: 15.07.2024.

72 HENLEY, Jon. "Brexit weekly briefing: May resigns and Tories and Labour are savaged at EU polls". *The Guardian*, 28 mai. 2019. Disponível em: https://www.theguardian.com/politics/2019/may/28/brexit-weekly-briefing-may-resigns-tories-and-labour-savaged-at-eu-polls. Acessado em: 15.07.2024.

que demanda novas eleições gerais. A *prorogation* apenas marca o encerramento de uma sessão legislativa e permite que outra se inicie com um discurso do monarca. A origem do conceito está atrelada à participação da Coroa na convocação do Parlamento, criando uma saída para o desgaste de eleições gerais caso o monarca não desejasse que a casa se reunisse. Seu uso se desgastou e a participação da Rainha deveria ser, hoje, de conteúdo apenas cerimonial, segundo Fowkes.[73]

A Suprema Corte do Reino Unido interferiu novamente, agora para resgatar o sentido jurídico de uma *prorogation*.[74] Segundo a Corte, as sessões legislativas do Parlamento costumam durar um ano. O *Brexit* empurrou a casa legislativa para um período bem mais longo em vista da complexidade das questões envolvidas – a sessão legislativa mais longa em quatro séculos, tendo início em 13 de junho de 2017. Havendo prorrogação, não pode haver qualquer trabalho legislativo. O governo, de seu turno, pode editar legislação delegada. Na decisão da Suprema Corte do Reino Unido, Lady Hale é explícita em dizer que não se sabe o que Boris Johnson, sem os membros do *Privy Council*, disseram à Rainha.

---

73 FOWKES, James. "Prorogation of the Legislative Body". *In*: GROTE, Rainer; LACHEMANN, Frauke; WOLFRUM, Rüdiger. *Max Planck Encyclopedia of Comparative Constitutional Law*. Oxford: Oxford University Press, 2015, p. 2.

74 SUPREMA CORTE DO REINO UNIDO. *R (on the application of Miller) (Appellant) v The Prime Minister (Respondent) Cherry and others (Respondents) v Advocate General for Scotland (Appellant) (Scotland)*. Julgamento de 24 de setembro de 2019. Curiosa é aqui a repetida atuação jurídica de Gina Miller, uma empresária nascida na Guiana que conseguiu que os dois casos chegassem à Suprema Corte do Reino Unido. Miller foi diversas vezes ameaçada pela *internet* e hoje vive sob a proteção de guarda-costas 24 horas (BBC NEWS. "Gina Miller: Who is Campaigner Behind Brexit Court Cases?" *BBC News*, 25 set. 2019. Disponível em: https://www.bbc.com/news/uk-politics-37861888. Acessado em: 15.07.2024).

A decisão estabeleceu que a *prorogation* é mesmo uma prerrogativa real, usada segundo conselho do Primeiro-Ministro. Cabe a ele, portanto, considerar todos os relevantes interesses, inclusive do Parlamento, antes de submeter a questão à Rainha. E apesar de as cortes não poderem decidir questões políticas, elas enfrentam contendas jurídicas em processos políticos e têm exercido uma supervisão jurisdicional do Executivo por séculos. Adicione-se que a prorrogação impede a *accountability* ministerial perante o Parlamento, o que joga um fardo maior em cima dos ombros das cortes que, de qualquer modo, não estão impedidas de fiscalizar o Primeiro-Ministro pela mera existência do controle parlamentar.

A Suprema Corte do Reino Unido decidiu que um poder de prerrogativa (*prerrogative power*) deve ter limites legais. Em vista do caráter não escrito da Constituição do Reino Unido, é preciso verificar quais princípios regem o poder de prerrogativa. Entre eles estaria, por exemplo, a impossibilidade de usar poderes de prerrogativa para privar pessoas de sua propriedade sem compensação. Dois princípios são específicos do caso. De um lado, a soberania parlamentar: a prorrogação não pode deteriorá-la. De outro, a *accountability* parlamentar: quanto mais tempo permanece suspenso o Parlamento, maiores as chances de um Executivo não controlado. E aí, o conselho de Johnson à Rainha soou muito mais como uma obstrução da atividade típica parlamentar. Ele atingiu os fundamentos da democracia. A Suprema Corte do Reino Unido declarou que o conselho foi nulo e sem efeito: o Parlamento não estaria, portanto, "prorrogado".

Com o retorno ao funcionamento, houve apenas uma curta prorrogação entre 8 e 14 de outubro de 2019. Em 19 de outubro de 2019, pela primeira vez em oitenta anos, o Parlamento funcionou em um sábado e decidiu obrigar Boris Johnson a enviar uma carta à União Europeia solicitando uma extensão do prazo (que venceria em 31 de outubro) por três meses (ou seja, para 31 de janeiro de 2020), por meio do que ficou conhecido como *Benn Act* (em vista da autora do projeto, membro do Parlamento Hilary Benn).[75] No dia 28 de outubro, o Parlamento foi dissolvido para a convocação de eleições gerais, que se realizaram no dia 12 de dezembro de 2019 e levaram a uma vitória esmagadora de Johnson. Sua eleição parece indicar um cansaço do eleitorado com as sucessivas crises políticas e a esperança de que o *Brexit* tenha um final. O Parlamento finalmente decidiu pela saída da União Europeia no dia 9 de janeiro de 2020, com uma data fixada para o dia 31 daquele mês e ano. O período de transição se estendeu até 31 de dezembro de 2020, quando ocorreu a saída formal da União Europeia.

A crise política não arrefeceu e, inclusive, se aprofundou com a pandemia de COVID-19. Boris Johnson permaneceu no poder até 6 de setembro de 2022. Foi sucedido pelo brevíssimo governo de Liz Truss, que durou até 24 de outubro do mesmo ano; Rishi Sunak assumiu o poder em seguida, demonstrando a longevidade da crise política.

10 Crise na União Europeia

Há leituras variadas sobre o que ocorre no impasse britânico. Hestermeyer enxerga uma crise constitucional derivada da mudança de três paradigmas: primeiro, da soberania parlamentar para a soberania popular; segundo, do rompimento do tradicional bipartidarismo inglês, com divisões intrapartidárias cada vez mais acentuadas; terceiro, do protagonismo do governo para se engajar em tratados para o maior envolvimento parlamentar no processo de ratificação.[76] Delaney é mais cética em relação à integração do Reino

---

75 REINO UNIDO. *European Union (Withdrawal) (No. 2) Act 2019*. http://www.legislation.gov.uk/ukpga/2019/26/enacted/data.htm. Acesso 10 dez. 2019.

76 HESTERMEYER, Holger. "Disastrous Stability: Brexit as a Constitutional Crisis". *Verfassungsblog*, 2019. Disponível em: https://verfassungsblog.de/disastrous-stability-brexit-as-a-constitutional-crisis%ef%bb%bf/. Acessado em: 15.07.2024.

Unido a uma crise democrática ou constitucional (e, principalmente, global), sustentando que o problema é mais bem localizado na ambivalência do Estado em relação à União Europeia e a obstáculos do sistema de Westminster.[77]

As diversas propostas de acordo empurraram o Reino Unido para inúmeras crises políticas. Talvez o ponto mais saliente tenha sido o que ficou conhecido como *backstop* (um escudo), uma cláusula que evitaria a criação de uma fronteira entre a Irlanda e a Irlanda do Norte. A aprovação do acordo pelo Parlamento nos termos desenhados por Boris Johnson não incluiu o *backstop*, ou seja, será possível a criação de uma fronteira alfandegária que poderá ter efeitos sobre os tipos de acordos comerciais que o Reino Unido poderá fazer no futuro sem maiores compromissos com a União Europeia. Além disso, a fronteira pode reascender disputas políticas históricas, algo que potencialmente pode gerar novas crises políticas – uma crise constitucional talvez não se descortine tão facilmente.[78]

Os desafios colocados pela mudança de paradigma já assinalada de uma democracia representativa para uma democracia popular são enormes. Retorna aqui o caráter de unicidade de uma democracia constitucional que seguiu o caminho da não codificação. Assim, os próprios partidos políticos, também testados pela alteração paradigmática, acabaram por percorrer o caminho difícil dos referendos para obter legitimidade. A democracia direta, então, acabaria por possibilitar instabilidade constitucional. Seria possível,

---

77 DELANEY, Erin. "Brexit Optimism and British Constitutional Renewal". *In*: GRABER, Mark; LEVINSON, Sandford; TUSHNET, Mark. *Constitutional democracy in crisis?* Nova York: Oxford University Press, 2018, p. 192.

78 SKOUTARIS, Nikos. "'Our Precious Union': The Backstop and the Constitutional Integrity of the UK". *Verfassungsblog*. Disponível em: https://verfassungsblog.de/our-precious-union-the-backstop-and-the-constitutional-integrity-of-the-uk/. Acessado em: 15.07.2024.

pois, para Delaney, apostar em uma renovação constitucional para o Reino Unido. [79]

Falar em crise da democracia no contexto europeu é algo que importa em diferentes níveis de análise. No primeiro nível, há a questão da crise no interior dos Estados-membros. No segundo nível, deve-se refletir sobre o que uma crise da democracia pode importar para uma união supranacional. Hailbronner sustenta, ainda, que é preciso diferenciar entre crise de legitimidade e crise da democracia europeia e dos princípios constitucionais que a embasam.[80] Três grandes crises têm alimentado problemas de legitimidade e relativos à democracia constitucional: a crise do débito fiscal, a crise migratória e a ascensão do nacionalismo de ultradireita. Lidar com tais crises tem criado embaraços para levar adiante o modelo europeu social.

Seguindo a ascensão da terceira onda democrática, o que se passa a observar nos anos 1990 e 2000 é uma gradativa erosão da estrutura constitucional que protege direitos humanos, separação de poderes, independência judicial e democracia. Todas essas mudanças têm ocorrido sem uma ostensiva rejeição do constitucionalismo e da democracia. É curioso que Hailbronner faça a paradoxal reivindicação de que, de fato, não podemos ler crise como desordem ou "inquietação popular" e, ao mesmo tempo, sustente tão ostensivamente que húngaros não têm se mostrado descontentes com o processo democrático e tenham reafirmado sua sustentação do projeto de Viktor Orbán, classificado por ele mesmo como o de uma "democracia

---

79 DELANEY, Erin. "Brexit Optimism and British Constitutional Renewal". *In*: GRABER, Mark; LEVINSON, Sandford; TUSHNET, Mark. *Constitutional democracy in crisis?* Nova York: Oxford University Press, 2018, p. 211.

80 HAILBRONNER, Michaela. "Beyond Legitimacy: Europe's Crisis of Constitutional Democracy". *In*: GRABER, Mark; LEVINSON, Sandford; TUSHNET, Mark. *Constitutional democracy in crisis?* Nova York: Oxford University Press, 2018, p. 278.

iliberal".[81] O FIDESZ, seu partido político, rejeitou aceitar a derrota nas eleições de 2002 e, em 2010, após um controverso processo constituinte, diminuiu as possibilidades de que a oposição pudesse convocar referendos.[82] Apesar de se tratar de instrumentos jurídicos utilizados pelo partido dominante, eles minam chances de que a democracia constitucional possa funcionar adequadamente sobre uma base normativa que controle o poder político.

Também curioso é o fato de que Hailbronner retire o *Brexit* de uma maior crise da democracia europeia, já que ele estaria previsto em tratados.[83] Ocorre que, como ela mesma reconhece, a decisão foi insuflada pelos mesmos movimentos de ultradireita nacionalista que causam uma das crises europeias por ela descrita e por meios digitais que são um problema universal da má formação da vontade democrática.

A democracia europeia é diretamente atingida pela crise fiscal na medida em que sua solução passa a depender mais de Executivos nacionais e da Comissão Europeia do que dos órgãos legislativos domésticos e supranacionais. Lidar com as crises fiscais levou a criação de uma estrutura permanente que envolveu novos órgãos e

---

81 HAILBRONNER, Michaela. "Beyond Legitimacy: Europe's Crisis of Constitutional Democracy". *In*: GRABER, Mark; LEVINSON, Sandford; TUSHNET, Mark. *Constitutional democracy in crisis?* Nova York: Oxford University Press, 2018, p. 280; TÓTH, Csaba. "Full text of Viktor Orbán's speech at Băile Tuşnad (Tusnádfürdő) of 26 July 2014". *The Budapest Beacon*, 29 jul. 2014. Disponível em: https://budapestbeacon.com/full-text-of-viktor-orbans-speech-at-baile-tusnad-tusnadfurdo-of-26-july-2014/. Acessado em: 30.05.2019.

82 HALMAI, Gábor. "A Coup Against Constitutional Democracy: The Case of Hungary". *In*: GRABER, Mark; LEVINSON, Sandford; TUSHNET, Mark. *Constitutional democracy in crisis?* Nova York: Oxford University Press, 2018, p. 253.

83 HAILBRONNER, Michaela. "Beyond Legitimacy: Europe's Crisis of Constitutional Democracy". *In*: GRABER, Mark; LEVINSON, Sandford; TUSHNET, Mark. *Constitutional democracy in crisis?* Nova York: Oxford University Press, 2018, p. 281.

institutos como o *European Stability Mechanism*, o fortalecimento do Conselho Europeu (que passa, inclusive, a opinar sobre orçamentos nacionais) e o fortalecimento do *European Central Bank*, alterações promovidas em um contexto curiosamente lido por parte da literatura como o de uma "mutação constitucional".[84] A crise migratória é também sugestiva, pelo menos no que respeita às situações domésticas, já que países que enfrentam sérios problemas constitucionais são aqueles que mais se opõem aos fluxos exacerbados por guerras – veja-se os casos da Polônia e da Hungria. A crise migratória também atingiu a mútua confiança e a solidariedade que reinava entre Estados-membros, demandadas principalmente em vista da exigência de cumprimento de normas de direitos humanos que aqueles laços demandam.

O avanço da extrema direita pode parecer mais indiretamente relacionado com uma crise da União Europeia. Hailbronner detalha, contudo, que a condução de uma "democracia iliberal" que distorce a independência judicial e o *rule of law* pode trazer consequências danosas para confiança mútua.[85] Afinal de contas, no mínimo, pode parecer mais interessante para um europeu que ele esteja em um país em que a confiança na estabilidade institucional é maior do que naquele seu de origem. Não é por outra razão que Ginsburg e Huq elencam em seu teste de bom funcionamento da democracia, além de eleições livres e justas e do asseguramento de liberdades de manifestação e associação, estabilidade, previsibilidade e publicidade incorporadas no *rule of law*.[86]

---

84 TUORI, Kaarlo; TUORI, Klaus. *The Eurozone Crisis*: a Constitutional Analysis. Cambridge: Cambridge University Press, 2014.

85 HAILBRONNER, Michaela. "Beyond Legitimacy: Europe's Crisis of Constitutional Democracy". *In*: GRABER, Mark; LEVINSON, Sandford; TUSHNET, Mark. *Constitutional democracy in crisis?* Nova York: Oxford University Press, 2018, p. 289.

86 GINSBURG, Tom; HUQ, Aziz. *How to Save a Constitutional Democracy*. Chicago: The University of Chicago Press, 2018, p. 9.

Outro olhar de diagnóstico pode ser feito a partir da falha institucional da União Europeia em evitar a ascensão de políticas e candidatos não liberais: as eleições de 26 de maio de 2019 para o Parlamento Europeu são um importante sinal nesse campo. Veja-se, pois, que os resultados apontaram 34% de votos para o partido da *Liga* na Itália, 23,3% para o Partido de Le Pen na França, 33,3% para o *Brexit Party* de Nigel Farage no Reino Unido, 45% para o *PiS* na Polônia e 52,3% para o FIDESZ na Hungria.[87] E haveria instrumentos para lidar com a ascensão de pautas não liberais na União Europeia, como a estrutura da Comissão Europeia sobre *rule of law*, que pode sancionar países violadores de exigências básicas daquele princípio.[88] Os importantes números alcançados pela extrema-direita não conseguiram, contudo, ofuscar o apoio dos que creem no projeto europeu. Dos 751 assentos, pelo menos 506 devem ser ocupados por apoiadores da União Europeia, restando, em 2019, 245 cadeiras para os eurocéticos de ultradireita e ultraesquerda. Os anos que se seguiram, contudo, demonstraram a resiliência dos projetos iliberais.

Conclusões

A Constituição do Reino Unido apresenta uma série de importantes tarefas a serem enfrentadas por integrantes de instituições e pelo próprio povo britânico. Verificou-se ao longo deste trabalho

---

87 POLITICO. "EU election results country by country". *Politico*, 29 mai. 2019, https://www.politico.eu/article/eu-election-results-2019-country-by-country/. Acessado em: 15.07.2024; ELGOT, Jessica. MASON, Rowena. "May laments '"very disappointing EU'" elections as voters take Brexit revenge". *The Guardian*, 27 mai. 2019. Disponível em: https://www.theguardian.com/politics/2019/may/27/eu-elections-tories-and-labour-savaged-as-voters-take-brexit-revenge. Acessado em: 15.07.2024.

88 COMISSÃO EUROPEIA. *Rule of law framework*. Disponível em: https://ec.europa.eu/info/policies/justice-and-fundamental-rights/effective-justice/rule-law/rule-law-framework_en. Acessado em: 30.05.2019.

que a soberania parlamentar ainda é uma regra de ouro em uma democracia que se consolidou apesar da monarquia. República, *rule of law*, governo limitado e direitos individuais foram conquistas do histórico constitucionalismo inglês que não parecem ter um horizonte claro de afetação, não obstante o início de um refluxo mundial na terceira onda democrática. A questão é que, diante de uma constituição não codificada, situações de alto impacto institucional e político, como é o caso do *Brexit*, criam problemas novos que podem demandar soluções via processos não tão exíguos. As demandas de um mundo em transformação acelerada podem não esperar o encaminhamento de respostas gestadas em processos históricos demorados e, de fato, empurrar o Reino Unido para uma crise que pode se tornar constitucional. Não se esqueça que a saída da União Europeia pode desfazer a união britânica tal qual a conhecemos: o Parlamento de Holyrood acaba de publicar um ato permitindo um novo referendo até 2023 para que a Escócia decida sobre sua independência novamente.

Se algumas análises refutam colocar o Reino Unido e o processo do *Brexit* no movimento de ascendência de crises constitucionais e democráticas, é preciso, contudo, lembrar o dado apontado por Zachary Elkins de que democracias são construídas lentamente, mas são destruídas em um processo muito rápido.[89] A ascendência democrática, em média, demora o dobro se comparada à descendência democrática. É claro que se poderia fazer a afirmação irônica de que, no caso britânico, de qualquer modo, ainda poderíamos esperar muito, dado o processo longo de confirmação das instituições. Mas, como apontado, em uma era de aceleração de fatos e mudanças, todo o cuidado é pouco.

---

89 ELKINS, Zachary. "Is the Sky Falling? Constitutional Crises in Historical Perspective". *In*: GRABER, Mark; LEVINSON, Sandford; TUSHNET, Mark. *Constitutional democracy in crisis?* Nova York: Oxford University Press, 2018, p. 58.

O capítulo procurou, sem pretensão de exaurimento, descrever importantes aspectos que caracterizam a Constituição britânica como *matchless*, incomparável. Ainda assim, ela é um dos melhores exemplos de que uma constituição não é apenas um apanhado de disposições escritas ou positivadas. Constituições são formas de ação política, pautam e definem o modo como as democracias contemporâneas irão mediatizar as tensões que lhes são inerentes no transcurso do tempo. Para o caso inglês, haja tempo. Ainda assim, é preciso repetir, a espiral que colocou as instituições inglesas sob uma pressão inédita por meio do *Brexit* chama a atenção para o fato de que é preciso considerar cuidadosamente os ruídos e obstáculos postos no curso de um projeto constitucional. Talvez a expressão "crise constitucional" não seja a mais adequada para o Reino Unido, já que as instituições, ainda que lentamente, tem apresentado respostas. Não se pode refutar, contudo, que se trata de uma crise política duradoura e mesmo de uma crise democrática. E, então, decifrar uma crise pode ser importante, sim, para debelá-la.

Pode-se inferir, desse modo, que as noções de crise política e crise democrática se aproximam. Uma crise política talvez seja um fenômeno recorrente em quaisquer processos democráticos. Respostas imediatas e consensos não são facilmente obtidos em sociedades complexas – ainda mais tendo em perspectiva um passado quase que imemorial. Crises democráticas indicam a insatisfação com o modelo político democrático e podem ser reveladoras de um processo desgastantes de sucessivas crises políticas que não terminam com respostas propiciadoras de estabilidade. Uma crise constitucional exige que as instituições constitucionais sejam enfrentadas, combatidas ou mesmo ignoradas: um Primeiro-Ministro que se recusa a deixar o cargo ou uma decisão de uma corte constitucional solenemente ignorada. De qualquer modo, os conceitos de crise política, crise democrática e crise constitucional possuem pontos de contato.

CAPÍTULO IV

CONSTITUCIONALISMO ESTADUNIDENSE: DESMISTIFICAÇÕES

Introdução

Akhil Reed Amar costuma idealizar o processo de estabelecimento do constitucionalismo estadunidense como o momento mais democrático no final do século XVIII no mundo.[1] Não se pode, é claro, descurar do sentido exageradamente otimista dessa afirmação de Amar. Há inúmeros institutos do Direito Constitucional estadunidense que contribuirão para a construção do movimento constitucionalista como um todo. Entretanto, a ideia de uma "excepcionalismo americano" ("*American exceptionalism*"), por vezes mencionada mesmo entre os estudos de Direito Constitucional Comparado de juristas daquele país, não pode levar a uma antidemocrática posição de supremacia

1 AMAR, Akhil Reed. *America's Constitution*: a biography. Nova York: Random House, 2010, p. 5.

dessa referência, incrustada em expressões como "*city on a hill*" (cidade sobre a colina) ou "líder na proteção da liberdade".[2]

É sob esse paradigma que o presente capítulo visa se debruçar sobre o constitucionalismo estadunidense. Para além de um estudo deferente que ressaltaria o "excepcionalismo americano", temos dois objetivos: de um lado, não deixar de apresentar a estrutura básica que conforma institucionalmente esse sistema constitucional; de outro lado, assumir uma posição crítica a respeito de ganhos institucionais e decisionais, principalmente aqueles formativos do trabalho da Suprema Corte americana. Busca-se comprovar a hipótese de que, longe de uma "platitude constitucional", uma maior atenção a diversos momentos constitucionais indicará muito mais um constitucionalismo marcado por tensões. Como não poderia ser diferente, tais tensões vão indicar não poucos momentos de autoritarismo e restrição de liberdade e igualdade.[3]

1 Pais fundadores

Em 18 de setembro de 1787, logo após ser promulgada por seus elaboradores, uma cópia Constituição Estadunidense foi enviada de navio para a Grã-Bretanha.[4] O fato é simbólico para demonstrar o impacto que essa prática constitucionalista teria ao redor do

---

2 Cf., por exemplo, JACKSON, Vicki. *Constitutional Engagement in a Transnational Era*. Nova York: Oxford University Press, 2010, p. 105.

3 Um desses momentos de autoritarismo mais marcantes corresponde à resposta aos ataques de 11 de setembro de 2001, especialmente com as consequências de implementação do *Patriot Act*. Limites de espaço, contudo, impedem que a questão seja adequadamente posta aqui. Para uma discussão mais profunda dessa temática, cf. ARATO, Andrew. "The Bush Tribunals and the Specter of Dictatorship". *Constellations*, vol. 9, nº 4, 2002, pp. 457-476; KOH, Harold. "Can the President be Torturer in Chief". *Indiana Law Journal*, vol. 81, 2006, pp. 1.145-1.167.

4 JACKSON, Vicki. *Constitutional Engagement in a Transnational Era*. Nova York: Oxford University Press, 2010, p. 6.

mundo. Contra uma metrópole que, cada vez mais, buscava superar a relação de uma relativa autonomia para as colônias no curso dos séculos XVII e XVIII, os colonos envolveram-se em diversos eventos que catapultaram a Revolução Americana de 1776. O imposto do selo, que custearia a defesa das colônias, fora instituído sem a representação no Parlamento inglês por meio do *Stamp Act* (1765), dando espaço para o brado "*no taxation without representation*". A imposição de novo tributo com os *Townshend Acts* levou a que, em 1770, ocorresse o Massacre de Boston, que deixaria cinco mortos. Em 1773, o *Boston Tea Party* contaria com o despejo de litros de chá na Baía de Boston em protesto contra a permissão de participação da Companhia das Índias Ocidentais no mercado americano.

Toda esta conjunção de fatores impulsionaria a Revolução Americana e devem eles ser somados à realização do Primeiro (1774) e o Segundo (1775-1788) Congressos Continentais. Em 4 de julho de 1776, no contexto do Segundo Congresso Continental, Thomas Jefferson participa como um dos principais redatores da Declaração de Independência, um marco na história política mundial. Ela tornaria independentes as treze colônias e permitiria a existência de treze novos Estados soberanos. Em 1781, tais Estados congregam-se em uma confederação, preservando, assim sua soberania por meio dos *Articles of Confederation*. Mas tal acordo não seria suficiente para controlar os anseios díspares de cada um dos participantes, o que levaria a necessidade de uma revisão, prevista para acontecer na Convenção de Filadélfia, a ter início em 14 de maio de 1787. Tal convenção, contudo, abandonaria os objetivos iniciais para se estabelecer como verdadeiro poder constituinte, buscando estabelecer uma "união mais perfeita". Uma vez que Rhode Island não havia enviado representantes, os delegados doze Estados terminaram por, em 17 de setembro de 1787, aprovar o texto que seria submetido à ratificação.

Um dos principais fatores a motivar a Convenção de Filadélfia, integrada por 55 dos mais ricos homens brancos norte-americanos à época, era controlar a posição de Estados que promoviam amplos perdões de débito de devedores contumazes. Credores estavam sendo agredidos em seu direito de propriedade. Michael Mandel relembra que tanto Alexander Hamilton quanto James Madison enfatizaram o poder que uma Constituição da União teria para proteger a "boa vontade de homens de posses". Nas palavras de Madison, "(...) interferências sobre tais males teriam, mais do que qualquer outra coisa, produzido a convenção".[5]

O processo de ratificação contou com assembleias nos Estados eleitas especialmente para este feito, consolidando o novo regime constitucional com o aceite de 9 dos 13 Estados. Aprovações iniciais aconteceram sem dificuldades; New York, porém, ratificou o texto constitucional por uma maioria de 30 votos contra 27; North Carolina e Rhode Island apenas entrariam na união em 1789 e 1790, respectivamente.[6] Aponte-se, em relação a esse processo, que mesmo diante de algumas exceções, como a abertura dada pelo Estado de New York para todos os cidadãos homens, adultos e livres para a escolha dos delegados que atuariam na convenção – a ratificação era indireta, pois –, predominou a incidência de um sufrágio restrito censitário (*property qualifications*).

Se o processo que precedeu a Declaração de Independência contou com a influente publicação por Thomas Paine de *Common Sense*,[7] uma ode à separação da metrópole inglesa, a consolidação do regime constitucional teve o apoio dos *Federalist Papers*. De fato, o processo de ratificação criou uma oposição entre federalistas, como James Madison, George Washington e Alexander Hamilton, e anti-federalistas, como George Mason, Elbridge Gerry e Richard Henry Lee. Foi então que Hamilton, Madison e John Jay publicaram uma

---

5 MANDEL, Michael. "A Brief History of New Constitutionalism, or 'How We Changed Everything So That Everything Would Remain the Same'". *Israel Law Review*, vol. 32, nº 2, 1998, p. 271.

6 AMAR, Akhil Reed. *America's Constitution*: a Biography. Nova York: Random House, 2010, pp. 6/7.

7 PAINE, Thomas. *Common Sense*. Mineola: Dover Publications, 1997.

série de ensaios entre 1787 e 1788 em jornais de New York buscando convencer os cidadãos daquele Estado a pressionar seus delegados pela federação. Os escritos se tornariam uma importante fonte de compreensão da Constituição e um cânone do Direito Constitucional e da Ciência Política modernas.[8]

Em seus sete artigos e suas vinte e sete emendas constitucionais, a Constituição dos Estados Unidos da América seria sempre lembrada por seu caráter conciso. Comparativamente, ela aponta para rumos diversos de matrizes constitucionais contemporâneas: ao invés de pura e simplesmente manter um histórico *law of the land*, ele consagraria institutos de *common law*, como os precedentes e o *statutory law*, mas indicaria a necessidade de uma perenidade a partir dali, de um poder constituinte que, ao mesmo tempo em que estabelecia quem era o chamado *We the people* ("Nós, o povo"), era também por ele constituído. Tal fator remeteria a um suposto paradoxo daquele, algo como o autor de um documento que o assina, mas que é por ele também *constitucionalizado*.[9] Como salientado, um importante constitucionalista da atualidade, Akhil Reed Amar, veria justamente nesse fato a coroação do que de mais democrático se pôde produzir naquele momento em todo o mundo – é contra essa imagem que esse artigo se posiciona.[10]

---

8 MADISON, James; HAMILTON, Alexander; JAY, John. *The Federalist Papers*: Edited and with an Introduction by Michael A. Genovese. Nova York: Palgrave McMillan, 2009, p. 13.

9 Uma interessante abordagem desse suposto paradoxo em relação à Declaração de Independência – muito mais, diríamos, uma tensão constitutiva – pode ser encontrada em DE VILLE, Jacques. "Sovereignty without sovereignty: Derrida's declarations of independence". *Law and Critique*, vol. 19, nº 2, 2008, pp. 46 e ss.

10 AMAR, Akhil Reed. *America's Constitution*: a biography. Nova York: Random House, 2010, p. 5.

2 O *Bill of Rights* estadunidense

O texto original da Constituição estadunidense foi inicialmente econômico em palavras voltadas a reconhecer direitos fundamentais. O art. III, seção 3, cuidou de tentar evitar que o crime de traição pudesse fazer com que a oposição política viesse a ser criminalizada; o art. VI trata da proibição de que o critério religioso governe o acesso a cargos públicos; o art. I, seção 9, cuida da garantia do *habeas corpus*,[11] além de proibir leis *ex post facto*, ou seja, normas retroativas, principalmente em matéria penal; o mesmo dispositivo, somado à sua seção 10, proíbe o *bill of attainder*, é dizer, uma disposição ou decreto extintivo de direitos que não observe um processo judicial prévio. Também o art. I, seção 10, busca evitar que os Estados diminuam a força vinculante dos contratos.

Para os propósitos deste capítulo, é importante destacar que o texto original, além de ter sido ratificado sem consideração de escravos negros como cidadãos, ainda era explícito em chancelar o regime escravocrata. Ele estabeleceu um uso claramente instrumental da raça e da escravidão para definir a chamada *three fifths compromise clause*, pela qual os Estados sulistas escravocratas teriam sua população considerada para fins de proporção às cadeiras na Câmara

11 Como mencionam Stephens Jr. e Scheb II (STEPHENS JR., O. H. SCHEB II, John M. *American Constitutional Law*, *Volume I:* Sources of Power and Restraint. Belmont: Thomson Wadsworth, 2008, p. 18), em *Rasul v. Bush*, 542 US 466 (2004), a Suprema Corte decidiu que cortes federais teriam jurisdição sobre pedidos de *habeas corpus* movidos por acusados detidos na prisão de Guantánamo. Não se deve ignorar que, durante a Guerra de Secessão, Abraham Lincoln autorizou que o General Winfield Scott suspendesse o *habeas corpus* no território entre Washington e Filadélfia. Um dos presos durante o período de suspensão, o confederado John Merryman, levou seu caso perante o Presidente da Suprema Corte, Roger Taney, que decidiu que apenas o Congresso, não o Presidente, poderia suspender o writ. Lincoln ignorou a decisão de Taney (DUEHOLM, James. "Lincoln's Suspension of the Writ of Habeas Corpus: An Historical and Constitutional Analysis". *Journal of the Abraham Lincoln Association*, vol. 29, nº 2, 2008, p. 49).

dos Representantes acrescida à razão de 3/5 da população negra escrava (art. I, seção 2). É claro que isto detinha um pressuposto de "sub-cidadania", para dizer o mínimo: negros eram considerados simbolicamente em importância menor que os brancos. Além disto, o governo federal seria proibido de extinguir o comércio interestadual de escravos até 1808 (art. I, seção 9), além dos Estados "livres" permanecerem obrigados a "devolver" escravos que tenham fugido para seus territórios (art. IV, seção 2).[12]

É, contudo, o *Bill of Rights* que estabeleceria uma declaração de direitos na Constituição estadunidense, fazendo vencer o ponto de vista de Thomas Jefferson por esse caminho e colocando de lado a perspectiva de James Madison. Em setembro de 1789, doze emendas foram aprovadas, sendo que, ao final, dez delas seriam ratificadas. A 1ª Emenda contém diversas disposições liberais: a) a *Establishment Clause*, que proíbe o estabelecimento de uma religião pelo Estado; b) a *Free Exercise Clause*, que define a liberdade religiosa; c) liberdade de expressão, pormenorizada em liberdade de manifestação e liberdade de imprensa; d) a liberdade de associação; e) o direito de petição. Já a 2ª Emenda trata do controverso e discutível direito de portar armas e, também, dos Estados defenderem-se por milícias organizadas.[13]

---

12 TUSHNET, Mark. *The Constitution of the United States of America*: a Contextual Analyses. Oxford: Hart Publishing, 2009, posição 693.

13 Em *Printz v. United States*, 521 U.S. 898 (1997), a Suprema Corte declararia inconstitucional lei federal reguladora da fiscalização do comércio de armas inconstitucional, não por violaçao da 2ª Emenda, mas da Décima, definidora da autonomia dos Estados da federação. John Paul Stevens, juiz aposentado da Suprema Corte, diante das inúmeras mortes causadas por armas nos Estados Unidos, defendeu a revogação da 2ª Emenda: STEVENS, John Paul. "Repeal the Second Amendment". *The New York Times*, 27 mar. 2018. Disponível em: https://www.nytimes.com/2018/03/27/opinion/john-paul-stevens-repeal-second-amendment.html. Acessado em: 15.07.2024. Em uma maioria apertada de 5 a 4, a Suprema Corte reconheceu, em *District of Columbia v. Heller*, 554 U.S. 570 (2008), que a 2ª Emenda atribuiria um direito ao porte de armas

A 3ª Emenda define restrições de requisição militar de domicílios sem a autorização de seus proprietários. A 4ª Emenda proíbe revistas e apreensões desarrazoáveis conduzidas por policiais ou agentes de Estado. A 5ª Emenda traz importantes garantias no âmbito da acusação criminal: a) prévio indiciamento por júri para acusações de crimes graves; b) proibição de um duplo julgamento pelo mesmo fato ou garantia de *ne bis in idem* (*double jeopardy*); c) direito de não produção de prova contra si próprio. É também a 5ª Emenda que cuida de regular o uso arbitrário do domínio eminente pelo poder público, ou seja, protege-se contra a requisição civil arbitrária. Além disto, cuida a emenda da desapropriação seguida a prévia indenização justa, na chamada *Just Compensation Clause*. A 5ª Emenda cuida explicitamente de proibir que o poder público afete a vida, a propriedade e a liberdade individuais sem devido processo legal (*due processo of law*), direito também previsto e estendido aos Estados na 14ª Emenda.[14]

A 6ª Emenda estende os direitos do acusado no processo criminal. Ela garante o direito a um julgamento público e célere e a um júri imparcial. Garante o direito de interrogar testemunhas, o direito a intimação de testemunhas que possam ser favoráveis ao réu e o direito a um advogado (*assistance of counsel*).[15] A 7ª Emenda estende a competência do júri às ações civis. A 8ª Emenda regula o direito à fiança em prisões provisórias e proíbe punições cruéis e degradantes.[16] A 9ª Emenda estabelece a sistemática de uma definição

---

desconectado do emprego por milícias. É essa maioria conservadora que não cessa de dar ao constitucionalismo estadunidense o caráter autoritário aqui invocado.

14 STEPHENS JR., O. H. SCHEB II, John M. *American Constitutional Law, Volume I*: Sources of Power and Restraint. Belmont: Thomson Wadsworth, 2008, p. 11.

15 Inclusive, segundo a Suprema Corte, às custas do Estado nos casos de hipossuficiência (*Gideon v. Wainwright* 372 U.S. 335 (1963)).

16 Em *Trop v. Dulles*, 356 U.S. 86 (1958), a Suprema Corte julgou inconstitucional a aplicação de uma pena de perda de nacionalidade

de direitos não enumerada exaustivamente. A 10ª Emenda, por fim, estabelece uma relação entre federalismo e liberdades, proclamando que uma delegação enumerada de competências para a União e determinando que a não estipulação constitucional mantém poderes com os Estados ou com o próprio povo.

3 A separação de poderes

A separação de poderes viria a ser um dos elementos centrais do Constitucionalismo Norte-Americano, ao lado do federalismo e do *judicial review*. Pela separação de poderes constitucionalizada, buscava-se depurar o poder a ser exercido por um único órgão – não seria à toa que James Madison, escrevendo como *Publius* em *O Federalista*, iria refutar a concentração que poderia se tornar a definição precisa de um governo despótico.

---

para um soldado desertor. O dispositivo é hoje o âmbito de discussão da constitucionalidade da pena de morte e foi também o espaço inicial para discussão do recurso a normas de direito estrangeiro e internacional nos Estados Unidos. Em *Atkins v. Virginia*, 536 U.S. 304 (2002), a Suprema Corte decidiu que pessoas com deficiências mentais não poderiam ser submetidas à pena de morte por violação à 8ª Emenda (apesar de delegar aos Estados a competência para definir o que poderia ser considerado deficiência mental); em *Roper v. Simmons*, 543 U.S. 551 (2005), a Suprema Corte declarou inconstitucional a pena de morte para agentes com idade inferior a 18 anos. Os *Justices* da Suprema Corte Anthony Scalia e Stephen Breyer travaram um verdadeiro confronto a respeito da possibilidade de fundamentar decisões judiciais estadunidenses em fontes estrangeiras. Para uma reconstrução desse debate, cf. CHOUDHRY, Sujit (Coord.). *The Migration of Constitutional Ideas*. Cambridge: Cambridge University Press, 2006, especialmente o próprio capítulo de Choudhry, "Migration as a new metaphor in comparative constitutional law" (p. 1-37). Cf., também, SAUNDERS, Cheryl. "The Use and Misuse of Comparative Constitutional Law". *Indiana Journal of Global Legal Studies*, vol. 13, nº 1, 2006, pp. 37-76.

3.1 O Congresso

A Constituição de 1787 adotou a nomenclatura semelhante utilizada pela Confederação para designar seu órgão central: um Congresso. As diferenças, contudo, seriam muitas.[17] Cuida-se de um órgão bicameral, em que a Câmara dos Representantes atuaria em nome do povo e mesmo o Senado, a agir em nome dos Estados, guardaria maior liberdade ao não se sujeitar a um *recall* ou cancelamento da delegação fornecida aos representantes. Esse tipo de configuração seria copiado em inúmeros países, com suas peculiaridades: assim determina a Constituição Argentina de 1853, com sua revisão de 1994, estabelece uma Câmara de Deputados e um Senado de representantes das províncias (arts. 44, 45 e 54); a Constituição Australiana de 1901, embora incorpore a Rainha ao Parlamento Federal, cuida de dividi-lo em duas casas, sendo uma a Câmara de Representantes e outra o Senado, a representar os Estados da federação (arts. 1º e 7º); a Lei Fundamental de Bonn assim trata da representação popular pelo *Bundestag* e federativa pelo *Bundesrat* (§§ 38 e 50); e, é claro, a atual Constituição da República Federativa do Brasil de 1988 assim o faz no art. 44.

A Constituição expressamente atribui poderes legiferantes, é dizer, poderes para criar leis, ao Congresso. De início, já apareciam preocupações constituintes com o dilatado poder atribuído ao órgão para regular e limitar diretamente liberdades individuais de modo direto. Assim, seria necessário somar ao sistema federalista dois importantes marcos do constitucionalismo: separação de poderes e bicameralismo.[18] Em ambos os casos, o sistema de *checks and balances* imaginado por James Madison no *Federalist Paper* nº 51

---

17 AMAR, Akhil Reed. *America's Constitution*: a Biography. Nova York: Random House, 2010, p. 57.

18 AMAR, Akhil Reed. *America's Constitution*: a Biography. Nova York: Random House, 2010, p. 59.

contribuiria para evitar uma exacerbação das funções do Poder Legislativo.[19]

A organização das casas legislativas seria estabelecida de modo a compreender mandatos de 2 (dois) anos para a Casa dos Representantes e de 6 (seis) anos para o Senado, podendo os mandatos serem renovados indefinidamente. A idade mínima para se pleitear um cargo na Casa dos Representantes é de 25 (vinte e cinco) anos; no Senado, 30 (trinta) anos.[20] 7 (sete) e 9 (nove) anos, ao menos, de cidadania são requeridos para se almejar um mandato na casa baixa e na casa alta, respectivamente.[21] É importante assinalar também que o art. I, seção 6, provê a imunidade parlamentar de manifestação; veja-se, por exemplo, que em *United States v. Johnson* 383 U.S. 169 (1966),[22] a Suprema Corte reconheceu que discursos nas casas legislativas não poderiam ser usados em processos criminais contra seus membros. Para fins do presente trabalho científico, não podemos ignorar o dispositivo original da Constituição (art. I, seção 2) que estabeleceu a cláusula dos 3/5 para a representação de escravos nos Estados do sul.

---

19 MADISON, James; HAMILTON, Alexander; JAY, John. *The Federalist Papers*: Edited and with an Introduction by Michael A. Genovese. Nova York: Palgrave McMillan, 2009, p. 162

20 O requisito de idade mínima remete a uma das várias formas pelas quais o sistema republicano estadunidense refutaria o sistema monárquico inglês: as chances de um bem abastado filho se utilizar de vínculos de parentesco para aceder a um cargo legislativo diminuiriam com tal medida (AMAR, Akhil Reed. *America's Constitution*: a Biography. Nova York: Random House, 2010, pp. 70/71).

21 STEPHENS JR. SCHEB II. American Constitutional Law, Volume I, p. 89.

22 Na indexação utilizada para os casos decididos pelo Poder Judiciário estadunidense, a indicação entre parênteses refere-se ao ano da decisão; "U.S." é a fonte bibliográfica (*United States Supreme Court Report*), entre o volume (383) e a página (169).

3.2 Um Presidente pelo Colégio Eleitoral

A definição pelo art. II de um forte Poder Executivo para os Estados Unidos teria influência em inúmeros modelos constitucionais, principalmente entre os países americanos. Um Executivo unipessoal congregando as chefias de Estado e governo no Presidente da República seria o paradigma no México (Constituição de 1917, art. 80), na Guatemala (Constituição de 1985, art. 182), em El Salvador (Constituição de 1983, art. 150), na Costa Rica (Constituição de 1949, art. 130), no Panamá (Constituição de 1972, art. 175), na Colômbia (Constituição de 1991, art. 115), na Venezuela (Constituição de 1999, arts. 225 e 226), no Equador (Constituição de 2008, art. 141), na Bolívia (Constituição de 2009, art. 165), no Chile (Constituição de 1980, art. 24), na Argentina (Constituição de 1994, art. 87) e no Brasil (Constituição de 1988, art. 76), apenas para ficar em alguns exemplos e tomadas todas as precauções de contexto.

Os Pais Fundadores (*Framers*) temiam que uma excessiva centralização deturpasse a instituição executiva republicana em algo monárquico. Talvez por isso tenham dedicado mais linhas ao Legislativo que ao Executivo. Propostas de um Executivo composto por três membros foram objeto de discussão. Ainda assim, prevaleceu a tese unipessoal, talvez pelo fato de que George Washington presidira Convenção Constitucional com afinco e seria o primeiro Presidente da República preocupado em consolidar um regime republicano e democrático.[23]

Pela Constituição de 1787, o Presidente é, juntamente com o Vice, eleito para um mandato de 4 (quatro) anos. Pelo fato da Constituição, em seu texto original, nada mencionar sobre a reeleição, seria o mesmo Washington quem inauguraria a tradição de um único segundo mandato. Essa tradição foi rompida com Franklin Delano Roosevelt, eleito para um terceiro mandato em 1940 e um

---

23 STEPHENS JR. SCHEB II. American Constitutional Law, Volume I, p. 171.

quarto em 1944. A reação de um Congresso Nacional de maioria republicana levou a que se aprovasse e se ratificasse, em 1951, a 22ª Emenda, estabelecendo uma única reeleição como possível.

As eleições presidenciais são indiretas. Como estabelece a seção 2 do art. II da Constituição, cada Estado indica um número de eleitores correspondente ao número de representantes da Casa dos Representantes e no Senado. O conjunto desses "votos eleitorais" (*electoral votes*) é o que se costumou chamar de Colégio Eleitoral. Presidente e Vice devem conseguir uma maioria de votos eleitorais para se consagrarem como eleitos. Em todos os Estados, a definição dos "votos populares" (*popular votes*) leva a que os delegados cumpram o desejo das urnas, exceto em Maine e Nebraska, onde há definições dependentes de distritos. Tal sistema pode levar a que um candidato que receba menos votos populares receba mais votos eleitorais e vença a disputa. Foi o que ocorreu em 1876 e 1888, com Rutherford Hayes e Benjamin Harris; o mesmo se deu na disputa entre Al Gore e George W. Bush, em 2000, tendo a Suprema Corte validado o pleito no famoso e controverso caso *Bush v. Gore*, 531 U.S. 98 (2000). O problema se repetiu com a vitória de Donald Trump, em 2016, contra Hillary Clinton, tendo a última candidata recebido 2,8 milhões a mais de votos populares.[24] Mostra-se, aqui no Executivo, mais uma faceta antidemocrática do sistema constitucional, nesse caso, de urgente reformulação.

Contrariamente a um sistema parlamentar em que vigora o voto de desconfiança de caráter político do Legislativo em relação ao Executivo, no sistema presidencialista de matriz estadunidense impera a estabilidade do Presidente da República perante as Casas Congressuais. A Constituição de 1787 estabelece na seção 4 do art.

---

24 KENTISH, Benjamin. "Donald Trump has lost popular vote by greater margin than any US President". *Independent*, 12 dez. 2016. Disponível em: https://www.independent.co.uk/news/world/americas/us-elections/donald-trump-lost-popular-vote-hillary-clinton-us-election-president-history-a7470116.html. Acessado em: 15.07.2024.

II que a remoção do cargo do Presidente pode ocorrer em processo de *impeachment* por condenação por traição, corrupção e outros crimes e contravenções. Há um amplo debate, mas prevalece na doutrina daquele país que tais condutas devem ter repercussão criminal.[25] De qualquer modo, posições que se afastam da última mencionada não deixam de enfatizar a gravidade da conduta que poderia ser imputada no processo de *impeachment*, colocando em risco o Estado como um todo.[26] Assim, permanece uma tensão na origem e concretização histórica do processo: se ele remonta à destituição dos Ministros do Rei na Inglaterra pós Magna Carta,[27] de outro lado, sua conformação lado a lado a um Executivo forte fez com que o processo se tornasse fiel à estabilidade.[28]

3.3 "O terceiro dos três"

Entretanto, nenhum dos três poderes sairia mais fortalecido no constitucionalismo estadunidense do que o Judiciário. Em um primeiro momento, contudo, não foi o que se deu em termos institucionais e práticos. A Constituição de 1787 foi econômica na estruturação do Judiciário, preocupando-se em dedicar mais linhas aos poderes representativos Legislativo e Executivo. O Judiciário seria "o terceiro dos três", "*the third out of three*"; ou, como menciona Akhil Reed Amar, seria o Congresso o "primeiro entre iguais" ("*first among equals*"), com juízes vitalícios vindo por último. Isto talvez tenha sido devido a fatores de suspeita em relação aos juízes

---

25 STEPHENS JR. SCHEB II. American Constitutional Law, Volume I, p. 174.

26 BROWN, H. Lowell. *High Crimes nd Misdemeanors in Presidential Impeachment*. Nova York: Palgrave Macmillan, 2010, p. 122.

27 LOUGHLIN, Martin. *Foundations of Public Law*. Oxford: Oxford University Press, 2010, p. 256.

28 LACOMBE, Margarida; VIEIRA, José Ribas. "O Impeachment e seu desenho constitucional conflitivo". *Jota*, 2016, p. 1. Disponível em: http://jota.uol.com.br/o-impeachment-e-o-seu-desenho-institucional--conflitivo. Acessado em: 12.12.2016.

coloniais; note-se que em dez das treze colônias, os juízes presidentes ou equivalentes se puseram lado a lado com George III, e não com George Washington.[29]

Diz o art. III, seção 1, que haverá uma Suprema Corte investida do Poder Judiciário, assim como cortes inferiores criadas e reorganizadas pelo Congresso de tempos em tempos. A Suprema Corte estadunidense ganhou primazia com o decorrer da aplicação da Constituição, uma aplicação que deveria se dar inclusive em oposição à legislação estatutária que lhe fosse contrária. Vigente o colonialismo, o *Privy Council* inglês invalidou mais de 450 leis contrárias ao *common law*. No período que se segue de 1776 a 1788, poucos foram os casos em que cortes estaduais deram primazias às Constituições locais em desfavor das decisões ou provimentos legislativos. O Federalista nº 78 estabeleceu que os juízes poderiam e deveriam se refutar a aplicar leis contrárias ao manifesto teor da Constituição.[30]

Na sequência, vamos nos debruçar sobre alguns casos da Suprema Corte que levantaram premissas passíveis de serem consideradas antidemocráticas. Ou, adicionalmente, o que se buscará fazer é uma reconstrução narrativa que se oponha aos mitos construídos em torno de algumas posições daquela Corte.

3.3.1 Marbury v. Madison 5 U.S. 137 (1803)

Manifestação clara que deixaria marcas no constitucionalismo mundo afora aconteceria com o julgamento pela Suprema Corte do caso *Marbury v. Madison* 5 U.S. 137 (1803). Próximo do fim do mandato de John Adams, com o insucesso nas eleições de 1800, a derrota do Partido Federalista e vitória do Partido Republicano

---

29 AMAR, Akhil Reed. *America's Constitution*: a Biography. Nova York: Random House, 2010, p. 207.

30 AMAR, Akhil Reed. *America's Constitution*: a Biography. Nova York: Random House, 2010, p. 212.

(ou Partido Democrata-Republicano, como referido atualmente pela doutrina) de Thomas Jefferson tanto na Presidência quanto no Congresso Nacional, restou ao ex-Presidente utilizar-se de um artifício para manter correligionários no poder. Contando no final do mandato com uma maioria federalista no Congresso, ele conseguiu fazer aprovar o *Judiciary Act* de 1801, que criou seis novas cortes federais regionais e dezesseis cargos de juiz, a serem ocupados por correligionários de Adams. Além disso, cargos menores no Distrito de Colúmbia também foram criados; para um deles, o de juiz de paz, Adams indicou William Marbury.

No dia 3 de março de 1801, último dia da administração Adams, John Marshall, então Secretário de Estado, terminava de entregar os termos de posse (*commission*) aos últimos dos famosos *midnight judges*, uma referência ao grupo de juízes indicados no apagar das luzes. Por uma razão desconhecida, alguns desses atos retornaram para o gabinete de Marshall que, também, encerrava seu período no Executivo e mudava seu escritório para os diferentes locais nos quais a Suprema Corte funcionaria, chegando à presidência do órgão por designação de Adams.[31]

Com a posse de Thomas Jefferson como Presidente da República em 4 de março de 1801, seu Secretário de Estado, James Madison, se recusaria a entregar cópias dos termos de posse aos correligionários de Adams, incluindo, é claro, William Marbury. A contenda política chegou a uma tal temperatura em que o Congresso Nacional de maioria republicana, agora, revogaria o *Judiciary Act* de 1801 e extinguiria o ano judiciário de 1802.[32] Foi assim que

---

31 O famoso prédio da Suprema Corte só se tornaria sua sede definitiva em 1935; antes disto, ela ocuparia desde 1810, curiosamente, câmaras no prédio do Capitólio, sede do Legislativo estadunidense (cf. Disponível em: http://www.supremecourt.gov/about/courtbuilding.aspx. Acessado em: 08.03.2016).

32 STEPHENS JR. SCHEB II. American Constitutional Law, Volume I, p. 37.

Marbury, ao lado de outros nomeados frustrados, ajuizou um *writ of mandamus* perante a Suprema Corte, composta, em sua maioria, por *justices* originários de indicações do Partido Federalista. Se questões de efetiva imparcialidade já rondavam Marshall e seus colegas, Jefferson já ameaçava eventual decisão concessiva com processos de *impeachment*.

A decisão de Marshall seria anunciada em 24 de fevereiro de 1803. Ele começou por reconhecer a Marbury um direito "legal e moral" à função para a qual fora indicado. Entretanto, a Suprema Corte não deteria autoridade, ou, no sistema jurídico brasileiro, *competência* (como delimitação de jurisdição), para emitir um *writ of mandamus*, uma ordem de segurança neste caso.[33] Isto porque, em 1789, um outro *Judiciary Act* havia sido aprovado, atribuindo, em sua seção 13, a competência para a Suprema Corte julgar *writs of mandamus*; mas isto teria sido feito, segundo Marshall, em uma expansão da jurisdição contrária à Constituição. O caso seria que o Congresso Nacional, constitucionalmente, só poderia disciplinar competências recursais da Suprema Corte, não originárias.

O mais importante, contudo, seria reconhecer que a Constituição seria a *supreme law of the land* e que, por ser a ocupação e o dever do Judiciário dizer o que é o direito, cabe a ele reconhecer o império constitucional sobre atos ordinários. Um ato nulo que contraria a Constituição e pretende regular alguma situação jurídica deve obrigatoriamente ser repelido. No já repetido trecho da decisão:

> Assim, a formulação particular da Constituição dos Estados Unidos confirma e reforça o princípio, supostamente essencial a todas as Constituições escritas, de que uma lei avessa

---

33 Note-se que o caso se tornaria, assim, uma referência em termos de reconhecimento não só do *judicial review*, mas das competências do Poder Judiciário. No Brasil, por exemplo, ao julgar a ADI 2.797, o Supremo Tribunal Federal, no voto do Min. Celso de Mello, invocou justamente o caso *Marbury v. Madison* 5 U.S. 137 (1803) (BRASIL, STF, ADI 2.797, Rel. Min. Sepúlveda Pertence, j. 15/9/2005, *DJ* 19/12/2006, p. 459).

> à Constituição é nula, e que as cortes, assim como outros poderes, estão vinculadas àquele instrumento.[34]

É importante destacar que, sob a Presidência da Suprema Corte de Marshall, este seria o único caso de invalidação de uma lei congressual; porém, importantes decisões foram tomadas em relação a leis estaduais.

É claro que essa reconstrução do balanceamento entre os poderes teria efeitos para o constitucionalismo em todo o mundo. Um rico e incisivo debate teria início na Filosofia Política, na Teoria da Constituição e no Direito Constitucional sobre a legitimidade do exercício do *judicial review*, colocando em discussão os próprios limites do constitucionalismo.[35] Por ora, contudo, lembremos que essa recomposição, somada ao sistema de precedentes idealizado entre os ingleses, permitiu a construção de um quase "direito judicial". A legitimidade do *judicial review*, defendida por nós com base em critérios de manutenção de direitos fundamentais e devido processo legal, não é contudo, uma unanimidade ante possíveis restrições

---

34 Tradução livre de: "Thus, the particular phraseology of the Constitution of the United States confirms and strengthens the principle, supposed to be essential to all written Constitutions, that a law repugnant to the Constitution is void, and that courts, as well as other departments, are bound by that instrument" (*Marbury v. Madison* 5 U.S. 137 (1803)).

35 Cf., por exemplo, ZURN, Christopher. *Deliberative Democracy and the Institutions of Judicial Review*. Cambridge: Cambridge University Press, 2007; WALDRON, Jeremy. "The Core of the Case Against Judicial Review". *The Yale Law Journal*, vol. 115, 2006, pp. 1.346-1.406; DWORKIN, Ronald. *Law's Empire*. Cambridge: Harvard University Press, 1986; HABERMAS, Jürgen. *Between Facts and Norms*: Contributions to a Discourse Theory of Law and Democracy. Trad. William Rehg. Cambridge: MIT Press, 1996; CATTONI DE OLIVEIRA, Marcelo Andrade. *Teoria da Constituição*. Belo Horizonte: Initia Via, 2014; BICKEL, Alexander. *The Least Dangerous Branch*: the Supreme Court at the Bar of Politics. New Haven: Yale University Press, 1986.

ao processo democrático associadas à manutenção de interesses de maiorias políticas ou do direito de propriedade.[36]

3.3.2 Dred Scott v. Sandford 60 U.S. 393 (1857)

Esta seria a segunda vez em que a Suprema Corte declararia inconstitucional uma lei federal; agora, contudo, manchando a história institucional do Judiciário estadunidense. O caso envolvia um dos problemas cruciais para a própria existência do Constitucionalismo estadunidense: a escravidão. Ante a manutenção do regime em diversos Estados aceita pela Constituição de 1787, diferentes "pactos" foram celebrados tentando equilibrar as forças em disputa e evitar uma ruptura do regime constitucional. O *Missouri Compromise* de 1820 era um deles – pela disposição normativa, o Estado do Missouri seria incorporado à União como um Estado escravocrata, porém parte de seu território remanesceria "livre" (próximo a seu limite sudeste).

Dred Scott era um escravo que pertencera a um cirurgião do Exército, Dr. Emerson. Emerson havia trazido Scott do Missouri, passando a viver por anos em territórios livres como Illinois e parte de Wisconsin, para só depois retornar ao Missouri. Com a morte de Emerson, Scott acabou sendo "herdado" por John Sandford, um nova-iorquino. Em 1846, Scott ajuíza uma ação contra Sandford reivindicando sua liberdade, já que teria vivido em territórios livres assim considerados pelo *Missouri Compromise*. Após o insucesso de sua demanda na órbita estadual, Scott ajuizou uma ação contra Sandford na órbita federal; novo obstáculo faria com que ele chegasse à Suprema Corte. Em 1857, o *Chief Justice* Roger B. Taney,

36 Para as duas posições, respectivamente, cf. HIRSCHL, Ran. *Towards Juristocracy*: The Origins and Consequences of the New Constitutionalism. New Haven: Harvard University Press, 2007; MANDEL, Michael. "A Brief History of New Constitutionalism, or 'How We Changed Everything So That Everything Would Remain the Same'". *Israel Law Review*, vol. 32, nº 2, 1998.

formando uma maioria de sete dos juízes da Suprema Corte, apoiou o regime escravocrata entre os estadunidenses.[37]

A decisão do *Chief Justice* Taney foi odiosa em múltiplos sentidos: ela estabeleceu que não somente os escravos, mas os negros em geral nos Estados Unidos não seriam titulares dos direitos previstos na Constituição. Além disso, o *Missouri Compromise* teria agredido a 5ª Emenda ao supostamente privar proprietários de seus direitos sem um devido processo legal (*due process of law*). Aqui se firmava a diferença entre um *devido processo legal substantivo*, que permitiria ao Judiciário controlar a razoabilidade de atos estatais, e um *devido processo legal adjetivo*, relativo a questões processuais. Mais do que isso, a decisão foi um importante marco em um país claramente dividido, somando-se aos inúmeros fatores que levaram à Guerra de Secessão e só sendo superado pelas 13ª e 14ª Emendas. Seria uma decisão que levaria a um ocaso da Suprema Corte, só fazendo-a ganhar novamente proeminência no final do século XIX.

Após a Guerra Civil, a 13ª Emenda visou encerrar o regime escravocrata.[38] Já a 14ª Emenda buscou instituir um regime de direitos de cidadania e igual proteção, servindo de base para julgados como *Brown v. Board of Education*, como veremos. A 15ª Emenda proíbe que questões de raça ou cor sirvam de pretexto para

---

37 STEPHENS JR. SCHEB II. American Constitutional Law, Volume I, p. 41.

38 Interessante argumento é aquele apresentado por Ava Duvernay em seu documentário "13th" (no Brasil, "13ª Emenda"): recorrendo ao dispositivo textual da disciplina normativa estadunidense ela atribuirá uma ligação entre a formação do contingente populacional negro encarcerado atualmente e fim da escravidão. "*Neither slavery nor involuntary servitude, except as a punishment for crime whereof the party shall have been duly convicted, shall exist within the United States, or any place subject to their jurisdiction*": como o dispositivo é autorizador de trabalhos forçados como pena por condenações criminais, antigos proprietários de escravos não tardaram a acusá-los da prática de inúmeros ilícitos que pudessem mantê-los no regime revogado. Cf. Disponível em: https://www.netflix.com/br/title/80091741. Acessado em: 03.04.2018.

limitações ao direito ao voto. Conjuntamente, elas formam o que se chamou de "emendas da Reconstrução" (*Reconstruction Amendments*). No caso da última emenda constitucional, ela apresenta um singular histórico de autoritarismo e domínio partidário nos Estados do sul, cujo predomínio era do Partido Democrata apoiado majoritariamente por brancos. Com o *Reconstruction Act* de 1867 e a 15ª Emenda, afro-americanos passaram a criar um perigo para a hegemonia democrata em Estados como Mississipi, Carolina do Sul, Louisiana, Alabama, Flórida, Geórgia e Carolina do Norte. Levitsky e Zibblatt informam que de 1866 a 1868, o percentual de negros votantes aumentou 0,5% para 80,5%.[39]

Assim, a resposta autoritária veio com a reforma de constituições e leis eleitorais em onze antigos Estados confederados, entre 1885 e 1908. O sufrágio censitário foi recuperado para instituir taxas de votação (*poll tax*), requisitos de renda e propriedade (*property requirements*), testes de alfabetização e cédulas com complexas descrições escritas. Com isso, o comparecimento de eleitores negros na Carolina do Sul caiu de 96%, em 1876, para 11%, em 1898; no Tennessee, em 1896, o comparecimento chegou a ser próximo de zero.

3.3.3 Lochner v. New York 198 U.S. 45 (1905)

A decisão em *Lochner* é o retrato de uma Suprema Corte ao mesmo tempo conservadora e ativista.[40] O tribunal declarou inconstitucional uma lei do Estado de Nova York que regulava a jornada de trabalho de padeiros em sessenta horas semanais e dez horas diárias, no máximo; de acordo com a maioria, tal disposição normativa violava o direito de liberdade estabelecido na 14ª Emenda. É interessante notar no caso a crítica do famoso *Justice*

---

39 LEVITSKY, Steven; ZIBLATT, Daniel. *How Democracies Die*. New York: Crown, 2018, p. 89.

40 FALLON JR., Richard. *The Dynamic Constitution*: an Introduction to American Constitutional Law. Cambridge: Cambridge University Press, 2004, p. 21.

Oliver Wendell Holmes, que considerou que a Corte claramente abraçava uma teoria econômica em um tipo de ativismo censurável do seu ponto de vista. Além disso, é possível encontrar na decisão resquícios de uma concepção de democracia atribuível a Andrew Jackson que se contrapunha a "legislações de classes", ainda que a Suprema Corte tenha reconhecido que a legislação poderia favorecer classes de empregados sem condições de barganhar os valores de seus salários – a classe de padeiros não se encontraria entre elas.[41]

O precedente firmado permitiria que na década de 1930 uma verdadeira queda de braço fosse estabelecida entre a Corte e o Presidente da República Franklin D. Roosevelt, que intencionava colocar em prática sua plataforma de campanha eleitoral, o *New Deal*. Tal pacto estabeleceria uma nova relação entre Estado e sociedade, fazendo com que o Executivo expandisse sua atuação para inúmeros setores sociais. A Suprema Corte impôs sua visão sobre o *New Deal*: invalidou um sistema de pensões para ferroviários previsto no *National Industry Recovery Act* (*Railroad Retirement Board v. Alton R. Co.* 295 US 330 (1935)), a limitação de horas e fixação de salários para a indústria do carvão (*Carter v. Carter Coal Co.* 298 US 238 (1936)), uma lei que criava subsídios para fazendeiros que cumprissem determinadas cotas (*United States v. Butler* 297 US 1 (1936)), além de reafirmar que leis que fixassem pisos e tetos para salários eram inconstitucionais (*Morehead v. New York ex rel Tipaldo* 298 US 587 (1936).

Diante de uma Corte conservadora que barrara programas iniciais, como em *Schechter Poultry Corporation v. United States* 295 US 495 (1935), Roosevelt ameaçou proceder a um aumento da composição do tribunal pela via legislativa, objetivando, ao final, formar "sua" maioria na Corte – o que ficou conhecido como *Court-packing plan* ou o plano de "empacotamento" da Corte, em uma tradução direta. A cada *Justice* com mais de 70 anos, a legislação

41 TUSHNET, Mark. *The Constitution of the United States of America*: a Contextual Analyses. Oxford: Hart Publishing, 2009, posição 933.

proposta preveria a possibilidade de uma nomeação adicional correspondente. A Suprema Corte rapidamente respondeu validando o *National Labor Relations Act* (uma lei federal de relações laborais), o *Social Security Act* (lei de seguridade social), assim como leis estaduais fixando salários mínimos (*National Labor Relations Board v. Jones & Laughlin Steel Corporation* 301 U.S. 1 (1937); *Steward Machine Company v. Davis* 301 U.S. 548; e, *West Coast Hotel Co. v. Parrish*, 300 U.S. 379 (1937)). As mudanças capitaneadas mesmo por um juiz outrora oponente do *New Deal*, *Justice* Owen Roberts, ficaram conhecidas como "*[the] switch in time that saved nine*".

3.3.4 Korematsu v. United States 323 U.S. 214 (1944)

Durante a Segunda Guerra Mundial, a *Executive Order* 9066, de 1942, permitiu uma verdadeira instituição de campos de concentração no território americano destinado a cidadãos nipo-americanos. A decisão, capitaneada pelo *Justice* Hugo Black, estabeleceu que a necessidade de proteção contra a espionagem pesava mais que os direitos de cidadãos americanos de ascendência japonesa. Mais de 120 mil japoneses foram deslocados, incluindo 2/3 de cidadãos americanos, sendo destinados a campos de concentração em localidades remotas de Estados como Utah e Idaho. Fred Korematsu foi uma das pessoas que se recusou a cumprir a ordem: submeteu-se a cirurgia plástica, mudou seu nome para Clyde Sarah e passou a reivindicar fictícias descendências havaiana e espanhola. Foi preso pelo FBI e a *American Civil Liberties Union* levou seu caso ao Judiciário.

A Suprema Corte decidiu que poderia se utilizar do critério de avaliação de inconstitucionalidade de *strict scrutiny* para entender (como raramente aconteceu) que a diferença promovida pelo Executivo era razoável e não estava baseada em raça, mas em uma "necessidade militar".[42] Décadas depois, em 1983, o caso foi levado

42 No exercício do *judicial review*, a Suprema Corte desenvolveu três níveis para testar a legitimidade de medidas estatais que promovam diferenças sob a *equal protection clause* da 14ª Emenda. Pelo *strict*

novamente ao Judiciário, desta vez para que se reconhecesse que documentos oficiais do período bélico informavam não apresentarem os cidadãos de origem japonesa não apresentavam nenhuma ameaça militar aos Estados Unidos. Assim, *Korematsu* seria corrigido pela *U.S. District Court of Northern California in San Francisco* em um *writ* de *coram nobis*, procedimento destinado a corrigir erros materiais originados pela ausência de documentos nos autos originais.[43] *Korematsu* passou a ser visto como um caso "*anti-canon*", ao lado de *Dred Scott* e *Lochner*.[44]

3.3.5 Brown v. Board of Education 347 US 483 (1954)

Até o precedente de *Brown*, a discriminação institucionalizada era a chaga de vários Estados do sul. A Suprema Corte cooperou com essa marca negativa com *Plessy v. Ferguson*, 163 U.S. 537 (1896). No caso, ficou consignada a doutrina dos "separados, mas iguais": equipamentos e instituições públicas poderiam segregar, desde que o fizessem ofertando serviços equivalentes para brancos e negros. *Dred Scott* e *Plessy*, assim como a própria doutrina *Lochner* acima descrita apontam muito mais para um constitucionalismo defensor

---

scrutiny, o Estado deve demonstrar que a classificação da minoria por ele feita atende a um convincente interesse estatal e que a classificação é necessária para atender a esse interesse. Pelo *middle tier scrutiny*, o Estado tem que demonstrar que a classificação cumpre um importante interesse estatal e que há relação substancial de promoção do interesse. O *minimum* ou *rational basis scrutiny* requer apenas a demonstração de que a classificação é racionalmente relacionada ao cumprimento de um interesse estatal legítimo. Para uma análise da legitimidade de medidas estatais perante a cláusula de igual proteção, cf. ARAIZA, William. *Enforcing the Equal Protection Clause*: Congressional Power, Judicial Doctrine, and Constitutional Law. Nova York: New York University Press, 2015.

43 A decisão corretiva está disponível em: https://www.aaba-bay.com/news/korematsu-vs-u-s/. Acessado em: 10.04.2018.

44 FALLON JR., Richard. *The Dynamic Constitution*: an Introduction to American Constitutional Law. Cambridge: Cambridge University Press, 2004, p. 163.

da propriedade do que da liberdade.[45] E, inclusive, de uma propriedade sobre escravos: o art. I, seção 9, estabeleceu que o Congresso não poderia extinguir a propriedade de escravos por, pelo menos, uma geração, ao passo que o art. 4º, seção 2, obrigava os Estados livres a devolver escravos fugitivos.

Normalmente, a Presidência da Suprema Corte define vários aspectos do exercício da jurisdição por um bom tempo. Daí que se costuma falar de um Corte Marshall, uma Corte Taney e, mais tarde, da Corte Warren, em referência ao *Justice* Earl Warren, responsável por um período de vasto reconhecimento de direitos (1953-1969). *Brown* foi a mais clara afirmação da Suprema Corte em *prol* da igualdade racial: ela declarou inconstitucional a segregação racial escolar. É preciso lembrar que o pós Segunda Guerra e a Guerra Fria invocavam disputas sobre liberdade, ainda que no nível retórico. A segregação racial era, portanto, um constrangimento perante a comunidade internacional.[46] A *National Association for Advancement of Coloured People* passou a atuar de forma mais veemente contra a segregação, principalmente por meio de boicotes e litigância estratégica, como no caso *Brown*.

Movimentos como o de Martin Luther King Jr., a relativa acolhida por Kennedy das reivindicações de afro-americanos e a abertura de Lyndon Johnson à temática impulsionaram o Congresso à adoção de instrumentos como o *Civil Rights Act* em 1964. Referida legislação proibia o uso de critérios raciais no registro de eleitores, além da segregação racial em escolas, empregos e locais públicos. Isto significa que *Brown* só produziu bons resultados? Não se deve desconsiderar que a decisão levantou sérias perguntas a respeito do que deveria ser feito imediatamente depois dela. É dizer, a doutrina da retroatividade plena seria questionada para colocar no lugar uma

45 MANDEL, Michael. "A Brief History of New Constitutionalism, or 'How We Changed Everything So That Everything Would Remain the Same'". *Israel Law Review*, vol. 32, nº 2, 1998, p. 271.

46 TUSHNET, Mark. *The Constitution of the United States of America*: a Contextual Analyses. Oxford: Hart Publishing, 2009, posição 1.028.

prospectividade "*with all deliberate speed*", medida, em muito, por considerações pragmáticas.[47]

Vizinhanças e escolas privadas permaneceram discriminando por renda. Brancos passaram a procurar escolas privadas só para brancos e escolas mais distantes. Michael Mandel destaca, nesse ponto, que "(...) a barreira econômica substituiu a barreira de cor".[48] Esta afirmação, contudo, é bastante problemática. Ela coloca de lado a base de critério racial que em muito fundamentou o advento do constitucionalismo estadunidense. Mais do que isso, pretende generalizar que o critério de classe social ou renda é base de qualquer discriminação. Levar essa consideração ao extremo significa desconsiderar devidamente um critério secular de discriminação negativa racial que contribuiu historicamente para a conformação do sistema constitucional.

3.3.6 Uma jurisprudência em *prol* dos direitos fundamentais?

Não pode ser simples, contudo, pretender derivar das decisões da Suprema Corte, pura e diretamente, o reconhecimento efetivo de direitos com consequências benéficas. Como destaca Michael Mandel, decisões como *Roe v. Wade*, 410 U.S. 113 (1973), que reconheceu o direito ao aborto até o primeiro trimestre da gravidez, não levariam a uma imediata incidência de direitos.[49] Em *Beal v. Doe*, 432 U.S.

---

47 KAY, Richard. "Retroactivity and Prospectivity of Judgments in American Law". *In*: STEINER, Eva (Coord.). *Comparing the Prospective Effect of Judicial Rulings Across Jurisdictions*. Heidelberg: Springer, 2015, p. 222.

48 Tradução livre de: "The economic barrier had replaced the colour barrier" (MANDEL, Michael. "A Brief History of New Constitutionalism, or 'How We Changed Everything So That Everything Would Remain the Same'". *Israel Law Review*, vol. 32, nº 2, 1998, p. 282).

49 MANDEL, Michael. "A Brief History of New Constitutionalism, or 'How We Changed Everything So That Everything Would Remain the Same'". *Israel Law Review*, vol. 32, nº 2, 1998, p. 284.

438 (1977), a Suprema Corte reforçou que os Estados não poderiam criminalizar o aborto; entretanto, autorizaram a proibição de acesso a sistemas públicos de saúde para realizar o procedimento. Já em *Webster v. Reproductive Health Services*, 109 S.Ct. 3040 (1989), reconheceu-se a constitucionalidade de leis estaduais proibindo o acesso a equipamentos públicos para realização do aborto. Em *Planned Parenthood v. Casey*, 112 S.Ct. 2791 (1992), restrições mais graves ao aborto foram implantadas em nome da viabilidade fetal. Todas essas decisões são indiferentes ao problema da desigualdade de renda entre mulheres.

De modo semelhante, decisões de reconhecimento de direitos de caráter processual penal, seja pelo reconhecimento da proibição de provas ilícitas, como em *Mapp v. Ohio*, 367 U.S. 643 (1961), ou pela efetividade da não obrigação de produção de prova contra si mesmo, como em *Miranda v. Arizona*, 384 U.S. 436 (1966), tiveram alcance bastante restrito. A população carcerária só aumentou, tendo principalmente negros e pobres como alvos. Isto significa que as garantias são dispensáveis? É claro que não. Mas não se pode deixar de reconhecer que mesmo uma Suprema Corte mais liberal não avançou o que deveria em termos de limitar as discriminações negativas baseadas em raça ou renda.

4 Federalismo e direitos fundamentais

Chave da compreensão do constitucionalismo estadunidense é o fato de que ele adotou um sistema federalista a partir de 1787, superando a antiga confederação de Estados soberanos de outrora. A Constituição dos Estados Unidos define as competências do poder central, deixando de mencionar (poderes não enumerados) aquelas que seriam detidas pelos Estados. Isto tem feito com que eles ajam como laboratórios para outros Estados e para o governo central, nas palavras do *Justice* Louis Brandeis.[50]

---

50 TUSHNET, Mark. *The Constitution of the United States of America*: a Contextual Analyses. Oxford: Hart Publishing, 2009, posição 3.352.

Algumas definições estruturais espelham o poder central: uma dela é a separação de poderes (apenas o Estado de Nebraska não tem, contudo, um legislativo bicameral). Em alguns Estados, cargos chave no Executivo são eleitos separadamente do Governador. Em quase todos os Estados, juízes são eleitos ou designados com posteriores "referendos" sobre sua continuidade no cargo, as chamadas *retention elections*. Há casos também de indicação por governadores (em várias situações, para preencher os cargos nas Cortes Supremas estaduais) ou comissões eleitorais, seleções por mérito por comissões legislativas, eleições partidárias e eleições não partidárias com mandatos (*judgeship*) entre 6 e 10 anos.[51] Juízes federais, de seu lado, são indicados pelo Presidente e têm seus nomes confirmados no *Senate Judiciary Committee* para um ofício com vitaliciedade plena.[52]

O crescimento de poderes federais para atuar por meio de leis federais se deu na medida em que a devida interpretação sobre o significado da *Commerce Clause* passou a reivindicar regulamentação, algo que costuma ser remontado a 1887, com a criação da *Interstate Commerce Commission*.[53] O *Sherman Antitrust Act* era uma forma de expansão dos poderes federais sobre questões econômicas; a Suprema Corte pré *New Deal* barrou sua aplicação em casos como *United States v. E. C. Knight Co.*, 156 U.S. 1 (1895). Após a mudança na Suprema Corte favorável ao *New Deal*, reconheceu-se que o Congresso teria poderes plenos (*plenary powers*) quando questões econômicas demandassem sua atuação abrangente de vários Estados. Apenas nos anos 1990 é que uma mudança aconteceria,

---

51 O *website National Center for State Courts* (http://www.judicialselection.us) traz todos os métodos de acesso a cargos de juízes em cada um dos Estados norte-americanos.

52 Para uma lista dos juízes e *Justices* federais, e os Presidentes que os indicaram a partir de Roosevelt, cf. Disponível em: http://www.uscourts.gov/sites/default/files/apptsbypres.pdf. Acessado em: 30.08.2017.

53 TUSHNET, Mark. *The Constitution of the United States of America*: a Contextual Analyses. Oxford: Hart Publishing, 2009, posição 3.402.

com a chamada "Revolução Federalista": a Suprema Corte declarou inconstitucional lei federal que criminalizava o porte de armas em áreas próximas a escolas por não envolver comércio interestadual (*United States v. Lopez* 514 US 549 (1995)). É possível, assim, notar uma deferência à autonomia federativa que, vez por outra, limita direitos fundamentais.

Conclusões

Compreender o potencial do constitucionalismo estadunidense não pode significar tomá-lo como uma construção isenta de críticas. O "excepcionalismo americano" que está por detrás de várias concepções extremamente deferentes àquele sistema constitucional deve ser refutado. Não porque o constitucionalismo como um todo possa ser visto somente como resultado de cooptações de um Poder Judiciário preocupado em manter intocados privilégios políticos e o direito de propriedade de elites políticas dominantes. Ter em consideração essa crítica é um passo importantíssimo. Este artigo procurou demonstrar como várias instituições e discursos sobre direitos fundamentais falham no constitucionalismo americano. Mas isto não significa que ele deva ser abandonado.

Assumi-lo criticamente pode, em verdade, descortinar um "horizonte de potencialidades" que permitem que outros sistemas constitucionais, ou outros constitucionalismos, reconstruam suas próprias práticas à luz de erros cometidos em outras experiências constitucionais. *Dred Scott*, *Korematsu*, a estrutura eletiva da Presidência, a aceitação do sistema escravocrata pelo texto original de 1787, são todos momentos constituintes ao inverso: eles demonstram quais erros foram cometidos e como podemos tentar evitá-los. Em uma crescente onda internacional de autoritarismo, é fundamental que se tenha consciência de que alguns erros constitucionais podem ser evitados.

CAPÍTULO V

CONSTITUCIONALISMO FRANCÊS: DA INSTABILIDADE À ESTABILIDADE

Introdução

O constitucionalismo francês apresenta uma história de idas e vindas. Como veremos, ele perpassa, em um nível micro, reações em cadeia em que as práticas de um regime informam a estruturação do próximo regime. Boyron traz o exemplo do uso de *décrets-lois* inconstitucionais à luz da Constituição dos Estatutos Constitucionais de 1875 que pressionariam o desenho institucional da Constituição de 1958 para que uma delegação legislativa ao Executivo passasse a constar do art. 38 do referido texto.[1] Em um nível macro, explica-se o constitucionalismo francês por meio de uma sucessão de diferentes ciclos alternados. Cada ciclo tomaria parte de períodos diferentes. No *primeiro período*, haveria um reconhecimento da supremacia do parlamento; um *segundo período* destacaria o papel

---

1 BOYRON, Sophie. *The Constitution of France*: a Contextual Analyses. Oxford: Hart Publishing, 2013, p. 20.

do Executivo; e, um *terceiro período* sintetizaria as duas experiências em uma cooperação dos poderes. Desse modo, três tradições estariam presentes no constitucionalismo francês: uma republicana, uma parlamentar e uma cesarista.[2]

Assim, aparece algo de bastante *experimental* no constitucionalismo francês. Foram inúmeras as tentativas feitas, com mudanças que visavam, ao longo da história, ao aperfeiçoamento do desenho constitucional. Além disso, há toda uma importância dada à positivação do direito e das constituições, o que demonstra a quantidade de diferentes experiências. Some-se a essa característica a pouca importância dada à continuidade constitucional e um destaque maior à clara quebra com o passado no país de Emmanuel Sieyès.[3] Por fim, destaque-se a ausência de uma clara preocupação com a supremacia constitucional. Como as leis ordinárias eram vistas como expressão da vontade popular, parecia estranho que algo pudesse governar ou controlar a produção de resultados legislativos. Apenas a Constituição de 1958 foi capaz de alterar esse status de forma ostensiva.

No capítulo que se segue, buscaremos recuperar alguns dos principais pontos da formação da tradição constitucionalista francesa.

1 Rumo à Revolução Francesa de 1789

É impossível proceder a uma redução dos fatores que levaram à Revolução Francesa de 1789. Entretanto, alguns elementos podem ser destacados. Havia uma necessidade de reforma da obsoleta e ineficiente estrutura de administração do território; este era dividido

---

2 A inclusão de uma tradição cesarista não parece um problema para Byron, já que ela não vê contradição entre o constitucionalismo e um forte império executivo. Nesse sentido, vale a pena investigar a noção de *constituições autoritárias*. Cf. GINSBURG, Tom; SIMPSER, Albert (Coord.). *Constitutions in Authoritarian Regimes*. Cambridge: Cambridge University Press, 2014.

3 SIEYÈS, Emmanuel Joseph. *Qu'est-ce que le tiers état?* Zahn, 1875.

em *provinces*, com cada uma possuindo uma corte máxima chamada *parlement*. Múltiplas cortes inferiores competiam entre si, para além da diferença entre fontes do direito entre as *provinces* do norte (costumes) e do sul (normas escritas e o Direito Romano). Administrativamente, a presença dos *intendants* representava a vontade real normalmente lutando contra os *Parlements* e fiscalizando os *fermiers-généraux*, responsáveis por cobrar tributos.

A França pré-revolucionária não contava com o sistema de controle passível de ser encontrado à época na Inglaterra parlamentar. Criados em 1302, os *Etats-Généraux* permaneciam sem convocação desde 1614. Por outro lado, as crises que antecederam a revolução em muito dependeram do papel de controle das reformas reais exercido pelos *Parlements*. Destaque-se, também, os fatores econômicos que levaram à revolução: a coroa francesa dependia cada vez mais de impostos ao passo em que gastava mais com o apoio à Guerra de Independência americana; além disso, o acordo de livre comércio com a coroa britânica em 1786 prejudicou a indústria francesa. Acrescente-se que a estrutura social rigidamente dividida entre Nobreza, Clero e o Terceiro Estado (artesãos, camponeses e burgueses) contribuíra para necessidade de mudanças, principalmente com o fortalecimento da burguesia. Não se olvide também como o movimento do Iluminismo, com suas inúmeras críticas à organização social francesa, somaria elementos ao advento da revolução.

Na sequência, trazemos as constituições francesas que Boyron destaca.[4]

2 A Constituição de 1791

Várias foram as demandas apresentada pelo Terceiro Estado quando da convocação por Louis XVI dos *Etats-Généraux* em 5

4 BOYRON, Sophie. *The Constitution of France*: a Contextual Analyses. Oxford: Hart Publishing, 2013, p. 10.

de maio de 1789: buscava-se igualdade formal, a adoção de uma constituição positivada, reformas administrativas, a contagem de votos individuais para cada um dos membros dos três estados e deliberações conjuntas.[5] Com a refutação da Nobreza e do Clero, o Terceiro Estado converteu-se em Assembleia Nacional em 17 de junho de 1789. E, em 9 de julho, ela se transformou em Assembleia Constituinte.

É importante assinalar o papel que Emmanuel Sieyès teve na Assembleia Nacional: ele fora um dos principais defensores da substituição da terminologia "soberania" por aquele dueto que o consagraria para sempre: *poder constituinte* (*pouvoir constituent*) e *poderes constituídos* (*pouvoirs constitués*). Em outras leituras, a separação habilitou Sieyès a evitar o uso do conceito de soberania e a permitir uma maior institucionalização do poder popular ante a Assembleia Nacional – evitando problemas advindos dos grandes debates sobre mandato imperativo e sanção real. A ordem constituída obteria sua legitimidade do poder constituinte dentro de limites pré-definidos por ele.[6]

Com a tomada da Bastilha, a revolução desbordou das alterações jurídicas para um movimento popular. A Constituição de 1791 foi adotada em 3 de setembro, incorporando a Declaração dos Direitos do Homem e do Cidadão de 1789. A soberania foi alocada no povo, com o rei e o parlamento atuando como representantes. O rei não podia dissolver a assembleia; um sistema de sufrágio indireto e censitário foi instituído. Com a tentativa da família real de deixar o país e o veto do rei a duas leis em 1792, houve a convocação de uma nova constituinte e a execução de Louis XVI em 1793.[7]

---

5 O Terceiro Estado tinha 578 membros, a Nobreza 270 e o Clero 291; contudo, os votos eram contados por classe.

6 RUBINELLI, Lucia. *Constituent Power*: a history. Cambridge: Cambridge University Press, 2021, p. 60.

7 BOYRON, Sophie. *The Constitution of France*: a Contextual Analyses. Oxford: Hart Publishing, 2013, p. 7.

3 A Constituição da Primeira República de 1793

O Texto Constitucional de 1793 foi aprovado por referendo e proclamado em 24 de junho de 1793. Estabeleceu o sufrágio universal para homens e continha mecanismos de democracia direta. Contra sua efetivação, contudo, foi decretado em 10 de outubro de 1793 que o Comitê de Segurança Pública atuaria como governo revolucionário durante o período de guerra com a coalisão de países europeus. Foi aí que começou o regime do *Terreur*: Robespierre capitaneou poderes ditatoriais, com julgamentos sumários que levaram a morte de 40 mil a 50 mil pessoas, até que fosse preso em 27 de julho de 1794.

4 A Constituição do *Directoire* de 1795

Comprovando a tradição de alterar constituições repetidamente, um comitê foi convocado para elaborar uma nova constituição. Esta abandonaria o apelo à soberania popular e a preocupação com uma declaração de direitos. O Parlamento foi dividido entre o *Conseil des Cinq-Cents* (Conselho dos Quinhentos) e o *Conseil des Anciens* (Conselho dos Anciãos). O Poder Executivo foi regulado colegiadamente, contando com cinco diretores. A instabilidade política continuou a prevalecer e, em 9 de novembro de 1799, um golpe liderado por Napoleão Bonaparte pôs fim ao *Directoire*.

5 A Constituição de 1799

A Constituição de 13 de dezembro de 1799 inspirou-se em muito no sistema romano de ditadura temporária. Previa um forte Executivo, o *Consulat*, integrado por três membros, e um Legislativo enfraquecido pela divisão tripartite: *Tribunat*, Assembleia Legislativa e *Sénat*. Este último exercia uma atividade rudimentar de controle de constitucionalidade, além de escolher os membros da Corte de Cassação. Em 4 de agosto de 1802, Bonaparte, Primeiro Cônsul, foi consagrado imperador. Com as derrotas para a Rússia e a Alemanha em guerras, em 2 de abril de 1814 o *Sénat* extinguiu o império de Bonaparte.

6 A Constituição da restauração monárquica de 1814

Referida ordem de fatores levou a que o Conde de Artois recebesse a oferta do trono, sendo o *Sénat* responsável por redigir mais uma constituição. O conde, futuro Louis XVIII, rejeitou a proposta do *Sénat* para impor sua própria proposta. Nesse caso, o Legislativo foi formado com duas casas, uma Casa dos Deputados e uma Casa dos Lordes. Manteve-se o sistema de sufrágio censitário. A ascensão de Carlos X ao trono foi seguida de instabilidade política, com o rei dissolvendo a câmara baixa, suprimindo a liberdade de imprensa e reformando o sistema eleitoral. Uma revolução o empurrou para o exílio e em julho de 1830 Louis-Philippe, Duque de Orléans, assumiu o trono. A instabilidade permaneceu e chegou ao ápice em 1848, forçando Louis-Philippe ao exílio.

7 A Constituição da Segunda República de 1848

Seguindo o processo revolucionário daquele ano na Europa, a Constituição de 1848 adotou um sistema presidencial e transformou o Parlamento em uma só casa. Luís Napoleão Bonaparte, sobrinho de Napoleão, foi eleito em 10 de dezembro de 1848, inserindo-se em um novo período de instabilidade que o levou a um golpe em 1851 e à assunção do título de Príncipe-Presidente.

8 O Segundo Império e a Constituição de 1852

A Constituição de 14 de janeiro de 1852 permitiu a proclamação do império em 2 de dezembro do mesmo ano. O Príncipe-Presidente era a força motriz do sistema, com o *Sénat* novamente exercendo funções de controle de constitucionalidade e a Assembleia Legislativa com funções legiferantes limitadas. Suas emendas parlamentares deveriam ser aprovadas pelo Conselho de Estado. Apesar de certa liberalização na segunda metade do império, a derrota na guerra Franco-Prussiana de 1870 definiu o fim do império e levou Napoleão III ao exílio.

9 Os Estatutos Constitucionais de 1875 e a Terceira República

Com o advento da Terceira República, não houve uma tentativa de redigir um texto de uma Constituição. O que prevaleceu foram documentos constitucionais informais e menos detalhados.[8] Três Estatutos Constitucionais foram adotados no período de sete meses no ano de 1875. Eles estabeleceram um Executivo de caráter parlamentarista, com um Presidente da República e o Governo. O Legislativo foi dividido entre uma Câmara dos Deputados e um *Sénat*. Em grande parte da Terceira República, os governos tiveram dificuldades para formar uma maioria legislativa. Assim, durante a Primeira Guerra Mundial, foi necessário promover mudanças legislativas via *décret-loi*, com autorizações dadas pelo Legislativo ao Executivo apesar da contrariedade do texto constitucional.

No período entre guerras, tal uso foi aprofundado. No curso da Segunda Guerra Mundial, o Legislativo delegou ao chefe de governo, Marechal Pétain, poderes de emenda constitucional. Esse foi um dos fatores que colaborou para o regime fascista de Vichy.

10 A Quarta República e a Constituição de 1946

Com o fim da Terceira República, uma proposta de constituição foi submetida a referendo em 19 de abril de 1946, sendo rejeitada.

---

8 BOYRON, Sophie. *The Constitution of France*: a Contextual Analyses. Oxford: Hart Publishing, 2013, p. 15.

A Constituição de 27 de outubro de 1946 é que prevaleceria, instituindo um sistema legislativo bicameral (Assembleia Nacional e Conselho da República) e um Executivo bifurcado (Presidente da República e Primeiro Ministro). As mudanças da nova constituição não foram suficientes para evitar a instabilidade política: entre 1946 e 1958, formaram-se 21 governos. Com a Guerra da Argélia, uma crise assombrará a Quarta República. Em maio de 1958, Charles de Gaulle é chamado a retornar à política pelos Generais Massu e Salan. Em 31 de maio, de Gaulle forma seu governo, que é aprovado pela Assembleia Nacional.

Em 3 de junho de 1958, uma "lei constitucional" autoriza a redação de uma nova constituição e fixa os princípios que deveriam ser obedecidos. Esse documento pré-constituinte exigiu que fossem incluídas na constituição as seguintes normas: responsabilidade ministerial, separação entre Executivo e Legislativo e independência judicial para garantir os direitos previstos no preâmbulo da Constituição de 1946 (o que restringe em parte a ideia de constituições quebrando claramente com o passado) e na Declaração dos Direitos do Homem e do Cidadão. Em 28 de setembro, a proposta foi referendada popularmente e entrou em vigor em 4 de outubro de 1958.[9]

11 Um reflexo da mudança constitucional

Assim, o constitucionalismo francês tem como tônica a mudança. Uma das explicações poderia estar na necessidade de destaque da soberania popular: o poder constituinte (originário) deve ser exercido sempre que se tornar incontornável a mudança constitucional.

---

9 BOYRON, Sophie. *The Constitution of France*: a Contextual Analyses. Oxford: Hart Publishing, 2013, p. 15.

Boyron, portanto, destaca 10 constituições. Publicações oficiais e *links* institucionais, contudo, apontam números que variam entre 14 e 15 constituições.[10] Seriam elas:

Título	Ano	Sistema de governo
Constituição	1791	Monarquia constitucional
Constituição	1793	Primeira República
Constituição	1795	Diretório
Constituição	1799	*Consulat*/Primeiro Império
Constituição	1802	*Consulat* vitalício
Constituição	1804	Império
Constituição	1814	Monarquia constitucional/ restauração
Ato adicional	1815	Império
Constituição	1830	Monarquia
Constituição	1848	Segunda República
Constituição	1852	Segundo Império
Estatutos Constitucionais	1875	Terceira República
Lei constitucional	1945	Governo provisório
Constituição	1946	Quarta República
Constituição	1958	Quinta República

10 Disponível em: https://eurydice.eacea.ec.europa.eu/national-education-systems/france/historical-development. Disponível em: https://www.conseil-constitutionnel.fr/la-constitution/les-constitutions-de-la-france.

12 O sistema constitucional instituído em 1958

O art. 1º, § 1º, da Constituição de 1958 fixa uma identidade constitucional estabelecendo que a república é unitária, secular, democrática e social. Apesar de se tratar de um Estado unitário, o mesmo dispositivo constitucional reforçar o caráter descentralizado da administração. A Quinta República proveria um tipo diverso de estabilidade, contrário à totalidade da história constitucional francesa. Além disso, o constitucionalismo francês passou a compartilhar o "apreço" pela judicialização com um papel cada vez mais proeminente do *Conseil Constitutionnel*.[11]

13 Direitos fundamentais: o bloco de constitucionalidade

Um dos aspectos centrais da configuração da Constituição francesa de 1958 diz respeito à sua especificação de direitos fundamentais. O texto original, de fato, não contém uma declaração de direitos. Foi necessário, assim, o desenvolvimento pelo Conselho Constitucional (*Conseil Constitutionnel*) de uma tese interpretativa para expandir a força do texto de 1958 em direção a incorporar direitos fundamentais. Em um caso de 1971 envolvendo a proteção do direito de associação, o Conselho Constitucional decidiu que como o preâmbulo da Constituição de 1958 faz remissão à Declaração Internacional dos Direitos do Homem e do Cidadão de 1789 e ao preâmbulo da Constituição de 1946, a Constituição abarcaria tais direitos de primeira e segunda geração. Mas não só: o preâmbulo de 1958 menciona também os "princípios gerais reconhecidos pela legislação da República", o que expandiu ainda mais o sistema de direitos. E mais: a Carta do Meio Ambiente de 2005 passou a integrar

---

11 ELKINS, Zachary; GINSBURG, Tom; MELTON, James. *The Endurance of National Constitutions*. Cambridge: Cambridge University Press, 2009, p. 171.

via emenda constitucional o que ficou conhecido como um "bloco de constitucionalidade".[12]

14 Primazia do Executivo

A posição proeminente do Poder Executivo é captada pela localização de sua estrutura: já no art. 5º, logo após tratar da soberania, a Constituição de 1958 define suas premissas básicas. A soberania tem seu caráter unitário refletido na república, que também aparece na centralização territorial.[13] Entretanto, a Constituição de 1958 é um bom exemplo de como a teoria do poder constituinte precisou ser renovada (mesmo em seu berço): é que seu desenho havia sido preestabelecido pela Lei de 3 de junho de 1958 que, entre outros requisitos, exigia a instituição de um sistema parlamentar. Foi a prática constitucional já no governo de Charles de Gaulle que reconfigurou o sistema como semipresidencialista. Ele explorou a literalidade do texto constitucional a seu favor, dando-lhe preponderância na escolha e demissão do Primeiro-Ministro, além de "adquirir" competências governamentais mediante referendos. Em 1962, de Gaulle foi exitoso em uma reforma constitucional para eleição direta do Presidente, o que deu maior definitividade à sua leitura da Constituição.

---

12 Para tanto, cf. GANIVET, Guy. *Colloque Amman sur "Le rôle de la Cour constitutionnelle dans la protection des droits de l'homme"*. Disponível em: http://www.conseil-constitutionnel.fr/conseil-constitutionnel/francais/publications/contributions-et-discours/2013/le-conseil-constitutionnel-et-la-protection-des-droits-de-l-homme.147432.html. Acessado 28.03.2018. Para uma verificação do texto completo da Constituição francesa na língua inglesa, incluindo o que integra o "bloco de constitucionalidade", cf. Disponível em: https://www.constituteproject.org/constitution/France_2008?lang=en. Acessado em: 28.03.2018. Para a noção de bloco de constitucionalidade, cf. FAVOREU, Louis. "El bloque de la constitucionalidad". *Revista del Centro de Estudios Constitucionales*, nº 5, 1990, pp. 45-68.

13 BOYRON, Sophie. *The Constitution of France*: a Contextual Analyses. Oxford: Hart Publishing, 2013, p. 33.

Entretanto, e como havia diferença entre os mandatos presidencial (sete anos) e parlamentar (cinco anos), um outro fenômeno surgiu nas ocasiões que a Assembleia passava a ser dominada por partido de oposição ao Presidente: a *coabitação*. Por ele, o Presidente foi obrigado a "tolerar" um Primeiro-Ministro indicado pelo partido dominante (ou coalisão) da Assembleia – que não era o seu. Com reformas nos anos 2000, os mandatos passaram a ser coincidentes (cinco anos) e a coabitação, menos comum.

É curioso que o art. 5º da Constituição de 1964 dê ao Presidente da República o papel de garantir o devido respeito ao texto constitucional; além disso, o art. 64 prega que ele é o responsável por defender a independência do Poder Judiciário. Consolidou-se a prática constitucional de o Presidente indicar o Primeiro-Ministro e, com ele, formar a equipe que integrará o gabinete. De acordo com a leitura gaullista, o Primeiro-Ministro é responsável perante o Presidente. O Presidente pode, também, dissolver a Assembleia Nacional. O art. 16 da Constituição de 1958 também autoriza que, em circunstâncias excepcionais, o Presidente possa implementar medidas excepcionais, ouvidos o Primeiro-Ministro, Presidentes das casas legislativas e o Conselho Constitucional.

O Primeiro-Ministro executa ações governamentais, de acordo com o art. 21. É ele o chefe de governo. Este, o governo, é entidade com status constitucional e identidade coletiva; seus membros são escolhidos pelo Primeiro-Ministro e indicados pelo Presidente. A responsabilidade do governo aparece nos arts. 20, § 3º, 49 e 50; a confiança pode ser retirada pela Assembleia Nacional. A prática constitucional, contudo, atenuou essa ferramenta parlamentar na formação do regime francês semipresidencialista.

As formas de *accountability* do art. 49 se partem em três. A primeira envolve a obtenção pelo Primeiro-Ministro de um voto de confiança pela Assembleia Nacional em uma política ou programa. A segunda é relativa à apresentação por 1/10 da Assembleia de uma moção de censura que, se aprovada pela maioria, derruba o governo.

Isto só ocorreu uma vez, em 1962 – daí a distorção do parlamentarismo em favor do semi-presidencialismo.[14] A terceira possibilidade permite ao governo impor a aprovação pela Assembleia de um projeto de lei de seu interesse. A oposição do órgão legislativo o obriga a levar adiante a moção de censura do governo.

15 Um Legislativo reformado

A centralização preconizada em direção ao Executivo encaminhou-se no sentido de uma reforma constitucional ampla em 2008. De acordo com a Constituição de 1958 (art. 24), o Parlamento envolve a Assembleia Nacional e o Senado, em um sistema bicameral. Ainda que se trate de um Estado unitário, os territórios franceses encontram representação no Senado. A Assembleia conta com 577 deputados, ao passo que o Senado conta com 348 senadores. Parlamentares não podem ser responsabilizados por suas opiniões; só podem ser presos com autorização do secretariado de sua casa legislativa; exceções prevalecem no caso de prisão em flagrante ou decorrente de decisão definitiva.[15]

16 Um Judiciário discreto

Não há menção sistemática no texto constitucional de 1958 ao Poder Judiciário francês. Manteve-se a tradição de uma desconfiança francesa em relação aos juízes. É mais a prática constitucional que

---

14 BOYRON, Sophie. *The Constitution of France*: a Contextual Analyses. Oxford: Hart Publishing, 2013, p. 80. Cf., também, ASSEMBLÉE NACIONAL. *Motions de censure depuis 1958*. Disponível em: https://www.assemblee-nationale.fr/dyn/decouvrir-l-assemblee/motions-de-censure-depuis-1958. Acessado em: 28.05.2024. Cf., também, MARRANI, David. *Dynamics in the French Constitution*: Decoding French Republican Ideas. Abingdon: Routledge, 2013, p. 12.

15 BOYRON, Sophie. *The Constitution of France*: a Contextual Analyses. Oxford: Hart Publishing, 2013, p. 112.

levou a uma certa autonomização dos tribunais na França. A já mencionada proteção do Presidente da República, a inamovibilidade de juízes e órgãos como o Conselho Superior da Magistratura (*Conseil supérieur de la magistrature*) deram espaço para a independência judicial. O Conselho Superior da Magistratura cumpre tarefas disciplinares em relação aos juízes. É, contudo, a consolidação do Conselho Constitucional que promove mudanças importantes no campo da jurisdição francesa.

17 O Conselho Constitucional

O Conselho Constitucional surge com a Constituição de 1958; formas anteriores de controle de constitucionalidade mantiveram a modalidade política. Originalmente, contudo, cabia ao Conselho apenas manter separadas as funções do Parlamento e do Governo.[16] O Conselho Constitucional é formado por nove membros, que cumprem um mandato de nove anos. Três são escolhidos pelo Presidente da República, três pelo Presidente da Assembleia Nacional e três pelo Presidente do Senado. Ex-Presidentes da República são membros vitalícios do Conselho.

Regimentos internos das casas legislativas, leis orgânicas e referendos devem obrigatoriamente ser aprovados pelo Conselho. Pela via não obrigatória, projetos de lei poderiam ser levados ao Conselho Constitucional antes da promulgação presidencial. 60 deputados ou 60 senadores podem submeter projetos de lei ao Conselho. Veja-se que o controle era somente *a priori*, preventivo. A partir de 2008, cidadãos começaram a poder levar *a posteriori*, repressivamente, as chamadas *questões prioritárias constitucionais* (*question prioritaire*

---

16 BOYRON, Sophie. *The Constitution of France*: a Contextual Analyses. Oxford: Hart Publishing, 2013, p. 151; STONE SWEET, Alec. "The politics of constitutional review in France and Europe". *ICON*, vol. 5, nº 1, 2007, pp. 69-92.

de constitutionnalité) ao Conselho Constitucional.[17] A questão deve ser levantada em primeira instância e a Corte de Cassação (jurisdição comum) ou o Conselho de Estado (jurisdição administrativa) devem permitir que ela chegue ao Conselho Constitucional.

Conclusões

A consolidação do sistema constitucional francês dependeu da codificação de um número considerável de constituições. É um fenômeno que mostra que sistemas como o brasileiro não são isolados. Ocorre que o advento da Constituição de 1958 permitiu tanto estabilização política como estabilização constitucional. Um órgão com funções próximas a uma suprema corte ou corte constitucional também foi capaz de impulsionar esse regime peculiar em direção a outros sistemas constitucionais adotados ao redor do mundo. Ainda que abordado nesse capítulo de forma breve, o estudo do constitucionalismo francês é fundamental para captar a inserção de instituições constitucionais (como o poder constituinte) em outras comunidades políticas.

17 Há opinião que refuta que cidadãos estejam diretamente pleiteando perante o Conselho Constitucional (ZOLLER, Elisabeth. "French Constitutionalism". *Henri Capitant Law Review*, 2018, p. 32).

CAPÍTULO VI

CONSTITUCIONALISMO ALEMÃO: ENTRE TRANSIÇÕES E APRENDIZADOS

Introdução

O Constitucionalismo alemão será marcado por dois fatores: uma demora na sua efetiva consolidação e uma ruptura totalitária que, a um só tempo, parte o Estado ao meio (mas em direção à busca por reunificação) e marca o projeto constitucional atual. No presente capítulo, recuperaremos os principais marcos que formam o constitucionalismo alemão e como eles ofereceram alguns elementos fundamentais para a consolidação do próprio movimento do constitucionalismo em nível transnacional.

1 A Constituição de 1871

O pragmatismo de Otto von Bismarck à frente da chancelaria da Prússia de Guilherme I, a vitória na Guerra Franco-Prussiana em 1871, entre outros inúmeros fatores, contribuíram para que a Constituição da Confederação da Alemanha do Norte, de 1866, se tornasse a Constituição do Império Alemão de 1871. Essa Constituição é que serviria de base para o trabalho de autores pioneiros na discussão da relação entre uma teoria do Estado fortemente marcada pela ideia de soberania estatal e o próprio constitucionalismo. Ela tinha como elementos o nacionalismo unitário, uma federação de monarcas e um cesarismo corporificado no imperador. Até o fim da Primeira Guerra Mundial, o parlamentarismo não iria se consolidar, já que o Imperador nomeava e demitia um chanceler irresponsável perante o Legislativo.

Assim, em 1871, Alemanha foi unificada dentro de uma estrutura constitucional. O liberalismo nacional procurava institucionalizar a nova monarquia constitucional. Liberais nacionalistas legislaram com o governo no começo do Império para criar leis e instituições do novo Estado, desde o sistema judiciário nos anos de 1870, passando pelo Código Civil de 1900 e até as leis limitando a influência "internacionalista" em 1880.[1] Nesse novo contexto, uma abordagem formal veio dominar o Direito Constitucional do Império. Para Paul Laband, a redenção do Império significava o cumprimento de uma história sagrada: a luta da Alemanha por sua existência estava resolvida. O positivismo jurídico de Laband tomou como tarefa a descrição (ou afirmação) de um sistema constitucional.

O pensamento de autores como Paul Laband e Otto von Gierke compartilhavam a premissa de que o Direito compreendia um sistema unificado ou mesmo um sujeito real. Carl Friedrich von Gerber, precursor de Laband, diferentemente da Escola Histórica,[2]

---

1 CALDWELL, Peter. *Popular sovereignty and the crisis of German constitutional law*: the theory & practice of Weimar constitutionalism. Durham: Duke University Press, 1997, p. 13.

2 "*E como produto desse ambiente cultural* [o do romantismo alemão] *aparece, na Alemanha, o resultado do esforço de alguns juristas* [em que se destaca Carl Friedrich von Savigny], *fundadores da tão conhecida Escola Histórica do Direito, que se ocuparam da formulação de uma nova estrutura metódica para o direito que não aquela proposta pelo jusnaturalismo do séc. XVII e primeira metade do XVIII. Verifica-se*

que derivava a validade do direito do próprio processo histórico, construiu seu sistema sobre o direito existente. De maneira a sintetizar do direito (direito dos contratos, direito de família etc.) dos Estados alemães, ele teve que pressupor uma unidade do direito alemão implícita, quase orgânica.[3]

Laband aplicou a abordagem do direito de Gerber ao novo Estado alemão nascente nos idos de 1866 a 1871. Como Gerber, ele pressupôs uma conexão orgânica entre Estado e nação. Os estatutos e ordenanças do Império expressavam a "vontade do Estado", que seria também a vontade da sociedade. Mas Laband nunca explicou como tais leis e ordenanças se relacionavam com o "organismo" social. Ele simplesmente assumiu que todas as leis baseadas na Constituição de 1871 eram válidas.

Logo antes da unificação germânica de 1870, Laband publica um ensaio com sua visão do conflito orçamentário prussiano. Seu método de ler constituições parecia racional, formal e científico, além de afirmar o *status quo* constitucional. Segundo ele, o sistema legal era legítimo e constituía uma base autossuficiente para a solução de disputas jurídicas. A "verdade da lei", contudo, só poderia ser encontrada pela exclusão de aspectos políticos. Implicitamente, Laband sustentava que o Parlamento era fonte de intrigas políticas. Segundo Laband, o orçamento era lei apenas em sentido formal, um ato de "negócios legais", podendo assim apenas a administração estimar,

---

uma mudança significativa no pensamento jurídico-filosófico que abandona, por exemplo, os conceitos de estado da natureza e contrato social, em favor de organizações sociais baseadas em instituições históricas formadas pelo costume" (CAMARGO, Margarida Maria Lacombe. *Hermenêutica e argumentação*: uma contribuição ao estudo do Direito. 3ª ed. Rio de Janeiro: Renovar, 2003, p. 74).

3 CALDWELL, Peter. *Popular sovereignty and the crisis of German constitutional law*: the theory & practice of Weimar constitutionalism. Durham: Duke University Press, 1997, p. 15.

de acordo com suas percepções, as necessidades do Estado; o poder do *Landtag* estava restrito a fixar em parte uma lista de despesas.[4]

Desse modo, o positivismo jurídico presumia que a lei válida expressava a vontade do Estado; a vontade do Estado expressava, de seu turno, a vontade real da nação. Essa teoria apresentava a imagem de uma vontade estatal unificada. Tal como Gerber, não havia para Laband nenhum órgão soberano além do Estado como um todo; essa era a lógica da Constituição prussiana e seria a da Constituição Imperial.

A Constituição de 1871 preservou a monarquia constitucional dualista (ou seja, uma divisão dualista do poder no Estado, entre monarca e assembleia). Os dois órgãos eram o *Bundesrat* (Conselho Federal – uma monarquia coletiva encabeçada pelo Kaiser) e o *Reichstag* (assembleia no nível nacional). Segundo Caldwell,[5] a lei, como "expressão da vontade do Estado", atestava o acordo entre monarquia como representante do Estado e assembleia como representante dos interesses populares. Há, na Alemanha do século XIX, uma transação entre o princípio monárquico e o princípio democrático, através da assunção pelo *Landtag* do poder de fazer as leis. Mas como a unidade do Império Germânico estava corporificada no Imperador, era ele quem detinha última palavra, traduzindo a vontade do Estado.

2 O constitucionalismo de Weimar

Com a Primeira Guerra Mundial, as forças políticas opostas pareciam se unir em torno do kaiser a fim de aprovar os créditos

---

4 CALDWELL, Peter. *Popular sovereignty and the crisis of German constitutional law*: the theory & practice of Weimar constitutionalism. Durham: Duke University Press, 1997, p. 20.

5 CALDWELL, Peter. *Popular sovereignty and the crisis of German constitutional law*: the theory & practice of Weimar constitutionalism. Durham: Duke University Press, 1997, pp. 23/24.

de guerra e transferir poderes para o Executivo. A longa duração da guerra irá mostrar, no entanto, uma cisão entre monarquia e militares, de um lado, e os grupos representados no Reichstag, de outro. As excessivas demandas da guerra compeliam o governo a obter apoio de grupos da sociedade, que quase assumiam o poder administrativo. Não obstante, o mesmo governo, junto da monarquia e do Exército, não cedeu ante as prementes reformas constitucionais de 1917 que sedimentariam o regime parlamentar. Com a derrota militar, o governo concedeu com as reformas que se sucederiam em outubro de 1918: a revolução deflagrada um mês depois, contudo, colocou as reformas de lado.[6]

Representantes dos órgãos revolucionários votaram no Congresso de Conselhos de Soldados e Trabalhadores de Berlim pela instituição de uma Assembleia Constituinte. A nova Alemanha seria uma república parlamentar. Hugo Preuss foi escolhido para esboçar o projeto de Constituição, um dos poucos constitucionalistas da esquerda liberal do Império. Caldwell o caracteriza mais como um democrata que apoiava os sociais-democratas na política de Berlim.[7] Preuss organizou um encontro com vários intelectuais, de 9 a 12 de dezembro de 1918, entre eles Max Weber, para discutir o projeto. O primeiro esboço compunha um forte sistema parlamentarista contrabalançado por um forte Presidente; além disso, reduzia o poder dos Estados e não enumerava direitos fundamentais, expandindo o poder da União. Em janeiro de 1919, o eleitorado alemão escolhe a assembleia. Esta manteve o princípio da democracia parlamentar, fortaleceu o federalismo e enumerou direitos fundamentais.

---

6 CALDWELL, Peter. *Popular sovereignty and the crisis of German constitutional law*: the theory & practice of Weimar constitutionalism. Durham: Duke University Press, 1997, p. 63.

7 CALDWELL, Peter. *Popular sovereignty and the crisis of German constitutional law*: the theory & practice of Weimar constitutionalism. Durham: Duke University Press, 1997, p. 64.

Mesmo assim, a Constituição de Weimar ainda deu azo para interpretações do positivismo jurídico que tentavam reafirmar o princípio revolucionário da democracia parlamentar através de uma doutrina da soberania do parlamento, em substituição à soberania da lei. O positivismo de Laband agora afirmava os princípios democráticos da nova Constituição. É o que se pode notar em autores como Richard Thoma e Gerhard Anschütz. Nascido em 1874, Thoma era em princípio ligado intimamente ao positivismo jurídico; em 1911, ele assumiu a cadeira de Direito Público de Georg Jellinek em Heidelberg, passando a integrar o círculo de intelectuais como Marianne e Max Weber. Anschütz afirmava o constitucionalismo monárquico do Império. Ele chegara a ver o *Reichstag* como fruto de uma "parlamentarização" excessiva e uma ameaça à Constituição alemã. Trazido para o ambiente liberal e de esquerda da academia, ele propugnou pelas reformas que tentariam superar o dualismo crônico do sistema de Bismarck, integrando o povo no governo. Ele fora convidado para participar também da elaboração do esboço da Constituição. Tanto Thoma como Anschütz desempenharam papéis centrais nos debates da República.

A Constituição de Weimar de 1919 que alteraria profundamente o constitucionalismo em diversas partes do mundo. A derrota na Primeira Guerra Mundial impulsionou a Revolução de 1918-1919, que foi canalizada em uma Assembleia Constituinte eleita durante o governo social-democrata comandado por Friedrich Ebert.[8] A Constituição de 1919 inovava em inúmeros aspectos: a) transformava o antigo império em uma república; b) atribuía à União o papel de legislar sobre normas de Bem-Estar Social (art. 9º, n. 1); c) atribuía aos Estados a busca pela realização máxima de anseios econômicos e culturais; d) recorria à decisões plebiscitárias em inúmeros dispositivos (por exemplo, art. 73); e) estabelecia uma declaração de direitos que englobava o direito à emigração (art. 112), à identidade linguística

8 HEUN, Werner. *The Constitution of Germany*: a Contextual Analysis. Oxford: Hart Publishing, 2011, p. 17.

(art. 113), proteção do casamento e proteção social da maternidade (art. 119), além de capítulos inteiros dedicados à educação (arts. 142 a 150) e à economia (arts. 151 a 165).

Toda essa plêiade de direitos que seria objeto de um constitucionalismo social e de um debate fundamental para o constitucionalismo em geral, envolvendo Carl Schmitt, Hans Kelsen, Herman Heller, Rudolf Smend, entre outros, seria obscurecida pelo advento do nacional-socialismo.[9]

E seria o art. 48 da Constituição de Weimar que se tornaria motivo de grande discussão, pois permitiria inúmeros "decretos de emergência" do Executivo aptos a restringir vários direitos fundamentais. O passo inicial seria dado ainda por Hindenburg com o *Verordnung des Reichspräsidenten zum Schutz von Volk und Staat* (Decreto do Presidente do *Reich* para a Proteção do Povo e do Estado), logo após o incêndio do *Reichstag*, o Parlamento, em 27 de fevereiro de 1933. O fundamento do decreto editado logo antes de novas eleições parlamentares seria o de uma ameaça comunista. O decreto de 1933 nunca seria revogado e permitiria tanto a supressão da autoridade do *Reichstag* em nome do gabinete quanto serviria a um objetivo de legitimação do totalitarismo instaurado. Seria breve a história da República de Weimar. O mesmo dispositivo constitucional seria a base da *Ermächtigungsgesetz* que transferiria poderes legislativos ao chanceler Hitler.

Apesar de instituir um regime parlamentarista, a figura do Presidente era também forte: poderia nomear e demitir o gabinete (o *Reichstag* ou Parlamento também poderia aplicar um voto de desconfiança). Esse mesmo *Reichstag* nunca conseguiu forma

---

9 Cf. JACOBSON, Arthur; SCHLINK, Bernhard (Coord.). *Weimar*: a Jurisprudence of Crisis. Berkeley: University of California Press, 2000; CALDWELL, Peter. *Popular sovereignty and the crisis of German constitutional law*: the theory & practice of Weimar constitutionalism. Durham: Duke University Press, 1997.

maiorias estáveis, já que, em 14 anos, 20 governos foram formados e sete legislaturas eleitas. Apesar das dificuldades apresentadas pela Constituição de Weimar, um fator preponderante foi que o eleitorado apoiou repetidas vezes oponentes da democracia e do regime republicano. Mesmo a doutrina chegou a apoiar ideias como a possibilidade de que dois terços do Parlamento pudessem suprimir democracia e Estado de Direito.[10]

3 A Lei Fundamental de Bonn

O pós-guerra contaria com o advento de uma Constituição que permitiria uma maior consolidação do Constitucionalismo alemão, a partir da Lei Fundamental de Bonn (LFB) ou *Grundgesetz* de 1949. Essa seria uma constituição provisória a ser substituída por uma definitiva para uma futura Alemanha unificada. Ela foi pensada, contudo, com vistas a tentar solucionar os problemas advindos da Constituição de Weimar.[11] Ela restringiu os poderes do Presidente, diminuiu as possibilidades de decretos de emergência, limitou direitos de categorias ou classes da era Weimar e deu prevalência às liberdades clássicas. Ainda assim previu uma cláusula de direitos sociais que determinaria a atuação estatal no pós-guerra, nos termos do art. 20. Cedendo a exigências aliadas, a LFB garantiu independência judicial e separação de poderes.

Não é possível desconsiderar, também, que esta Constituição para a Alemanha Ocidental era parte do desenho dos aliados sobre uma reabilitação que envolveria a partição do território. O texto era derivado de várias Constituições dos próprios *Länder* (os Estados-membros). Ele buscou se contrapor a recaídas autoritárias, mas, ao

---

10 Heun se refere a Gerhard Anschütz (HEUN, Werner. *The Constitution of Germany*: a Contextual Analysis. Oxford: Hart Publishing, 2011, p. 21).

11 THORNHILL, Chris. *A sociology of transnational constitutions*. Cambridge: Cambridge University Press, 2016, p. 335.

mesmo tempo, cimentou uma ligação entre Estado e ideal ético.[12] Os juristas que, via comitê constitucional, preparam o texto base em *Herrenchiemsee* para a deliberação do Conselho Parlamentar em Bonn, tinham em mente a ideia de Carlo Schmid de um Estado para o ser humano e não o contrário.[13] Daí a nucleação em torno da dignidade da pessoa humana permitida pelo art. 1º, § 1º. O Conselho Parlamentar era integrado por delegados escolhidos pelos parlamentos restabelecidos e democraticamente eleitos nos *Länder*. Vários compromissos foram necessários e a presidência de Konrad Adenauer colaborou muito nesse trabalho. Além disso, os Aliados acompanharam os trabalhos de perto e interferiam sempre que a descentralização deixava de ser a tônica.

Paralelamente, na Alemanha Oriental foram adotadas duas constituições: 1949 e 1968, sendo esta última largamente emendada em 1974. O primeiro documento foi demasiadamente influenciado pela Constituição de Weimar. O segundo mantinha as bases de um constitucionalismo socialista: papel de liderança do Partido Comunista, centralismo democrático e legalidade socialista. Após o processo revolucionário de 1989-1990, o Parlamento oriental aprovou a reunificação em 23 de agosto de 1990. No dia 31 de agosto do mesmo ano, o Tratado da Unificação foi adotado. O art. 23 da Lei Fundamental de Bonn, que permitia a acessão dos Estados "orientais", serviu de base para a extensão geográfica da vigência da LFB. Apesar da previsão do art. 146 da convocação de um novo procedimento para uma constituição para "toda" a Alemanha, a força normativa da LFB imperou e evitou que ela fosse colocada de lado.[14]

---

12 BOMMARIUS, Christian. "Lecture-Germany's Sozialstaat Principle and the Founding Period". *German Law Journal*, vol. 12, nº 11, 2011, pp. 1.880/1.881.

13 SCHMID, Carlo. "Germany and Europe". *International Affairs*, vol. 27, nº 3, 1951, pp. 306-311.

14 HEUN, Werner. *The Constitution of Germany*: a Contextual Analysis. Oxford: Hart Publishing, 2011, p. 12.

3.1 Direitos fundamentais

A LFB começa com uma longa lista de direitos fundamentais (*Grundrechte*), que tem em sua abertura a dignidade da pessoa humana, tida como inviolável e determinando um dever de proteção por qualquer autoridade pública (art. 1º, § 1º). Seguem proteções relativas à liberdade e integridade pessoal, igualdade (contra discriminações por sexo, descendência, língua, origem, nacionalidade, credo e opiniões políticas e religiosas, assim como por deficiência), liberdade de crença e consciência, liberdade de expressão, artística e de cátedra, garantias institucionais do casamento e da família, proteção infantil, garantia institucional do sistema educacional, liberdade de reunião, liberdade de associação, direito à privacidade, liberdade de locomoção, direito de propriedade (com cumprimento de função social e sujeito à desapropriação ou socialização),[15] entre outras liberdades públicas ou direitos civis. Os arts. 17A, 18 e 19 trazem importantes determinações a respeito da restrição de direitos fundamentais, inclusive com proteção de seu *núcleo essencial* (art. 19, § 2º).[16]

De suma importância para o constitucionalismo alemão pós-guerra é a *cláusula do Estado social*, passível de ser extraída dos

---

15 Já em 1961, a Corte Constitucional Alemã tentou evitar que a interpretação da cláusula contida no art. 15 da LFB a respeito da socialização da propriedade fosse um dever do legislador. Ela leu o dispositivo muito mais em um sentido orientador. Pelo menos é o que seria possível depreender da decisão de desestatização da *Volkswagen*, 12 *BVerfGE* 354 (1961). Cf. KOMMERS, Donald; MILLER, Russell. *The Constitutional Jurisprudence of the Federal Republic of Germany*: Revised and Expanded. Durham: Duke University Press, 2012, p. 629.

16 A proteção do núcleo essencial de direitos fundamentais tornou-se parte de um desenvolvimento teórico extremamente vasto. Na doutrina brasileira, cf. AFONSO DA SILVA, Virgílio. *Direitos fundamentais*: conteúdo essencial, restrições e eficácia. São Paulo: Malheiros, 2010, pp. 183 e ss.

dispositivos dos arts. 20, § 1º, 23, § 1º e 28, § 1º.[17] Deve-se ter em mente que a atuação do Conselho Parlamentar, contando com 65 representantes de todos os *Länder*, se dava em uma clara queda de braço entre o Partido da Social-Democracia (*Sozialdemokratische Partei Deutschlands*, SPD) e o Partido Cristão Democrata (*Christlich-Demokratische Union Deutschlands*, CDU). Se o primeiro favorecia o encaminhamento de uma proposta socialista, o segundo não; o acordo entre eles levaria a que a LFB contivesse apenas direitos liberais clássicos. Assim, a socialização da propriedade prevista no art. 15 significaria apenas democratização econômica naquele momento pós-1949. Comparativamente, a Constituição de Weimar ia muito mais adiante em termos de direitos sociais e econômicos.

O que ficou para o período pós LFB foi muito mais uma construção do constitucionalismo weimariano que direcionaria a ação do Estado, resultante também de várias disposições de constituições de Estados-membros. Não se deve desconsiderar, contudo, que as *cláusulas de eternidade* previstas no art. 79 (voltadas a controlar o poder de emenda constitucional) abarcam a impossibilidade de supressão do Estado social. Com isso, as disposições do Estado social, de um verdadeiro *welfare state*, iriam ganhar cada vez maior normatividade e direcionar políticas públicas. Isto levaria o ex-Juiz da Corte Constitucional Alemã Helmut Simon a dizer que haveria um histórico e inquebrável compromisso entre democracia, Estado de Direito e Estado social na ordem constitucional alemã.[18]

Além disso, é preciso considerar que se, por um lado, a LFB se aproxima mais de um constitucionalismo liberal que a Constituição de Weimar, a prática institucional no nível abaixo daquela primeira

---

17 BRUNKHORST, Hauke. "Propriedade privada, crítica da reificação e a socialização dos meios de produção". *Civitas-Revista de Ciências Sociais*, vol. 15, 2015, p. 610.

18 Cf. BOMMARIUS, Christian. "Lecture-Germany's Sozialstaat Principle and the Founding Period". *German Law Journal*, vol. 12, nº 11, 2011, p. 1.885.

constituição foi mais no sentido de sedimentação de um *welfare state*. Além de um "código social" (*Sozialgesetzbuch*), refere-se a uma atuação da Corte Constitucional Alemã que já limitou a liberdade contratual a partir da cláusula do Estado social, definiu que a dignidade da pessoa humana assegura um mínimo existencial – ainda que variável de acordo com contingências orçamentárias e poderia eventualmente bloquear um total desmantelamento do sistema social.[19] Considere-se, por fim, que gastos sociais alcançam quase 25.3% do PIB alemão.[20]

3.2 Reforma constitucional

No quadro da reforma do texto da Lei Fundamental de Bonn, é necessário que uma emenda constitucional, além de observar as cláusulas de eternidade da federação, da participação dos *Länder* no processo legislativo federal e dos princípios estatuídos nos arts. 1 a 20, deve contar com uma maioria de dois terços do *Bundestag* e de dois terços do *Bundesrat*. As cláusulas de eternidade têm sido invocadas para definir parte do que se poderia chamar de uma *identidade constitucional* alemã. Tal identidade, além de possibilitar que emendas constitucionais sejam controladas em sua inconstitucionalidade (o que a Corte Constitucional Alemã ainda não fez), permitem inferir que as normas do Direito Comunitário europeu não podem violar o caráter protetivo da LFB e nem suplantar seu núcleo (o que a Corte Constitucional Alemã reconheceu no caso *Lisbon*).[21]

---

19 Heun refere-se às decisões em 8 BVerfGE 274,329 e 1 BVerfGE 97 (HEUN, Werner. *The Constitution of Germany*: a Contextual Analysis. Oxford: Hart Publishing, 2011, p. 45).

20 OECD. Disponível em: https://stats.oecd.org/Index.aspx?DataSetCode=SOCX_AGG. Acessado em: 02.06.2024.

21 123 BVerfGE 267 (2009). Cf. COLLINGS, Justin. *Scales of Memory*: Constitutional Justice and Historical Evil. Oxford: Oxford University Press, 2021, p. 187.

3.3 *Bundestag* e *Bundesrat*: o Legislativo alemão e a federação

A câmara baixa do Legislativo alemão é o *Bundestag*. Ele é eleito diretamente para um mandato de quatro anos, em pleitos gerais, livres, diretos, iguais e secretos (art. 38). Por ser um sistema parlamentarista, há possibilidade de dissolução do *Bundestag*. Representando os *Länder*, figura o *Bundesrat*, atuando tanto em questões legislativas como administrativas, além de discutir assuntos de interesse da União Europeia. São os governos de cada *Land* que indicam e destituem seus representantes no *Bundesrat*. Cada *Land* terá, no mínimo, três representantes; se a população do *Land* supera 2 milhões de habitantes, ele terá quatro votos; mais de 6 milhões, cinco votos; e mais de 7 milhões, sete votos (art. 51).

Deve-se ter em conta, também, que a Lei Fundamental de Bonn estabelece um engenhoso sistema federativo, prevendo competências legislativas exclusivas e concorrentes (federalismo de cooperação), execução de leis federais pelos *Länder* e tarefas conjuntas (art. 91A). A Corte Constitucional Alemã, inclusive, já reconheceu que a descentralização autonômica foi uma resposta à concentração de poderes própria do regime nazista.[22] De qualquer modo, é norma constitucional a precedência do direito federal sobre o estadual (art. 31).

É importante destacar que no sistema federal alemão, a precedência para as competências legislativas caiba aos *Länder*, restando ao legislativo federal o que não estiver explicitado para os Estados (art. 70, § 1). Há matérias de exclusiva competência legislativa da União (*Zentralstaat*) e matérias de competência concorrente. Leis devem contar com aprovação de ambas as casas legislativas como regra geral, mas é possível que o consentimento do *Bundesrat* seja superado em certos casos (arts. 77 e 78).

22 79 BVerfGE 127.

3.4 O Executivo alemão

O Presidente Federal alemão é eleito indiretamente por uma Convenção Federal (*Bundesversammlung*) para um mandato de 5 anos, permitida uma única reeleição.[23] A Convenção Federal é formada pelos membros do *Bundestag* e, em igual número, representantes eleitos pelos parlamentos dos *Länder* em representação proporcional. O Presidente está sujeito à *impeachment* em processo que tramita perante o Tribunal Constitucional Federal por violação dolosa da constituição ou de qualquer lei federal, após moção apoiada por um quarto do *Bundestag* ou um quarto do *Bundesrat*. A decisão de afastamento deve contar com apoio de dois terços das casas legislativas. A decisão final vem do Tribunal Constitucional Federal, que pode, inclusive, determinar sua suspensão de funções públicas por período por ela fixado.

Já o Governo ou Gabinete Federal é formado pelo Chanceler Federal e pelos Ministros Federais. O Chanceler Federal é eleito pelo *Bundestag*, após proposta apresentada pelo Presidente Federal. O mesmo *Bundestag* pode apresentar uma moção de desconfiança contra o Chanceler Federal, já indicando seu substituto para que o Presidente Federal dispense quem estiver no cargo, naquilo que se chama de um "voto construtivo".

3.5 O Judiciário alemão sob a Corte Constitucional Alemã

Desde 1948, pressões se formaram em *prol* de uma concepção de corte constitucional localizada fora do Poder Judiciário. Como acentua Issacharoff, esta foi uma característica fundamental para permitir independência e transformação em relação ao legado totalitário

23 É curioso que o Presidente presta juramento nas condições do art. 56, que estabelece, ao final, que ele recorra a Deus ("*So wahr mir Gott helfe*" ou "Então, que Deus me ajude"). Subsequentemente, o mesmo dispositivo permite que o juramento se dê sem manifestação religiosa.

nazista.[24] Em transições para a democracia, cortes independentes podem cooperar na galvanização democrática do sistema jurídico. O caso da Corte Constitucional Alemã, ao lado, por exemplo, da sul-africana, é emblemático, vez que dela participou inclusive um opositor do nazismo que tentou um golpe contra Hitler, o Juiz Fabian von Schlabrendorff.[25] Ao mesmo tempo, não foram poucas as competências atribuídas ao novo órgão, indo desde a solução de conflitos federativos de um modo bastante "integrador", passando pelo asseguramento da observância de normas de Direito Internacional pelas cortes inferiores até a garantia de direitos fundamentais. Essa proeminência conferiria à Corte uma posição tal que sua jurisprudência sobre direitos fundamentais evitaria a personalização de funções estatais por meio de uma ordem de legitimidade constitucional. Isto redundaria, segundo Thornhill, em uma construção normativa de poder dentro do Estado que permitira sua própria inflação.[26]

Em termos organizacionais, a LFB dá especial destaque ao Tribunal Constitucional Federal ou Corte Constitucional Alemã. Ela enfatiza a interpretação da LFB pela Corte em casos de desacordo ou dúvida sobre a compatibilidade formal ou substancial de leis federais ou estaduais, conflitos federativos, julgamento do *Verfassungsbeschwerde* ou "recurso constitucional" (*constitutional complaint*, para alguns) aviado por indivíduos, municipalidades ou associações que tenham sua constituição em partidos políticos obstada pelo *Bundestag* (art. 93). O Tribunal Constitucional Federal é composto de dois senados, cada um com oito juízes. Cada um deles contêm várias câmaras com três juízes. Metade dos membros é escolhida pelo *Bundestag* e metade pelo *Bundesrat*. Pelo menos três membros

24 ISSACHAROFF, Samuel. *Fragile democracies*: contested power in the era of constitutional courts. Cambridge: Cambridge University Press, 2015, p. 199.

25 COLLINGS, Justin. *Scales of Memory*: Constitutional Justice and Historical Evil. Oxford: Oxford University Press, 2021, p. 130.

26 THORNHILL, Chris. *A sociology of transnational constitutions*. Cambridge: Cambridge University Press, 2016, p. 339.

de cada senado devem advir das Supremas Cortes Federais (Tribunal Federal de Justiça, Tribunal Federal Administrativo, Tribunal Federal de Contas, Tribunal Federal do Trabalho e Tribunal Federal Social). Os juízes têm mandato de doze anos, sem possibilidade de reeleição. A aposentadoria compulsória é aos 68 anos.

3.5.1 A LFB como resposta ao passado nazista

A jurisprudência da Corte Constitucional Alemã foi, em boa parte, construída contra o passado nazista. Sua atuação tem um perfil criativo, é verdade, mas também transitivo, preocupado em como lidar com o passado e se afirmar como uma nova corte de superposição que pudesse induzir a reforma do Judiciário, em geral, e o processo de desnazificação, em particular.[27] Já em 1969, ela reconhecerá como constitucional a extensão de prazos prescricionais para crimes cometidos durante o nacional-socialismo.[28] No caso *Civil Servants*, de 1953, ela já tinha mostrado sua forma incisiva ao reconhecer que todas as relações jurídicas entre servidores públicos da Alemanha nazista tinham cessado com a rendição alemã, em 8 de maio de 1945.[29] A decisão foi tomada como crítica pessoal, inclusive pela Associação Alemã de Professores de Direito Constitucional, incluindo-se Ernst Forsthoff.[30]

Em vários outros casos, a LFB foi lida como resposta ao nazismo. Alguns deles foram localizados dentro do conceito de *democracia militante*, de Karl Loewenstein, que pressuporia métodos de exceção

---

27 Vale ressaltar que atos do Parlamento envolvidos no processo de desnazificação não são objeto de controle de constitucionalidade, nos termos do art. 139 da LFB.

28 25 BVerfGE 269 (1969). COLLINGS, Justin. *Scales of Memory*: Constitutional Justice and Historical Evil. Oxford: Oxford University Press, 2021, p. 97.

29 3 BVerfGE 58 (1953).

30 COLLINGS, Justin. *Scales of Memory*: Constitutional Justice and Historical Evil. Oxford: Oxford University Press, 2021, p. 110.

para responder a tentativas de pôr fim à ordem democrática.[31] O conceito deste teórico é inadequado, contudo, para perceber a juridicidade de instrumentos da própria LFB que exigem responsabilidade em agressões à democracia. Em 1952, a Corte Constitucional baniu o SRP (*Sozialistische Reichspartei Deutschlands*), de orientação neonazista;[32] o mesmo se daria com o Partido Comunista Alemão, em 1956.[33]

3.5.2 A LFB como ordem concreta de valores

A Corte Constitucional Alemã densificaria ainda mais o sentido valorativo, a seu ver, da LFB. Em 1957, o tribunal enfrentava um dispositivo da lei tributária que instituía imposto sobre a renda de parceiros casados a ser verificado conjuntamente entre eles; em alguns casos, isto levava a uma incidência mais onerosa do que em situações de parceiros não casados. A Corte Constitucional entendeu que isto violava o disposto no art. 6º da LFB, protetor da instituição do casamento: mais do que isso, e como assinala Collings, o julgado proclamava que o dispositivo era uma "norma fundamental determinadora de valor" (*wertentscheidende Grundsatznorm*).[34]

Pouco tempo depois, a Corte Constitucional Alemã decidiria o famoso caso *Lüth*, talvez um dos casos de maior impacto no constitucionalismo comparado.[35] Eric Lüth era Presidente do Clube de Imprensa da cidade de Hamburgo; nessa qualidade, ele convocara

---

31 LOEWENSTEIN, Karl. "Militant democracy and fundamental rights, I". *American Political Science Review*, vol. 31, nº 3, 1937, pp. 417-432.

32 2 BVerfGE 1 (1952).

33 5 BVerfGE (1956).

34 COLLINGS, Justin. *Scales of Memory*: Constitutional Justice and Historical Evil. Oxford: Oxford University Press, 2021, p. 118. Cf. 6 BeVerfGE 55 (1957).

35 Para uma crítica ao caso *Lüth* como um golpe jurídico para auto-institucionalizar uma atuação mais incisiva, cf. SWEET, Alec Stone. "The juridical coup d'état and the problem of authority". *German Law Journal*, vol. 8, nº 10, 2007, pp. 915-927.

o público, os donos de cinemas e as distribuidoras a boicotarem os filmes de Veit Harlan, um cineasta que teria colaborado com o regime nazista. Lüth referia-se a um filme em especial, *Jud Suss*. Os produtores e distribuidores dos filmes de Harlan processaram Eric Lüth por perdas e danos, argumentando que sua incitação violava a moral e os bons costumes protegidos pelo § 826 do BGB (Código Civil Alemão). Lüth foi condenado pelo Tribunal de Hamburgo e opôs um recurso constitucional para a Corte Constitucional Alemã, sustentando uma violação a seu direito à liberdade de expressão.

A Corte decidiu que suas manifestações estavam *prima facie* protegidas pelo art. 5º da LFB, garantidor da liberdade de expressão, não obstante o próprio artigo contivesse normas autorizadoras de restrição desse direito, entre elas, o que se chamava de lei geral e que seria o caso do § 826 do BGB. Mas essa interpretação não era suficiente. Seria preciso ir além e balancear o princípio da liberdade de expressão com outros princípios, como a proteção à imagem de Harlan. A Corte assim o fez e entendeu que, no caso concreto, o valor ou princípio da liberdade de expressão prevalecia, dando ganho de causa a Eric Lüth.

Mesmo escolhendo um princípio, a decisão da Corte Constitucional Alemã chama a atenção por sua fundamentação. No caso, haveria uma situação típica de colisão de princípios, em que o princípio da liberdade de expressão, que estaria amparando a divulgação do boicote, chocar-se-ia com o princípio constitucional de política pública que permite restrições à liberdade de expressão. Para tanto, seria necessária por parte da Corte a utilização de um balanceamento ou sopesamento: no caso, o princípio da liberdade de expressão se sobreporia a considerações constitucionais concorrentes.

Segundo Robert Alexy, a decisão no caso Lüth estabeleceu três ideias principais que iriam moldar o Direito Constitucional alemão.[36]

---

36 ALEXY, Robert. “Constitutional rights, balancing, and rationality”. *Ratio Juris*, vol. 16, nº 2, 2003, p. 133.

A primeira é a de que a LFB estabelece uma "ordem concreta de valores". Isto teria como consequência o fato de que não há apenas direitos de defesa contra o Estado, mas regras e princípios (aqui entendidos como valores) em favor dos cidadãos. A segunda ideia é a de que tais "valores constitucionais" não são aplicáveis apenas à relação cidadãos e Estado, porém a todas as áreas de Direito, inclusive às relações entre particulares. Por fim, uma constituição de valores implica que pode haver casos de colisão e tais casos seriam resolvidos por uma ponderação, no sentido de balanceamento, por meio do método da proporcionalidade (com suas submáximas de adequação, necessidade e proporcionalidade em sentido estrito).[37]

Outras decisões continuavam a afirmar a importância simbólica e normativa da LFB. No caso *Solange I*, a Corte Constitucional já advertira que verificaria a compatibilidade do direito europeu com a LFB, dando primazia à constituição caso fosse mais protetora de direitos fundamentais.[38] A relativização da ideia de democracia militante também apareceu sob o manto da ordem concreta de valores. A Corte, por exemplo, reconheceu que, mesmo para condenados por crimes atrozes do nazismo, a liberdade condicional poderia incidir ante as demandas por ressocialização.[39] Ou seja, tais condenados não foram tratados como inimigos passíveis de exceções do sistema constitucional instituído.

Em outro precedente marcante, estava em questão a restrição de manifestações celebratórias da memória do oficial nazista Rudolf Hess, enterrado na cidade que dá nome ao caso, *Wunsiedel*.[40] A Corte Constitucional Alemã decidiu que a Seção 130 do Código Penal, ao proibir discursos celebratórios do nazismo, não estava em desacordo com o art. 5º da LFB. Pelo contrário, expressava a ideia

37 JACKSON, Vicki; TUSHNET, Mark (Coord.). *Proportionality*: New frontiers, new challenges. Cambridge: Cambridge University Press, 2017.

38 37 BVerfGE 271 (1974).

39 64 BVerfGE 261 (1983).

40 124 BVerfGE 300 (2009).

de que a LFB era fundamentalmente antinazista e que esse tipo de discurso era desestabilizador da ordem democrática. Como salienta Collings, a decisão reflete o projeto constitucional desenhado em 1949 – além da própria corte decidir que havia uma identidade constitucional a ser respeitada (meses antes, o tribunal havia decidido o caso *Lisbon*).[41]

3.5.3 Controle de constitucionalidade e legitimidade

Dentro da ótica de um paradigma de Estado social, Ingeborg Maus noticia um crescimento dos poderes e competências do Poder Judiciário alemão, em especial da Corte Constitucional.[42] Segundo ela, tal crescimento se deve ao tipo de abordagem hermenêutica por parte do tribunal, que não mais se contentaria em aplicar apenas o direito positivo, mas apelaria a fundamentos, de acordo com a socióloga, de ordem moral. Esse crescimento pode ser contraposto ao modelo de decisão judicial próprio do paradigma liberal, ou seja, de uma em geral aplicação silogística da lei, um tipo de interpretação formal que, aos olhos de Maus, parecia atender ao princípio da soberania popular, confundido com a própria lei.

A Alemanha do fim do século XIX teria encontrado a total subserviência do Judiciário ao "direito formal burguês". Com o advento do paradigma do Estado de Bem-Estar Social, os juízes alemães reivindicariam mais e mais poderes, por intermédio da Associação dos Juízes Alemães, já sob a égide da Constituição de Weimar. A posterior instauração do regime nazista, também, contribuiu em muito para que os juízes passassem a encarnar o modelo de "moralidade" tão caro à conformação do povo alemão. O juiz representaria

41 COLLINGS, Justin. *Scales of Memory*: Constitutional Justice and Historical Evil. Oxford: Oxford University Press, 2021, p. 187.

42 MAUS, Ingeborg. "Judiciário como superego da sociedade: o papel da atividade jurisprudencial na 'sociedade órfã'". *Novos estudos CEBRAP*, vol. 58, 2000, pp. 183 e ss.

a unidade schmittiana do povo alemão, embalados por um tipo de autorização dada pelo III *Reich* para que eles se desligassem das "muletas da lei" e pudessem levar adiante o projeto de "unificação".

Com o pós-guerra e o restabelecimento do regime democrático, no entanto, esse papel de condutor da "moralidade alemã" foi mantido mesmo com a Lei Fundamental de Bonn de 1949. Juristas foram mantidos nas universidades, juízes em seus cargos, ou seja, o mesmo pensamento de alargamento das competências e poderes do Judiciário permaneceu. Assim, foi fácil para a Corte Constitucional Alemã criar doutrinas como a da "jurisprudência de valores", julgando de acordo com cláusulas gerais, conceitos jurídicos indeterminados e outros parâmetros abertos que não tinham vinculação à letra da LFB mas, pelo contrário, seriam tratados como normas suprapositivas às quais o Judiciário teria sempre acesso mediante o exercício do controle de constitucionalidade das leis. Não é por acaso que um estudioso daquele sistema irá afirmar que nem mesmo regras de interpretação pautam a atuação da Corte, que tem sido "extraordinariamente criativa" no âmbito da interpretação constitucional.[43]

Com isso, o monarca que teria sido destituído com o paradigma liberal burguês reencarnava no superego do Judiciário. A "sociedade órfã" já não dispunha do livre acesso à emancipação moral, mas tinha no Estado um poder que era o imago, a imagem paternal que lhe outorgava os principais valores tidos por ele como mais proeminentes. Assim, o direito aplicado não era aquele votado pelo Legislativo soberano, mas aquele que o Judiciário entendia como aplicável, sucumbindo o mesmo ante qualquer teste de legitimidade.

---

43 HEUN, Werner. *The Constitution of Germany*: a Contextual Analysis. Oxford: Hart Publishing, 2011, p. 6.

Conclusões

A influência do constitucionalismo alemão no Direito Comparado é enorme; assim, também, o trabalho da Corte Constitucional Alemã. Pense-se em como a proporcionalidade ultrapassou os limites do sistema alemão para alcançar o trabalho de cortes constitucionais como a italiana, a espanhola, a colombiana, a sul-africana, ou supremas cortes como a brasileira e a israelense, entre outras, além da atuação de cortes supranacionais, como a Corte Interamericana de Direitos Humanos e a Corte Europeia de Direitos Humanos.[44] Isso não significa que tanto a metodologia como a função institucional não estejam sujeitas a críticas, como vimos.[45]

---

44 BARAK, Aharon. *Proportionality*: constitutional rights and their limitations. Cambridge: Cambridge University Press, 2012.

45 Cf., também, HABERMAS, Jürgen. *Facticidade e validade*: contribuições para uma teoria discursiva do Direito e da democracia. Campinas: Editora Unesp, 2022; URBINA, Francisco. *A critique of proportionality and balancing*. Cambridge: Cambridge University Press, 2017.

CAPÍTULO VII

CONSTITUCIONALISMO E ESTADO DEMOCRÁTICO DE DIREITO: UMA VISÃO PROCEDIMENTAL

Introdução

Neste capítulo, retomo algumas premissas da Teoria Discursiva do Direito e da Democracia que ainda me parecem oportunas. Cuida-se de proceder a uma leitura habermasiana do constitucionalismo e da própria ideia de Estado Democrático de Direito. A insistência na conexão entre constitucionalismo e democracia, tal como Habermas o fez em 1992, parece ainda mais pertinente, ainda que se possa reconhecer empiricamente outras formas de constitucionalismo. Não é sem razão que autoras como Rosalind Dixon, ao propor a ideia de um *constitucionalismo responsivo*, irão voltar às propostas de autores como Habermas e Dworkin, ainda que com modificações.[1] O constitucionalismo responsivo exige pluralismo institucional, responsabilidade institucionais sobrepostas, acesso às instituições

---

1 DIXON, Rosalind. "The New Responsive Constitutionalism". *The Modern Law Review*, 2023, p. 30.

e diretrizes para que cortes atuem firmemente na defesa o cerne democrático. Essa proposta não se opõe ao que se desenhar neste e nos próximos capítulos.

A busca pela certeza absoluta, tal como preconizado pelo pensamento científico inaugurado pelo Iluminismo, requeria do cientista do direito que deixasse à deriva o problema da conciliação entre constituição e democracia, assumindo a questão muito mais como uma oposição irreconciliável. Daí penderem, para um dos lados, os liberais e, para outro, os republicanos.[2] A proposta habermasiana procedimental de compreensão do Estado Democrático de Direito visa levar em conta o necessário nexo interno entre autonomia pública e autonomia privada. Retomemos aqui os pressupostos de uma Teoria Discursiva do Direito e do Estado Democrático de Direito, correlacionando-a ao próprio constitucionalismo.

Partindo da constatação de que a razão prática (razão preocupada com a ação) não oferece mais soluções normativas diretas para o direito e para a moral, apenas uma medida crítica para as práticas constitucionais, Habermas propõe que a teoria do agir comunicativo tente explicar a reprodução da sociedade com base nas pretensões de validade transcendentes de contexto.[3] A razão comunicativa,

---

2 Para uma abordagem mais profunda do tema, ver CATONNI DE OLIVEIRA, Marcelo Andrade. *Devido processo legislativo*. Belo Horizonte: Mandamentos, 2000; CITTADINO, Gisele. *Pluralismo, direito e justiça distributiva*: elementos da filosofia constitucional contemporânea. 2ª ed. Rio de Janeiro: Lumen Juris, 2000; e, GALUPPO, Marcelo Campos. "Comunitarismo e liberalismo na fundamentação do Estado e o problema da tolerância". *In*: SAMPAIO, José Adércio Leite (Coord.). *Crises e desafios da Constituição*. Belo Horizonte: Del Rey, 2004.

3 HABERMAS, Jürgen. *Facticidad y validez*: sobre el derecho y el Estado democrático de derecho en términos de teoría del discurso. Trad. Manuel Jimenez Redondo. Madrid: Trotta, 1998, p. 71. Original: HABERMAS, Jürgen. *Faktizität und Geltung*: Beiträge zur Diskurstheorie des Rechts und des demokratische Rechtstaats. 4ª ed. Frankfurt: Suhrkamp, [1992] 1994.

possibilitada pelo *medium* linguístico, dá vazão à apropriação e reapropriação crítica de resultados que pretendem validade. Com isso, o princípio do discurso (que exige uma fundamentação imparcial que leve em conta a participação e aceitação de suas consequências por todos os envolvidos) pode ser comprovado no campo pragmático, ético e moral quando do uso daquela racionalidade. Uma moral pós-convencional[4] de princípios depende, no entanto, da complementação do direito positivo, que age, nesse aspecto, funcionalmente.

Habermas transporta a tensão entre facticidade e validade presente no seio da linguagem para a estrutura do direito. Ele pretende alcançar uma resposta satisfatória para a questão da integração social em sociedades extremamente complexas, nas quais a pluralidade de *mundos da vida*[5] e de formas de vida não permite mais o apelo a fundamentações metafísicas. Vejamos de que modo ele faz isto.

---

4 Segundo Kohlberg, o desenvolvimento moral da criança compreende três estágios: pré-convencional, convencional e pós-convencional. "*No nível pré-convencional o indivíduo não chega a compreender que as regras e valores se baseiam em tal acordo, e as reificam. No nível pós-convencional, os indivíduos percebem que estes acordos, por seu turno, baseiam-se em princípios que, inclusive, podem fundamentar a alteração destes acordos. O nível pós-convencional, que aqui nos interessa de modo mais direto, é dividido em dois estágios: o estágio 5 (nível do contrato social ou da utilidade e dos direitos individuais) e o estágio 6 (nível dos princípios éticos universais). O que difere ambos estágios é que o estágio 5 tende a ver tais princípios como intrínsecos à sociedade e a conceber um escalonamento rígido e prévio entre estes princípios. Já o estágio 6 reconhece que estes princípios podem ser postulados (ou reivindicados) universalmente, mas que não existe um escalonamento, muito menos um escalonamento* rígido e prévio *entre eles porque não estão em uma relação de subordinação, mas de coordenação entre si (...)*" (GALUPPO, Marcelo Campos. *Igualdade e diferença*: Estado Democrático de Direito a partir do pensamento de Habermas. Belo Horizonte: Mandamentos, 2002, pp. 192/193).

5 O conceito de *mundo da vida* será explicitado mais abaixo.

1 O direito mediando a relação entre facticidade e validade: o direito moderno e a linguagem

O Iluminismo inaugurou a era da filosofia do sujeito na modernidade. À consciência solipsista do homem concedeu-se o poder de tudo conhecer e explicar. Maravilhados com os ganhos alcançados no campo das Ciências da Natureza, os limites do conhecimento humano pareciam não existir para os teóricos. Não haveria nada que não pudesse ser explicado cientificamente.[6]

Cruz[7] salienta que o princípio da causalidade e o experimentalismo elevaram o saber a um nível quase que absoluto: tudo o que havia na natureza poderia ser reduzido à razão humana, bastando que fosse provado. No aquecimento de um objeto poderia ser observada sua consequente dilatação; a gravidade leva à queda de um objeto, caso não haja sustentação física; a uma ação corresponde uma reação. Foram esses os frutos das revoluções científicas levadas a cabo por Copérnico, Newton e Galileu. Trata-se de um racionalismo que estará presente em todo o direito natural racional clássico e que influenciou a formação de leis universais para as Ciências Humanas e Sociais.

Em Kant, estandarte da filosofia da consciência, a *razão prática* é a razão preocupada com a ação; ela busca justificar o agir com base em uma concepção universalizante do dever moral. Paralelamente, é possível conhecer nos limites da *razão teórica*.[8] A razão prática,

---

6 SANTOS, Boaventura de Souza. *Um discurso sobre as ciências*. 7ª ed. Porto: Afrontamento, 1995, p. 11.

7 CRUZ, Álvaro Ricardo de Souza. *Jurisdição constitucional democrática*. Belo Horizonte: Del Rey, 2004, p. 62.

8 "*(...) por conhecimentos a priori entenderemos não os que ocorrem independente desta ou daquela experiência, mas* absolutamente *independente de toda a experiência. Opõem-se-lhes os conhecimentos empíricos ou aqueles que são possíveis apenas a posteriori, isto é, por experiência. Dos conhecimentos a priori denominam-se aqueles aos quais nada de empírico está mesclado*" (KANT, Immanuel. *Fundamentação da*

na modernidade, foi desvinculada das comunidades culturais e das formas políticas ao ser transposta para a filosofia do sujeito; se antes ela dependia de um consenso valorativo e normativo para guiar a ação, ela se tornou uma capacidade subjetiva, ao mesmo tempo, para a *autorealização individual* e para a *autonomia moral*. É só na modernidade que se pode falar em projetos de vida autônomos como uma questão privada. Há desvantagens nessa mudança: não existem mais elementos normativos concebidos por meio da tradição. As questões passam a se referir ao indivíduo e ocorre a desvinculação das instituições tradicionais. Bom e justo não se confundem mais e não podem ser reduzidos ao bem de uma *pólis*.[9]

O conceito de razão prática não foi capaz de lidar com a complexidade da modernidade. Acontece, então, uma deflação do caráter normativo da racionalidade, não havendo mais uma normatividade abstrata que conduza a política, a economia ou mesmo a ciência.

Paralelamente, há o pensamento, presente na filosofia da história, que só consegue obter do processo histórico os elementos de racionalidade que ele mesmo nele introduz. Tais posições criticam a todo o tempo um suposto paradoxo existente entre teoria e prática; quando fazem isso, no entanto, eles se esquecem de que a própria realidade é cheia de idealidade, e vice-versa. Essa é uma assunção

---

metafísica dos costumes. Trad. Paulo Quintela. (Os Pensadores). São Paulo: Abril Cultural, 1980, p. 24).

9 "*Habermas questiona, frente à complexidade das sociedades modernas, se é possível manter os conceitos construídos pela filosofia da consciência de a) uma sociedade centrada no Estado, b) da relação entre partes e todo e, consequentemente, c) da sociedade composta pela soma de indivíduos*" (REPOLÊS, Maria Fernanda Salcedo. *Habermas e a desobediência civil*. Belo Horizonte: Mandamentos, 2003, p. 45).

por Habermas[10] da constitutividade linguística e da hermenêutica.[11] Antropologia e filosofia da história teimam em extrair força normativa do fático, do real, da eterna oposição real/ideal que a filosofia da linguagem tanto buscou superar.

Essa frustração é de fácil percepção mesmo em países em que não se sucedeu o mesmo Estado Democrático de Direito do Atlântico Norte: os que não são herdeiros dos pais fundadores da Constituição Norte-Americana não podem esperar que em suas próprias tradições encontrem boas razões para distinguir o que seja digno de conservação daquilo que deva ser superado; o que não significa ignorar um passado institucional, mas apropriar-se criticamente do mesmo. Os conteúdos da razão prática não podem mais ser fundamentados na teleologia da história, na constituição do homem ou no fundo casual de tradições bem-sucedidas. A opção de Habermas é a de substituir a razão prática kantiana pela razão comunicativa ao invés de render-se a uma crítica da razão (Derrida) ou a um funcionalismo das ciências sociais (Luhmann).

Razão prática e prática social sempre foram demasiadamente relacionadas; com isso, a abordagem das práticas sociais era quase que exclusivamente normativa, o que girava o pêndulo para o sentido contrário da direção apontada por antropologia e filosofia da

---

10 HABERMAS, Jürgen. *Facticidad y validez*: sobre el derecho y el Estado democrático de derecho en términos de teoria del discurso. Trad. Manuel Jimenez Redondo. Madri: Trotta, 1998, p. 64.

11 Ao assumir tal posição, Habermas reformula uma crítica, presente em "*La lógica de las ciencias sociales*" (HABERMAS, Jürgen. *La lógica de las ciencias sociales*. Trad. Manuel Jimenez Redondo. Madri: Tecnos, 1990, pp. 252 e ss.), que havia dirigido a Gadamer, no sentido de que sua hermenêutica conteria uma ausência de reflexão em vista da recuperação positiva das tradições e preconceitos. A crítica inaugurou um debate de mais de trinta anos, que acabou resultando em uma aceitação de Habermas do papel da hermenêutica, não obstante ele proponha uma *hermenêutica crítica* (HABERMAS, Jürgen. *Dialética e hermenêutica*. Trad. Álvaro Valls. Porto Alegre: L&PM, 1987, pp. 86 e ss.).

história. Na verdade, a razão prática pressupõe uma relação interna entre pretensão de verdade (racionalidade) e pretensão de correção (normatividade), é dizer, uma analogia, algo só possível se a concebermos linguisticamente. Habermas quer transportar o conceito de razão para o *medium* linguístico. "*La razón comunicativa empieza distinguiéndose de razón práctica porque ya no queda atribuida al actor particular o a uno macrosujeto estatal-social*".[12]

O que a torna possível é o *medium* linguístico, cujo *telos* é formado por condições limitadoras e possibilitadoras. A razão prática de forte base moral não tem o alcance de uma razão comunicativa, que também se abre para discursos éticos e pragmáticos, uma distinção que é fruto da modernidade. Quem participa de um jogo de linguagem tem que adotar um enfoque performativo e certos pressupostos: os participantes perseguem sem reservas seus fins ilocucionários[13] e ligam seu consenso ao reconhecimento intersub-

---

12 HABERMAS, Jürgen. *Facticidad y validez*: sobre el derecho y el Estado democrático de derecho en términos de teoria del discurso. Trad. Manuel Jimenez Redondo. Madri: Trotta, 1998, p. 65.

13 Segundo Austin, os chamados *atos performativos* criam ou produzem uma realidade, mais do que simplesmente descrevê-la ou reproduzi-la. Eles realizam uma ação pelo simples fato de serem proferidos. "*Na verdade, os atos de linguagem performativos realizam concomitantemente duas tarefas. Em primeiro lugar, eles comunicam uma ideia, dão algo a conhecer, como no caso a manifestação pelo nubente de que deseja se casar. Em segundo lugar, ele realiza uma ação diferente da própria comunicação, apesar de geralmente ligada a esta, como, no exemplo, o casamento. Isso revela que, para além do conteúdo* locucionário, *os atos de linguagem possuem também um conteúdo* ilocucionário. *O conteúdo locucionário (...)* é a mensagem emanada sintática e semanticamente. Já o conteúdo ilocucionário refere-se ao nível pragmático da comunicação" (GALUPPO, Marcelo Campos. *Igualdade e diferença*: Estado Democrático de Direito a partir do pensamento de Habermas. Belo Horizonte: Mandamentos, 2002, p. 111). Há ainda o conteúdo *perlocucionário*: são todos os fins e efeitos que vão mais além daqueles efeitos. Eles podem resultar do significado do ato de linguagem ou serem produzidos de forma contingente, ainda que condicionada por um êxito ilocucionário. A ilocução produz um efeito dizendo; a perlocução,

jetivo de pretensões de validade criticáveis, revelando a disposição de aceitar obrigações relevantes para as consequências da interação e que resultam de um consenso.

A racionalidade comunicativa está presente em condições; mas ela não é em si uma capacidade subjetiva, ela não diz aos atores o que *devem* fazer. Seu conteúdo normativo é apenas o relativo a pressupostos pragmáticos do tipo *contrafactual*. A base contrafactual do entendimento pode voltar-se criticamente contra seus resultados ou transcender-se a si própria e, com isso, a tensão entre ideal e real aparece na própria facticidade constituída linguisticamente. A razão comunicativa abrange pretensões de validade da verdade proposicional, da veracidade subjetiva e da correção normativa; mas fica aquém da razão prática (motivação e condução da vontade).

Habermas tenta elaborar uma *teoria reconstrutiva*[14] capaz de assumir duas perspectivas diferentes: a da Teoria Sociológica do

pelo fato de dizer (GREIMAS ET COURTÉS *in* GALUPPO. Igualdade e diferença, p. 112). Habermas recorre a Austin a fim de formular uma teoria da linguagem que leve em conta a tensão entre facticidade e validade mediante a tensão da perspectiva do observador e da perspectiva do participante; em Austin ele encontrará os pressupostos para pôr em relevo a dimensão pragmática, ou seja, do participante, na teoria dos atos de linguagem (REPOLÊS, Maria Fernanda Salcedo. *Habermas e a desobediência civil*. Belo Horizonte: Mandamentos, 2003, p. 61).

14 Como indicado no primeiro capítulo, a partir de distintos pontos de vista, Habermas opõe duas versões da ciência da linguagem: uma *empírico-analítica* e outra *reconstrutiva*. Segundo o ponto de vista dos dados, para a versão empírico-analítica, eles consistem em medições de variáveis do comportamento verbal; para a versão reconstrutiva, eles são a consciência dos falantes competentes, posta à luz em termos maiêuticos. Além disso, uma versão empírico-analítica pode refutar o saber cotidiano e substituí-lo por um saber teórico correto tido, ao menos provisoriamente, como verdadeiro. Uma versão reconstrutiva pode representar de forma mais ou menos explícita e adequada o saber pré-teórico, mas não pode nunca o falsear. "*Como falsa podrá revelarse a lo sumo la reproducción de la intuición de un hablante, pero no esa intuición misma*" (HABERMAS, Jürgen. *La lógica de las ciencias*

Direito e a da Teoria Filosófica da Justiça. "*La teoría de la acción comunicativa empieza asumiendo en sus propios conceptos básicos la tensión entre facticidad y validez*".[15] O *medium* do direito, com a sua positivação, é um forte candidato para explicar a reprodução da sociedade ao se assumir tal tensão, uma vez que as normas jurídicas possibilitam comunidades extremamente artificiais cuja coesão se deita, ao mesmo tempo, sobre a ameaça de sanções externas e um suposto acordo racionalmente fundado.

Apesar da substituição da razão prática kantiana pela razão comunicativa no *pensamento pós-metafísico*,[16] e da ruptura do normativismo do método, o conceito desta última ainda comporta alguns fragmentos idealistas. O conceito de razão relaciona-se diretamente com a formulação de outros conceitos, por meio de

---

sociales. Trad. Manuel Jimenez Redondo. Madri: Tecnos, 1990, p. 315). "*(...) uma teoria reconstrutiva poderá, procedida com o auxílio da contrafactualidade, reduzir as diferenças deixadas em aberto pela investigação empírica, e fornecer uma visão coerente e sistemática de uma sociedade democrática na qual o direito e suas sanções são de fato auto-impositivos. (...) o uso da contrafactualidade presta-se a demarcar uma separação entre a visão reconstruída e as práticas anteriores. (...) a teoria reconstrutiva pode tanto operar enquanto teoria crítica quanto como um médio a se alcançar um 'equilíbrio reflexivo', equivalendo a uma reivindicação sistemática e sopesada do* status quo" (ROSENFELD, Michel. "O direito enquanto discurso: reduzindo as diferenças entre direitos e democracia". Trad. Cássius Guimarães Chai. *Revista do Ministério Público do Estado do Maranhão*, São Luís, nº 10, jan./dez. 2003, pp. 11/12).

15 HABERMAS, Jürgen. *Facticidad y validez*: sobre el derecho y el Estado democrático de derecho en términos de teoria del discurso. Trad. Manuel Jimenez Redondo. Madri: Trotta, 1998, p. 70.

16 OLIVEIRA, Manfredo Araújo de. *Reviravolta linguístico-pragmática na filosofia contemporânea*. 2ª ed. São Paulo: Loyola, 2001, p. 244. Ver também: HABERMAS, Jürgen. *Pensamiento postmetafísico*. Trad. Manuel Jimenez Redondo. Madrid: Taurus, 1990 e HABERMAS, Jürgen. *Uma vez mais*: a relação entre teoria e prática. *Verdade e justificação*: ensaios filosóficos. Trad. Milton Camargo Mota. São Paulo: Loyola, 2004.

conteúdos ideais. Habermas levanta o problema de a razão comunicativa estar adstrita à realidade, gerando o impasse, para as ciências experimentais, de confundir razão e realidade. Por isso, a relação entre facticidade e validade precisa ser recuperada à luz do *giro linguístico*.[17] A reviravolta linguístico-pragmática, nos termos de Manfredo Araújo de Oliveira, possibilitou a elevação da linguagem para a esfera dos fundamentos da filosofia. A pergunta passa a ser acerca das condições de possibilidade de sentenças intersubjetivamente válidas a respeito do mundo.

Wittgenstein foi um dos principais pensadores que contribuíram para tal mudança de paradigma. Se o "primeiro" Wittgenstein, do *Tratactus*, considerava a linguagem apenas no seu aspecto designativo, o chamado "segundo" Wittgenstein, em suas *Investigações filosóficas*, irá afirmar o papel primordial da linguagem no conhecimento, demonstrando que o mundo só é apreensível de forma mediata por meio da linguagem.[18]

Também Friedrich Ludwig Gottlob Frege é um dos pensadores que, ao lado de Peirce, Moore e Russell, tiveram extrema importância na fundação das bases da filosofia do século XX. Ele é considerado o pai da filosofia analítica, uma parte do pensamento filosófico tendente a caracterizar o estudo da linguagem por meio

---

17 "*A reviravolta linguística do pensamento filosófico do século XX se centraliza, então, na tese fundamental de que é impossível filosofar sobre algo sem filosofar sobre a linguagem, uma vez que esta é momento necessário constitutivo de todo e qualquer saber humano, de tal modo que a formulação de conhecimentos intersubjetivamente válidos exige reflexão sobre sua infra-estrutura lingüística*" (OLIVEIRA, Manfredo Araújo de. *Reviravolta linguístico-pragmática na filosofia contemporânea*. 2ª ed. São Paulo: Loyola, 2001, p. 13).

18 BAHIA, Alexandre Gustavo Melo Franco. *Controle judicial difuso de constitucionalidade das leis e atos normativos*: contribuição para a construção de uma democracia cidadã no Brasil. Belo Horizonte: Universidade Federal de Minas Gerais, 2003, p. 217. (Dissertação de Mestrado).

da análise. Sua preocupação foi a de restabelecer uma vinculação entre matemática e filosofia, algo que remonta a Platão, mas que, com o Iluminismo, foi posto de lado em favor de uma aproximação do pensamento filosófico da história. Sua contribuição à lógica, que aqui quer dizer o enfrentamento de problemas com as proposições e a constituição do significado, foi imensa.[19]

Na época vivida por Frege, havia uma grande confusão entre o lógico e o psicológico, algo chamado de *psicologismo em lógica*. Coube a Husserl esclarecer tal relação; hoje se chegou à conclusão acerca da precedência de Frege na discussão sobre o psicologismo. A lógica dedica-se a um estudo no campo da objetividade, ao passo que a psicologia se situa na dimensão subjetiva. Com base nisto, segundo Frege, há uma diferença entre pensamentos e representações. *Representações* são atribuíveis a um sujeito identificável no espaço e no tempo, ao passo que *pensamentos* ultrapassam a consciência individual. "*O pensamento é objetivo, enquanto as representações não*".[20] Na representação, são dados somente objetos; enquanto estados de coisa ou fatos são apreendidos em pensamentos. Esse foi o primeiro passo do giro linguístico. O teor linguístico dos pensamentos, presente na sua forma de expressão proposicional, revela sua possibilidade de verdade. Com isso, expressões linguísticas podem ter significados idênticos para pessoas diferentes.

A semântica formal de Frege operava apenas com o conceito semântico de linguagem; Peirce incluiu nessa análise formal o *uso* da linguagem. Charles Sanders Peirce foi o "pai" do pragmatismo norte-americano que, na sua compreensão, seria uma técnica auxiliar na solução de problemas científicos e filosóficos. Para subsidiar seu pragmatismo, Peirce recorreu a uma complexa teoria dos signos. Segundo ele, a comunicação (e a interpretação de sinais) é o nervo

---

19 MARCONDES, Danilo. *Filosofia analítica*. Rio de Janeiro: Jorge Zahar, 2004, p. 24.

20 OLIVEIRA, Manfredo Araújo de. *Reviravolta linguístico-pragmática na filosofia contemporânea*. 2ª ed. São Paulo: Loyola, 2001, p. 60.

central das performances linguísticas. *Real* é o que se pode representar por proposições verdadeiras; *verdadeiro* é aquilo que é explicado a partir da pretensão que é levantada por um em relação ao outro quando se assevera uma proposição. Mas não basta a referência a proposições nascidas de comunicações e mundos da vida intersubjetivamente compartilhados. Há algo que independe de nós e que é transcendente. As pretensões de validade permitem que falante e ouvinte ultrapassem os limites provinciais de suas situações de comunicação. Daí o *constructo* de Peirce referente a uma transcendência a partir de dentro, um *consenso* obtido sob condições ideais.

Assim, a *idealidade da generalidade semântica* (com Frege) busca explicar como significados idênticos podem se manter em meio à variedade de suas respectivas realizações linguísticas. Já a *idealidade da verdade-validade* (com Peirce) enfrenta o problema de explicar como pretensões de validade, levantadas aqui e agora e voltadas ao reconhecimento ou aceitação, podem ir além dos *standards* de tomadas de posição de sim/não, exercitadas em qualquer comunidade particular de intérpretes. Peirce faz imigrar a tensão entre facticidade e validade para os pressupostos comunicativos que, apesar de seu conteúdo ideal, têm que ser admitidos factualmente por todos os participantes de uma república de sábios. Habermas entende que tais condições valem para comunicações do dia a dia também. A teoria dos atos de linguagem demonstra a semelhança de teorias e pressupostos. Ambas idealizações (idealidade da generalidade semântica e idealidade da verdade-validade) podem assumir um significado relevante para a teoria da ação.[21]

É possível perceber, pois, nesse ligeiro e precário resumo de algumas correntes que deram propulsão ao giro linguístico e que marcaram sobremaneira a obra de Habermas, que não é possível ignorar o papel da linguagem nas sociedades contemporâneas. Aliás,

---

21 HABERMAS, Jürgen. *Facticidad y validez*: sobre el derecho y el Estado democrático de derecho en términos de teoria del discurso. Trad. Manuel Jimenez Redondo. Madri: Trotta, 1998, p. 79.

esse papel esteve presente desde sempre: o que autores como Wittgenstein, Frege, Peirce e Austin, entre vários outros, possibilitaram foi a percepção dessa importância e a necessidade de debruçar-se sobre ela. É essa linguagem que, ao mesmo tempo em que possibilita a comunicação, torna tanto os resultados desta última quanto seu *medium* passíveis de revisão e crítica. Isso nos remete para um aprofundamento um pouco maior em certas concepções presentes no pensamento habermasiano e que irão contribuir diretamente para a superação de posições próprias da filosofia da consciência no estudo do direito e, principalmente, do controle de constitucionalidade.

2 O direito como categoria de integração social

Desse modo, a tensão entre facticidade e validade presente na linguagem também se vê presente em modos de integração social comunicativamente firmados. O direito positivo estabiliza essa tensão de modo peculiar. Ao lado dele, Habermas, por meio de um enfoque *reconstrutivo*, colocará outras categorias de integração social, como o mundo da vida e instituições arcaicas.

A integração social não violenta pressupõe a coordenação de planos de ação de diferentes atores. É um engate que possibilita um entrelaçamento de intenções e ações, ocasionando padrões de comportamento e ordem social. Se a linguagem é utilizada apenas como *medium*, a coordenação se dá pela influência recíproca de atores que agem uns sobre os outros de modo funcional (ação estratégica); mas se as forças ilocucionárias assumem um papel coordenador na ação, a linguagem mesma passa a ser explorada como fonte de integração social: esse é o *agir comunicativo*. É uma busca incondicional de fins ilocucionários. O falante adota o enfoque performativo de quem busca se entender com o outro sobre algo no mundo.

Os tipos de ação social (interação) distinguem-se pelo mecanismo de coordenação da ação. Em particular, isto se dá segundo o uso que se possa fazer da linguagem: ou como meio de transmissão de informações, exclusivamente, ou como fonte própria de integração social. No primeiro caso, temos a *ação estratégica*, no segundo a *ação comunicativa*. Enquanto na ação comunicativa a força geradora do consenso localiza-se nas energias que a própria linguagem possui no que concerne à criação de vínculos, no caso da ação estratégica o efeito de coordenação permanece dependente de um exercício de influências de atores sobre as situações de ação e dos atores uns sobre os outros.[22]

O eixo do problema reside na possibilidade de um consenso ameaçado por uma tensão explosiva entre facticidade e validade. No agir comunicativo, a *dupla contingência*[23] assume a forma precária de um risco de dissenso. Trata-se de um acordo cuja motivação racional se funda na possibilidade constante de um "não", ou seja, não há a necessidade de apelar para a força coativa. Mas caso o agir comunicativo não estivesse embutido em contextos do *mundo da vida*, o alto risco de dissenso tornaria a integração social pelo uso da linguagem implausível. Trata-se daquilo que *sempre foi familiar*. O mundo da vida nos envolve em uma *certeza imediata*; não se tem a consciência de que ele pode ser falso. Não é um saber em sentido estrito (falível ou falsificável). O nivelamento da tensão entre facticidade e validade lhe confere estabilidade.

Por meio do aspecto do entendimento, os atos de linguagem servem para a transmissão do saber cultural; pelo aspecto da socialização, para a formação e manutenção de identidades pessoais. Desse modo, são *componentes* do mundo da vida os padrões culturais, as ordens consideradas legítimas e as estruturas de personalidade, como

---

22 HABERMAS, Jürgen. *Pensamiento postmetafísico*. Trad. Manuel Jimenez Redondo. Madrid: Taurus, 1990, p. 74.

23 A contingência é a possibilidade de que um dado seja diferente do que ele é. A dupla contingência significa que a constituição do mundo social se apresenta por intermédio de um horizonte duplo de perspectivas, é dizer, as perspectivas de Ego e Alter. (CORSI, Giancarlo; ESPOSITO, Elena; BARALDI, Claudio. *Glosario sobre la teoría social de Niklas Luhmann*. México: ITESO, 1996, p. 68).

condensações e sedimentações de tais processos de *entendimento*, de *coordenação da ação* e de *socialização*, que se reproduzem por intermédio do meio que representa a ação comunicativa. A *cultura* é o acervo de saber formado por interpretações dos participantes na comunicação ao entender-se entre si sobre algo no mundo. A *sociedade* consiste em ordens consideradas legítimas por meio das quais os participantes na comunicação regulam seu pertencimento a grupos sociais e asseguram solidariedade. *Estruturas da personalidade* são todos os motivos e competências que capacitam um sujeito para falar e atuar e para assegurar nisso sua própria identidade.[24]

Feita esta explanação sobre o conceito habermasiano de mundo da vida, é preciso retomar a questão da tensão entre facticidade e validade nos meios de integração social. Em instituições arcaicas pode-se perceber uma fusão entre facticidade e validade. Expectativas de racionalidade e de normatividade solidificam-se, formando um complexo indiviso de convicções, ligado a motivos e orientações axiológicas. No interior de seu mundo social, os atores são atingidos pelas instituições que dominam e detêm o poder. A validade converte-se em um poder de pura facticidade.[25]

Na medida da complexidade das sociedades cresce a pluralização das formas de vida e individualização de histórias de vida, inibindo zonas de sobreposição ou convergência de convicções que

---

24 Veja:

MUNDO DA VIDA	
Processos	*Componentes (condensações dos processos)*
entendimento	Cultura
coordenação da ação	Sociedade
socialização	Estruturas de personalidade

25 HABERMAS, Jürgen. *Facticidad y validez*: sobre el derecho y el Estado democrático de derecho en términos de teoria del discurso. Trad. Manuel Jimenez Redondo. Madri: Trotta, 1998, p. 86.

se encontram na base do mundo da vida. Outrossim, complexos de tradições sacralizadas são diluídos, formando conteúdos passíveis de tematização por uma comunidade que age comunicativamente. Com isso, torna-se um problema tipicamente moderno o modo de se estabilizar, na perspectiva dos próprios atores, a validade de uma ordem social na qual ações comunicativas distinguem-se de ações estratégicas.

Com o crescente risco de dissenso nas sociedades plurais e profanadas em seus modos da vida, os que agem comunicativamente podem suspender a comunicação ou agir estrategicamente. Habermas[26] acredita em uma saída por meio da normatização de interações estratégicas, sobre as quais os atores formam um consenso. Se as dimensões arcaicas estão já superadas, a tensão entre facticidade e validade só é mantida pelo sistema de direitos que provê as liberdades subjetivas de ação com a coação do direito objetivo. As regras do direito privado, desde Hobbes, valem como protótipo para o direito em geral. Para Habermas,[27] interessa principalmente o conceito de *legalidade*, utilizado por Kant para trazer à luz o modo complexo de validade do direito, a partir dos direitos subjetivos. Essa validade é composta pela facticidade da imposição coercitiva do direito e por um processo de formação do mesmo que se pretende racional na medida em que estabelece a liberdade e possibilita a legitimidade.

A relação entre facticidade e validade apresenta-se para Kant como uma relação interna entre coerção e liberdade, fundada pelo direito. O direito está autorizado ao uso da coerção; mas isso só é possível quando ele se opõe aos abusos da liberdade por parte de cada um. Essa relação interna se manifesta na pretensão de validade do

---

26 HABERMAS, Jürgen. *Facticidad y validez*: sobre el derecho y el Estado democrático de derecho en términos de teoria del discurso. Trad. Manuel Jimenez Redondo. Madri: Trotta, 1998, pp. 88/89.

27 HABERMAS, Jürgen. *Facticidad y validez*: sobre el derecho y el Estado democrático de derecho en términos de teoria del discurso. Trad. Manuel Jimenez Redondo. Madri: Trotta, 1998, p. 93.

direito. Ou seja, ao tempo em que o direito se serve de autorizações para a coerção, ele deixa, ao mesmo tempo, espaço para a sua aceitação por respeito a ele, por respeito à lei. O direito se apoia sobre a facticidade artificial da ameaça de sanções definidas conforme ao mesmo e que podem ser impostas pelo Judiciário. O que vale, em último grau, é o fato delas terem surgido de um processo racional – ou o fato de que poderiam ter sido justificadas sob pontos de vista pragmáticos, éticos ou morais.

Para quem age estrategicamente, a norma constitui parte dos fatos sociais que limita suas opções; para quem age comunicativamente, a norma constitui expectativa obrigatória de comportamento, em relação à qual se supõe um acordo racionalmente motivado entre sujeitos de direito. Os direitos subjetivos absorvem essa dupla expectativa. A qualquer momento deve ser possível a obediência ao direito por respeito à lei; por isso o direito positivo tem que se legitimar. Leis legítimas devem garantir a cada um liberdades iguais. Isso é diretamente alcançado por deveres morais; no caso das normas de direito, é o Poder Legislativo que deve cumprir tal condição. Assim, no sistema jurídico, o processo de legislação é o lugar da integração social. Por isso os sujeitos de direito devem emancipar da simples condição de sujeitos privados de direito para somar a essa a face o papel de cidadãos. Isto exige um processo legislativo que possibilite aos mesmos não somente ações orientadas para seus próprios êxitos. Os direitos devem ser apreendidos no enfoque de participantes orientados também pelo entendimento.

A positividade do direito é posta ao lado de uma expectativa de que o processo democrático da legislação fundamente a suposição da aceitabilidade racional das normas. A diferença em relação a Kant é que a lacuna da solidariedade não é preenchida com direitos subjetivos do mesmo tipo. O direito que é positivado não consegue sua legitimidade apenas por meio de uma legalidade que põe à disposição dos destinatários enfoques e motivos. Os direitos dos cidadãos não devem visar apenas a liberdade de arbítrio, mas também a *autonomia*. O direito só consegue garantir sua força de integração se a totalidade dos *destinatários* singulares das normas jurídicas puder se considerar *autora* dessas normas. É a conexão interna da facticidade e validade da imposição do direito e da legitimidade do processo de legislação que funda a validade social.

Por meio do uso da linguagem orientada pelo entendimento, com o qual os atores coordenam suas ações – agir comunicativo –, essa relação de tensão migra para o mundo dos fatos sociais. Convicções compartilhadas intersubjetivamente formam o *medium* da integração social. A tensão entre facticidade e validade faz-se presente no mundo social mediante pretensões de validade que, justamente por serem dependentes de contexto, submetem-se à possível desvalorização ante ao aporte de melhores argumentos e ao desenvolvimento de processos de aprendizagem. Por isso não é possível estabilizar de forma definitiva expectativas de comportamento.

Suposições de validade falíveis e precárias é que permitirão alguma estabilidade. Aqueles que agem comunicativamente assumem o fardo da integração social – que se dá por meio de normas, valores e entendimento – na medida em que tais normas e valores forem diluídos comunicativamente e expostos ao jogo livre de argumentos. E isso pressupõe também que tais atores levem na devida conta a distinção entre *aceitabilidade* e *aceitação*. Há um entrelaçamento entre aceitação (referente a fatos sociais) e aceitabilidade exigida por pretensões de validade, presente já no agir comunicativo sob a forma de tensão entre facticidade e validade.

Segundo Habermas,[28] as sociedades modernas são integradas não apenas por intermédio de valores, normas e processos de entendimento, mas também por meio dos sistemas do poder administrativo e dos mercados. As instituições do direito público e as do direito privado possibilitam tanto o estabelecimento de mercados

---

28 HABERMAS, Jürgen. *Facticidad y validez*: sobre el derecho y el Estado democrático de derecho en términos de teoria del discurso. Trad. Manuel Jimenez Redondo. Madri: Trotta, 1998, p. 102.

quanto o poder estatal; tanto no sistema administrativo como no econômico, as operações são completadas com o recurso à forma jurídica. O direito se interliga com as três fontes de integração social: dinheiro, poder administrativo e solidariedade. Se, de um lado, os mecanismos do dinheiro e do poder administrativo não levam em conta discursos morais e discursos éticos na integração social de sociedades pluralizadas, a solidariedade o faz. Para tanto, ela deve recorrer ao direito, que promove solidariedade por meio de formas abstratas e impositivas.

O direito moderno só pode, então, com suas expectativas de comportamento, estabilizar uma sociedade complexa e diferenciada se puder conservar em uma forma abstrata de uma pretensão crível de legitimidade a pretensão de solidariedade; tal promessa os sistemas jurídicos modernos cumprem com a generalização do papel de cidadão. Para além da formação de uma sociedade civil que propicie processos públicos e inclusivos de formação da vontade, Parsons assinala a importância da igualdade de oportunidades educativas e de formação e a desvinculação do saber cultural em relação às estruturas de classe.

Com isso, cria-se o ambiente propício para um espaço público em que se formem processos de comunicação não organizados aptos a dar conta das pretensões de legitimidade dos sistemas jurídicos modernos, nos termos de uma cidadania efetivamente em prática. Parsons vê o direito como uma *correia de transmissão* através da qual a solidariedade, de forma abstrata, pode se transferir para sociedades complexas. Como referência empírica ele toma o exemplo de T.H. Marshall da expansão dos direitos dos cidadãos. Habermas ressalta,[29] contudo, que nem a progressiva inclusão dos cidadãos em conexão com a modernização capitalista, sustentada por Marshall, e nem as lutas de classe e movimentos sociais sublinhados por

---

29 HABERMAS, Jürgen. *Facticidad y validez*: sobre el derecho y el Estado democrático de derecho en términos de teoria del discurso. Trad. Manuel Jimenez Redondo. Madri: Trotta, 1998, p. 142.

Giddens, dão conta da importância para ampliação da cidadania como o fazem os fatores da juridificação das relações de inclusão.

Tal perigo cresce na medida em que os sistemas da economia e da administração, sempre tendenciosos a se voltar apenas para seus próprios ambientes, forçam o desenvolvimento de sua própria lógica sistêmica. Por isso, Habermas procede a uma reconstrução do conceito de cidadania em seu conteúdo normativo, bem com analisa o sistema de direitos e os princípios do Estado de Direito de uma perspectiva discursiva.

3 Legitimidade por meio da legalidade: o sistema procedimental de direitos

A tese central da obra *Faktizität und Geltung: Beiträge zur Diskurstheorie des Rechts und des demokratische Rechtstaats* (Facticidade e Validade: contribuições para uma Teoria Discursiva do Direito e do Estado Democrático de Direito) pode ser localizada em seus Capítulos III e IV.[30] Consiste na tensão interna entre democracia e direito e que vem sendo, ao longo da história da ciência

30 "*Habermas has entitled his new book Faktizitat und Geltung, but this might also serve as an appropriate title for his entire corpus. Throughout his career, Habermas has sought to do justice to the poles of facticity and normative validity and to the tensions that exist between these poles. In his more 'sociological' mode, he seeks to provide a comprehensive understanding and analysis of the facticity of modern societies in their full complexity. But he has also consistently argued that an adequate account of the development of modern societies must do justice to the implicit and explicit claims to legitimacy and normative validity. He has argued – as he does so persuasively in his present book – that no normative theory (whether of democracy, law, morality, or ethics) is adequate unless it can be related to, and integrated with, the sheer facticity of everyday social life*" (BERNSTEIN, Richard. "The retrieval of the democratic ethos". *Cardozo Law Review*, nº 17, 1996, pp. 1.127/1.128).

política e da ciência do Direito, posta de lado em favor de uma ou de outra perspectiva unilateral.

Redondo[31] salienta que três advertências devem estar subjacentes a qualquer interpretação que se tente fazer desses capítulos. A primeira é que Habermas não se refere a um "sistema de direitos" como ele deveria ser, mas o sistema de direitos que está presente na maioria das constituições exemplares do mundo moderno. A segunda é que não se trata de um direito em geral, mas do direito presente na figura histórica dos Estados Democráticos de Direito, um direito que obtém legitimidade por intermédio da própria legalidade. Em terceiro, e por fim, não há que se confundir uma *gênese lógica* dos direitos com uma *gênese histórica*. Uma gênese histórica passaria pela descrição do poder soberano que vem pôr fim às guerras religiosas e que, posteriormente, submete-se aos limites impostos pelo movimento liberal e pelos direitos de propriedade; em seguida, são acrescentados os direitos sociais, como um compromisso entre capitalismo e democracia: o resultado é um sistema jurídico autopoiético que "juridifica" suas próprias condições de legitimidade. Em uma gênese lógica, trata-se da reconstrução conceitual da idealidade que articula a realidade do direito, reduzindo e descobrindo a unidade das relações conceituais e de princípio presentes nessa complexa estrutura histórica, a partir dos elementos da "forma jurídica" e do "princípio do discurso".

O próprio Habermas salienta que, em *Faktizität und Geltung*, ele procurou fazer contribuições a seis tópicos: a forma e a função do direito moderno; a relação entre direito e moralidade; a relação entre direitos humanos e soberania popular; a função epistêmica da democracia; o papel central da comunicação pública em democracias de massa; e, o debate entre paradigmas concorrentes do Direito.

---

31 *In* HABERMAS, Jürgen. *Facticidad y validez*: sobre el derecho y el Estado democrático de derecho en términos de teoria del discurso. Trad. Manuel Jimenez Redondo. Madri: Trotta, 1998, p. 11.

Habermas pretende introduzir a categoria do Direito, mais propriamente a do direito moderno, desde o ponto de vista da teoria da ação comunicativa. Ele o faz, desse modo, com uma reconstrução racional da *autocompreensão* das ordens jurídicas modernas. De início, toma os direitos que os cidadãos devem reconhecer-se reciprocamente caso queiram regular sua convivência sob os auspícios do Direito Positivo, uma categoria que é, sobretudo, marcada pela recepção do próprio sistema de direitos da tensão interna entre facticidade e validade inerente ao modo de validade ambivalente que é a validade jurídica.

O conceito de direito subjetivo desempenha um papel de destaque na compreensão moderna do direito. A ele corresponde ao conceito de liberdade subjetiva de ação, segundo o qual, os direitos subjetivos fixam os limites dentro dos quais um sujeito está legitimado para afirmar sua vontade. Esses direitos definem iguais liberdades de ação para todos os indivíduos, qualificando-os como portadores de direito ou sujeitos de direito. Kant formula seu princípio geral do direito neste mesmo diapasão, ou seja, é legítima toda a ação cuja máxima possibilita que a liberdade e o arbítrio de cada um possam ser compatíveis com a liberdade de todos segundo uma lei geral.

O direito não se limita a cumprir os requisitos funcionais da atual sociedade complexa. Ele deve também satisfazer às precárias condições de integração social, o que se dá quando se utiliza de operações de entendimento intersubjetivo por meio da ação comunicativa, ou seja, por meio da aceitabilidade de pretensões de validade. O direito transfere para as leis o encargo de cumprimento das exigências de moralidade por meio do asseguramento de liberdades subjetivas, livrando os indivíduos do fardo outrora atribuído aos mesmos. É o procedimento legislativo que garante legitimidade às leis: esse paradoxo da *derivação da legitimidade pela legalidade* se explica porque os direitos de participação política, enquanto direitos subjetivos, têm a mesma estrutura dos direitos que dão aos indivíduos liberdades de escolha. Da mesma forma, esse procedimento tem que apresentar aos cidadãos as expectativas normativas advindas da orientação pelo bem comum, uma vez a força legitimadora do processo democrático surge do próprio entendimento dos sujeitos acerca do modo como pretendem regular sua convivência: é dizer, ele deve tentar cumprir sua função de integração social.

4 A complementariedade entre direito e moral

Em *Faktizität und Geltung*, Habermas estabelece uma relação não subordinante entre direito e moral. Em um nível pós-metafísico de fundamentação, estão separadas da eticidade tradicional tanto as normas jurídicas como as normas morais. De seu turno, estas normas, não obstante distintas, complementam-se mutuamente. Assim, o conceito de *autonomia* deve estar articulado de uma maneira tão abstrata que possa adotar em relação a cada tipo de norma de ação uma forma específica: o *princípio moral* e o *princípio democrático*.

Com a modernidade e a quebra dos fundamentos sacros do amálgama em que se constituíam direito, moral e ética, ocorrem os processos de diferenciação.[32] Questões jurídicas se apartam de questões éticas e morais; paralelamente, usos e costumes passam a significar puras convenções. Questões jurídicas e questões morais têm

32 "O Direito e a organização política pré-modernos *encontravam tradução, em última análise, em um amálgama normativo indiferenciado de religião, direito, moral, tradição, e costumes transcendentalmente justificados e que essencialmente não se discerniam (...). O Direito, portanto, enquanto um único ordenamento de normas gerais e abstratas válidas para toda a sociedade, não existia, mas tão-somente ordenamentos sucessivos e excludentes entre si, consagradores dos privilégios de cada casta e facção de casta, consubstanciados em normas oriundas da barafunda legislativa imemorial, nas tradições, nos usos e costumes locais, aplicados casuisticamente como normas concretas e individuais, e não como um único ordenamento jurídico integrado por normas gerais e abstratas válidas para todos*" (CARVALHO NETTO, Menelick de. "A interpretação constitucional sob o paradigma do Estado Democrático de Direito". *In*: CATTONI DE OLIVEIRA, Marcelo Andrade (Coord.). *Jurisdição e hermenêutica constitucional*: no Estado Democrático de Direito. Belo Horizonte: Mandamentos, 2004, p. 30).

em vista o mesmo problema, qual seja, o de como ordenar legitimamente as relações interpessoais e como coordenar entre si ações por meio de normas justificadas, solucionando conflitos sob o pano de fundo de normas compartilhadas. Mas isto se dá de forma distinta. Moral e direito se distinguem *prima facie* no sentido de que a moral pós-tradicional não representa mais do que uma forma de saber cultural, ao passo que o direito é obrigatório no nível institucional – o direito é, ao mesmo tempo, *sistema de saber* e *sistema de ação*.

As normas gerais de ação se ramificam em normas morais e normas jurídicas. Com isto, autonomia moral e autonomia política são co-originais e explicadas com a ajuda de um *princípio do discurso*,[33] algo que representa as justificativas pós-tradicionais de fundamentação. Esse princípio tem um conteúdo normativo do sentido da *imparcialidade* dos juízos práticos. Mas está em um nível que é neutro diante da moral e do direito, uma vez que se refere a normas de ação em geral. Habermas o enuncia da seguinte maneira:[34]

> D: Válidas son aquellas normas (y sólo aquellas normas) a las que todos los que puedan verse afectados por ellas pudiesen prestar su asentimiento como participantes en discursos racionales.

Em Habermas, o *princípio moral* só é uma especificação do princípio do discurso para as normas de ação que podem justificar-se do ponto de vista de se levar em conta o igual interesse de todos. Já o princípio democrático será uma especialização de "D" para as normas de ação que apresentam a *forma do direito* e podem ser

33 "*O sentido da palavra Discurso na teoria de Habermas é justamente o de uso reflexivo da razão comunicativa que permite a problematização*" (REPOLÊS, Maria Fernanda Salcedo. *Habermas e a desobediência civil*. Belo Horizonte: Mandamentos, 2003, p. 50).

34 HABERMAS, Jürgen. *Facticidad y validez*: sobre el derecho y el Estado democrático de derecho en términos de teoria del discurso. Trad. Manuel Jimenez Redondo. Madri: Trotta, 1998, p. 172.

justificadas recorrendo-se a *razões pragmáticas*, *razões ético-políticas*, e não apenas *razões morais*. O tipo de razão segue a lógica do tipo de questão a ser tratada. No caso de normas morais, as razões têm que ser aceitas por todos, em um âmbito de referência que ultrapassa fronteiras. Em questões ético-políticas, a forma de vida de uma comunidade política constitui o referencial para encontrar regulações que expressem uma autocompreensão coletiva; as razões têm que ser aceitas pelos membros que compartilham tradições e valorações. Tais compromissos têm que poder ser aceitos por todas as partes, mesmo que as razões para tanto possam divergir caso a caso.

No que se refere às questões morais, o princípio do discurso requer a forma de um princípio da universalização ("U"). Aqui o princípio moral desempenha uma regra de argumentação. Nos *discursos de aplicação*, o princípio moral é complementado por um princípio da adequação ou senso de adequabilidade.[35]

O *princípio moral* compreendido em termos de uma teoria do discurso transcende os limites entre âmbitos da vida privada e pública, limites historicamente fortuitos e que discorrem de modo distinto segundo as diferentes estruturas sociais. O princípio moral leva a sério o sentido universalista da validade das regras morais ao exigir que a "assunção ideal do papel" que efetua cada indivíduo em particular e de forma privada se converta em uma práxis pública a ser exercitada por todos. Uma divisão dos aspectos morais e jurídicos segundo um âmbito privado e público perde o sentido na medida

---

35 "*Os discursos de justificação jurídico-normativa se referem à validade das normas, e se desenvolvem com o aporte de razões e formas de argumentação de um amplo espectro (morais, éticas e pragmáticas), através das condições de institucionalização de um processo legislativo estruturado constitucionalmente, à luz do princípio democrático (...).*

Já discursos de aplicação se referem à adequabilidade de normas válidas a um caso concreto, nos termos do princípio da adequabilidade, sempre pressupondo um "pano de fundo de visões paradigmáticas seletivas" (CATTONI DE OLIVEIRA, Marcelo Andrade. *Direito Constitucional*. Belo Horizonte: Mandamentos, 2002, p. 85).

em que no exercício da soberania popular são também levados em conta argumentos morais. De outra parte, em sociedades complexas, a moral só tem efetividade para além do próximo se traduzida para o *código do direito.*[36]

Já a finalidade do *princípio democrático* é fixar um procedimento de produção legítima de normas jurídicas. Ele enuncia que *só podem pretender validade legítima normas jurídicas que, em um processo discursivo de produção, articulado juridicamente, possam encontrar o assentimento de todos os membros da comunidade jurídica.* O princípio democrático explica o sentido realizador da prática de autodeterminação dos membros de uma comunidade jurídica que se reconhecem uns aos outros como membros livres e iguais de uma associação a qual aderiram voluntariamente.[37] O princípio democrático só diz como se pode institucionalizar uma livre formação da opinião e da vontade políticas: por intermédio de um sistema de direitos que assegure, a cada um, igual participação em tal processo de produção normativa. Enquanto o princípio moral opera no plano da estrutura *interna* de um jogo de argumentação, o princípio democrático se refere ao plano da institucionalização *externa.*

---

36 Tal expressão foi cunhada originalmente em um contexto de Teoria dos Sistemas. Na teoria luhmanniana, um sistema só pode se diferenciar na medida em que o faz em relação ao seu *ambiente*. O sistema traça, por intermédio de suas operações, seus próprios limites em relação aos elementos que não lhe pertencem e que, justamente por isso, fazem parte de seu ambiente. Ele não opera para além de seus limites, o que não significa um total isolamento do sistema. As operações são, realmente, sempre internas, mas por meio da observação os limites podem ser passíveis de serem transcendidos, verificando-se várias formas de interdependência entre sistema e ambiente. As operações de um sistema funcionam de acordo com o *código* do sistema (CORSI, Giancarlo; ESPOSITO, Elena; BARALDI, Claudio. *Glosario sobre la teoría social de Niklas Luhmann*. México: ITESO, 1996, p. 40).

37 HABERMAS, Jürgen. *Facticidad y validez*: sobre el derecho y el Estado democrático de derecho en términos de teoria del discurso. Trad. Manuel Jimenez Redondo. Madri: Trotta, 1998, p. 175.

Com isso, fica demarcada a diferença entre o princípio moral e o princípio democrático segundo os níveis de referência. Há ainda a diferença respeitante às normas jurídicas e as outras normas de ação. Ao passo que o princípio moral se estende a todas as normas de ação justificáveis de um ponto de vista moral, o princípio democrático está demarcado segundo normas jurídicas. A *forma jurídica* se desenvolveu no curso da evolução social. Frente às regras de convivência que só podem ser justificadas do ponto de vista da moral, as normas jurídicas têm um caráter artificial, são normas de ação aplicáveis a si mesmas. O sistema de direitos não só tem que institucionalizar uma formação racional da vontade política, mas também garantir o meio mesmo em que esta possa se expressar como vontade comum dos membros de uma comunidade jurídica que possa se entender como resultado de uma associação livre. Essa *forma jurídica*, vale salientar, inclui a *supremacia constitucional*.

As características formais do direito são explicadas por Habermas[38] por meio da relação entre este e a moral. Novamente, ele retoma Kant para dizer que ele havia caracterizado a legalidade de normas de ação pelo recurso a três formas de abstração referentes aos destinatários da norma. *Em primeiro lugar*, o direito abstrai da capacidade dos destinatários de dar curso à sua iniciativa por sua própria vontade, contando apenas com seu arbítrio. *Em segundo lugar*, o direito abstrai da complexidade dos planos de ação que afeta, restringindo-se à *relação externa* que representa a operação de atores que, definidos conforme características sociais típicas, possam exercer uns com os outros. *Em terceiro lugar*, o direito abstrai do tipo de motivação que leva à conformação pela regra.

Junto das normas de ação assim definidas em termos de legalidade ou da forma jurídica está o *status* restrito que detêm os sujeitos de direito. Normas morais regulam relações interpessoais e conflitos

---

38 HABERMAS, Jürgen. *Facticidad y validez*: sobre el derecho y el Estado democrático de derecho en términos de teoria del discurso. Trad. Manuel Jimenez Redondo. Madri: Trotta, 1998, p. 177.

entre pessoas físicas, que se reconhecem como membros de uma *comunidade "quase natural"*, na qual estão também destinatários que possuem sua própria biografia. Normas jurídicas regulam relações interpessoais e conflitos entre atores que se reconhecem como membros de uma *comunidade artificial*, ou seja, uma comunidade criada pelas mesmas normas jurídicas. Para além desses aspectos, ainda outros podem ser definidos no que concerne à legalidade. Apenas matérias referentes a relações externas podem ser reguladas pelo *medium* do direito; o comportamento conforme a normas só é imposto quando necessário.

Os aspectos da legalidade não são entendidos por Habermas como restrições da moral: para ele, devem estes ser compreendidos da perspectiva da *relação de complementariedade entre direito e moral*. A constituição da forma jurídica é necessária para compensar os déficits do desmoronamento de uma eticidade tradicional.

A moral racional, enquanto alternativa de ação, junto de sua base normativa, aparece na mira de uma problematização. Ela se especializa em questões de justiça e considera tudo segundo o foco da universalização. A moral racional preconiza o julgamento imparcial de conflitos de ação, possibilitando um saber apto a orientá-la, mas que, de per si, não diz qual a ação correta; ela vem representada no nível da *cultura* e, assim, pode ser interpretada, transmitida e reelaborada criticamente. Tal moral se refere a ações possíveis; mas não mantém qualquer contato com os motivos, os quais dão à moral a força motriz para se converter em prática, e nem com as instituições que colocam em prática as expectativas morais devidamente justificadas. Uma moral desse tipo permaneceria ineficaz se não pudesse alcançar os motivos do agente por uma outra via que não a da internalização, é dizer, a institucionalização de um sistema jurídico que complemente a moral no que concerne à ação.

Tanto o direito como a moral devem garantir a autonomia de todos os envolvidos em suas normas. Ambos buscam legitimidade no próprio fato de proporcionar a liberdade. Ocorre que a autonomia, no caso do direito, se bifurca; tal divisão não encontra correspondência na moral. A moral pede que cada indivíduo obedeça às normas que estabelece para si próprio, por um juízo imparcial ao qual ele procede de *per si* ou coletivamente. Uma vez que as normas jurídicas são estabelecidas por instituições que as aplicam coercitivamente e que, nos discursos de justificação e aplicação jurídicas, levam em conta não apenas a formação da opinião e da vontade, mas, em certos casos, uma decisão coletiva, há uma partilha de papéis entre firmar e enunciar o direito e entre obedecê-lo como destinatário. Tal partilha não significa o nascimento de uma oposição, ou uma dualidade irreconciliável, mas de uma coesão, justamente para que a legitimidade surja da legalidade. A coesão interna entre autonomia pública e autonomia privada é o objeto do próximo tópico.

5 A relação complementar entre autonomia pública e privada: coesão interna entre constitucionalismo e democracia

Dando curso à sua teoria acerca do direito, Habermas mostra agora como um sistema de direitos pode lidar de maneira correta com a coesão interna entre autonomia pública e privada.[39] Tal sistema contém os direitos que os cidadãos deverão atribuir-se reciprocamente caso queiram regular sua convivência de forma legítima por meio do direito positivo. Em um primeiro passo, tais direitos devem ser inseridos da perspectiva de alguém que não está implicado no processo de atribuição mútua. Antes de chegar a este ponto, Habermas já percorrera os caminhos necessários para tanto: primeiro, ele aludiu, da história da dogmática do direito, ao paradoxo do surgimento da legitimidade a partir da legalidade; em segundo lugar, a autonomia foi relida, ainda que de uma forma mais breve que a abordada

39 HABERMAS, Jürgen. *Facticidad y validez*: sobre el derecho y el Estado democrático de derecho en términos de teoria del discurso. Trad. Manuel Jimenez Redondo. Madri: Trotta, 1998, p. 184.

neste tópico, a partir da conexão interna entre autonomia pública e autonomia privada; por último, a relação de complementariedade entre direito e moral permitiu uma melhor distinção entre normas jurídicas e normas gerais de ação.

Não raro, Estado de Direito (ou constitucionalismo) e democracia são apresentados como ideias opostas. O princípio do Estado de Direito vez por outra não se faz presente mesmo naquelas ordens em que o poder político se utiliza do direito; o poder político encontra-se ainda não domesticado pelo direito. Em outras situações, há Estados de direito em que o poder político ainda não foi democratizado. Habermas[40] quer, assim, demonstrar como é comum que vejamos o princípio do direito e o princípio da democracia como opostos, ou seja, como às vezes é difícil vislumbrar, em virtude dos problemas empíricos, a complementariedade entre autonomia pública e privada; disso não decorre que tal reconciliação não seja possível do ponto de vista normativo.

O *medium* que representa o direito pressupõe direitos que definem o *status* de sujeitos de direito como portadores dos mesmos. Neste passo, dois aspectos podem ser destacados: um primeiro, relativo ao arbítrio regido pelos interesses de sujeitos que atuam orientados pelo seu sucesso, é desvinculado dos contextos de ação orientada ao entendimento nos quais se dão as obrigações; um segundo aspecto é o da coordenação de ações por meio de normas coercitivas que limitam os espaços de ação desde fora. Tais aspectos do *medium* do direito são apenas o reverso da mesma moeda. Este fato elucida porque os direitos ocupam a posição fundamental de assegurar e compatibilizar as chamadas *liberdades comunicativas*.

40 HABERMAS, Jürgen. *A inclusão do outro*: estudos de teoria política. Trad. Paulo Asthor Soethe e George Sperber. São Paulo: Loyola, 2002, pp. 285/286.

Estas, como Klaus Günther, Habermas[41] conceitua como a possibilidade pressuposta reciprocamente na ação comunicativa de assumir uma posição diante de uma locução ou manifestação de um próximo e diante das pretensões de validade que são levantadas junto de tais manifestações, as quais buscam um reconhecimento intersubjetivo.[42] Tal reconhecimento comporta obrigações exoneradas pelas próprias liberdades subjetivas que o direito institui. A ação comunicativa importa em uma intersubjetividade das relações estabelecidas entre os agentes e isto explica por que esta liberdade está anexada a *obrigações ilocucionárias*.

Desse modo, a *autonomia privada* pode ser entendida como a liberdade negativa de abandonar a zona pública de obrigações ilocucionárias recíprocas e deter-se em uma posição de observador mútuo e do também mútuo exercício de influências recíprocas. A autonomia privada se circunscreve até onde o sujeito de direito não precisa prestar contas ou arrazoar o curso de suas ações. As liberdades comunicativas desobrigam os sujeitos de entrar na ação comunicativa e contrair obrigações ilocucionárias.

O direito legítimo só é compatível com um modo de coerção jurídica que não destrua os motivos racionais de obediência ao direito.[43] O direito não pode, coercitivamente, impor a renúncia às liberdades comunicativas e exigir dos mesmos uma atitude objetivante de um ator que age estrategicamente. Isto pode ocorrer, no

---

41 HABERMAS, Jürgen. *Facticidad y validez*: sobre el derecho y el Estado democrático de derecho en términos de teoria del discurso. Trad. Manuel Jimenez Redondo. Madri: Trotta, 1998, p. 185.

42 Klaus Günther esclarece que o conceito de "liberdade comunicativa" se refere a um dos mais basilares conceitos de liberdade, ou seja, a possibilidade de dizer "não". (GÜNTHER, Klaus. "Communicative freedom, communicative power and jurisgenesis". *Cardozo Law Review*, nº 17, 1996, p. 1.038).

43 HABERMAS, Jürgen. *Facticidad y validez*: sobre el derecho y el Estado democrático de derecho en términos de teoria del discurso. Trad. Manuel Jimenez Redondo. Madri: Trotta, 1998, p. 187.

máximo, pela discricionariedade dos mesmos. As normas jurídicas devem deixar um espaço, *sempre*, para que possam ser seguidas por respeito.

O princípio democrático une o princípio do discurso à *forma jurídica*. Tal entrelaçamento é concebido como uma *gênese lógica do direito* que pode ser reconstruída passo a passo. Ela tem início com a aplicação do princípio do discurso ao direito a liberdades subjetivas de ação (direito que é constitutivo da própria forma jurídica) e termina com a institucionalização jurídica de condições para o exercício discursivo da autonomia política que configura e concretiza a autonomia privada. Resulta que o princípio democrático seja o núcleo do *sistema de direitos*. Tal gênese lógica se dá em um processo circular, no qual o código do direito e o princípio democrático se constituem co-originariamente.[44]

A amarração entre os princípios do Estado Democrático de Direito se evidencia na prática comum de cidadãos que procuram interpretar e atualizar uma Constituição. O sentido performativo dessa prática, que visa criar uma comunidade política de cidadãos livres e iguais, é enunciado na Constituição, e apenas isto, dependendo de uma explicação cotidiana, em um processo que se corrige a si mesmo.[45]

Não bastam, porém, os direitos políticos para o processo de autolegislação. O *sistema de direitos* deve conter a resposta à questão de quais são os direitos para a convivência legítima dos cidadãos sob a égide do direito positivo. Somando os conceitos de *forma jurídica*, que como em Luhmann, é entendido como um conceito relativo à

---

44 REHG, William. "Against subordination: morality, discourse and decision in the legal theory of Jürgen Habermas". *Cardozo Law Review*, nº 17, 1996, p. 1.153.

45 CATTONI DE OLIVEIRA, Marcelo Andrade. *Poder constituinte e patriotismo constitucional*: o projeto constituinte do Estado Democrático de Direito na Teoria Discursiva de Jürgen Habermas. Belo Horizonte: Mandamentos, 2006.

estabilização de expectativas sociais de comportamento, e *princípio do discurso*, Habermas[46] introduz em abstrato três categorias de direitos que estabelecem o *código do direito* ao criar o *status* de sujeitos de direito:

(1) Direitos fundamentais resultantes do desenvolvimento e configuração politicamente autônomos do direito *ao maior grau possível de iguais liberdades subjetivas de ação*. Apenas com o princípio do discurso é possível vislumbrar que qualquer pessoa tem um direito a iguais liberdades subjetivas de ação. Mas apenas com essa categoria o código do direito não poderá restar institucionalizado. É preciso encontrar a aplicação dentro de uma comunidade jurídica e determinar direitos passíveis de reclamação.

São correlatos desses mesmos direitos:

(2) Direitos fundamentais resultantes do desenvolvimento e configuração politicamente autônomos do *status* de membro da associação voluntária que é a comunidade política. Normas jurídicas se referem a contextos de interação de sociedades concretas. Elas advêm de um legislador histórico, tendo como referência um âmbito jurídico geograficamente delimitado, assim, um espaço restrito de validade. É preciso lembrar que todo monopólio da coerção é finito, provincial com relação ao futuro e ao espaço. Por isso o código do direito deve incluir direitos referentes ao pertencimento a uma determinada associação de sujeitos de direito, permitindo a diferenciação entre membros e não membros. São os chamados *direitos de nacionalidade*.

(3) Direitos fundamentais que resultam diretamente da acionabilidade dos direitos, ou seja, da possibilidade de reclamar judicialmente seu cumprimento, bem como os direitos que resultam

---

46 HABERMAS, Jürgen. *Facticidad y validez*: sobre el derecho y el Estado democrático de derecho en términos de teoria del discurso. Trad. Manuel Jimenez Redondo. Madri: Trotta, 1998, p. 188.

do desenvolvimento e configuração politicamente autônomos da *proteção dos direitos* individuais. Os sujeitos de direito só poderão mobilizar na forma de faculdades de exercer uma ação jurídica as faculdades de coerção ligadas a seus direitos se eles tiverem livre acesso a tribunais independentes, que decidam imparcialmente e de maneira impositiva.

As três categorias elencadas são resultado da aplicação do princípio do discurso ao *medium* do direito, ou seja, são condições da configuração da associação horizontal dos cidadãos. Tais direitos garantem apenas a autonomia privada dos cidadãos, dando aos mesmos o *status* de destinatários das normas, o que possibilita sua reclamação uns em relação aos outros. *Não há direito legítimo sem essas três categorias de direitos.* Não se está falando aqui dos direitos liberais. Os direitos fundamentais pertencentes ao código do direito são direitos *não saturados*. Eles devem ser interpretados e desenvolvidos de acordo com as circunstâncias por um legislador político. Os cidadãos atribuem-se mutuamente direitos determinados e não regulam sua convivência apenas em abstrato. Direitos clássicos de liberdade, direitos políticos e direito ao devido processo são interpretações das categorias de direitos acima definidas, são concretizações. Os direitos não saturados das três primeiras categorias definidas por Habermas são *princípios jurídicos* que orientam o constituinte.[47] Sua soberania não está afetada porque ele precisa seguir tais categorias se quiser utilizar o *medium* do direito.

Para que eles sejam considerados como autores é necessária uma outra categoria:

(4) Direitos fundamentais de participação em igualdade de oportunidades nos processos de formação da opinião e da vontade comuns, nos quais os cidadãos exerçam sua *autonomia política* e

---

47 HABERMAS, Jürgen. *Facticidad y validez*: sobre el derecho y el Estado democrático de derecho en términos de teoria del discurso. Trad. Manuel Jimenez Redondo. Madri: Trotta, 1998, p. 192.

mediante os quais seja estabelecido o direito legítimo. O teórico do direito diz aos cidadãos que direitos se atribuir mutuamente se quiserem regular sua convivência por meio do direito positivo. Deve haver, contudo, uma mudança de perspectiva se tais cidadãos devem, eles mesmos, fazer uso do princípio do discurso. Como sujeitos de direito, eles só alcançarão sua autonomia caso possam se ver como autores dos direitos dos quais são destinatários. Para tanto, contudo, não cabe a eles disporem do meio do direito: esse é o único código pelo qual podem expressar sua autonomia. São os próprios cidadãos, como legisladores constituintes, que devem estruturar os direitos que transformam o princípio do discurso em princípio democrático.[48]

Tal categoria tem uma aplicação na interpretação que pode ser feita em termos de Direito Constitucional das categorias de (1) à (4), bem como no desenvolvimento e configuração política de tais direitos. Os direitos políticos fundam o *status* de cidadãos livres e iguais, o qual é auto-referencial, já que possibilita aos cidadãos mudar sua posição jurídica a fim de melhor configurar sua autonomia pública e privada. Por fim:

(5) Direitos fundamentais que garantam condições de vida que, social, técnica e ecologicamente asseguradas na medida de sua necessidade em cada caso, proporcionem o usufruto por igual de oportunidades dos direitos elencados de (1) a (4).

---

48 "*De igual forma que la libertad comunicativa, antes de toda institucionalización, está referida a condiciones de un empleo del lenguaje orientado al entendimiento, y depende de esas condiciones, así también los derechos a hacer* uso público *de la libertad comunicativa dependen de formas de comunicación y de procedimientos discursivos de deliberación y decisión, asegurados jurídicamente. Éstos tienen que garantizar que todos los resultados obtenidos de manera formal y procedimentalmente correcta tengan a su favor la presunción de legitimidad*" (HABERMAS, Jürgen. *Facticidad y validez*: sobre el derecho y el Estado democrático de derecho en términos de teoria del discurso. Trad. Manuel Jimenez Redondo. Madri: Trotta, 1998, p. 193).

Desse modo, nem o âmbito da autonomia política dos cidadãos é restringido desde fora por um direito natural ou moral e nem a autonomia privada do indivíduo é instrumentalizada por uma legislação dita soberana. Para a prática de autodeterminação dos indivíduos apenas está previamente dado o princípio do discurso, inscrito nas próprias condições de associação comunicativa e no *medium* do direito. É certo que o código jurídico estabelecido já representa direitos de liberdade que fixam o *status* de sujeitos de direito e garantem a sua integridade; mas tais direitos são condições necessárias que no máximo possibilitam o uso da autonomia política. Como condições de possibilidade, eles não restringem a soberania do legislador, mesmo que não estejam à sua livre disposição. "*Las condiciones posibilitantes no imponen restricciones a aquello que constituyen*".[49]

O paradoxo do surgimento da legitimidade a partir da legalidade só aparece caso se conceba o sistema jurídico como um processo circular que retorna recursivamente a si mesmo e se legitima a si mesmo. A tal se opõe, segundo Habermas, o fato de que instituições jurídicas da liberdade caem no desuso sem as iniciativas de uma população acostumada a liberdade. A espontaneidade desta população não é algo que possa ser imposto pelo direito. Pelo contrário, tal só é possível em tradições que mantenham vivo o sentimento de liberdade e que a promovam, contribuindo para a manutenção de uma cultura política liberal. O direito pode diminuir o encargo do uso de liberdades comunicativas. A teoria do discurso compreende o direito de ambas as perspectivas. De uma parte, o fardo da legitimação da produção do direito se desloca e não recai tanto sobre as virtudes de cidadãos, mas sobre procedimentos de formação da opinião e da vontade. Por outro, a tradução para o código do direito

---

49 HABERMAS, Jürgen. *Facticidad y validez*: sobre el derecho y el Estado democrático de derecho en términos de teoria del discurso. Trad. Manuel Jimenez Redondo. Madri: Trotta, 1998, p. 194.

das liberdades comunicativas implica que o direito mesmo deve se abrir a fontes de legitimação das quais não pode dispor a bel prazer.

Com isso, de um lado, estabelece-se uma relação conceitual entre o caráter de coercibilidade e a modificabilidade do direito moderno: a facticidade da imposição do direito tem uma ligação direta com as normas que, se impostas agora, podem não sê-lo no futuro, e isto por obra de um legislador que pode alterá-la a qualquer momento. De outro lado, para que se possa obedecer a um direito que não pode mais apelar para uma moral eterna (direito natural) ante a dessacralização das imagens de mundo, é necessário que ele obedeça a um procedimento de institucionalização que assegure a autonomia dos destinatários. Ou seja, um procedimento democrático.

O princípio democrático garante legitimidade ao direito ao fundar a ideia de que suas normas possuem como alvo destinatários que podem se ver como autores das mesmas. Está aí a coesão interna entre direitos humanos e soberania popular. Com a autonomia privada, os indivíduos decidem como usufruir dos direitos subjetivos de que dispõem; com a autonomia pública eles definem como o igual será tratado como igual e o desigual como desigual, por intermédio de suas liberdades comunicativas.

6 Poder político conectado ao poder comunicativo por meio do Estado de Direito

Com a definição do sistema de direito, Habermas[50] pôde demonstrar os pressupostos necessários para que os membros de uma comunidade jurídica moderna possam definir como legítima uma ordem jurídica sem apelar para razões de origem metafísica. Mas ele salienta que há uma diferença entre, de um lado, a legitimidade

50 HABERMAS, Jürgen. *Facticidad y validez*: sobre el derecho y el Estado democrático de derecho en términos de teoria del discurso. Trad. Manuel Jimenez Redondo. Madri: Trotta, 1998, p. 199.

dos direitos e a legitimação dos processos de produção do direito e, de outro, a legitimidade de uma ordem de dominação, assim como a legitimação do exercício da dominação política.

O poder organizado no Estado não é algo que seja imposto de fora para situar-se ao lado do direito, mas é pressuposto pelo direito mesmo e estabelecido de acordo com a forma jurídica. O poder político necessita de um *código jurídico* que o institucionalize em termos de direitos fundamentais. Ao buscar uma fundamentação dentro da teoria discursiva do *sistema de direitos*, ou seja, ao demonstrar a conexão entre autonomia pública e privada, Habermas refuta qualquer pensamento que almeje um sentido normativo para essa conexão apenas na pura forma do direito ou em conteúdos morais estabelecidos *a priori*.

O sentido normativo da conexão interna entre autonomia pública e autonomia privada está, ao invés disto, em um procedimento de produção legislativa que gere legitimidade. Assim, a ideia de Estado de Direito passa a pretender que as decisões do poder político não apenas detenham a forma do direito, mas a forma de um direito legitimamente estabelecido, é dizer, um direito que possa ser racionalmente aceito por todos os membros de uma comunidade jurídica em uma formação discursiva da opinião e da vontade.

Ao ser aliado o poder político com o direito legitimamente estatuído, a soberania popular se institucionaliza. Esse momento "vertical" de exercício das liberdades comunicativas ocorre juntamente com o momento "horizontal" do reconhecimento recíproco de direitos pelos co-cidadãos de uma comunidade jurídica. O princípio da soberania popular, ao se conectar ao princípio do Estado de Direito, se fluidifica nos pressupostos e condições de comunicação, bem como nos procedimentos de uma formação da opinião e da vontade comuns. No paradigma procedimental do Estado Democrático de Direito a soberania é um lugar vazio: ela radica nos circuitos de comunicação destituídos de sujeito representados nos foros e órgãos deliberativos de decisão. Nesse mesmo Estado Democrático de Direito, o poder político se diferencia em poder comunicativo e poder administrativo.

Antes de proceder à reconstrução da conexão interna entre direito e poder político, Habermas alerta para um mal-entendido corriqueiro: aqui não se cuida de avaliar a tensão entre norma e realidade. Cuida-se da tensão entre facticidade e validade imanente ao próprio direito. Tal tensão já fora analisada em relação à validade jurídica, como pôde ser descrito supra. Agora, com a aplicação reflexiva do direito ao poder político, a tensão retorna para o poder político constituído em termos de Estado de Direito. Ao mesmo tempo, a dominação política se arma de um potencial de ameaça e sanção; tal dominação é, entretanto, autorizada pelo direito legítimo. Não se trata de avaliar aqui a facticidade de um poder que exorbita as raias do direito, que se instrumentaliza dele externamente.

A ligação entre direito e poder político caracteriza a transição das sociedades organizadas por parentesco para as sociedades organizadas no Estado. É apenas no mundo moderno que a conexão entre direito e poder político se torna problemática, contudo. Os conceitos básicos do direito natural racional, definidos segundo a filosofia do sujeito, impediram vislumbrar sociologicamente a capacidade de integração social que detinha o substrato formado pelas sociedades pré-estatais, substrato esse que pôde conectar e fazer nascer, há muito, o complexo existente entre direito e política. O poder social de príncipes e sacerdotes, sobre a base de um consenso de fundo sacro, possibilitava o estabelecimento de instituições de arbitragem e conciliação, bem como organizações para a formação da vontade comum.

O direito serve, ao dar à dominação política a forma jurídica, para a constituição do *código binário* que representa o poder. Só quem dispõe do poder pode dar ordens aos que dele não dispõem. Por outro lado, o poder, ao realizar a facticidade da imposição das decisões judiciais, também empresta ao direito um *código binário*.

"Los tribunales deciden acerca de qué es de derecho y qué no es de derecho, acerca del <<justo>> y el <<injusto>>".[51]

O poder político exerce influência para o exercício da função do direito (estabilizar expectativas de comportamento) ao possibilitar o que se costumou chamar de *segurança jurídica*, ou seja, ao possibilitar que os destinatários possam calcular as consequências de seus comportamentos e do comportamento de outros. Isso se deu por intermédio da positivação do direito, da codificação, do princípio da irretroatividade das leis e do princípio da igualdade jurídica, por exemplo. Já o direito influi no desempenho da função do poder político naquilo que Hart chamou de *regras secundárias*, é dizer, nas normas que definem os procedimentos conforme os quais são produzidos os programas jurídicos a serem executados pela administração e aplicados pela justiça.[52]

Com o advento da modernidade, notou-se que a forma jurídica, de per si, não era condição de legitimação do poder político. O que as revoluções puderam demonstrar foi que o direito só legitima enquanto fonte de justiça. A teoria discursiva irá, então, recorrer ao conceito de autonomia política a fim de obter nas liberdades comunicativas dos cidadãos a fonte de legitimação do direito. Surge o conceito de *poder comunicativo*, que Habermas reformula a partir de Hannah Arendt. Tal poder surge quando os homens atuam em comum e desaparece tão logo eles se dispersam. Segundo Günther,[53] o espaço infinito que está aberto para os membros de uma comunidade ilocucionária – membros estes que legitimamente compartilham uma expectativa

---

51 HABERMAS, Jürgen. *Facticidad y validez*: sobre el derecho y el Estado democrático de derecho en términos de teoria del discurso. Trad. Manuel Jimenez Redondo. Madri: Trotta, 1998, p. 211.

52 HART, Herbert. *O conceito de Direito*. Lisboa: Fundação Calouste Gulbenkian, 1994, p. 104.

53 GÜNTHER, Klaus. "Communicative freedom, communicative power and jurisgenesis". *Cardozo Law Review*, Nova York, nº 17, mar. 1996, p. 1.050.

de ação – é reduzido a uma comunidade social finita, aberta apenas para os membros que sabem uns dos outros que uma pretensão de validade foi faticamente aceita. Eles podem esperar, como um "nós", que cada um agirá de acordo com a pretensão. Significa, nas palavras de Arendt,[54] agir em concerto. Assim, direito e poder comunicativo nascem da opinião de várias pessoas que publicamente se puseram de acordo. A fonte de justiça para a administração constituída em termos de direito é justamente esse poder comunicativo.

O processo de exercício do poder administrativo, assim como a luta pelo uso do mesmo, depende de uma contínua renovação comunicativa do poder. O conceito de *poder político* sofre uma diferenciação com a introdução do poder comunicativo. Habermas[55] propõe, então, considerar o direito como o meio pelo qual o poder comunicativo se transforma em poder administrativo. Com isso, a ideia de Estado de Direito passa a ser entendida como uma exigência de ligar o poder administrativo, que se rege pelo código "poder", ao poder comunicativo criador do direito, distanciando-o das interferências do poder social. Com poder social, Habermas quer dizer interesses privilegiados que detêm maior capacidade de imposição. Dessa forma, o Estado de Direito permite o equilíbrio das diferentes formas de integração social (dinheiro, poder administrativo e solidariedade).

---

54 *In:* GÜNTHER, Klaus. "Communicative freedom, communicative power and jurisgenesis". *Cardozo Law Review*, Nova York, nº 17, mar. 1996, p. 1.051.

55 HABERMAS, Jürgen. *Facticidad y validez*: sobre el derecho y el Estado democrático de derecho en términos de teoria del discurso. Trad. Manuel Jimenez Redondo. Madri: Trotta, 1998, p. 217.

7 Compreensão procedimental do direito e do Estado Democrático de Direito: entre paradigmas

No Capítulo IX de *Faktizität und Geltung*, Habermas[56] procura definir o que seria uma compreensão *procedimental* do Estado Democrático de Direito, opondo-a aos paradigmas jurídicos liberal e social. É possível, pois, inferir que os *experts* da ciência do Direito não só elaboram suas conclusões a partir de leis e códigos promulgados, mas também porque se embasam em pré-compreensões da sociedade contemporânea, interpretando o direito a partir desse pano de fundo. Um *paradigma jurídico* pode ser aferido, pois, de decisões exemplares da Justiça e do modo como a sociedade enxerga a função dos juízes; de outra parte, ele pode servir como um *redutor de complexidade*, auxiliando na tarefa de decidir casos concretos de modo consistente e racional[57]. Esse pano de fundo, não é, entretanto, privilégio de uma comunidade de sábios: ele está presente na consciência de todos os atores, cidadãos e clientes, do mesmo modo que atinge Poder Legislativo, Judiciário e Executivo. Um entendimento reflexivo acerca da constituição leva todos os autores e destinatários a formular respostas para a necessidade de dar maior concretude ao

---

56 HABERMAS, Jürgen. *Facticidad y validez*: sobre el derecho y el Estado democrático de derecho en términos de teoria del discurso. Trad. Manuel Jimenez Redondo. Madri: Trotta, 1998, pp. 469 e ss.

57 "*Desta maneira, dependemos da* história, *cada momento que encaramos uma situação que não poderíamos prever e que nos força a alterar nossa interpretação de todas as normas que aceitamos como válidas. Por outro lado, estamos antecipando o fim da história com o ideal de um sistema coerente de todas as normas válidas que permitem uma única resposta correta a cada situação. Mas, na realidade, temos somente 'paradigmas' que consistem em normas válidas e transitivamente ordenadas*" (GÜNTHER, Klaus. "Uma concepção normativa de coerência para uma teoria discursiva da argumentação jurídica". *Cadernos de filosofia alemã*, São Paulo, nº 6, 2000, p. 97).

projeto histórico que ela visa constituir.[58] Daí que a disputa sobre a correta compreensão paradigmática do Estado Democrático de Direito seja também uma *disputa política* e os cientistas do Direito não podem esperar que os cidadãos venham a aceitar suas respostas como as últimas e definitivas sobre tal questão.[59]

A proposta habermasiana de uma compreensão procedimental do direito e do Estado Democrático de Direito critica, em primeira mão, um *paradigma liberal* que concebe a sociedade economicamente e a institucionaliza por meio de um Direito Privado que se volta, de seu turno, sobretudo para os direitos de propriedade e liberdade contratual, deixando imperar regras de mercado. A autodeterminação individual é conceituada em termos de uma liberdade negativa; isto inclui uma capacidade jurídica para lidar com aqueles direitos de cunho privatístico de modo a alçar a todos iguais oportunidades de fazer uso desses poderes jurídicos, caso se almeje "justiça social".

Essa problemática é recuperada por Habermas ao recorrer aos debates do próprio Direito Privado alemão que, nos fins do século XIX e início do século XX, apresentaram o desafio da *materialização* dos direitos e do surgimento de categorias como o direito ao trabalho, os direitos sociais e direitos econômicos. Impunha-se, pois, uma mudança de paradigma. O *paradigma do Estado social* deveria lidar de outra forma com a igualdade jurídica que o paradigma liberal procurara assegurar com a generalidade e abstração das leis: para tanto, a eliminação de privilégios incompatíveis com a igual distribuição de liberdades subjetivas mostrava-se como um imperativo. Um dos efeitos danosos dessa intervenção maior radicou na transformação dos cidadãos das sociedades contemporâneas em *clientes* do aparato estatal, um tipo de paternalismo que seria logo

58 HABERMAS, Jürgen. *Facticidad y validez*: sobre el derecho y el Estado democrático de derecho en términos de teoria del discurso. Trad. Manuel Jimenez Redondo. Madri: Trotta, 1998, p. 477.

59 CATTONI DE OLIVEIRA, Marcelo Andrade. *Direito Constitucional*. Belo Horizonte: Mandamentos, 2002, p. 64.

questionado ante as liberdades jurídicas. O problema, contudo, não se resolve com um "retorno às tradições liberais" e, sim, coloca em evidência o que tais paradigmas compartilham.

Como já visto, autonomia privada e autonomia pública pressupõem-se mutuamente caso se queira considerar como legítimo um direito que surge da formação livre da opinião e da vontade em procedimentos que adotem, eles mesmos, a *forma jurídica*. Há uma conexão circular que tanto o paradigma liberal como o paradigma social perdem de vista. O direito legítimo se reproduz na circulação do poder possibilitada pelo Estado de Direito em um espaço-público político que não esteja dominado apenas por relações de poder cegas às manifestações da sociedade civil.

Com isso, a carga de expectativas normativas desloca-se dos próprios atores para as formas de comunicação abertas aos processos institucionalizados e não institucionalizados de formação da opinião e da vontade. É esta a chave de uma compreensão procedimentalista do direito e do Estado Democrático de Direito.[60] Tal compreensão parte das premissas de que é impossível um "neoliberalismo"; o Estado social pode, ao contrário do que justamente projeta, comprometer a autonomia privada; mas, nem por isso, o projeto de um Estado social há de ser abandonado, pelo contrário, deve ser retomado, contudo, num nível reflexivo.

O sentido de uma definição pelos próprios cidadãos de sua autonomia privada vem enredado com o de uma participação democrático-processual nos procedimentos, é dizer, naquilo que Häberle chamou de *status activus processualis* ao complementar

60 HABERMAS, Jürgen. *Facticidad y validez*: sobre el derecho y el Estado democrático de derecho en términos de teoria del discurso. Trad. Manuel Jimenez Redondo. Madri: Trotta, 1998, p. 492.

a tese de Jellinek.[61] Tal *status* desdobra-se em uma participação não só nos processos de formação das leis e atos normativos, mas também nos discursos jurídicos de aplicação de visam solucionar casos concretos – novamente, relembrando que não existe processo que seja "objetivo" nos termos de não possuir partes. Ambos os processos conduzem a resultados racionais: uma racionalidade que deriva do tratamento dos destinatários como membros livres e iguais da comunidade jurídica, algo que, em processos judiciais, pede a consideração de todos os sinais característicos quer permitam tratar o igual por igual e o desigual por desigual.

Nesse passo, a coesão interna entre autonomia pública e autonomia privada funciona como um "critério intuitivo" para se saber se uma norma ou um julgamento favorecem ou não a autonomia. Isso evita um "paternalismo" de direitos que os trate como "bens" a serem repartidos ou possuídos: direitos só podem ser "gozados" se exercidos e isto dentro de um sistema jurídico legitimamente construído. A título de exemplo da problemática de uma visão parcial da coesão interna entre autonomia pública e privada, Habermas[62] menciona as políticas de "concessão de direitos" às mulheres.

O paradigma liberal começa por ignorar os aspectos divergentes entre homens e mulheres e tal política é substituída por uma do tipo "equiparação à situação normal", na qual os homens constituem o "padrão" – o que levou a um tratamento desigual *de fato*. Por outro lado, regulamentações típicas do paradigma social estabeleceram direitos de maternidade e gravidez, entre outros, que colocaram

---

61 HABERMAS, Jürgen. *Facticidad y validez*: sobre el derecho y el Estado democrático de derecho en términos de teoria del discurso. Trad. Manuel Jimenez Redondo. Madri: Trotta, 1998, p. 494.

62 HABERMAS, Jürgen. *Facticidad y validez*: sobre el derecho y el Estado democrático de derecho en términos de teoria del discurso. Trad. Manuel Jimenez Redondo. Madri: Trotta, 1998, pp. 503 e ss. e HABERMAS, Jürgen. *A inclusão do outro*: estudos de teoria política. Trad. Paulo Asthor Soethe e George Sperber. São Paulo: Loyola, 2002, pp. 295-297.

as mulheres em posições de desvantagem no mercado de trabalho. Tanto Legislativo como Judiciário assumem modelos de interpretação ignorando as vozes das reais interessadas nas mudanças, é dizer, pondo de lado a coesão interna entre autonomia pública e privada.

Na relação entre poder político e Estado de Direito, o paradigma do Estado social apresentou um grande desafio para a relação entre direito e política na medida do crescimento da intervenção estatal. Nesse passo, a política não pode se instrumentalizar do direito para qualquer fim e, desse modo, colocar a perder a *forma jurídica*. Esse não é, contudo, um problema quantitativo, mas estrutural: o direito só é comprometido se as condições procedimentais da produção legítima do mesmo são violadas – só assim pode haver sobrecarga do *medium* do direito. Caso se perca de vista esse requisito, a efetividade passa a ser o norte da regulamentação jurídica, não sua legitimidade.

Os sinais de "erosão" do Estado de Direito, como o crescimento da regulamentação jurídica regida pela relação de meios a fins por parte da Administração Pública, a ingerência de organizações sociais regidas pelo dinheiro ou a desvirtuação dos partidos políticos, apontam, em verdade, para uma necessidade maior ainda de institucionalização dos princípios que regem aquela forma.[63] Daí a necessidade de uma compreensão procedimentalista do Estado Democrático de Direito.

Tal compreensão a Teoria Discursiva concebe como a institucionalização por meio do direito legítimo – garantindo a autonomia privada – de procedimentos para uma formação discursiva da opinião e da vontade que possibilitem a produção legítima de normas – garantindo a autonomia pública. A partir disto, é possível rever a lógica da divisão de poderes no sentido de que ela exige distintos tipos de discursos e correspondentes formas de comunicação segundo as

---

63 HABERMAS, Jürgen. *Facticidad y validez*: sobre el derecho y el Estado democrático de derecho en términos de teoria del discurso. Trad. Manuel Jimenez Redondo. Madri: Trotta, 1998, p. 522.

diferentes classes de razões que se abrem; daí a diferenciação entre discursos jurídicos de justificação e discursos jurídicos de aplicação.

Coloca-se de lado o descrédito em uma constituição que pareça "sem efetividade" ante as forças de mercado e o poder administrativo, podendo ela ser, em verdade, relida como um projeto, um processo de aprendizagem por meio do qual uma sociedade supera gradativamente sua incapacidade de se auto-normatizar, no dizer de Preuss. Sob os auspícios de um *patriotismo constitucional*, a constituição estabelece o próprio *sistema de direitos* e permite verificar a legitimidade do exercício do poder político em sociedades plurais que não podem mais recorrer a uma fundamentação de origem metafísica.

O paradigma procedimental, nesse diapasão, não é um paradigma "formal" ou "pobre de conteúdo". É descabida qualquer equiparação da proposta de Habermas com um dito "formalismo" de Ely.[64] O procedimentalismo não é uma proposta "vazia". Uma crítica naquele sentido já havia sido estabelecida por Michel Rosenfeld.[65] Ocorre que o sentido de uma constituição está em, primariamente, decidir quais direitos cabem a cada participante reciprocamente. Esse grupo de pessoas se utilizará do direito positivo como *medium* da imposição de decisões cogentes e do princípio do discurso para o alcance de decisões racionais. Já que Habermas pressupõe um pensamento pós-metafísico, como já dito, não se pode esperar um consenso substantivo para dar início àquelas práxis. Bastam os pressupostos formais para sociedades multiculturais como as hodiernas.

---

64 STRECK, Lenio Luiz. *Jurisdição constitucional e hermenêutica*: uma nova crítica do Direito. 2ª ed. Rio de Janeiro: Forense, 2004, pp. 147 e ss. Para uma discussão mais aprofundada e um debate sobre as críticas de Streck a Habermas, ver CRUZ, Álvaro Ricardo de Souza. *Habermas e o Direito brasileiro*. Rio de Janeiro: Lumen Juris, 2005.

65 ROSENFELD, Michel. "Can rights, democracy, and justice be reconciled through discourse theory? Reflections on Habermas's proceduralist paradigm of law". *Cardozo Law Review*, nº 17, 1996, p. 791.

Mas há um cerne dogmático: a ideia (rousseauniana e kantiana) de jurisconsortes livres e iguais, associados voluntariamente. Isso não significa que esse conteúdo substancial seja vinculado à essa ou àquela perspectiva: ele é *neutro*, só não tolerando perspectivas fundamentalistas que ameacem a integridade de visões de mundo concorrentes. Assim, princípios jurídicos são neutros em relação às ações regidas pela razão prática dos participantes de uma ordem jurídica.

> *Esse conceito complexo de procedimento, como já foi dito, é normativo e não é neutro; e também é "formal", ou neutro no que concerne ao conteúdo (...). Os processos de formação da opinião e da vontade estão institucionalizados em seu todo, bem como em sua estrutura e decurso.*[66]

Uma compreensão procedimental do direito e do Estado Democrático do Direito tem apenas a "esperança" de determinar que não apenas as elites intelectuais revisem sua autocompreensão do direito, mas que todos os afetados possam fazê-lo. Isso não significa doutrinar ninguém: o pressuposto de que parte tal paradigma é o de que suas próprias condições são passíveis de discussão. A interpretação da constituição e do sistema de direitos é um processo submetido a constantes revisões históricas e o *núcleo dogmático* de uma autonomia no paradigma procedimental apenas revela que aquela interpretação não é monopólio de ninguém.

Conclusões

A complexa teoria habermasiana é aqui introduzida para permitir um resgate das possibilidades democráticas que parecem inerentes ao constitucionalismo. Não se está negando o que se

---

66 HABERMAS, Jürgen. *A inclusão do outro*: estudos de teoria política. Trad. Paulo Asthor Soethe e George Sperber. São Paulo: Loyola, 2002, p. 329.

reconheceu no primeiro capítulo dessa obra: de uma ótica reconstrutiva, é possível reconhecer formas iliberais de constitucionalismo colocadas em prática e, inclusive, consolidadas. O que não significa que não possam ser resgatadas para recuperar a coesão interna que o constitucionalismo mantém com a democracia. Nos próximos capítulos, exploraremos como o procedimentalismo pode afetar, beneficamente, a separação de poderes.

CAPÍTULO VIII

PROCESSOS CONSTITUINTE E LEGISLATIVO NOS DISCURSOS DE JUSTIFICAÇÃO: HABERMAS EM DEBATE

Introdução

Em capítulo posterior, discutiremos a teoria do poder constituinte. No momento, entretanto, devemos procurar conceber procedimentalmente como enfrentar o processo constituinte, ou seja, o processo de produção de uma constituição, assim como o processo tendente à produção de leis e atos normativos.

Em sua tese da relação entre Direito e política, Habermas abordará as condições de formação do poder comunicativo.[1] Ele faz isto por intermédio da apresentação da lógica das distintas classes de questões que são levantadas nos discursos de justificação das

---

1 HABERMAS, Jürgen. *Facticidad y validez*: sobre el derecho y el Estado democrático de derecho en términos de teoria del discurso. Trad. Manuel Jimenez Redondo. Madri: Trotta, 1998, p. 218.

normas jurídicas, ou seja, no processo de formação da opinião e da vontade que obedece ao princípio democrático.

Diferentemente do que ocorre com a moral, que possui um alcance muito maior, o direito serve como *medium* para a auto-organização de comunidades localizadas histórica e geograficamente. As normas morais expressam a vontade em geral, fruto do interesse equânime de todos; as normas jurídicas, de seu turno, representam a vontade particular de membros de uma comunidade artificial.[2] A organização de uma comunidade política não pode orientar-se única e exclusivamente pelos ditames de uma moral que, em sociedades pós-tradicionais, tornou-se dessacralizada e autônoma. Por isso, o direito envolve também a persecução de fins coletivos e a realização de interesses pragmáticos. Ao lado das razões morais que motivam a vontade política estão, por certo, razões éticas e razões pragmáticas.

Da união entre o princípio do discurso e a forma jurídica resulta um princípio da democracia que amplia o espectro de razões motivadoras da formação da vontade política nos discursos de justificação do Direito. Após esse momento, as razões que possuíam outrora o caráter moral, ético ou pragmático, tornam-se *razões jurídicas*, às quais a força coercitiva de um Poder Judiciário independente deve sua legitimação.

Nos discursos de justificação do Direito, em que se forma o seu *código binário*, as deliberações sobre políticas e leis procuram responder à questão: "o que devemos fazer?". Tal questão apenas se concretiza na medida em que se vislumbre o problema e sua forma de solução. Para lidar com isto, Habermas recorre então à diferença entre questões pragmáticas, éticas e morais.[3] Trata-se da distinção

---

2 HABERMAS, Jürgen. *Facticidad y validez*: sobre el derecho y el Estado democrático de derecho en términos de teoria del discurso. Trad. Manuel Jimenez Redondo. Madri: Trotta, 1998, p. 219.

3 HABERMAS, Jürgen. *Facticidad y validez*: sobre el derecho y el Estado democrático de derecho en términos de teoria del discurso. Trad. Manuel Jimenez Redondo. Madri: Trotta, 1998, p. 227.

feita no *uso da razão prática* (a razão preocupada com a ação) entre o que seja adequado (para questões pragmáticas), o que seja justo (para questões morais) e o que seja bom (para questões éticas). Para cada questão, diferentes tipos de discurso são apresentados.

Segundo Habermas,[4] nas doutrinas do direito racional clássico, pode-se notar a tentativa de se fazer refletir um *ethos* social global, uma eticidade substancial que integra padrões normativos e instituições. Tal integração é rompida com a racionalização do *mundo da vida*. Tradições culturais e processos de socialização são submetidos a uma reflexão tematizada pouco a pouco pelos próprios atores. *A razão prática se especializa*. Questões éticas e questões morais passam a delimitar os modernos conceitos de *autorrealização* e *autodeterminação*, respectivamente.

Um pluralismo de leituras de tradições fornece oportunidade para discussões acerca do autoentendimento, discussões essas que permitem ver que as partes em diálogo devem decidir conscientemente que continuidades devem levar a cabo, quais tradições dar prosseguimento e a quais impor um ponto final. Na medida em que identidades coletivas apenas se desenvolvem na forma dinâmica dessa consciência pública, tornam-se possíveis e, ao mesmo tempo, inevitáveis, *discursos ético-políticos*.

A explosão de tal reflexão acerca das biografias individuais e das tradições culturais dá o mote para o individualismo dos projetos de vida e para um pluralismo de formas de vida coletiva, ao mesmo tempo em que as normas de convivência atentam para o universalismo. Não se pode mais recorrer apenas aos contextos de tradições para legitimar máximas, estratégias de açao e regras de ação. Concomitantemente, cresce a necessidade de justificação, uma justificação só possível por meio de *discursos morais*. Tais discursos se destinam à regulação imparcial de conflitos de ação, exigindo

---

4 HABERMAS, Jürgen. *Facticidad y validez*: sobre el derecho y el Estado democrático de derecho en términos de teoria del discurso. Trad. Manuel Jimenez Redondo. Madri: Trotta, 1998, p. 160.

uma perspectiva desvinculada de egocentrismo ou etnocentrismo. Do ponto de vista da igual consideração de todos e de seus interesses, as pretensões normativas enfrentam uma *problematização*.[5] O indivíduo desenvolve sua consciência moral segundo princípios e orienta sua ação pela ideia de autodeterminação.

Sem poder contar com o apoio de visões religiosas de mundo ou visões metafísicas imunes à crítica, as orientações práticas só podem ser obtidas de argumentações, ou seja, de formas de reflexão da *ação comunicativa*.[6] Não se trata de uma razão solipsista, mas de uma razão construída no âmbito do discurso. A razão comunicativa se coloca por detrás da racionalidade prática.[7]

Tão antigo quanto a própria filosofia é o debate da relação entre o *bom* e o *justo*. Três foram as grandes fontes da filosofia prática, é dizer, da parte do pensamento filosófico voltada para as orientações que governam a ação que, ao longo da história da humanidade, empreenderam aquela discussão: a ética aristotélica, a moral kantiana e o utilitarismo.[8] Segundo Habermas, Hegel preocupou-se

---

5 "*A consciência moderna assume – precisamente como 'consciência histórica' – uma posição reflexiva com relação a tudo que lhe é transmitido pela tradição. A consciência histórica já não escuta beatificamente a voz que lhe chega do passado, mas, ao refletir sobre a mesma, recoloca-a no contexto em que ela se originou, a fim de ver o significado e o valor relativos que lhes são próprios. Esse comportamento reflexivo diante da tradição chama-se interpretação*" (GADAMER, Hans-Georg. *O problema da consciência histórica*. 2ª ed. Pierre Frouchon (org.). Trad. Paulo César Duque Estrada. Rio de Janeiro: FGV, 2003, p. 19).

6 HABERMAS, Jürgen. *Facticidad y validez*: sobre el derecho y el Estado democrático de derecho en términos de teoria del discurso. Trad. Manuel Jimenez Redondo. Madri: Trotta, 1998, p. 163.

7 CATTONI DE OLIVEIRA, Marcelo Andrade. *Direito Constitucional*. Belo Horizonte: Mandamentos, 2002, pp. 182/183.

8 McCarthy observa que Habermas segue Kant na estruturação dos diferentes usos da razão prática. Mas dele se aparta, como já anotado, ao não se restringir a um uso exclusivamente moral. (MCCARTHY, Thomas. "Legitimacy and diversity: dialectical reflections on analytical distinctions". *Cardozo Law Review*, nº 17, 1996, p. 1.089).

em dissolver a moralidade na eticidade e sintetiza o pensamento clássico comunitarista e o pensamento moderno individualista. Por outro lado, a ética do discurso,

> (...) trata de mostrar que el sentido del principio moral sólo se puede explicar desde el contenido de las pressuposiciones inevitables de una praxis argumentativa que únicamente se puede llevar a cabo en común con otros.[9]

Cuida-se de levar adiante, na ética do discurso, um modo de reflexão acerca da ação que é orientado pelo entendimento mútuo. O que não significa excluir do seu campo de abrangência outras formas de discurso que não se preocupem com a justiça da ação. A ética do discurso é também tributária das questões que envolvem a vida boa e das consequências do curso de certas ações. Como salienta Habermas, nesse sentido, a própria denominação *ética do discurso* pode levar a alguns mal-entendidos.

Para Habermas, a investigação das práticas comunicativas que permitem encarar de forma discursiva o processo de autodeterminação legislativa está preocupada em definir os tipos de problemas que são enfrentados nos discursos de justificação das normas jurídicas. A ética do discurso só poderá ser aplicada da devida forma ao processo democrático inerente a uma compreensão procedimentalista do paradigma do Estado Democrático de Direito caso possam ser estabelecidas as necessárias diferenciações; o que não importa em um corte definitivo e arbitrário na lógica do discurso de justificação, mas tão somente em uma concentração na perspectiva cognitiva desse discurso.

Ou seja, a forma jurídica torna o princípio do discurso princípio democrático e possibilita, nos debates que acompanham a elaboração de uma norma legislativa, o afluxo de diferentes tipos de discurso,

---

9 HABERMAS, Jürgen. *Aclaraciones a la ética del discurso*. Trad. José Mardomingo. Madri: Trotta, 2000, p. 109.

a saber, discursos morais, éticos e pragmáticos.[10] Por isso, o Direito não se subordina à moral. Tais discursos, enredados na lógica de um discurso jurídico de justificação, ganham a forma de discursos jurídicos e é assim que o Judiciário os recebe; portanto, a tal poder cabe operar dentro da lógica destes últimos, sob pena de se ferir a própria normatividade do Direito.

Para fins meramente didáticos, serão exploradas as diferentes espécies de discurso de maneira separada. No que concerne aos discursos éticos, é preciso atentar para importantes conceitos na Teoria Discursiva do Direito e do Estado Democrático de Direito, como o de uma *regra da maioria* procedimentalizada. A lógica dos

---

10 "*With this move toward discursive plurality, Habermas does not merely render his theory analytically richer and moves it closer to institutional realities. In addition, he systematically brings together two separate intellectual traditions, so that they considerably profit from each other: social differentiation and fragmentation of discourses. Sociologists have observed that modern society has become divided into several social systems and autonomous spheres of rationality. Philosophers have observed language to become fragmented in different language games, logics of argumentation, and apparently incommensurable discourses. Habermas's theory integrates these two traditions and relates them to each other in the interplay of external and internal, in the 'double perspective' of functional analysis and rational reconstruction*" (TEUBNER, Günther. "De collisione discursuum: communicative rationalities in law, morality and politics". *Cardozo Law Review*, Nova York, nº 17, mar. 1996, p. 903). Tradução livre: "Com essa mudança em direção à pluralidade discursiva, Habermas simplesmente não torna sua teoria analiticamente mais rica e a aproxima das realidades institucionais. Mais que isso, ele sistematicamente junta duas tradições intelectuais separadas, de maneira que elas tirem um proveito considerável uma da outra: diferenciação social e fragmentação dos discursos. Sociólogos têm observado que sociedades modernas dividiram-se em vários sistemas sociais e esferas autônomas de racionalidade. Filósofos têm observado que a linguagem se tornou fragmentada em diferentes jogos de linguagem, lógicas de argumentação, e discursos aparentemente incompatíveis. A teoria de Habermas integra essas duas tradições e as relaciona uma com a outra na interação de externo e interno, na 'dupla perspectiva' da análise funcional e da reconstrução racional".

discursos morais nos chama a atenção para algumas semelhanças e para outras diferenças com relação ao direito; no plano das semelhanças, o caráter deontológico que ambos os discursos compartilham ilumina o horizonte de possibilidades de uma única *resposta correta*. Em seguida, demonstrar-se-á como os discursos se conjugam e se organizam no princípio democrático, por intermédio do discurso jurídico de justificação, que serve de estrutura para processos constituintes e, com maiores limitações, legislativos. Este é o conteúdo desse capítulo.

1 Os discursos pragmáticos

Os problemas pragmáticos estão sempre à nossa volta. Não raro nos deparamos com questões que impõem o alcance de objetivos ou metas e que exigem a utilização de instrumentos e procedimentos adequados. Cuida-se de problemas que precisam ser resolvidos *caso* pretendamos alcançar um objetivo. A decisão racional surge, assim, da *adequação* do meio escolhido. Precisamos dos recursos necessários para a compra de um bem, o qual será mais adequado se for menos dispendioso e mais produtivo ao mesmo tempo; as administrações estatais estão a todo tempo procurando realizar metas coletivas que permitam o maior bem-estar geral; todos esses exemplos evidenciam uma lógica de adequação de meios e a fins. O que se tem em conta são preferências que temos e opções que estão abertas. Bernstein salienta que o termo pragmático é usado por Habermas aqui em um sentido restrito, aproximando-se do que Weber chamara de *Zweckrationalität*, é dizer, uma argumentação racional dirigida a um propósito.[11]

A pergunta "que devo fazer?", nesses casos, requer observações e indagações com base em dados empíricos, segundo a eficiência dos meios a serem escolhidos. A racionalidade prevalecente é *teleológica*,

---

11 BERNSTEIN, Richard. "The retrieval of the democratic ethos". *Cardozo Law Review*, nº 17, 1996, p. 1.138.

ou seja, voltada a fins, buscando técnicas, estratégias ou programas que pareçam apropriados. São os casos de *imperativos condicionados* que estabelecem, segundo valores, preferências e objetivos que relacionam causas e efeitos, *deveres relativos*. O dever só permanece na medida em que realiza valores e fins, desaparecendo tão logo eles se tornem problemáticos e busquem respostas naquela racionalidade teleológica.

Os discursos pragmáticos se parecem com os discursos empíricos: é do saber empírico que eles tomam emprestados o conhecimento necessário para guiar as estratégias assumidas. Desse modo, a validade de tais discursos não se liga ao fato de que os destinatários pretendam adotar tal estratégia como norte para a ação, mas sim de contextos de utilização possíveis que determinam a adoção de certa ação. Não há, pois, qualquer relação entre razão e vontade que seja interna ao discurso.

2 Os discursos ético-políticos

A questão da resolução acerca de uma norma que guie a ação pode se tornar mais complexa. Pode ser o caso em que o agente se pergunte sobre não apenas a profissão que, em caso de escolha, lhe traga mais dinheiro, mas que também pareça realizar sua identidade individual. A questão passa ser colocada segundo a vida que se quer levar adiante, aquilo que é bom para mim ou, na formação das identidades coletivas, o que seja bom para nós. Os valores que antes passavam desapercebidos na tomada de posição em questões pragmáticas são, nesse momento, questionados. Habermas fala, com Taylor, em preferências "fortes", ou seja, valorações que afetam a autocompreensão de uma pessoa, o tipo de vida que ela escolhe e seu caráter.[12] Trata-se de decisões de valor graves, questões clínicas relativas à vida boa. A razão prática, aqui, adentra o campo da ética.

12 HABERMAS, Jürgen. *Aclaraciones a la ética del discurso*. Trad. José Mardomingo. Madri: Trotta, 2000, p. 122.

Tal autocompreensão existencial tem uma dupla face: uma descritiva da gênese biográfica do eu e outra normativa do ideal do eu. A formação da identidade passa pela assunção de tradições nas quais estamos inseridos e que caracterizam o que Gadamer chama de pré-compreensão; mas a hermenêutica possibilita também a tomada de posição crítica que se volta contra as tradições e para alterá-las ou suplantá-las.

O dever decorrente das orientações axiológicas presentes nas questões éticas pode ser entendido como um dever que não é absoluto. O dever aqui significa uma ação que resulte em algo bom para uma pessoa ou um coletivo, almejando a realização de uma vida boa e feliz. Os questionamentos éticos não rompem totalmente com uma perspectiva egocêntrica, vez que estão referidas ao *telos* de uma vida. Outras pessoas, outras biografias e constelações de interesses ganham importância na medida em que repercutem na formação da identidade do eu ou do nós.

Assim, adotando a terminologia kantiana, nas questões éticas a busca é por uma *máxima* que é boa para mim e adequada à situação: a pergunta acerca de como se quer viver utiliza-se de um modo específico da razão prática.[13] O termo *ad quem* dos discursos ético-existenciais em que se colocam as questões éticas é um conselho sobre uma orientação correta de vida. A *decisão* de um indivíduo que procura levar uma vida autêntica reflete um dever presente naqueles conselhos envolventes da autorrealização.

A relação entre *razão* e *vontade*, nos discursos éticos, é diferente da presente nos discursos pragmáticos. A autenticidade almejada para a formação do *self* não permite qualquer tipo de representação,

---

13 "*Kant denomina máximas aquellas reglas de acción cercanas a la situación y más o menos triviales por las que se rige de costumbre la praxis de un individuo particular*" (HABERMAS, Jürgen. *Aclaraciones a la ética del discurso*. Trad. José Mardomingo. Madri: Trotta, 2000, p. 115).

seja como uma identidade de referência ou como uma instância de crença.[14] As questões éticas referem-se, enfim, gramaticalmente, à primeira pessoa, ou seja, traduzem um processo de formação da identidade de um indivíduo ou de um grupo. Diante dos discursos jurídicos, assim, os discursos éticos colocam uma importante questão: pode o Estado assumir a tutela de minorias ou grupos sem que com isso perca parte da legitimidade de sua atuação política?

No que concerne à *neutralidade ética* do Direito, Habermas sustenta que uma compreensão democrática do sistema de direitos não é (nem pode ser) infensa às concepções do bem comum presentes em uma sociedade situada historicamente.[15] As normas jurídicas referem-se a contextos e só vinculam sujeitos neles inseridos. Não há como estabelecer uma ordem jurídica que não esteja impregnada por orientações concretas de valor que um conjunto de pessoas assume. O que não significa que possa ocorrer uma dissolução do direito na política ou na religião. Nesse ponto, assiste razão a Dworkin, segundo Habermas,[16] quando ele enfatiza que os direitos são como trunfos diante de argumentos de política. Mesmo assim, os discursos jurídicos de justificação estão abertos à demarcação de objetivos (discursos pragmáticos) e a fins coletivos articulados em termos de lutas por reconhecimento (discursos éticos). As normas jurídicas, ao contrário das normas morais, possuem um espectro de atuação muito mais restrito, que se vincula às decisões de um legislador local.

O que o Estado não pode fazer é assumir uma certa identidade coletiva de forma a sufocar a manifestação e impedir o reconhecimento

---

14 HABERMAS, Jürgen. *Aclaraciones a la ética del discurso*. Trad. José Mardomingo. Madri: Trotta, 2000, p. 120.

15 HABERMAS, Jürgen. *A inclusão do outro*: estudos de teoria política. Trad. Paulo Asthor Soethe e George Sperber. São Paulo: Loyola, 2002, p. 244.

16 HABERMAS, Jürgen. *A inclusão do outro*: estudos de teoria política. Trad. Paulo Asthor Soethe e George Sperber. São Paulo: Loyola, 2002, p. 244.

das identidades minoritárias. Nessa compreensão, está presente um conceito *procedimental* de identidade coletiva,[17] uma identidade que não é estática e que depende das discussões públicas que possam levar adiante, por meio do melhor argumento, a melhor interpretação da constituição. O mérito da sobrevivência de certas culturas em nossa modernidade advém justamente da possibilidade de elas vincularem as pessoas por argumentos racionais.

A impregnação ética do Estado Democrático de Direito ainda é discutida por Thomas McCarthy, para quem a compreensão de Habermas levaria à necessidade de um consenso de base valorativa legitimador do uso do poder político, ou seja, do poder sob a forma do direito. Para McCarthy, a impregnação ética impede a distinção entre *bom* e *justo* e requer um consenso de base.[18] Não seria possível distinguir, na prática, os discursos éticos e morais, ou seja, as questões do bom e do justo: ao afirmar o reflexo nas ordens jurídicas concretas de certas concepções de bem, Habermas incorreria na necessidade de pretender uma concepção comum a todos os grupos coletivos que fazem parte das sociedades atuais.

---

17 "*Nossa identidade não é apenas algo que assumimos, mas também um projeto de nós mesmos. Não podemos escolher nossas próprias tradições: alguns têm os patriarcas fundadores e uma tradição constitucional bicentenária nas costas, por mais que essa tradição possa merecer críticas; outros, a Revolução Francesa; e outros, alemães como eu, a assim chamada 'Guerra de Libertação' contra Napoleão, a malograda Revolução de 1848, o Império guilhermino, a República de Weimar, que fracassou, o nacional-socialismo e os crimes em massa cometidos nessa época, a guinada de 1989, e assim por diante. Mas depende de nós escolher as tradições a que queremos dar continuidade ou não*" (HABERMAS, Jürgen. *A inclusão do outro*: estudos de teoria política. Trad. Paulo Asthor Soethe e George Sperber. São Paulo: Loyola, 2002, p. 320).

18 MCCARTHY, Thomas. "Legitimacy and diversity: dialectical reflections on analytical distinctions". *Cardozo Law Review*, Nova York, nº 17, mar. 1996, pp. 1.111/1.112.

Sem adentrar na plausibilidade da distinção entre discursos morais e éticos, é preciso salientar que McCarthy se esquece da reconstrução da herança kantiana que Habermas faz da cooriginariedade da legitimidade das ordens jurídicas modernas. Não se trata da assunção de um consenso de base, a não ser em um nível mais abstrato, mas da possibilidade de que um *consenso de sobreposição* (Rawls) atravesse os testes de uma razão pública comunicativa.

As diversas constituições são, desse modo, interpretações de um mesmo sistema de direitos, o que não dilui o caráter universalista dos direitos fundamentais nessas mesmas interpretações.[19] O Estado só pode assumir determinada concepção de bem desde que ela não fira os direitos de minorias que adotem outras concepções; e desde que seja possível uma adesão dessas minorias pela prevalência do *melhor argumento*.

Diante disto, Habermas discute duas máximas de neutralização dos conflitos de valor nos Estados Democráticos de Direito.[20] Primeiramente, há a garantia de uma coexistência pacífica em igualdade de direitos. É essa garantia que estabelece como primordialmente necessária a distinção entre questões de justiça e questões da vida boa. Questões extremamente complicadas, como a eutanásia e o aborto, dificilmente alcançariam uma regulamentação que não contivesse certos posicionamentos éticos, mesmo que tais posicionamentos refletissem a opinião da maioria; poder-se-ia, de outro modo, partir para uma regulamentação neutra, que tivesse em si o reconhecimento das partes conflitantes e as tratasse em pé de igualdade.

---

19 HABERMAS, Jürgen. *A inclusão do outro*: estudos de teoria política. Trad. Paulo Asthor Soethe e George Sperber. São Paulo: Loyola, 2002, p. 321.

20 HABERMAS, Jürgen. *A inclusão do outro*: estudos de teoria política. Trad. Paulo Asthor Soethe e George Sperber. São Paulo: Loyola, 2002, p. 310.

Esta é uma abstração, uma mudança de perspectiva, que McCarthy vê com grandes dificuldades. Para ele, como não é possível, na prática, distinguir tão facilmente o bom e o justo; uma regulamentação moral que não cuida dos conflitos de valor seria, outrossim, impossível. Mas essa exigência consegue lidar com o pluralismo de uma melhor forma que um acordo em termos de valores. Isto porque, se há, segundo uma regulamentação jurídica abstrata, apenas a exigência de que as partes respeitem as divergências éticas, isso não significa que não possamos continuar recriminando, até o ponto no qual o direito pode suportar, as posições éticas para as quais não ofertamos tanto crédito. Um acordo em termos de conflitos de valores pode lesar muito mais a integridade de grupos envolvidos.

Uma segunda máxima de neutralização ética diz respeito ao asseguramento de legitimação mediante procedimentos. Mesmo que se leve adiante a tarefa de abstração em favor da tolerância, resultam problemáticos os acordos, não obstante cuidem de questões morais. Ainda que isso ocorra, não se trata de ter que aceitar a obrigação de exclusão de uma possível *resposta correta*, no caso, acerca da validade de pretensões jurídico-normativas.[21] Por isso, insiste McCarthy,[22] uma probabilidade de dissenso tão grande não pode levar à conclusão de que existe, sim, a possibilidade de uma resposta correta. Para Habermas,[23] um "acordo mútuo" só pode ser uma alternativa à imposição de um interesse mais forte caso ele possa ser aceito pelos envolvidos por vontade própria. Aqui, procedimentos possibilitam um entrelaçamento entre *razão* e *vontade*. E isso mesmo

---

21 O contexto de uma *resposta correta* nesse âmbito é o dos discursos jurídicos de justificação, nos quais a *correção* diz respeito a questões éticas, morais e pragmáticas.

22 MCCARTHY, Thomas. "Legitimacy and diversity: dialectical reflections on analytical distinctions". *Cardozo Law Review*, Nova York, nº 17, mar. 1996, p. 1.112.

23 HABERMAS, Jürgen. *A inclusão do outro*: estudos de teoria política. Trad. Paulo Asthor Soethe e George Sperber. São Paulo: Loyola, 2002, p. 314.

quando se está falando de comunidades jurídicas concretas, já que se pressupõe não uma *resposta correta republicana*, mas uma "base comum" que é procedimental.

Se os conflitos políticos são como os conflitos éticos e não se pode esperar uma mediação racionalmente motivada, os cidadãos nada mais podem almejar, senão o dissenso permanente. Se não conseguimos sair do campo das tradições no qual cada um de nós está imerso, não podemos assumir a perspectiva universalista das questões de justiça, perspectiva esta inerente a uma distinção entre questões éticas e morais – com isso, estaríamos fadados a ignorar um direito à diferença. A premissa da única resposta correta é necessária porque é justamente a possibilidade de um acordo mútuo que viabiliza a solução de conflitos políticos. Tomá-los única e exclusivamente como questões éticas significa impossibilitar qualquer consenso em níveis mais abstratos. Com isso, a política deliberativa perderia seu sentido e o Estado Democrático de Direito, sua base de legitimação. A deliberação não passaria de uma luta estratégica pelo poder.[24] McCarthy acerta no diagnóstico; mas erra na medicação.

Uma vez que nas sociedades modernas não é possível abdicar do *medium* que constitui o direito legítimo, como forma de imposição do poder político, a premissa da resposta correta acerca das pretensões de validade jurídico-normativas concilia-se com o dissenso permanente no fato de que os procedimentos jurídicos, legitimamente institucionalizados, instrumentalizam a política com a coação legítima. Há uma força legitimadora inerente aos discursos, segundo a perspectiva dos participantes. Nesse ponto, como procedimento, surge com especial importância a *regra da maioria*.

---

24 HABERMAS, Jürgen. *A inclusão do outro*: estudos de teoria política. Trad. Paulo Asthor Soethe e George Sperber. São Paulo: Loyola, 2002, p. 316.

2.1 Regra da maioria

Habermas retoma o pensamento de um democrata do sul da Alemanha, Julius Fröbel, que, já por volta de 1848, pôde vislumbrar um caráter discursivo para a regra da maioria.[25] A discussão pública ganhara relevante destaque na concepção democrática deste autor; para ele, as leis dependem do assentimento fundado de todos. Entretanto, o legislador democrático decide com base no que a maioria votante decidiu. Novamente, razão e vontade voltam a se entrelaçar. A regra da maioria incide em uma busca incessante pela verdade e seu resultado possui um caráter *falível*, *provisório*. Trata-se de um acordo condicionado no qual a minoria enxerga a possibilidade futura de se tornar maioria e revogá-lo.[26]

Cuida-se da criação de quebras temporárias em um processo argumentativo contínuo: há uma aceitação meramente factual devida à legitimidade que procedimentos institucionalizados do direito possibilitam. Internamente, as minorias continuam levando adiante suas convicções e mesmo externamente, ao tentar convencer a maioria. Nesse passo, Habermas recorre a Rawls para dizer que a regra da maioria deve sua força legitimadora a uma racionalidade procedimental "incompleta", mas "pura".[27] É incompleta porque os processos democráticos permitem a suposição de resultados racionais, mas não garantem a correção dos resultados em si; é pura,

---

25 HABERMAS, Jürgen. *Facticidad y validez*: sobre el derecho y el Estado democrático de derecho en términos de teoria del discurso. Trad. Manuel Jimenez Redondo. Madri: Trotta, 1998, p. 600.

26 "*No se exige en modo alguno de la minoría, al resignar ésta su voluntad, que declare errónea su opinión, ni siquiera se exige que abandone sus propios fines, sino que renuncie a la aplicación práctica de su convicción mientras no logre hacer valer mejor sus razones y conseguir el necesario número de votos*" (FRÖBEL *in* HABERMAS. *Facticidad y validez*, p. 601).

27 HABERMAS, Jürgen. *A inclusão do outro*: estudos de teoria política. Trad. Paulo Asthor Soethe e George Sperber. São Paulo: Loyola, 2002, p. 317.

porque os critérios de correção do processo democrático dependem somente do próprio procedimento. É justamente tal racionalidade que não espera um consenso no sentido forte para que se possa almejar a resposta correta, mas apenas uma resposta correta que possa ser desenvolvida no jogo de argumentação, sob uma premissa estabelecida.

É essa caracterização que é rechaçada por movimentos populistas ou iliberais da década de 2020: eles pressupõem uma eternização da maioria, ou que a maioria sempre contará com características que permite um domínio sobre, inclusive, os direitos de minorias.[28]

3 Os discursos morais

Foi mencionado acima como a razão prática pode se posicionar diante de certas questões e exigir um uso diverso. As questões pragmáticas perguntam pelos objetivos e fins almejados com determinada ação; as questões éticas, pelo modo de vida que queremos levar adiante caso busquemos construir uma concepção que é, para mim ou para nós, a de uma vida feliz. A questão muda de figura quando as ações afetam os interesses de outras pessoas e pedem um julgamento imparcial dos conflitos daí advindos. Contrariamente a uma perspectiva egocêntrica de alguém que age estrategicamente, um conflito interpessoal ultrapassa as raias finalísticas de uma ação orientada por valores para cair no terreno universalista das normas morais; um novo ponto de vista é assumido. A questão moral coloca a pergunta acerca de se *todos* poderiam aceitar a mesma máxima para uma mesma situação. Mesmo em questões éticas, o que está em jogo é o *telos* da minha ou de nossas vidas. *Questões éticas não se referem à regulação de conflitos interpessoais.*

---

28 SMILOVA, Ruzha. "The ideational core of democratic illiberalism". *In*: SAJÓ, András. UITZ, Renáta; HOLMES, Stephen (Coord.). *Routledge Handbook of Illiberalism*. Abingdon: Routledge, 2022, pp. 177-202.

Habermas[29] recorre a Kant para dele obter o conceito de *máxima*: são as regras de ação mais ou menos comuns, referentes a uma situação, e que coordenam a prática de um indivíduo. Uma máxima pode ser vista tanto da perspectiva moral quanto da perspectiva ética: elas revelam a concretização de certos costumes que evidenciam a identidade e o projeto de vida de um indivíduo ou de um grupo. Mas a razão prática assume uma forma diferente quando colocamos, de um lado, a pergunta acerca de como desejamos viver e, de outro lado, a pergunta sobre qual máxima seguida universalmente melhor regula a convivência.

Mas a máxima não se submete apenas a um teste de universalização; de outra forma, a *regra de ouro* hobbesiana já bastaria:[30] teríamos, então, que contar com a coincidência de nossas identidades e projetos de vida com as identidades e projetos de todos. Segundo Habermas,[31] é o *imperativo categórico*[32] kantiano que permite que se desvencilhe do egoísmo da regra de ouro, uma vez que ele formaliza a justiça da *máxima* no fato de que todos podem segui-la em situações semelhantes. Apenas as máximas universalizáveis na perspectiva de todos os afetados podem merecer reconhecimento: disto deriva a sua obrigatoriedade moral.

Questões morais apresentam diferentes tipos de ações e diferentes tipos de respostas. Em tal perspectiva, o que se busca é o esclarecimento de expectativas legítimas de comportamento tendo em

---

29 HABERMAS, Jürgen. *Aclaraciones a la ética del discurso*. Trad. José Mardomingo. Madri: Trotta, 2000, p. 115.

30 "Não faça ao outro aquilo que você não gostaria que fizessem com você" (HOBBES *in* REPOLÊS, Maria Fernanda Salcedo. *Habermas e a desobediência civil*. Belo Horizonte: Mandamentos, 2003, p. 88).

31 HABERMAS, Jürgen. *Aclaraciones a la ética del discurso*. Trad. José Mardomingo. Madri: Trotta, 2000, p. 116.

32 "*Age segundo a máxima que possa simultaneamente fazer-se a si mesma lei universal*" (KANT, Immanuel. *Fundamentação da metafísica dos costumes*. Trad. Paulo Quintela. Os Pensadores. São Paulo: Abril Cultural, 1980, p. 141).

vista conflitos interpessoais que possam ferir a convivência ordenada; com isto, o resultado se evidencia em normas que fixem direitos e deveres recíprocos. Normas morais voltam-se para a *vontade livre* de pessoas que atuam segundo leis que deram a si mesmas. Nesse campo, só será autônoma a *vontade* que seja guiada por convicções morais e que seja, por conseguinte, *racional*. Tal vontade deve contar com o suporte de razões que, no âmbito do discurso, adquirem as vestes de melhor argumento. Desse modo, é preciso tomar uma postura distante com relação aos costumes e tradições em que se está mergulhado, ganhando a razão uma força crítica.

A universalidade dessas normas deriva da abstração a que são submetidas em um teste que é "descontextualizante". Para tanto, uma situação padrão acerca da qual possa ser demonstrada a manutenção de certos aspectos característicos descreverá a norma. Em condições de conhecimento e tempo limitado é preciso, pois, com Günther, separar discursos de justificação, que não podem conter a previsão de todas as possíveis situações futuras, e discursos de aplicação, que obedecem a uma lógica diferente da universalização, é dizer, uma lógica de *adequabilidade*, que leve em conta os sinais característicos da situação específica. Nesse ponto, Habermas não discorda de Günther.[33]

Apresentadas as principais características das questões e discursos morais, é preciso, com Habermas,[34] confrontá-las com as normas jurídicas. A estrutura das normas jurídicas pode ser posta em paralelo com a estrutura das normas morais segundo o conteúdo, o sentido da validade e o modo de produção delas. Ambas comungam, funcionalmente, de uma força *deontológica*; o Direito, no entanto, conta com a coercibilidade própria à sua institucionalização.

---

33 HABERMAS, Jürgen. *Aclaraciones a la ética del discurso*. Trad. José Mardomingo. Madri: Trotta, 2000, p. 122.

34 HABERMAS, Jürgen. *Facticidad y validez*: sobre el derecho y el Estado democrático de derecho en términos de teoria del discurso. Trad. Manuel Jimenez Redondo. Madri: Trotta, 1998, p. 220.

No que respeita ao *conteúdo*, sabe-se que normas morais não contam com a avaliação teleológica de bens. Os deveres morais pedem obediência porque reconhecemos sua correção. Questões de justiça referem-se à regulamentação imparcial de conflitos. Para tanto, como salientado, é necessária a submissão da norma a um teste de universalização.

Pode-se vislumbrar a precedência da justiça em relação aos *valores*. Valores possuem uma validade relativa que pode ser sopesada e determinar a fixação de uma ordem transitiva. A justiça estabelece uma pretensão de validade absoluta. Normas jurídicas podem incorporar valores no discurso de justificação; após isto, o *código do direito* pede que tais valores sejam tratados como normas.

No caso das normas jurídicas, há uma restrição em relação às normas morais e sua abstração. Normas jurídicas referem-se à regulamentação de conflitos em comunidades jurídicas concretas. Daí que os discursos de justificação e aplicação das normas jurídicas não podem ser simplesmente infensos a programas e metas para o alcance de certos fins.

> Los discursos de fundamentación y aplicación tienen, por tanto, que estar abiertos también a un uso pragmático y sobre todo a un uso ético-político de la razón práctica.[35]

O que não significa que não haja uma diferenciação no modo como tais discursos estejam abertos aos diferentes usos da razão prática; por isso, no discurso de aplicação das normas jurídicas, é preciso respeitar o código binário do direito.

Em se tratando do *sentido de validade* das normas jurídicas, Habermas afirma que detêm elas a pretensão de concordar com

---

35 HABERMAS, Jürgen. *Facticidad y validez*: sobre el derecho y el Estado democrático de derecho en términos de teoria del discurso. Trad. Manuel Jimenez Redondo. Madri: Trotta, 1998, p. 221.

normas morais; mas não apenas com elas, posto que podemos estar diante de normas jurídicas justificáveis a partir de razões éticas ou pragmáticas. Com isso, faz-se presente, no sentido de validade das normas jurídicas, um elemento volitivo. Daí a diferença da *moralidade* de normas morais, que são *corretas* porque *justas*, e da *legitimidade* das normas jurídicas, que são *legítimas* porque justificáveis a partir de um processo legislativo democrático aberto aos distintos usos da razão prática.

No que tange ao *modo de produção*, tanto as normas morais quanto as normas jurídicas são construídas. Mas nestas últimas, o momento da construção é mais evidente. As normas morais pedem uma reflexão e um questionamento maiores, levando a um *entendimento* motivado racionalmente; normas jurídicas, por outro lado, resultam também de negociações sob condições equânimes. "*En el primero caso nos convencemos de qué deberes* tenemos, *en el segundo de qué obligaciones* deberíamos contraer *o asumir*".[36]

3.1 Resposta correta

É justamente o processo de construção presente nas normas morais e nas normas jurídicas que possibilita uma *resposta correta.* O sentido de correção aqui, contudo, aproxima-se, mas não é igual, ao sentido da verdade. Como já salientado, há uma aproximação do sentido que o predicado *verdadeiro* tem para proposições assertóricas (ou seja, que descrevem fatos) e o sentido que o predicado *justo* tem para proposições morais. Tanto na disputa sobre questões fáticas quanto na disputa sobre questões de justiça os participantes só adentram no debate a partir do momento em que sabem que podem se convencer acerca da verdade ou falsidade de um enunciado.

---

36 HABERMAS, Jürgen. *Facticidad y validez*: sobre el derecho y el Estado democrático de derecho en términos de teoria del discurso. Trad. Manuel Jimenez Redondo. Madri: Trotta, 1998, p. 224.

Ao apresentar o modo como Habermas, ao recorrer a Fröbel, justifica discursivamente a *regra da maioria*, destacou-se a importância do conceito de *aceitabilidade racional*. Nos discursos deliberativos que estão racionalmente vinculados a procedimentos possibilitadores de resultados fundados no melhor argumento, não se pode colocar de lado a pressuposição de que eles mesmos buscam oferecer uma resposta correta. Isso torna o justo precedente ao bom, algo que será mais bem explicado quando da exposição do entrelaçamento dos discursos, mas que permite, de início, tirar uma importante conclusão: é justamente porque as minorias podem contar com a premissa de uma única resposta correta, ou seja, que questões de justiça e questões de direito possuem um caráter deontológico e não axiológico, que a regra da maioria conta com uma racionalidade pura, mas imperfeita; é justamente por isso, cedendo ao jogo de palavras, que elas podem acreditar que, no futuro, irão convencer as maiorias, ou tornar-se-ão as maiorias "de momento".[37]

Não parece ser diferente o caso dos julgamentos nos tribunais, já que institutos como os próprios recursos, o princípio do livre acesso à justiça, a revisão criminal, entre outros, figuram nas possibilidades de um melhor argumento que, mesmo que construído – mesmo não contando com a certeza das operações matemáticas (que nem são tão mais certas, por assim dizer) – vem a se constituir como *o* argumento para aquele caso concreto.

Quanto a isso, é instigante o questionamento levantado por Thomas McCarthy.[38] Ele pergunta pela possibilidade de se estabelecer uma analogia entre uma busca pela verdade no mundo objetivo e a

---

37 HABERMAS, Jürgen. *A inclusão do outro*: estudos de teoria política. Trad. Paulo Asthor Soethe e George Sperber. São Paulo: Loyola, 2002, p. 324.

38 MCCARTHY, Thomas. "Legitimacy and diversity: dialectical reflections on analytical distinctions". *Cardozo Law Review*, Nova York, nº 17, mar. 1996, p. 1.103.

busca pela verdade em um mundo social. Nesse ponto, Galuppo[39] faz alguns esclarecimentos de extrema valia. Ao nos comunicarmos, três pretensões de validade são levantadas: pretensões de *verdade*, pretensões de *correção normativa* e pretensões de *veracidade*. Cada uma dessas pretensões filia-se a um dos seguintes mundos, respectivamente: o *mundo objetivo*, compartilhado por todos os seres e lugar da ciência; o *mundo intersubjetivo ou social*, compartilhado pelos seres racionais e lugar do direito e da moral; e, o *mundo subjetivo*, este individual. Os enunciados referentes ao mundo objetivo são os enunciados descritivos. Os enunciados que dizem respeito ao mundo subjetivo são enunciados expressivos; e, os enunciados que tocam o mundo social são os enunciados normativos.

Habermas salienta que o *princípio da bivalência*, que nos autoriza a qualificar uma proposição como verdadeira ou falsa, é plenamente aplicável ao se considerar enunciados do mundo objetivo. No caso do mundo social, pode ser que haja mesmo uma atenuação. Mas isso não significa que devemos renunciar à pretensão de uma única resposta correta, ou que devamos entendê-la de modo equivalente tanto no mundo objetivo quanto no mundo social. No caso dos universos simbólicos criados por nós, não existem enunciados ou proposições de *per si* verdadeiras ou falsas. O que é necessário que se faça é recorrer a certos procedimentos de justificação para daí sim dizer se uma resposta é correta ou incorreta.

O direito e a moral modernos são frutos de construções, como já dito. Por isso,

> (...) também não é totalmente despropositado contar nesse universo com perguntas para as quais não haja uma resposta

---

39 GALUPPO, Marcelo Campos. *Igualdade e diferença*: Estado Democrático de Direito a partir do pensamento de Habermas. Belo Horizonte: Mandamentos, 2002, p. 118.

> claramente única, enquanto a "construção" não "lograr êxito" para os envolvidos.[40]

Mesmo que tais construções tenham que lidar com os limites de tempo e conhecimento, com as contingências de processos que a todo momento clamam por decisão, o abandono da premissa da única resposta correta aponta para a perda da força legitimadora de um processo democrático que lida com uma racionalidade procedimental, que seja.

Dworkin,[41] um defensor da existência da resposta correta em questões de Direito, não diverge da opinião de Habermas. Para ele, existem, no Direito, certos conceitos jurídicos que ordenam aos juízes que decidam *prima facie* em um sentido ou no seu contrário. Se um conceito é válido em certa situação, os juízes têm o dever *prima facie* de decidir por sua validade; se for inválido, há o mesmo dever *prima facie* de decidir no sentido oposto. Dworkin[42] denomina tais conceitos de *dispositivos*. Neles está estampada a chamada *tese da bivalência*. A *tese da bivalência* prega que tanto a asserção positiva de que um caso cabe em um conceito positivo quanto a asserção negativa de que ele cabe em um conceito negativo são verdadeiras, mesmo que haja uma disputa sobre qual delas o seja.

Não decorre da tese da bivalência que não haja dúvidas sobre qual seja a resposta correta; mas também não decorre deste último fato que a resposta correta não exista para uma questão de Direito. Construções devem ser familiares para os juristas. Lidamos com elas a todo o tempo no Direito. Isso não significa que não é possível delas

---

40 HABERMAS, Jürgen. *A inclusão do outro*: estudos de teoria política. Trad. Paulo Asthor Soethe e George Sperber. São Paulo: Loyola, 2002, p. 326.

41 DWORKIN, Ronald. *Uma questão de princípio*. Trad. Luís Carlos Borges. São Paulo: Martins Fontes, 2001, p. 175.

42 DWORKIN, Ronald. *Uma questão de princípio*. Trad. Luís Carlos Borges. São Paulo: Martins Fontes, 2001, p. 176.

esperar alguma correção; significa, antes, que devemos ser coerentes com o que estabelecemos de início (a constituição).

4 "Qual diferença faz a diferença?"

Richard Bernstein[43] é um dos autores que critica a distinção entre moral e ética aqui descrita. Ele inaugura sua crítica fazendo referência às várias demarcações a que Habermas recorre para formular e sustentar sua teoria; o problema, para o americano, seria o de um uso rígido de tais diferenciações, de modo a muito mais obscurecer do que iluminar, é dizer, ocorreria uma reificação dessas distinções. Bernstein salienta que Habermas insiste no fato de que sua teoria não apresenta nem pressupõe nenhum modo de vida substancial ou ético e que, por isso, não seria uma teoria etnocêntrica.

Contra tal distinção uma distinção rigorosa entre moral e ética é que Bernstein se opõe veementemente. Para ele, em verdade, há boas razões para rejeitá-la, do mesmo modo que há para aceitá-la, mas as primeiras prevalecem sobre as segundas. Assim, há certas questões éticas vitais que não interessam a todos; um americano comprometido radicalmente com a democracia deliberativa não pode pretender estender suas reivindicações a todo e qualquer ser humano, do mesmo modo que um judeu que luta para que certo significado do Holocausto seja reconhecido. Habermas teria sim atentado para os problemas de uma tradição iluminista que pouco reconheceu em favor do pluralismo e que ignora as particularidades culturais de grupos minoritários.

---

43 BERNSTEIN, Richard. "The retrieval of the democratic ethos". *Cardozo Law Review*, nº 17, 1996, pp. 1.127 e ss. Outra interessante perspectiva crítica a respeito da distinção entre ética e moral é a de PIERCEY, Robert. "Not choosing between morality and ethics". *The Philosophical Forum*, vol. XXXII, nº 1, Spring 2001, pp. 53-72.

O problema da distinção moral e ética estaria no seguinte: um judeu, quando levanta uma questão ética, não está preocupado apenas com seus "irmãos" judeus; a validade de um mandamento como "não matarás" é extensiva a todas as pessoas. Semelhantemente, um americano não pensa que a cláusula constitucional "*all men are created equal*" seja um privilégio do povo estadunidense.[44] Bernstein[45] lembra a assunção de Habermas da filosofia gadameriana de que estamos imersos nas nossas próprias tradições e mundos da vida, e que, para nos posicionarmos contra tais panos de fundo, é preciso um enorme esforço. Nisso estaria incluída dificuldade de se passar de um discurso a outro; não seria necessária a divisão porque todos nós, em sua grande maioria e excluídos os fanáticos, somos pessoas reflexivas. Não haveria sentido na mudança de perspectiva proporcionada pela diferenciação entre discursos morais e éticos. Na visão de Bernstein, Habermas seria vítima daquilo que Popper chamou de "mito do contexto", ou seja, o mito de que é possível que nos tornemos prisioneiros da própria estrutura de teorias, tradições e linguagem que utilizamos.

Respondendo a tais objeções, Habermas,[46] de início, observa que há uma diferença na reflexão que fazemos quanto estamos diante de questões éticas e na reflexão perpetrada quando nos defrontamos com questões morais. A reflexão moral exige um esforço maior, exige a assunção de um ponto de vista moral ("*a moral point of*

---

44 De outra parte, está a compreensão de Teubner: "*Habermas's insistence on practical reason and communicative power makes him opt for the opposite: for unity, not for difference; for integration of discursive plurality, not for their sheer fragmentation*" (TEUBNER, Günther. "De collisione discursuum: communicative rationalities in law, morality and politics". *Cardozo Law Review*, nº 17, 1996, p. 904).

45 BERNSTEIN, Richard. "The retrieval of the democratic ethos". *Cardozo Law Review*, Nova York, nº 17, mar. 1996, pp. 1.143/1.144.

46 HABERMAS, Jürgen. *A inclusão do outro*: estudos de teoria política. Trad. Paulo Asthor Soethe e George Sperber. São Paulo: Loyola, 2002, p. 304.

view") que pede um posicionamento hipotético diante de normas em particular, e não delas como um todo. Mas, se, por um lado, nos posicionamos diante de problemas que nos aparecem de maneira situacional (afinal, não é isso que provoca a distinção entre discursos de justificação e discursos de aplicação?), por outro, é preciso ampliar nossos horizontes quando nos colocamos diante de tais problemas morais. Novamente, o justo ganha precedência sobre o bom.

Além disso, dizer que nós propomos e entendemos questões morais a partir do horizonte de sentido e das tradições nas quais nos encontramos imersos não tem o mesmo impacto que dizermos que respondemos a tais questões do mesmo modo. É aí que a distinção proposta por Habermas se mostra compatível com o pluralismo de visões éticas de mundo, aliás, a diferenciação visa atender justamente a tal pluralismo. Respostas morais realmente podem não ter influência na formação de identidades coletivas ou individuais.

Por isso, não podemos tratar as questões de justiça como o reflexo de um *ethos* concreto, mas sim a partir do que seja bom para todos. Confundir questões morais com questões éticas significa a necessidade ou de abdicar de nossos próprios valores em favor dos de outros ou obrigar os outros a assimilarem nossos valores em prejuízo dos deles.

5 O entrelaçamento nos discursos jurídicos de justificação das questões pragmáticas, éticas e morais

Certo é que os problemas não se apresentam para nós etiquetados como questões morais, éticas ou pragmáticas; nesse ponto, Bernstein tem toda razão.[47] Se, por um lado, a razão prática não pode mais seguir o modelo kantiano de uma unidade da consciência

47 BERNSTEIN, Richard. "The retrieval of the democratic ethos". *Cardozo Law Review*, Nova York, nº 17, mar. 1996, p. 1.143.

transcendental, já que ela enfrenta diferentes problemas quando se trata do justo, do bom e do adequado para se alcançar um fim, por outro, não há um metadiscurso que oriente a escolha entre as diferentes perguntas. O que se torna necessário é, muito mais do que uma capacidade de julgar de cunho aristotélico, um "olfato para classificar problemas".[48] Trata-se de, em cada situação, verificar seus sinais característicos, quer dizer, a lógica interna de cada problema. Tais dificuldades devem ser deixadas em aberto na Filosofia Moral, segundo Habermas, e passar para o crivo da Filosofia do Direito, já que a razão prática, em sociedades pós-tradicionais, só pode esclarecer-se a si mesma, de forma devida, caso apele para as condições institucionais de uma formação livre da opinião e da vontade.

Em *Facticidad y Validez*, Habermas apresenta um exemplo da lógica dos diferentes discursos em um discurso jurídico de justificação.[49] A fundamentação da tomada de uma decisão política em questões pragmáticas depende de uma interpretação correta da situação e da descrição adequada do problema a que se visa solucionar. Em um primeiro estágio, o saber de *experts*, não obstante falível e sujeito a preferências, faz-se necessário. Justamente quando tais preferências entram em conflito, quando a pluralidade das mesmas não permite uma decisão imediata, é que entra em cena a problematização das orientações valorativas. Nesse segundo estágio, é preciso reconhecer a insuficiência dos discursos pragmáticos, que apenas apontam na direção dos melhores instrumentos para a realização de programas e fins;[50] eles não permitem a formação racional da vontade. Por

---

48 HABERMAS, Jürgen. *Aclaraciones a la ética del discurso*. Trad. José Mardomingo. Madri: Trotta, 2000, p. 126.

49 HABERMAS, Jürgen. *Facticidad y validez*: sobre el derecho y el Estado democrático de derecho en términos de teoria del discurso. Trad. Manuel Jimenez Redondo. Madri: Trotta, 1998, p. 232.

50 "*El derecho no solamente otorga a las normas que regulan los conflictos una determinada forma; somete también la realización de fines colectivos a determinadas restricciones*" (HABERMAS, Jürgen. *Facticidad y validez*: sobre el derecho y el Estado democrático de derecho en términos

isso, torna-se premente apelar para razões. A decisão a ser tomada dependerá dos termos em que a questão é colocada; aqui, o "olfato para classificar problemas" surge como um auxílio.

Três alternativas se apresentam. Pode ser o caso de uma questão moral: aí, o que se faz necessário é um teste de universalização ao qual sucumbem as preferências, teste este limitado ao sistema de direitos constitucionais interpretado e desenvolvido. Pode ser, também, o caso de uma questão ética (por exemplo, a proteção de minorias), situação em que são indicados discursos que possibilitem um esclarecimento por intermédio de processos de auto entendimento acerca das confrontações valorativas, levando a uma reflexão sobre a própria identidade coletiva.

Por fim, pode ser o caso em que a complexidade de uma sociedade não aponte nem para um interesse generalizável, nem para o predomínio unívoco de um valor; resta, então, apelar para *negociações*, que oferecem *compromissos*, por sua vez, aceitáveis sob três condições: eles devem ser mais vantajosos para todos do que a ausência de uma solução; devem excluir os que possam fraudar a cooperação; e, devem excluir também os que visam lucrar com a cooperação mais do que aquilo que ela pode oferecer. As negociações sujeitam-se ao princípio do discurso de forma indireta, é dizer, possibilitando a aceitabilidade racional de resultados auferidos em procedimentos legítimos, que permitam um *fair play* de todos os participantes. Novamente, o justo precede o bom, assim como o adequado e a fins.

É o código do direito que traduz as negociações e formações discursivas de leis e políticas. Para que esse código represente devidamente o sistema de direitos vigente, é necessário um *controle de constitucionalidade*. Tal controle é representativo da coerência

---

de teoria del discurso. Trad. Manuel Jimenez Redondo. Madri: Trotta, 1998, p. 235).

e integridade (Dworkin) de um direito que se pretende constitucional. Aqui cabe uma advertência de Habermas:[51] os discursos éticos e morais podem fazer parte da pretensão de legitimidade de leis produzidas nos discursos de justificação; nem por isso, eles podem romper com a forma e o código do direito. As leis produzidas não possuem como destinatários pessoas naturais identificadas segundo sua própria e singular biografia, mas sim sujeitos de direito. Relações jurídicas só abarcam relações externas.

Daí a diferença dos discursos morais, éticos e pragmáticos cotidianamente vivenciados e praticados pelos indivíduos dos discursos morais, *ético-políticos* e pragmáticos que fazem parte dos discursos jurídicos de justificação. Questões dessa variada monta não podem romper com o próprio código do direito; é por isso que as constituições estabelecem normas de processo legislativo (art. 59 e ss da Constituição de 1988), normas que visam a impedir o rompimento com o núcleo de direitos estabelecidos pelo poder constituinte originário – como ocorre com as cláusulas pétreas (art. 60, § 4º) e outras normas assecuratórias ou cláusulas de entrincheiramento.

Com isso, a própria coesão interna entre autonomia pública e privada é mantida (direitos apenas garantem o uso devido das liberdades políticas, não as restringindo; e é por intermédio dessas liberdades política que os cidadãos atribuem-se reciprocamente direitos), seja por meio do não rompimento do código do direito, seja por meio da manutenção e asseguramento das cinco categorias de direitos elencadas por Habermas.

É o *procedimento democrático*, juridicamente institucionalizado, que permite o uso pelos cidadãos de suas liberdades comunicativas de uma maneira equânime. Para tanto, estão à disposição as diversas

---

51 HABERMAS, Jürgen. *Facticidad y validez*: sobre el derecho y el Estado democrático de derecho en términos de teoria del discurso. Trad. Manuel Jimenez Redondo. Madri: Trotta, 1998, p. 236.

formas de participação democrática direta (referendo, plebiscito, leis de iniciativa popular), indireta (com o auxílio de um *princípio parlamentar* devidamente aplicado, algo que ainda requer muito, no Brasil, de uma opinião pública vigilante e da escolha consciente dos cidadãos) e de outras formas de expressão da esfera pública.

No entanto, Habermas não está, de modo nenhum, tentando propor uma superioridade dos discursos jurídicos, ou do Direito, em relação aos outros discursos. Mas é justamente essa interpretação que Günther Teubner faz da proposta de Habermas.[52] Teubner distingue, em verdade, os seguintes tipos de discursos e negociações: discursos éticos preocupados com a formação da identidade coletiva e individual; discursos pragmáticos que relacionam fins a meios e determinam objetivos; discursos jurídicos que se voltam para a coerência interna de normas jurídicas; e, negociações que estabelecem compromissos imparciais (na verdade, os dois primeiros seriam formas de argumentação e os dois últimos, aconselhamentos).

Nesse passo, tais separações, na perspectiva das teorias sistêmicas ou de teorias acerca da pluralidade discursiva, levariam a uma incompatibilidade entre os diversos discursos. O que no máximo poderia ocorrer seria o *acoplamento estrutural* entre os vários sistemas.[53] Contudo, Teubner reconhece que Habermas opta

52 TEUBNER, Günther. "De collisione discursuum: communicative rationalities in law, morality and politics". *Cardozo Law Review*, Nova York, nº 17, mar. 1996, pp. 901 e ss.

53 O *acoplamento estrutural*, na teoria de Luhmann, é uma adaptação permanente entre sistemas diferentes, que mantêm, não obstante, sua especificidade. Todo sistema se adapta ao seu ambiente; não fosse assim, ele nem poderia existir. O sistema realiza suas operações em condições de absoluta autonomia. Acoplamento estrutural e autodeterminação do sistema encontram-se em uma relação ortogonal, no sentido de que ainda pressupondo-se, eles não podem se determinar reciprocamente (CORSI, Giancarlo; ESPOSITO, Elena; BARALDI, Claudio. *Glosario sobre la teoría social de Niklas Luhmann*. México: ITESO, 1996, p. 19). O ambiente pode afetar o sistema apenas à maneira de *irritações*

pela integração discursiva. Isso faria com que a teoria habermasiana dependesse de um metadiscurso ou de interdiscurso para solucionar a *colisão de discursos*. Qual discurso teria a última palavra quando a ética estabelecesse uma previsão incompatível com outra da moral? Certo é que a moral tem uma certa precedência, não absoluta, vale dizer, sobre a ética, mas isso não está claro para Teubner. Assim, quando Habermas fala em complementariedade, dupla perspectiva, congruência, mediação, ele está muito mais colocando um problema do que apontando uma solução.

Habermas tenderia, então, até certo ponto, a coroar o *discurso filosófico* como um metadiscurso que aponta a "jurisdição" dos outros discursos, estabelecendo os tipos de perguntas, respostas e questões pertinentes a cada um. Mas isso, como dito, até certo ponto. A teoria se torna problemática quando colocada diante de discursos institucionalizados, como o discurso jurídico de justificação e o discurso jurídico de aplicação. Daí, segundo Teubner,[54] Habermas oscilaria entre convívio de discursos relativos, uma hierarquia governada por um metadiscurso e uma posição sistêmica, em que o conceito de *re-entry* aparece.[55]

---

que são reelaboradas internamente. Irritações são também construções internas, resultantes da confrontação de *eventos* com estruturas do sistema. Uma irritação é sempre uma auto-irritação.

54 TEUBNER, Günther. "De collisione discursuum: communicative rationalities in law, morality and politics". *Cardozo Law Review*, Nova York, nº 17, mar. 1996, p. 907.

55 "*Se adopta el concepto* re-entry *para describir la capacidad de los sistemas autopoiéticos (...) diferenciados con base en una específica distinción que permite constituir la unidad del sistema, reintroducir tal distinción a su interior y utilizarla para la estruturación de las propias operaciones. Existe* re-entry, *por ejemplo cuando un sistema de función (...) diferenciado con base en la específica distinción que constituye su código (...) aprende a tratarla en su interior: cuando el sistema de la ciencia, cuyas operaciones se orientan al código verdadero/no verdadero, elabora una teoría de la ciencia que observa con base en el código verdadero/no verdadero el uso del código verdadero/no verdadero. Es decir*

Recorrendo à história do Direito Internacional Privado europeu, Teubner demonstrará como o Direito interno dos diversos Estados-nação procurou resolver colisões com o direito alienígena pela incorporação das normas deste no "vocabulário" daquele. Caso possa ser a igualdade dos discursos assimilada ao conceito de *re-entry*, cada discurso reformularia os problemas de colisão em sua própria linguagem. Mas em se tratando dos discursos jurídicos, o fenômeno da *re-entry* geraria uma escravização dos demais discursos aos discursos jurídicos, quando ocorresse aquilo que Habermas chama de "tradução" dos códigos. Passando pelo discurso jurídico de justificação, questões morais ou éticas são traduzidas para o código do direito e passam a obedecê-lo.

Teubner avança no sentido de superestimar as qualidades do *medium* do direito, ao destacar o mecanismo inerente ao mesmo de estabelecer distinções por meio do princípio da igualdade.[56] Mais do que estabelecer uma cadeia de coerência, o direito é um produtor da história ao dizer quais casos são iguais e quais são desiguais. Com tal dispositivo, o direito "escraviza" outros discursos, determinando quais aspectos argumentativos são relevantes e quais não são. Esse é o caráter de metadiscurso do direito, o caráter da seletividade, algo que a história denuncia, muito mais do que a qualidade da coerência.

As funções de uma filosofia moderna devem, antes de mais nada, serem reduzidas. Habermas não tem a pretensão de atribuir

---

que la reflexión epistemológica representa el re-entry *de la distinción verdadero/no verdadero en el sistema que se constituye en ella: en efecto se trata de una operación de la ciencia en la que se interroga sobre la verdad de las operaciones de la ciencia, es decir sobre la verdad de la distinción verdadero/no verdadero*" (CORSI, Giancarlo; ESPOSITO, Elena; BARALDI, Claudio. *Glosario sobre la teoría social de Niklas Luhmann*. México: ITESO, 1996, p. 135).

56 TEUBNER, Günther. "De collisione discursuum: communicative rationalities in law, morality and politics". *Cardozo Law Review*, Nova York, nº 17, mar. 1996, p. 912.

à filosofia o papel de um metadiscurso,[57] menos ainda à sua teoria discursiva; a filosofia não pode pretender o papel institucional de um árbitro. Um problema próprio da filosofia é o papel que ela desempenha. Qual a sua relação com a cultura, a política e outras áreas do conhecimento é um questionamento tão velho quanto ela mesma. O que é necessário esclarecer é que ante as características da pós-modernidade e de uma sociedade pluralista, a filosofia renuncia a concepções substanciais da vida boa. A ética deve limitar-se a pontos de vista meramente formais.

O papel da filosofia é de guardador de lugar e intérprete das outras ciências. Como estas, ela busca a verdade; mas, também, como o Direito, a moral e a arte, ela investiga as pretensões normativas de uma perspectiva interna. Nessa complexidade de mundos da vida, a filosofia só pode buscar uma razão pura procedimental; isto dentro de uma colaboração com outras ciências, para que ela não se torne uma razão projetada no vácuo.[58]

Habermas defende,[59] na verdade, uma *auto-seletividade* dos questionamentos: cada discurso, a partir de sua respectiva lógica, determina a mudança para um ou outro discurso. Um modelo da lógica do entrelaçamento discursivo já foi apontado aqui. Outro pode ser apresentado da seguinte maneira. Para a escolha de certas

---

57 HABERMAS, Jürgen. *A inclusão do outro*: estudos de teoria política. Trad. Paulo Asthor Soethe e George Sperber. São Paulo: Loyola, 2002, p. 359.

58 Foge às pretensoes desse trabalho um aprofundamento no tema. Para tanto, ver HABERMAS, Jürgen. "Uma vez mais: a relação entre teoria e prática". *In*: ______. *Verdade e justificação*: ensaios filosóficos. Trad. Milton Camargo Mota. São Paulo: Loyola, 2004, pp. 313 e ss.; HABERMAS, Jürgen. "A filosofia como guardador de lugar e como intérprete". *In*: ______. *Consciência moral e agir comunicativo*. Trad. Guido A. de Almeida. Rio de Janeiro: Tempo Brasileiro, 1989.

59 HABERMAS, Jürgen. *A inclusão do outro*: estudos de teoria política. Trad. Paulo Asthor Soethe e George Sperber. São Paulo: Loyola, 2002, p. 359.

políticas de realização de objetivos, segundo estudos empíricos acerca do melhor aproveitamento de instrumentos na consecução de fins, é necessário que as preferências dos envolvidos estejam suficientemente esclarecidas. Caso isso não ocorra, as negociações devem entrar em cena, obedecendo a procedimentos firmados nos discursos morais, discursos estes que impõem testes de universalidade na participação.

Caso não haja um compromisso sobre as preferências, passa-se ao nível dos discursos éticos, pois a problematização aqui se agrava no sentido de comprometer a identidade dos envolvidos; é preciso, nesse passo, alcançar orientações comuns de valor. Surgindo ainda conflitos insolúveis, é preciso adotar uma perspectiva mais abstrata ainda para que algo possa ser alcançado em comum. Esse não é o único modelo possível; mas ele decorre da lógica dos próprios discursos. E esta que pede que se privilegie o que seja bom em relação ao propositado e o que seja justo perante o que seja bom.

Mas, pode haver ainda a *colisão discursiva* quando os participantes não conseguem definir a própria matéria como uma questão moral, ética ou pragmática. É aqui que o direito exerce um papel importante. Já que não existem metadiscursos e a proposição das questões depende da auto seletividade dos argumentos, os procedimentos juridicamente institucionalizados impõem *ab initio* a submissão à sua própria linguagem, mas isso desde que um dos participantes leve a contenda à órbita político-institucional. O código do direito não adere à lógica interna dos questionamentos. Por isso, o princípio democrático não é uma regra argumentativa, mas a institucionalização do discurso.

Há, de qualquer modo, uma *decisão*, mesmo que sobre questões morais ocorram ponderações de valor, sobre questões éticas abdique-se da identidade de minorias ou que em questões de políticas públicas a universalização de um princípio impere. Erros demonstram o fator da auto seletividade e que os procedimentos jurídicos possibilitam e mantêm intactas as argumentações. O que é necessário para que elas não sejam violadas é o "olfato para classificar problemas".

O exemplo oferecido por Teubner[60] da solução da colisão entre o Direito Internacional e o Direito Intra-Estatal, dada da perspectiva interna pelo Direito Internacional Privado, não pode ser transposto para o caso da colisão discursiva.[61] Isto tornaria o discurso ético um superdiscurso caso houvesse um traslado da suposta "incomensurabilidade" para dentro da ordem estatal. Conflitos de valor acerca de questões como o aborto seriam sempre vistos da perspectiva interna a cada identidade parcial e resolvidos a partir daí. Para Habermas, Teubner prende-se ainda às premissas da filosofia da consciência. O outro é sempre visto a partir do olhar solipsista que o observa segundo a *sua* luz. Ignoram-se os ganhos de uma hermenêutica que propõe uma *fusão de horizontes*, não a imposição de um horizonte sobre o outro.

É para o próprio Teubner que o direito deve exercer o papel de um superdiscurso, não para Habermas. O direito é que compatibiliza os diversos discursos ditos incomensuráveis entre si. Ele compensa as injustiças que um discurso pode cometer ao outro; mas faz isto segundo sua própria linguagem. Isto porque, como salientado acima, o direito é "senhor" sobre a igualdade e a desigualdade. Há um problema com tudo isto, por duas razões:

– O princípio da igualdade não é algo exclusivo do direito, mas pertence também à moral. O direito diferencia-se da moral,

---

60 TEUBNER, Günther. "De collisione discursuum: communicative rationalities in law, morality and politics". *Cardozo Law Review*, Nova York, nº 17, mar. 1996, p. 909.

61 Até porque, "*(...) somente no período entre 1648 e 1914 os Estados foram 'soberanos' no sentido de não estarem submetidos a uma convenção de direitos humanos internacionalmente obrigatória, nem de haverem positivado direitos humanos nas próprias constituições. Pois tão logo seja esse o caso, o teor universalista dos direitos humanos acaba se impondo sobre todas as regulamentações concretas, passando pela legislação do direito privado*" (HABERMAS, Jürgen. *A inclusão do outro*: estudos de teoria política. Trad. Paulo Asthor Soethe e George Sperber. São Paulo: Loyola, 2002, p. 363).

nesse ponto, porque possui normas que são firmadas politicamente, interpretadas vinculativamente e impostas sob ameaça de sanção. Essas são características da forma jurídica; ao lado dela, está a autonomização de discursos jurídicos de justificação e aplicação, coerção específica e coerência nas decisões. Por isso, argumentos éticos, morais e pragmáticos devem ser traduzidos para o código do direito;

– Não é a mera tradução ou o fato do direito ser "senhor" sobre a igualdade e desigualdade que autoriza os juízes a ignorarem seu caráter deontológico e apelar para ponderações de valores.[62] Caso isso ocorra, os discursos jurídicos de aplicação tornam-se meros discursos paternalistas e substituem o autoentendimento ético político.

Não é porque o direito detém o privilégio da sanção que ele pode impor a lógica própria de cada discurso. Nos discursos jurídicos de justificação, o "olfato para classificar problemas" pode significar a chance de possibilitarmos um pluralismo que, na maior parte das vezes, vem sendo ignorado, não obstante nos auto-intitularmos uma sociedade inserida no paradigma do Estado Democrático de Direito.

Conclusões

Permear a razão prática pela razão comunicativa oferece um importante instrumento para lidar com o pluralismo no decorrer de um processo constituinte ou de um processo legislativo. A abertura a questões pragmáticas, éticas e morais mostra que, de um lado, a teoria discursiva não é uma teoria unicamente de busca pelo consenso; por outro lado, ela permite a abertura a diferentes demandas de cada um dos grupos que integra as comunidades políticas atuais. É claro, a radicalização política atual e a digitalização dos argumentos ruíram, em grande parte, com as pretensões habermasianas aqui

62 TEUBNER, Günther. "De collisione discursuum: communicative rationalities in law, morality and politics". *Cardozo Law Review*, Nova York, nº 17, mar. 1996, p. 915.

desenhadas.[63] Mas é ainda no contexto de uma aposta normativa pela democracia que devemos tentar recuperar alguns dos indicativos teóricos mais importantes para se pensar em colaboração e responsividade em termos institucionais.

63 Para uma atualização dessas questões, cf. HABERMAS, Jürgen. *A New Structural Transformation of the Public Sphere and Deliberative Politics*. Hoboken: John Wiley & Sons, 2023.

CAPÍTULO IX

HERMENÊUTICA E DISCURSOS DE APLICAÇÃO: DWORKIN E GÜNTHER

Introdução

Discutida a estrutura dos discursos de justificação, é preciso definir, qual é a lógica argumentativa dos discursos de aplicação. Isto envolve a superação de doutrinas que preguem a utilização de um poder discricionário pelos juízes, principalmente quando enfrentam supostos problemas de indeterminação do direito, ou mesmo supostas lacunas. A atribuição de um poder discricionário leva a uma confusão entre atividade legislativa e atividade judicante, algo que, desde já, deve ser posto de lado. Não se está, de modo algum, nesse passo, recaindo nas velhas dicotomias que o giro hermenêutico procurou superar:[1] a separaçao entre discursos de justificação e

1 Habermas enxerga essa superação sendo perpetrada por Hegel na alteração, junto a Kant, da relação sujeito-objeto para uma relação sujeito-sujeito: "*Nas preleções de Jena sobre a filosofia do espírito, o alvo principal do ataque é a representação mentalista de uma subjetividade auto-suficiente, que se delimita em relação ao que lhe é exterior. Dessa concepção derivam os dualismos entre interno e externo, privado*

discursos de aplicação não é uma separação rígida e há, muito mais, uma complementação entre as atividades; o que não significa que elas operem da mesma forma.

É preciso atentar para o fato de que, em uma análise de *Teoria do Direito*, a função judicial ocupa uma posição central. É nessa posição que a tensão entre facticidade e validade se faz representar pela tensão entre *segurança jurídica* e a pretensão de uma decisão correta.[2] Daí que uma análise mais detida do processo de formação dos discursos de aplicação seja central para a compreensão do constitucionalismo.

1 Um breve esclarecimento sobre o Positivismo Jurídico e o problema da interpretação: Austin, Hart e Kelsen

O princípio da causalidade e o experimentalismo elevaram o saber a uma pretensão de nível quase que absoluto. Daí que os pensadores das ciências sociais acharam que seria necessária uma aproximação delas em relação às ciências exatas. Deveria se alcançar o mesmo nível de certeza. A ordem era: as leis devem ser perfeitas e não devem possuir lacunas; logo, todas as situações de aplicação

e público, imediato e mediato, evidente e incerto. Hegel põe de lado essas oposições e liberta as operações de um sujeito cognoscente, que Kant já compreendera como essencialmente prático, do isolamento do Eu narcisicamente introvertido. O sujeito já está sempre enredado em processos de encontro e troca, e descobre-se sempre já situado em contextos. A rede de relações sujeito-objeto já está posta, as ligações possíveis com objetos já estão estabelecidas antes que o sujeito se envolva efetivamente em relações e entre, de fato, em contato com o mundo" (HABERMAS, Jürgen. *Verdade e justificação*. Trad. Milton Camargo Mota. São Paulo: Loyola, 2004, p. 191).

2 HABERMAS. *Facticidad y validez*: sobre el derecho y el Estado democrático de derecho en términos de teoria del discurso. Trad. Manuel Jimenez Redondo. Madri: Trotta, 1998, p. 266.

de uma norma jurídica seriam de antemão estabelecidas por uma razão legisladora que tudo conhece.

A ciência do Direito foi em parte influenciada por esse saber, surgindo aí o que se costumou chamar de *positivismo jurídico*.[3] Não é objeto desse trabalho uma reconstrução de todo o pensamento positivista; ele só nos interessa na medida em que a indeterminação do Direito for mediatizada pela construção sem fim de métodos e pela ignorância em relação às situações de aplicação.[4] Alguns

---

3 Não se está, aqui, a confundir o positivismo filosófico com o positivismo jurídico. O positivismo jurídico refere-se, no mais, a leis positivadas pelos homens, restringindo sua análise ao direito promulgado ou estabelecido pelos tribunais. "*A expressão 'positivismo jurídico' não deriva daquela de 'positivismo' em sentido filosófico, embora no século passado tenha havido uma certa ligação entre os dois termos, posto que alguns positivistas jurídicos eram também positivistas em sentido filosófico: mas em suas origens (que se encontram no início do século XIX) nada tem a ver com o positivismo filosófico – tanto é verdade que, enquanto o primeiro surge na Alemanha, o segundo surge na França. A expressão 'positivismo jurídico' deriva da locução* direito positivo *contraposta aquela de* direito natural" (BOBBIO, Norberto. *O positivismo jurídico*: lições de Filosofia do Direito. Trad. Márcio Pugliesi. São Paulo: Ícone, 1995, p. 9). Ainda assim, "É inegável que os partidários do PJ [positivismo jurídico] *foram influenciados pelo positivismo filosófico, como se percebe na tendência de rejeitar teses metafísicas e/ou idealistas sobre a natureza do direito, concentrando-se em fatos demonstráveis, tais como a criação de normas jurídicas pelo legislador político. Mas isso não significa que os partidários do PJ aceitem todas as ideias historicamente designadas como positivistas. Isso seria impossível em razão da multiplicidade de abordagens positivistas tanto no direito como em âmbito científico e/ou filosófico*" (DIMOULIS, Dimitri. *Positivismo jurídico*: introdução a uma teoria do direito e defesa do pragmatismo jurídico-político. São Paulo: Método, 2006, p. 66).

4 "*A ideia central é precisamente não abrirmos mão do conhecimento que podemos ter agora em razão da nossa própria experiência prática e da vivência histórica acumulada. É óbvio que pode ser recomendável uma racionalização principiológica das leis, mas é preciso que abdiquemos do excesso de pretensão racional que marcou a experiência da codificação clássica. Nunca iremos esgotar a complexidade da vida mediante a elaboração de leis detalhadas e que busquem nos liberar da tarefa árdua*

traços podem, porém, ser retomados. O positivismo jurídico é caracterizado pelo jusfilósofo americano Ronald Dworkin por meio de um esqueleto formado por três proposições ou preceitos-chave.[5]

Primeiro, o positivismo concebe o direito de uma comunidade como o conjunto de regras utilizado direta ou indiretamente por ela com o fim de determinar quais comportamentos serão punidos ou coagidos pelo poder público – tais regras são identificadas por um procedimento formal, um teste de *pedigree* que determina quais regras realmente valem e quais regras são, ou não, regras jurídicas. Segundo, o conjunto de regras abarca todas as possíveis situações de aplicação, de modo que, não se enquadrando determinada situação no âmbito das regras instituídas, o caso não será decidido por meio da aplicação do direito – ele será decidido pela autoridade pública mediante seu discernimento pessoal. Terceiro, dizer que alguém tem uma *obrigação jurídica* é dizer que seu caso está dentro do quadro de uma regra jurídica válida; se esta inexiste, e o juiz decide por intermédio de seu poder discricionário nesses casos, um direito jurídico não está sendo aplicado, mas sim algo criado pelo juiz.

Esse esqueleto do positivismo é construído por Dworkin a partir do pensamento de autores da *common law* como John Austin e H.L.A. Hart. O filósofo inglês do Direito John Austin (que não se confunde com o filósofo da linguagem) procurou radicalizar o positivismo de Jeremy Bentham, dando-lhe uma orientação analítica. Austin conceituava uma norma jurídica como uma norma derivada do comando de um soberano; nela, estava presente, inevitavelmente,

---

de aplicá-las (...). Nossa racionalidade é limitada e é profundamente contrária ao atual conceito de ciência a pretensão de um saber que se queira absoluto" (CARVALHO NETTO, Menelick de. "Racionalização do ordenamento jurídico e democracia". *Revista Brasileira de Estudos Políticos*, Belo Horizonte, vol. 88, 2003, pp. 104/105).

5 DWORKIN, Ronald. *Levando os direitos a sério*. Trad. Nelson Boeira. São Paulo: Martins Fontes, 2002, pp. 27/28.

uma sanção.[6] As normas que não estivessem acompanhadas de uma sanção constituíam a *positive morality*. Uma vez que o comando do soberano não constrói de uma só vez todas as normas necessárias para o convívio em sociedade, há uma delegação em favor dos juízes para que estes o façam no momento necessário. Como salienta Dworkin, em sociedades complexas, dificilmente uma identificação tão simples poderia ser feita; além disto, o que distinguiria as ordens veiculadas por sanções do direito das ordens dadas por gângsteres?[7]

Hart tentará sofisticar o positivismo jurídico por meio de uma teoria mais complexa que a de Austin. Saber quais os limites da atuação judicial envolvem uma questão preliminar e mais instigante: afinal de contas, o que é o Direito? Essa pergunta, segundo Hart,[8] teria provocado as discussões filosóficas do Direito pelo menos nos últimos 150 anos, com respostas que esclarecem, projetam luz, mas também sombras.

A existência de casos difíceis para os quais o direito não fornece uma solução imediata torna qualquer resposta àquela questão ainda mais insuficiente. Assim, é preciso saber o que queremos dizer quando estamos diante de uma *regra* jurídica; não obstante

---

6 AUSTIN, John. *The province of jurisprudence determined*: and the uses of the study of jurisprudence. Prefácio de H.L.A. Hart. Hacket: Indianápolis, 1998, pp. 11/12.

7 Esse questionamento fora feito por Santo Agostinho e retomado por Hans Kelsen. "*Se o mandamento do legislador se esgotasse na significação subjetiva que atribui a seu ato, reflete Kelsen, retomando o exemplo canônico tirado da* Cidade de Deus *de Santo Agostinho, como se poderia distinguir os mandamentos do legislador das ordens dadas por um bando de bandidos?*" (BILLIER, Jean-Cassien; MARYIOLI, Aglaé. *História da Filosofia do Direito*. Trad. Maurício de Andrade. Barueri: Manole, 2005, p. 200).

8 HART, Herbert Lionel Adolphus. *O conceito de Direito*. Lisboa: Fundação Calouste Gulbenkian, 1994, p. 6.

sua abertura às escolhas de um juiz,[9] é por meio de regras que um sistema de direitos se forma e traça suas linhas básicas; é isto o que Hart pretende estabelecer. Ele não almeja dizer: "*isto é o direito*", já que é consciente da impossibilidade de fechamento que uma definição sempre enfrenta; Hart quer apenas traçar uma estrutura distintiva de um sistema jurídico. Um sistema de direitos é um sistema composto de regras *primárias* e *secundárias*: as primeiras exigem que as pessoas façam ou se abstenham de fazer certas coisas; as segundas, parasitárias das primeiras, asseguram que os seres humanos possam criar novas regras do tipo primário.

Poder-se-ia, hipoteticamente, pensar em uma comunidade cujas relações são regidas apenas por regras primárias. Essa comunidade rudimentar enfrentaria alguns problemas: primeiro, não será possível identificar um sistema que abarque tais regras, mas tão-somente um conjunto de variados padrões sem qualquer elemento que os una e o surgimento de uma dúvida sobre sua aplicação não poderá ser resolvido apelando apenas para essas regras de obrigação, donde a *incerteza* de uma tal hipótese; segundo, essas regras seriam *estáticas*, já que não haveria um processo especial para a discussão da sua alteração; terceiro, a pressão social difusa pelo obedecimento dessas regras primárias levaria a uma *ineficácia* dos padrões a serem impostos.

Por isso, é preciso complementar as regras primárias com regras secundárias. O remédio para a incerteza é a existência, nesse sistema, de uma *regra de reconhecimento*: ela indica os aspectos que levam a crer que uma regra primária é uma regra do grupo a ser apoiada pela pressão social. A regra de reconhecimento pode ser a simples remissão a um texto legal escrito, mas pode ser também o fato de terem as regras primárias sido legisladas por um órgão,

---

9 "*(...) todas as regras têm uma penumbra de incerteza em que o juiz tem de escolher entre alternativas*" (HART, Herbert Lionel Adolphus. *O conceito de Direito*. Lisboa: Fundação Calouste Gulbenkian, 1994, p. 17).

consolidadas nos costumes ou determinadas em decisões judiciais (como o *precedent* anglo-saxão).

Contra o caráter estático de um direito formado apenas por regras de primeira ordem, as regras secundárias oferecem as *regras de alteração*, que conferem a um indivíduo ou a um corpo deles o poder de introduzir novas regras primárias para o grupo. Por fim, contra a ineficácia do sistema hipotético, as regras secundárias atribuem a certas pessoas o poder de proferir determinações dotadas de autoridade quando da discussão sobre o cumprimento ou não de uma regra primária; seriam as chamadas *regras de julgamento*. Tanto as regras de alteração como as regras de julgamento pressupõem a regra de reconhecimento, pois é ela que possibilita identificar o processo legiferante e as sentenças dos tribunais como "fontes de direito". A regra de reconhecimento é, pois, o fundamento do sistema jurídico e sua existência é uma questão de fato denunciada pela *aceitação* em uma dada comunidade.

Vislumbrar uma regra de reconhecimento não significa adquirir certeza total sobre o que seja o direito em uma dada comunidade. As incertezas na comunicação por meio das decisões judiciais e da legislação demonstram que as situações factuais não se apresentam de *per si* etiquetadas, nem as regras reclamam sozinhas suas situações de aplicação. Nesse passo, cânones de interpretação não eliminam incertezas (assim como um suposto *princípio da proporcionalidade*), apesar de diminuí-las, porque eles mesmos são regras gerais e utilizam termos gerais que demandam interpretação. Hart quer dizer com isso que os padrões de comportamento possuem uma "textura aberta", ou seja, ele se mostra consciente dos problemas que a aplicaçao do direito demanda,[10] não obstante ofereça a resposta equivocada de um leque de escolhas diante do qual coloca-se o juiz.

---

10 "*Simplesmente este mundo não é o nosso mundo; os legisladores humanos não podem ter tal conhecimento de todas as possíveis combinações de circunstâncias que o futuro pode trazer*" (HART, Herbert

Aqui, a influência de Wittgenstein e de John Langshaw Austin no pensamento do filósofo do Direito aparece com nitidez. Hart se posiciona contra as teorias jurídicas formalistas que buscam evitar a questão de que toda aplicação impõe uma escolha; o que ocorre, em verdade, é que o Poder Legislativo deve formular regras primárias gerais e, por uma regra secundária, os juízes as moldarão às suas necessidades especiais. Mas haverá, por certo, casos em que nem essa lógica é possível.

Na área da textura aberta, os juízes desenvolveriam uma atividade "criadora", por intermédio de um "poder discricionário". O que não significa que não estamos diante de um sistema apenas de regras; ao descumprirmos a promessa de visitar um amigo porque precisamos ajudar alguém gravemente doente estabelecemos uma exceção que é constitutiva da própria regra.[11] O que importa, nesse contexto, é que tal conflito será resolvido, para Hart, pelo poder que os juízes têm – poder esse conferido por uma regra interna ao próprio sistema – de dizer o que é o direito.

Uma tese semelhante à de Hart sobre o papel dos juízes diante da indeterminação do direito é a defendida por Hans Kelsen.[12] Como

---

Lionel Adolphus. *O conceito de Direito*. Lisboa: Fundação Calouste Gulbenkian, 1994, p. 141).

11 Algo que Klaus Günther (GÜNTHER, Klaus. *Teoria da argumentação no Direito e na moral*: justificação e aplicação. Trad. Cláudio Molz. Rev. Luís Moreira. São Paulo: Landy, 2004, p. 312) rechaça ao diferenciar discursos de justificação de discursos de aplicação: "*Portanto, será no discurso de aplicação que encontraremos o problema de colisão. As normas válidas sob circunstâncias inalteradas poderão colidir ao examinarmos todas as circunstâncias de uma situação. No discurso de fundamentação constataremos tão-somente que, sob circunstâncias inalteradas, não há normas que colidam com a norma carecedora de fundamentação. A colisão, nesse caso, seria um problema da adequação e não da validade de normas*".

12 Para um aprofundamento dessa questão, ver CATTONI DE OLIVEIRA, Marcelo Andrade. "Interpretação como ato de conhecimento e interpretação como ato de vontade: a tese kelseniana da interpretação

salienta Cattoni de Oliveira,[13] a teoria da interpretação kelseniana pressupõe uma teoria do ordenamento jurídico, no sentido de que a interpretação é um movimento que nasce na parte mais alta da estrutura hierárquica das normas e desce à sua parte mais baixa. Como não há uma determinação completa (intencional ou não) partindo daquele ápice, há sempre um espaço de discricionariedade; Kelsen, como Hart, tem consciência que uma palavra pode ter uma pluralidade de significados.

Toda essa abertura de possibilidades está contida em um quadro ou moldura; saber qual será a interpretação dada em um caso concreto é uma questão de política e não de teoria do Direito (é preciso salientar que também Kelsen duvidava da solução desses problemas pelo recurso exclusivo a métodos).[14] Por isso, há dois tipos de interpretação, a *autêntica*, realizada pelos órgãos jurídicos autorizados a aplicar e produzir normas jurídicas, e *não autêntica*, realizada pelos súditos e pelos teóricos do direito. Na interpretação autêntica, duas atividades são combinadas: uma cognoscitiva do direito a aplicar e uma volitiva, de escolha entre aquelas interpretações possíveis. A partir de 1960, contudo, Kelsen passa admitir

---

autêntica". *In*: ______. *Direito processual constitucional*. Belo Horizonte: Mandamentos, 2002, pp. 31 e ss.

13 CATTONI DE OLIVEIRA, Marcelo Andrade. *Direito Processual Constitucional*. Belo Horizonte: Mandamentos, 2001, p. 33.

14 "*Nesse sentido, seria falso considerar que o pensamento jurídico poderia eventualmente se inclinar sobre a elaboração das regras ou dos métodos de interpretação, como tinha pensado o fundador da escola histórica do direito, Savigny, a fim de oferecer as garantias de objetividade hermenêutica que reclama a aplicação do direito. Mas é justamente a possibilidade de objetividade científica que é recusada por Kelsen em sua teoria da interpretação, porque a objetividade científica é implicitamente concebida por esse autor por meio de um modelo ingênuo das ciências exatas: evidência lógica ou evidência empírica como critérios de cientificidade. Ora, esses critérios são impossíveis para a ciência do direito, que evidentemente só pode ser uma ciência hermenêutica*" (BILLIER, Jean-Cassien; MARYIOLI, Aglaé. *História da Filosofia do Direito*. Trad. Maurício de Andrade. Barueri: Manole, 2005, pp. 223/224).

que, em certos casos, a interpretação autêntica pode revelar uma possibilidade para além da moldura estabelecida pela norma. Isso teria levado a uma *panne* da teoria kelseniana.[15]

O grande problema de Kelsen é ignorar o caso concreto, algo que nem o próprio Hart o fez. Um grande número de interpretações possíveis não significa que todas sejam adequadas ao caso em análise; nessa definição, o juiz não possui o poder discricionário de escolha. Certo é que o positivismo jurídico compreende uma série de correntes amplíssima que requisitaria um estudo autônomo: mas o esqueleto traçado por Dworkin permite introduzir o problema da tensão entre segurança jurídica e correção judicial. Vejamos de que maneira a teoria de Dworkin oferece uma outra resposta para a pergunta acerca do que seja o direito.

2 Ronald Dworkin e o construtivismo na interpretação jurídica

Ronald Dworkin foi um dos filósofos do Direito mais conhecidos e lidos no mundo. Para Maria Lourdes Santos Pérez,[16] o pensamento de Dworkin pode ser visto, tanto na Teoria do Direito, como na Teoria da Justiça e na Teoria Ética, como permeado pelo ideal de *integridade*,[17] ou seja, que devemos ver tanto a obra dos

---

15 CATTONI DE OLIVEIRA. *Direito Processual Constitucional*, pp. 51/52.

16 PÉREZ, Maria Lourdes Santos. "Una filosofía para erizos: una aproximación al pensamiento de Ronald Dworkin". *DOXA*, Cuadernos de Filosofía del Derecho, nº 26, 2003, p. 43.

17 "*Temos dois princípios de integridade política: um princípio legislativo, que pede aos legisladores que tentem tornar o conjunto de leis moralmente coerente, e um princípio jurisdicional, que demanda que a lei, tanto quanto possível, seja vista como coerente nesse sentido*" (DWORKIN, Ronald. *O império do direito*. Trad. Jefferson Luís Camargo. São Paulo: Martins Fontes, 1999, p. 213). O ideal de *integridade* não pode ser, de modo algum, confundido com um método, tal qual o *princípio da proporcionalidade*, como faz Schlink (SCHLINK,

legisladores e dos juízes do passado, como os valores que orientam nossas ações (principalmente, liberdade e igualdade) e também nossas concepções de vida boa de maneira *coerente*.

No que respeita ao nosso tema, a proposta interpretativa de Ronald Dworkin desempenha um papel extremamente importante no constitucionalismo. Segundo Habermas,[18] ela parte do pressuposto de direitos entendidos de uma maneira deontológica e determina como a prática de decisões judiciais pode atender simultaneamente às exigências de segurança jurídica e aceitabilidade racional. A partir do pensamento de ambos os autores, é possível verificar que o exercício da jurisdição constitucional depende sim de uma coesão interna entres os direitos individuais e o processo político, entre constitucionalismo e democracia.

Não é à toa que um autor que dá tanto destaque ao papel da interpretação na prática do direito, como o faz Dworkin, entenda ser ilusório o conflito entre aquelas últimas virtudes: é preciso melhor interpretá-las antes de descartar uma delas. Concepções dinâmicas pedem este tipo de atitude.[19] Desde já, cabe uma explanação:

Bernhard. "Hercules in Germany?" *I.CON*, vol. 1, nº 4, 2003, p. 615). Segundo Pérez, "*(...) la concepción del derecho como integridad propone al juez que trabaje* como si el derecho de una comunidad fuera la obra de un 'legislador racional' de modo que para cada caso hubiera una respuesta correcta y sólo una" (PÉREZ, Maria Lourdes Santos. "Una filosofía para erizos: una aproximación al pensamiento de Ronald Dworkin". *DOXA*, Cuadernos de Filosofía del Derecho, nº 26, 2003, p. 18, destaques do original).

18 HABERMAS, Jürgen. *Facticidad y validez*: sobre el derecho y el Estado democrático de derecho en términos de teoria del discurso. Trad. Manuel Jimenez Redondo. Madri: Trotta, 1998, p. 272.

19 "*So constitutionalism does not threaten positive liberty, because constitutionalism is essential to creating a democratic community – to constituting 'the people' – and there can* be *no communal, collective freedom without it. I mean, of course, that constitutionalism does not compromise positive liberty* in principle. *It may do so if the constitution contains the* wrong *principles, or judges make the wrong decisions*

não se está aqui a defender uma completa identidade entre os dois pensadores. Habermas, por exemplo, crítica a ideia defendida por Dworkin de uma concepção de Estado Democrático de Direito semelhante a uma orquestra na qual os indivíduos só entabulam uma verdadeira ação coletiva quando cada solista vê a si mesmo e aos demais também como partes necessárias da "sinfonia"; para o alemão, os cidadãos não estabelecem vínculos originários entre si, mas fundam uma sociedade porque querem ver suas relações mútuas sob o império do direito. Essa é uma observação que, em verdade, parte da suposição de que direitos e democracia são complementares; "*(...) no hay desacuerdo respecto de esta intuición, el problema es explicitarla*".[20]

A partir destas considerações, passemos a analisar de forma mais detida a proposta construtivista de Ronald Dworkin.

2.1 A tese dos direitos Dworkin: as distinções entre princípios, regras, argumentos de princípio e argumentos de política

Ronald Dworkin ataca o positivismo pelo flanco do pensamento de Hart. Para aquele, em um sistema de direitos, não lidamos tão-somente com padrões identificados como regras, mas também com outros tipos de padrões, como princípios e políticas. A diferença entre *princípios* e *regras* é de natureza lógica. Ambos são de caráter

interpreting it. But that it is hardly surprising. Democracy can wrong in many ways, and this is only one of them" (DWORKIN, Ronald. "Constitutionalism and democracy". *European Journal of Philosophy*, vol. 3, nº 1, 1995, p. 10).

20 HABERMAS, Jürgen. "Impera el derecho sobre la política?" Trad. Eduardo Rivera López. *Revista Argentina de Teoria Jurídica*, p. 8. Disponível em: http:// www.utdt.edu/departamentos/derecho/publicaciones/rtj1/dworkin.htm. As observações aqui explicitadas têm por base o debate entre Dworkin e Habermas realizado em 1995 em Bielefeld, na Alemanha, sob a moderação de Klaus Günther.

deontológico, obrigatório. Mas as regras contêm em seu enunciado as consequências imediatas de seu obedecimento ou não. Regras são aplicadas à maneira do tudo-ou-nada (*in-an-all-or-nothing-fashion*). Os princípios não apresentam as consequências imediatas do implemento de suas condições.

Princípios possuem uma *dimensão de peso* ou importância que precisa ser avaliada caso a caso, por uma ponderação, não no sentido de balanceamento, mas no sentido reflexivo que o termo também detém. Nem sempre ponderar significa colocar interesses concorrentes, ou princípios, em uma balança e sopesá-los. Ponderar significa também *refletir* e o caso da solução dos conflitos entre princípios envolve muito mais uma construção teórica acerca do princípio adequado do que seu tratamento axiológico.

> In sum, balancing is not inevitable. To balance the interests is not simply to be candid about how our minds – and legal analysis – must work. It is to adopt a particular theory of interpretation that requires justification.[21]

Portanto, teremos uma diferença entre a ponderação preconizada por Dworkin e a ponderação, no sentido de balanceamento, defendida pelas tradições jurisprudenciais americana e alemã. No caso alemão, Robert Alexy utiliza o termo *ponderar* para marcar a diferença entre princípios e regras, mas ele acaba por perder de vista o caráter deontológico dos princípios (não obstante sua intenção seja contrária), ao tratar princípios como valores. Para o alemão, o ponto decisivo da distinção princípios e regras é que os princípios são "normas" (valores, no âmbito do pensamento alexyano, em verdade) que definem que se realize algo na maior medida possível, em relação às possibilidades fáticas e jurídicas. Por isso, eles são *mandados, máximas ou mandamentos de otimização* que se caracterizam por

21 ALEINIKOFF, Alexander. "Constitutional law in the age of balancing". *The Yale Law Journal*, vol. 96, nº 5, 1987, p. 1.001.

seu cumprimento em diversos graus,[22] algo impossível de se conceber em um discurso de aplicação caso se leve em conta as propostas de Dworkin.[23]

Tanto as regras, como os princípios, são mandados que possuem uma validade deontológica e expressam uma obrigação. Os princípios não possuem uma estrutura teleológica; não são *mandados de otimização*. As regras apresentam um componente a mais que especifica as condições de sua aplicação e os princípios só o possuem em um nível mais abstrato. Daí que uma *colisão entre regras* possa ser resolvida pela inserção de uma cláusula de exceção, ao passo que essa imposição de uma decisão de "tudo-ou-nada" não vale para os princípios, pois é apenas diante das condições de aplicação que prevalece um no momento em que outro cede lugar, sem que isso ataque sua validade.

Isso não significa que a distinção entre *regras* e *princípios* deva ser ontologizada: no mais, todas as normas carecem de interpretação,

---

22 ALEXY, Robert. *Derecho y razon practica*. México: Distribuiciones Fontanamara, 1993, p. 14.

23 Várias são as diferenças entre as propostas de Dworkin e Alexy, não havendo como confundi-las. Os estudiosos mais rigorosos da obra desse último alemão já advertem para essa confusão: "*(...) como é frequente que muitos associem os nomes de Robert Alexy e Ronald Dworkin a uma mesma tese acerca da distinção entre regras e princípios, e como frequentemente se ouve falar de Dworkin como defensor da tese da existência de uma única resposta correta para os problemas jurídicos, chega-se, por meio de associação, à ideia de que Alexy, quando fala em otimização, está defendendo a mesma possibilidade de única resposta correta. Contudo, não só as teses de ambos os autores não são idênticas* – a própria ideia de otimização não está presente nas obras de Dworkin –, *como também a possibilidade de única resposta correta é rejeitada expressamente pela teoria dos princípios na forma defendida por Alexy*" (AFONSO DA SILVA, Virgílio. *A constitucionalização do Direito*: os direitos fundamentais nas relações entre os particulares. São Paulo: Malheiros, 2005, p. 121).

ou seja, são, de *per si*, indeterminadas.[24] Por isso, a exigência de que se faça a distinção entre discursos de justificação e discursos de aplicação, nos termos propostos por Klaus Günther, como adiante será demonstrado, para que a própria situação de aplicação forneça os elementos que evitem a colisão de normas.

Um dos críticos a quem Dworkin responde no desenvolvimento de sua tese dos direitos é Joseph Raz. Ele tenta minar a diferença estabelecida por Dworkin entre regras e princípios por meio da estipulação de que também as regras, tal qual os princípios, entram em conflito e pedem que se decida sobre elas avaliando sua dimensão de peso. Um homem, segundo Raz, poderia aceitar tanto a regra moral que prega que ele não deve mentir, como a que prescreve que ele deve cumprir suas promessas (como no exemplo de Hart, também retomado por Günther). Em ocasiões específicas, o homem escolhe entre elas segundo o peso ou outro critério.

Para Dworkin, dificilmente alguém estabeleceria de antemão quais regras morais irão reger sua vida: na maioria das vezes, a questão é muito mais argumentativa e dependente da situação da aplicação relativa a uma linha de conduta do que o recurso a regras *a priori*. Na verdade, sempre que há um conflito destes, e nisso Raz apenas confirma a distinção dworkiana, cuida-se muito mais de um embate entre princípios do que entre regras. E isto não é negar que possa haver um conflito entre regras: mas aí o choque ocorre no plano da validade, e não da adequabilidade.[25]

---

24 HABERMAS, Jürgen. *Facticidad y validez*: sobre el derecho y el Estado democrático de derecho en términos de teoria del discurso. Trad. Manuel Jimenez Redondo. Madri: Trotta, 1998, p. 287.

25 DWORKIN, Ronald. *Levando os direitos a sério*. Trad. Nelson Boeira. São Paulo: Martins Fontes, 2002, pp. 119/120.

Em um passo mais avançado da elaboração de seu pensamento, Dworkin demonstrará que,[26] em verdade, não é possível um conflito entre "valores" (que, no caso específico do direito, devem ser entendidos como normas – a alusão a valores faz parte da construção, nesse ponto, de uma teoria ética por parte do americano).[27] Ele salienta que tanto no campo moral quanto no campo ético as pessoas costumam dizer que enfrentam dilemas a respeito de que caminhos seguir e segundo quais mandamentos. Deus ordenara a Isaac que escravizasse seu filho; Gauguin precisou decidir se ficaria com sua família ou se dava preferência a seu talento para ir pintar no Taiti.

O problema surge quando tais decisões dependem de escolhas trágicas: o conflito entre a liberdade e a igualdade, o conflito entre a democracia e o exercício do controle de constitucionalidade por um órgão composto de poucos juízes. Esses são conflitos aparentes para Dworkin: eles só existem se as "virtudes" ou "valores" que estão em jogo são concebidos de forma *estática*, e não *dinâmica*. Estabelecer uma concepção de uma norma ou valor de forma dinâmica significa entendê-los como *conceitos interpretativos*: deve-se procurar mostrar porque seguir uma norma é importante ao invés

---

26 DWORKIN, Ronald. "Do values conflict? a hedgehog's approach". *Arizona Law Review*, vol. 43, nº 2, 2000, pp. 251 e ss.

27 Note-se que Dworkin, assim como Habermas, diferencia, em um certo estágio de sua obra, a moral da ética. "*Neste livro distingo a ética da moralidade. A ética, conforme emprego o termo, contém convicções sobre qual tipo de vida são boas ou ruins para a pessoa levar, e a moralidade, contém princípios sobre como a pessoa deve tratar as outras pessoas. Assim, a questão de que trato é se a comunidade política deve recorrer ao direito penal para obrigar seus membros a levar o que a maioria julga ser a vida boa, e não se deve recorrer à lei para obrigá-los a se comportar de maneira justa para com os outros*" (DWORKIN, Ronald. *A virtude soberana*: a teoria e a prática da igualdade. Trad. Jussara Simões. Rev. Cícero Araújo e Luís Moreira. São Paulo: Martins Fontes, 2005, p. 291, nota 1). Ver também DWORKIN, Ronald. "Interpretation, morality and truth". *UCL Department of Political Science*, p. 19. Disponível em: http://www.ucl.ac.uk/spp/seminars/0203/lsp.php. Acessado em: 12.05.2004, no qual ele se refere a Bernard Williams a respeito da distinção.

de se seguir outra. Aqui começa o trabalho do jurista, onde os críticos de Dworkin acham que ele termina. Virtudes, valores, normas que parecem conflitar, em verdade, são complementares, desde que interpretadas em sua melhor luz.

Apenas a discussão sobre a diferença entre *princípios* e *regras* mereceria uma investigação própria; esse não é o momento adequado para fazê-la. O máximo que é possível salientar é que não se trata de uma distinção morfológica, mas uma distinção que depende do caso concreto para ser estabelecida. Dificilmente, não obstante a existência de conceitos jurídicos indeterminados, tal separação pode ser feita sem se estar diante dos sinais característicos de um caso concreto.

A crítica ao positivismo, em verdade, é uma crítica ao poder discricionário dos juízes. O sentido de poder discricionário aqui tomado por Dworkin é o sentido forte correspondente ao âmbito de aplicação no qual o juiz decide:[28] sua decisão não é controlada por um padrão formulado por quem promulga as leis ou quem decide firmando um precedente.[29] O juiz que se utiliza do poder discricionário, legisla novos direitos e os aplica retroativamente. Para

---

28 "*O autor identifica três sentidos básicos para a noção de discricionariedade: dois sentidos débeis e um forte. Um primeiro sentido débil da ideia de discricionariedade traduz a noção de que a aplicação de determinada norma não pode ser realizada de forma mecânica, mas sim tomando por base o discernimento do magistrado. (...) O segundo sentido débil, identificado pelo autor, da noção de discricionariedade, traduz a prerrogativa de determinado órgão judicial proferir uma decisão que não seja passível de reapreciação por uma instância superior. (...) Por fim, discrição, em sentido forte, significa que o decisor não está vinculado a qualquer critério normativo; que pode decidir única e exclusivamente de acordo com sua vontade*" (SOUZA NETO, Cláudio Pereira de. *Jurisdição constitucional, democracia e racionalidade prática*. Rio de Janeiro: Renovar, 2002, pp. 231/232).

29 DWORKIN, Ronald. *Levando os direitos a sério*. Trad. Nelson Boeira. São Paulo: Martins Fontes, 2002, pp. 52/53.

Dworkin,[30] mesmo se não houver nenhuma regra para o caso, uma das partes ainda detém o direito de ganhar a causa.

A suposição de que os juízes legislam quando tomam decisões para além das fronteiras de decisões políticas tomadas por outras pessoas esconde a distinção entre *argumentos de princípio* e *argumentos de política*. Argumentos de política justificam uma decisão política demonstrando que ela protege alguma meta coletiva. Argumentos de princípio justificam uma decisão na medida em que mostram que ela respeita direitos de indivíduos ou grupos. O Poder Judiciário dirime controvérsias sobre direitos, não sobre políticas.

Duas objeções podem ser opostas à originalidade de decisões judiciais em casos difíceis. Em primeiro lugar, o governo é limitado pela responsabilidade de seus ocupantes, que são eleitos pela maioria. Em segundo lugar, criando um direito novo, o juiz pune a parte sucumbente, uma vez que o aplica de forma retroativa. Em se tratando de decisões fundadas em argumentos de política, as objeções ganham força: as decisões nesta seara devem ser geradas por intermédio de um processo político que leve na devida conta os diversos interesses antagônicos. Além disso, é fácil verificar o quão errado significa tomar os bens de alguém em nome de melhorias para, por exemplo, a eficiência econômica.

A questão ganha contornos diversos quando tomada com base em princípios. Nesse caso, o demandante teria o *direito* de ser compensado. As objeções, desse modo, não constituem mais um problema: a uma, porque um argumento de princípio nem sempre se fundamenta na busca pela equivalência de diversos interesses em conflito. E, a duas, se o demandante possui algum direito, é porque o réu tem para com ele alguma obrigação e isto não se constitui a partir de uma argumentação política do tribunal. "*Se o demandante tem de fato o direito a uma decisão judicial em seu favor, ele tem a*

30 DWORKIN, Ronald. *Levando os direitos a sério*. Trad. Nelson Boeira. São Paulo: Martins Fontes, 2002, p. 71.

prerrogativa de poder contar com tal direito".[31] Mesmo que sobre a pretensão paire alguma dúvida, esta dúvida estará abarcada pela justificação de princípios que o tribunal der, demonstrando o quão mais forte é o argumento a favor do demandante. Um tribunal que deve decidir com base em princípios, de modo semelhante, não estará sujeito a um grau menor de erros do que um tribunal que o faça com fundamento em políticas.

Daí ter importância a *história institucional* de um Poder Judiciário para a teoria dworkiniana. Para a tese dos direitos, a história institucional[32] não é uma restrição vinda de fora e imposta à atuação dos juízes, mas é um componente da decisão, pois ela é parte do pano de fundo de qualquer juízo sobre direitos. Direitos políticos são criações tanto da história quanto da moralidade. Sendo os juízes autoridades públicas, estão eles sujeitos à *responsabilidade política*. A doutrina da responsabilidade política prega que as autoridades só podem tomar decisões políticas que possam justificar no âmbito de uma teoria política que, por sua vez, possa alcançar outras decisões possíveis.

Habermas esclarece que,[33] nesse sentido, uma indeterminação interna do direito é muito mais o fruto do fracasso dos juízes em desenvolver uma boa teoria política e de uma história institucional que foge de uma reconstrução racional do que um problema estrutural do próprio direito. Decisões não podem parecer certas isoladamente e, ao mesmo tempo, serem inadequadas ante uma teoria dos princípios. Elas requerem uma consistência articulada, algo que

---

31 DWORKIN, Ronald. *Levando os direitos a sério*. Trad. Nelson Boeira. São Paulo: Martins Fontes, 2002, p. 134.

32 KOZICKI, Kátia. *Conflito e estabilização*: comprometendo radicalmente a aplicação do direito com a democracia nas sociedades contemporâneas. Florianópolis: Faculdade de Direito, Universidade Federal de Santa Catarina, 2000, pp. 184/185. (Tese de Doutorado).

33 HABERMAS, Jürgen. *Facticidad y validez*: sobre el derecho y el Estado democrático de derecho en términos de teoria del discurso. Trad. Manuel Jimenez Redondo. Madri: Trotta, 1998, p. 285.

parece fraco quando se trata de políticas. Quando a questão é posta em termos de princípios, a aplicação deve, no mais das vezes, ser distributivamente consistente. Dworkin adiciona que *coerência*,[34] nesses termos, significa coerência na aplicação do princípio que se tomou por base, e não somente a aplicação da regra elaborada em nome dele. Uma nova regra não é apenas uma nova regra, mas deve ser consistente com o princípio em que se funda.

Ora, se os juízes detêm responsabilidade política, a distinção entre argumentos de princípio e argumentos de política ganha mais força ainda. Princípios descrevem direitos e argumentos de princípio têm em vista estabelecer justificações para direitos; políticas descrevem objetivos coletivos, assim como os argumentos de política buscam definir objetivos. É preciso separar direitos e objetivos segundo o caráter distributivo das alegações sobre direitos e o diferente caráter das alegações acerca de políticas.

Direitos podem ser considerados por uma teoria política como absolutos. Podem eles ser relativos (sem perder seu caráter deontológico) no sentido de que, em certas situações de aplicação, estão autorizados a capitular diante de outros direitos: são os princípios. A dimensão de peso de um direito revela sua capacidade de suportar a concorrência. Mas um direito não pode ser menos importante do que uma meta social: um direito é um *trunfo* em um jogo em que os indivíduos defendem suas pretensões contra metas coletivas; um objetivo político só será um direito caso ele tenha um certo peso diante delas. Segue destas considerações que a natureza de um objetivo político depende da perspectiva de como ele é encarado por uma teoria política. A tese dos direitos pretende defender a ideia de que decisões judiciais, em casos difíceis, são sustentadas por argumentos de princípio.

É preciso investigar, então, até que ponto um dever institucional limita a atuação de uma autoridade pública ante uma moralidade

---

34 DWORKIN, Ronald. *Levando os direitos a sério*. Trad. Nelson Boeira. São Paulo: Martins Fontes, 2002, p. 139.

política que exerce o papel de pano de fundo. É preciso saber por que existem *princípios* no direito, para além de tão-somente *regras*, e qual é o seu alcance normativo. Quase sempre, as regras também exigem uma interpretação para que sejam passíveis de alguma aplicação. No xadrez, por exemplo, o árbitro pode estar diante do difícil caso de saber se um sorriso de um dos jogadores constitui um tipo de provocação não razoável que exija punição. Aqui o árbitro não pode apelar para as suas convicções de fundo para decidir o caso; existem restrições institucionais.

Dworkin diverge explicitamente de Hart no sentido de que este seria um caso em que a "textura aberta" das regras impõe um poder legiferante por parte do julgador. Para Dworkin,

> (...) se uma interpretação da regra que prevê a aplicação de uma penalidade protege a natureza do jogo e se uma outra não, os participantes têm um direito à primeira interpretação.[35]

O problema surge no momento em que o árbitro deve precisar tal natureza. O ponto de partida pode estar naquilo que todos sabem. Uma instituição é definida sempre por alusão a uma categoria inicial. Todos sabem que o xadrez é um jogo e não uma cerimônia religiosa. Estas são convenções decisivas e frutos de atitudes e da história. Contudo, elas podem deixar de valer; as convenções passam a se tornar incompletas e o processo que admite tais mudanças, pode ser apreendido em um *conceito* que admite *concepções* diversas:[36]

---

35 DWORKIN, Ronald. *Levando os direitos a sério*. Trad. Nelson Boeira. São Paulo: Martins Fontes, 2002, p. 160.

36 Dworkin marca uma diferença entre *conceitos* e *concepções*: "*A diferença não diz respeito apenas ao grau de* detalhe *das instruções fornecidas, mas ao* tipo *de instruções. Quando recorro ao* conceito *de justiça, recorro ao significado do conceito de justiça, e não atribuo nenhuma importância especial a meus pontos de vista sobre a questão. Quando formulo uma* concepção *de justiça, defino um sentido para o conceito de justiça, e por isso meu ponto de vista está no cerne do problema. Quando apelo à justiça, coloco uma questão moral; quando formulo*

um *conceito contestado*. A natureza do jogo é, pois, *construída* pelo árbitro.

2.2 O Juiz Hércules

Quando um juiz se encontra diante de casos difíceis, Dworkin assevera que a argumentação jurídica versa sobre *conceitos contestados*. Para além dos conceitos substantivos mediante os quais o direito se manifesta, estão presentes duas noções de grande relevância. De um lado, figura a ideia de *intenção* ou *propósito* de uma lei ou de uma cláusula da mesma, ideia esta que estabelece a ligação entre a justificação política de que são as leis que criam o direito e os casos difíceis que perquirem uma resposta acerca de quais direitos foram criados por dita lei. De outro lado, temos os princípios subjacentes ao Direito Positivo, que estabelecem outra ligação, agora entre a justificação política da doutrina que pede que casos iguais sejam decididos igualmente e os casos difíceis, que, neste momento, investigam o que esta doutrina parece dizer com pouca clareza.

---

minha concepção de justiça, tento respondê-la" (DWORKIN, Ronald. *Levando os direitos a sério*. Trad. Nelson Boeira. São Paulo: Martins Fontes, 2002, pp. 211 e ss.). Segundo Brito, "*A distinção entre 'conceito' e 'concepção' foi pela primeira vez aflorada por Hart e depois desenvolvida por Rawls na sua teoria da justiça, a partir da qual foi adotada por Dworkin na construção da sua teoria interpretativa do direito. Tal como sublinha Lyons, Rawls entende que o simples conceito de justiça não implica a adoção de critérios substantivos de justiça, mas apenas a exigência de não existirem discriminações arbitrárias entre as pessoas. O objetivo de uma teoria da justiça é precisamente o de demonstrar a superioridade de uma concepção (isto é, de um princípio ou conjunto de princípios) entre concepções concorrentes, enquanto interpretação da referida exigência do conceito de justiça. Assim, a possibilidade de uma única interpretação correta de uma determinada disposição que refira o conceito de justiça depende da justificabilidade de uma particular concepção daquele conceito*" (BRITO, Miguel Nogueira de. "Originalismo e interpretação constitucional". *In*: AFONSO DA SILVA, Virgílio (Coord.). *Interpretação constitucional*. São Paulo: Malheiros, 2005, p. 79).

Desse modo, a partir do momento em que um juiz aceita as práticas estabelecidas em seu sistema jurídico, ele tem que, de acordo com a doutrina da responsabilidade política, aceitar uma teoria geral que justifique tais práticas. Dworkin constrói um simulacro de como juízes filósofos teorizam acerca da intenção legislativa e dos princípios do direito. Ele se utiliza de uma figura de retórica, um juiz de capacidade, sabedoria e paciência sobre-humanas, o qual ele chama de Hércules. Hércules aceita duas condições de um sistema jurídico específico (no caso, o americano): o direito é criado e extinto por leis; e, os juízes devem seguir as decisões tomadas por juízes que os antecederam, bem como aquelas advindas de tribunais de grau superior. Não é à toa que Dworkin apelida seu "modelo de juiz" de Hércules: ele deve construir um sistema de princípios abstratos e concretos que forneça uma justificação para *todos* os precedentes, bem como para as leis e para a constituição.

Caso Hércules se proponha a construir esse esquema de antemão, ele poderia começar por aperfeiçoar uma teoria constitucional. Sua teoria seria diferente da teoria de outros juízes, já que ela requer juízos de adequação institucional, filosofia política e moral etc. Esses juízos, contudo, não tomam parte de suas considerações de maneira a induzir uma opinião de que sua teoria é fruto de seus juízos independentes. Não, ela deve ser fruto do conjunto de leis que ele se propõe a fundamentar.

Hércules poderá enfrentar um problema complexo em sua tarefa. Ao investigar a história institucional de seu tribunal, ele descobre que a exigência de consistência é por demais forte, uma vez que parte daquela história lhe parece equivocada. O problema pode ser evitado se Hércules incluir na sua teoria uma cláusula de exceção que permita a desconsideração destes equívocos. Como salienta exemplarmente Dworkin,[37] qualquer história institucional

37 DWORKIN, Ronald. *Levando os direitos a sério*. Trad. Nelson Boeira. São Paulo: Martins Fontes, 2002, p. 186.

pode ser *explicada* sociologicamente, psicologicamente; alguma consistência requer, de seu turno, *justificação*.

Uma consistência com distinções arbitrárias não pode, de maneira nenhuma, contar com uma justificação. Ele não pode apelar para argumentos de política, uma vez que sua teoria aceita a tese dos direitos, portanto, pede que se decida com base em argumentos de princípio. Não pode também definir que as pessoas têm direito a algo somente nas decisões particulares em que assim foi decidido, mas que não há um direito geral; tal justificação estabelece distinções arbitrárias. Hércules pode reconhecer sua capacidade de dar consistência a uma história institucional, sendo obrigado a atribuir a um direito um caráter tão fraco que ele deva concorrer com considerações de política. Ao heroico juiz só resta então ampliar sua teoria, incluindo nela um adendo que possibilite a justificação de parte de uma história institucional como um erro. Não é à toa que a proposta interpretativo-construtiva de Dworkin conta com o apoio de uma hermenêutica crítica, em termos habermasianos.[38]

Hércules deve, então, desenvolver uma *teoria dos erros institucionais*, dividida em duas partes: uma que mostre quais as consequências de se considerar um evento institucional um erro e outra que limite o número de erros que podem ser excluídos. A segunda parte da teoria dos erros exige maior esforço. Já que ele fundamentou sua doutrina dos precedentes na imparcialidade, é preciso que ele construa um esquema de princípios. Duas máximas podem ser extraídas da segunda parte da teoria dos erros. Caso ele possa demonstrar que um princípio que, no passado, serviu de

38 Dworkin faz expressa referência à hermenêutica alemã e ao debate travado entre Hans-Georg Gadamer e Habermas acerca da pretensão de universalidade da hermenêutica. "*Habermas faz a observação crucial (que aponta mais para a interpretação construtiva do que para a conversacional) de que a interpretação pressupõe que o autor poderia aprender com o intérprete*" (DWORKIN, Ronald. *O império do Direito*. Trad. Jefferson Luís Camargo. São Paulo: Martins Fontes, 1999, p. 62, nota 2).

justificação para decisões do Legislativo e do Judiciário hoje não dará origem a novas decisões por ele regidas, então o argumento de imparcialidade se mostra enfraquecido. Se ele mostrar, por meio da *moralidade política*, que o princípio é injusto, o argumento de imparcialidade que o sustenta é inválido.

As críticas ao modelo sobre-humano de Dworkin não foram poucas. Acusado de uma atitude monológica, Hércules talvez oferecesse um falso ideal para a orientação do processo judicial. Não obstante colacionar as críticas feitas pelo movimento do *Critical Legal Studies* norte-americano[39] e por autores como Frank Michelman, Habermas salienta que a ideia regulativa que Hércules apresenta em favor da busca por justiça na tomada de decisões judiciais serve sim como uma orientação a ser mantida.[40] Certo é que a teoria do discurso aponta

---

39 O movimento do *Critical Legal Studies* surge no início da década de 1980 e é em parte representado pelo professor brasileiro de Harvard Roberto Mangabeira Unger; de uma maneira bastante grosseira, o *CLS* tende a ver o sistema de direitos não como um sistema em verdade, seguindo as leis uma racionalidade meramente instrumental e sendo as mesmas apenas o resultados de jogos do poder político. Para tanto, ver UNGER, Roberto Mangabeira. "The Critical Legal Studies Movement". *Harvard Law Review*, vol. 96, nº 3, 1983, pp. 563-675. Dworkin é implacável em alguns pontos contra esse movimento herdeiro do realismo jurídico: "*Temos muito a aprender com os exercícios críticos que propõem, com seus fracassos e sucessos. Isso pressupõe, porém, que seus objetivos são aqueles do direito como integridade, que trabalham para descobrir se, e até que ponto, os juízes têm, diante de si, caminhos abertos para aperfeiçoar o direito ao mesmo tempo que respeitam as virtudes da fraternidade que a integridade serve. São esses, de fato, os objetivos de pelo menos alguns membros do movimento. Outros, porém, podem ter um objetivo diferente e oposto. Talvez queiram mostrar o direito em sua pior, e não em sua melhor luz, apontando para caminhos fechados que, na verdade, estão abertos, avançando para uma nova mistificação a serviço de objetivos políticos não revelados*" (DWORKIN, Ronald. *O império do Direito*. Trad. Jefferson Luís Camargo. São Paulo: Martins Fontes, 1999, pp. 330/331).

40 Para mais detalhes, cf. BENVINDO, Juliano Zaiden. *On the limits of constitutional adjudication*: deconstructing balancing and judicial activism. Heidelberg: Springer, 2010, p. 322.

para a necessidade de pluralizar o discurso jurídico de aplicação das normas; aliás, o próprio ideal de *integridade* proposto por Dworkin para uma *comunidade de princípios* parece caminhar nesse sentido.

Mesmo assim, não precisamos abandonar Hércules de antemão, pois, ao menos, ele pode incorporar a comunidade interpretativa representada pelos profissionais do Direito e, assim, traduzir de maneira legítima a participação de uma *sociedade aberta de intérpretes da Constituição* (Häberle) para a linguagem a princípio fechada do sistema de direitos. A única diferença de Hércules para os juízes de carne e osso é que ele dispõe de toda sua carreira para se dedicar a sua decisão; ele não precisa daquilo que os juízes em geral carecem, ou seja, eficiência e capacidade de decisão. Mas ele toma as mesmas decisões sobre a justiça e a moralidade política que os demais juízes. Por fim, dizer que Hércules tem teoria demais para casos fáceis significa desprezar completamente seu empreendimento, ou seja, não levar da devida conta as pretensões das partes e o próprio caso concreto.

2.3 Moralidade política

Afirmando uma distinção entre os aspectos descritivo e normativo de uma análise,[41] Dworkin esclarece que a tese dos direitos, em

41 É quase impossível afastar aqui a influência do pensamento de Hart na teoria de Dworkin. Hart, de seu turno, influenciado por Wittgenstein, já anotara a separação existente entre a perspectiva interna e externa de quem se põe a analisar um sistema de direitos. Para Dworkin, "*(...) As duas perspectivas sobre o direito, a externa e a interna, são essenciais, e cada uma delas deve incorporar ou levar em conta cada uma delas. O ponto de vista do participante inclui o do historiador quando algum pleito jurídico apoia-se em uma questão de fato histórico (...). A perspectiva do historiador inclui a do participante de modo mais abrangente, pois o historiador não pode compreender o direito como prática social argumentativa, nem mesmo o suficiente para rejeitá-lo como enganador, enquanto não tiver a compreensão de um participante, enquanto não dispuser de sua própria opinião sobre o que se considera*

sua perspectiva descritiva, explica a estrutura atual da instituição da decisão judicial, enquanto em sua perspectiva normativa busca ela uma justificação para tal estrutura. Se o aspecto descritivo possui um argumento poderoso como este, o aspecto normativo não está fundado em um argumento mais fraco: Hércules deve sempre tentar cumprir os direitos institucionais dos destinatários que procuram seu tribunal, procurando satisfazer o senso de justiça. Dworkin apresenta, então, algumas características da história de Hércules que entram em choque com tal aspecto normativo.

Caso seja verdade que Hércules decide os casos com base em suas próprias convicções de moralidade, estaremos diante de uma agressão ao nosso senso de justiça, ao princípio democrático e ao princípio do Estado de Direito. Para que essa objeção política detenha alguma pertinência, será porque há nela uma relação com a maneira de Hércules se basear em suas próprias convicções, ou seja, aquela que prega que ele acredita que suas decisões devem institucionalmente se submeter àquilo que outras pessoas aprovam. Tal objeção sustenta que ele deve aceitar juízos emitidos por outros, mesmo que não concorde com eles. O que é difícil é saber *quais* de seus juízos a objeção supõe que ele deva submeter aos outros.

Esse não seria um problema caso ele aceitasse a tese da discricionariedade da decisão judicial, que coloca um limite por meio das leis na primeira etapa desse processo, restando à segunda etapa um exercício de um poder de extensão. Mas Hércules não segue o caminho de duas etapas da tese da discricionariedade judicial. Ele utiliza seu próprio juízo para dizer que os direitos detêm as partes: depois disto, não há mais nada que possa ser submetido às suas próprias

boa ou má argumentação no âmbito dessa prática" (DWORKIN, Ronald. *O império do Direito*. Trad. Jefferson Luís Camargo. São Paulo: Martins Fontes, 1999, p. 18). Talvez aqui esteja injustificada a crítica de Kavanagh à ausência de preocupação empírica em Dworkin (Cf. KAVANAGH, Aileen. "Keeping it real in constitutional theory". *Comparative Constitutional Studies*, vol. 1, nº 1, 2023, pp. 1-23).

convicções ou à moralidade popular. Quando ele determina quais são os direitos jurídicos, já levou em conta a moralidade política, ao menos do modo como ela foi institucionalizada.

A tese dos direitos pode, sim, pretender que Hércules tome uma decisão em um sentido contrário à moralidade popular. Pode ser que, contra a moralidade do povo, ele acredite existir um princípio liberal que permite o aborto. Ele julga que a moralidade da comunidade é incoerente, porque a moralidade constitucional (a justificação dada à constituição do modo como ela é interpretada pelos juízes) condena a decisão que ele tomou.

A tese dos direitos não coloca nunca diante de Hércules a escolha entre suas próprias convicções e as convicções da comunidade. Sua teoria identifica uma concepção particular de moralidade comunitária: ela é a moralidade política instituída pelas leis e aplicada pelas instituições. Ele deve decidir quais os princípios que sustentam tal moralidade política, mas essa é uma segunda forma de sustentação, inevitável em algum nível.

Com isto, pode-se concluir que, não obstante os casos difíceis apresentem o complicado entrave de não encontrar uma resposta candente nos anais da justiça e nem nas observações feitas pelos legisladores logo antes da elaboração das leis, mesmo assim, os juízes devem decidir conforme o direito. Sempre que um provimento jurisdicional é exarado não há o nascimento de um direito *ex nihilo*, nem de um direito que é apenas a vontade do juiz que age discricionariamente; antes disto, para Dworkin, tal direito já estava presente no ordenamento sob a forma de um princípio. Esta é a tese dos direitos.[42] O direito que os juízes declaram às partes deve ser a melhor resposta para as mesmas: deve ser a *resposta correta*. A resposta correta é a

---

42 KOZICKI, Kátia. *Conflito e estabilização*: comprometendo radicalmente a aplicação do direito com a democracia nas sociedades contemporâneas. Florianópolis: Faculdade de Direito, Universidade Federal de Santa Catarina, 2000, p. 182. (Tese de Doutorado).

melhor interpretação que os juízes, responsavelmente, podem fazer das práticas de uma comunidade que se rege por princípios.

2.4 A resposta correta em Dworkin

Tratamos da resposta correta ao discutir juízos morais em Habermas; voltemos a ela. A busca pela *única resposta correta* é, no mais das vezes, entendida das mais diversas formas, não obstante a leitura mais atenta da obra de Ronald Dworkin aponte para um sentido extremamente útil na legitimação democrática do exercício do poder jurisdicional.

O direito que os juízes declaram às partes deve ser a melhor resposta para a elas: deve ser *a resposta correta.* A resposta correta é a melhor interpretação que os juízes, responsavelmente, podem fazer das práticas de uma comunidade, algo que eles só podem fazê-lo por intermédio de *argumentos de princípio.* Em *Não existe mesmo nenhuma resposta certa em casos controversos?*, publicado pela primeira vez em 1978, Dworkin irá desenvolver a tese da única resposta correta, demonstrando seu significado e, também, como podem ser raros os casos em que tal resposta não existe; em verdade, ele retoma alguns *insights* que apresentara um ano antes, no ensaio *Os direitos podem ser controversos?*, aprimorando ainda mais sua teoria.

Existem no Direito certos conceitos jurídicos que ordenam aos juízes que decidam *prima facie* em um sentido ou no seu contrário. Se um conceito é válido em certa situação, os juízes têm o dever *prima facie* de decidir por sua validade; se for inválido, há o mesmo dever *prima facie* de decidir no sentido oposto. Dworkin denomina tais conceitos de *dispositivos.* Neles está estampada a chamada *tese da bivalência.* A *tese da bivalência* prega que tanto a asserção positiva de que um caso cabe em um conceito positivo quanto a asserção negativa de que ele cabe em um conceito negativo são verdadeiras, mesmo que haja uma disputa sobre qual delas o seja. Uma tal tese vai ao encontro da defesa que faz Jürgen Habermas do código binário das normas de direito, assertiva que é diametralmente oposta à tese de Robert Alexy de que os princípios jurídicos, para ele equiparáveis a valores, são *mandados de otimização*.

Para Dworkin, não decorre da tese da bivalência que não haja dúvidas sobre qual seja a resposta correta; mas também não decorre deste último fato que a resposta correta não exista para uma questão de direito. O que é de se questionar é se sempre algo será válido ou inválido. Ele distingue duas versões da tese de que *não há* uma resposta correta em questões jurídicas (ambas negam a tese da bivalência).

A primeira versão sustenta que a linguagem superficial dos juristas ignora o fato de que há um *espaço lógico* entre uma proposição jurídica em um sentido e outra proposição em sentido contrário. A tese da bivalência não abarca a hipótese de que ambas as proposições podem ser falsas. Sempre haverá uma terceira possibilidade independente que ocupa aquele espaço. Em qualquer sistema jurídico, existem decisões que um juiz não precisa tomar em sentido algum; tal é o caso, por exemplo, de um adiamento de uma audiência.

O próprio conceito de dever deixa um espaço entre a decisão em um sentido e a decisão em sentido contrário, espaço que possibilitaria ao juiz não um dever de decidir, mas uma permissão, um *poder discricionário*. Em casos que atravessem essa penumbra do direito, o juiz não está obrigado a aderir a uma proposição jurídica nem à sua negação lógica, mas pode recorrer a seu poder discricionário e julgar conforme o que *ele* acha certo fazer. Em tais sistemas, seria errado apelar para a tese da bivalência a fim de argumentar que uma das proposições é verdadeira. Há sempre um conceito intermediário.

Um argumento que defende que o conceito de dever é tripartido (envolvendo uma afirmação, uma negação e um espaço entre elas) seria falacioso caso ele se prontificasse a justificar que os conceitos que são utilizados para definir ocasiões de dever também devam ter três graus. Conceitos dispositivos são utilizados para descrever as situações de um dever, mas isso não implica dizer que eles devam ter a mesma estrutura que o conceito de dever.

Três argumentos servem de apoio para a segunda versão da tese de nenhuma resposta correta; os três são considerados por Dworkin. O primeiro argumento sustenta que a imprecisão derivada da *textura aberta da linguagem do direito* é tamanha que é impossível afirmar uma proposição jurídica como verdadeira ou falsa[43] (*argumento da imprecisão*). O segundo argumento afirma que proposições de direito têm uma estrutura oculta explicada pelo positivismo jurídico; tal estrutura demonstra que pode ser verdadeira uma proposição jurídica assim como sua negação (*argumento do positivismo*). O terceiro argumento se embasa no fato de que uma proposição jurídica pode ser tão contestada que nenhuma das partes tem qualquer chance de provar que a outra está errada, ou seja, proposições de direito inerentemente controvertidas não podem ser verdadeiras e nem falsas (*argumento da controvérsia*).

Dworkin radica a popularidade do *argumento da imprecisão* em uma incapacidade de se distinguir entre o fato e as consequências da imprecisão na linguagem jurídica.[44] Um argumento que defende que um termo da lei é impreciso comete o erro de não diferenciar entre o uso despropositado pelo legislador de um termo vago com o caso em que ele adota um *conceito* que admite *concepções* diferentes.

---

43 Tal seria a posição de Hart; realmente, ele tem razão em dizer que o Direito possui, como a linguagem uma textura aberta e que suas normas não se aplicam automaticamente. "*Mesmo quando são usadas regras gerais formuladas verbalmente, podem, em casos particulares concretos, surgir incertezas quanto à forma de comportamento exigido por elas. Situações de facto particulares não esperam por nós já separadas umas das outras, e com etiquetas apostas como casos de aplicação da regra geral, cuja aplicação está em causa; nem a regra em si mesma pode avançar e reclamar os seus próprios casos de aplicação*" (HART, Herbert. *O conceito de Direito*. Lisboa: Fundação Calouste Gulbenkian, 1994, p. 139). Mas isto não significa abrir mão de almejar a resposta correta, a não ser que o direito seja visto como um sistema fechado de regras e que os juízes detenham um poder discricionário nos casos difíceis.

44 DWORKIN, Ronald. *Uma questão de princípio*. Trad. Luís Carlos Borges. São Paulo: Martins Fontes, 2001, p. 188.

A imprecisão geral é um fato que se deve levar na devida conta; mas ele não importa na abdicação da tese da resposta correta. Para Dworkin,[45] a questão de que não há uma resposta certa em virtude da imprecisão da linguagem jurídica não deriva propriamente da imprecisão, mas do fato de que não pode haver uma resposta correta quando juristas sensatos discordam a respeito do que seja a resposta correta.

O positivismo sustenta uma segunda versão da tese de que não há uma resposta correta: uma proposição jurídica só é verdadeira caso alguém ou um grupo atue de forma a tornar tal proposição verdadeira[46] (*argumento do positivismo*). Essa versão depende de quão certo o positivismo está. Dworkin quer demonstrar que nenhuma forma do positivismo sustenta realmente a segunda versão e uma forma hipotética apenas o faria de uma maneira pouco convincente. A segunda versão da tese de nenhuma resposta correta é excluída se assumirmos, com Dworkin,[47] que não há qualquer vinculação estrita entre a afirmação acerca da veracidade de proposições jurídicas e um

---

45 DWORKIN, Ronald. *Uma questão de princípio*. Trad. Luís Carlos Borges. São Paulo: Martins Fontes, 2001, pp. 193/194.

46 Por exemplo, a teoria do positivista John Austin. "[John Austin] *estabeleceu uma distinção entre classes e regras (jurídica, morais e religiosas), de acordo com a pessoa ou o grupo que é o autor da ordem geral que a regra representa. Em cada comunidade política, pensava ele, encontra-se um soberano – uma pessoa ou um grupo determinado ao qual as outras pessoas habitualmente obedecem, mas que não tem o hábito de obedecer a ninguém. As regras de uma comunidade são ordens de caráter geral apresentadas por seu soberano. A definição de obrigação jurídica de Austin derivou-se de sua concepção de direito. Em sua opinião, temos uma obrigação jurídica se nos encontramos entre os destinatários de alguma ordem de caráter geral do soberano e se corremos o risco de sofrer sanção caso não a obedeçamos*" (DWORKIN, Ronald. *Levando os direitos a sério*. Trad. Nelson Boeira. São Paulo: Martins Fontes, 2002, p. 29).

47 DWORKIN, Ronald. *Uma questão de princípio*. Trad. Luís Carlos Borges. São Paulo: Martins Fontes, 2001, p. 204.

parâmetro externo, mas que, pelo contrário, tal veracidade depende de regras básicas que variam com a prática.

O *argumento da controvérsia* é explicitado por intermédio de uma doutrina denominada *tese da demonstrabilidade*. Por essa doutrina, uma proposição só pode ser demonstrada como verdadeira caso se possam conhecer fatos concretos (fatos físicos e fatos relativos ao comportamento das pessoas) relevantes para sua veracidade. Assim, como nem a proposição de que um conceito dispositivo é válido e nem sua negação podem ser verdadeiros, questões jurídicas não podem ter uma resposta correta. Caso os juristas discordem acerca do significado de um termo jurídico impreciso, uma proposição jurídica não pode ter sua veracidade demonstrada. Não há, pois, uma resposta correta. Bernhard Schlink parece traçar esse caminho.[48]

Dworkin posicionou-se expressamente sobre as críticas de Schlink.[49] Para o americano, Schlink incorre no erro de confluir duas proposições que devem permanecer distintas: uma primeira, que diz que os juristas não podem estar certos sobre qual decisão é correta em um caso difícil, e uma segunda, que afirma que nenhuma decisão é correta em caso difícil. Dworkin salienta que, provavelmente, Schlink está se referindo à defesa que Karl Popper faz uma teoria da "falsificação" para as ciências empíricas. Mas, mesmo que essa proposta seja aceita, ela ainda é diferente da questão de ser ou não a realidade indeterminada (é dizer, ela pode ser infinita, porém, se é indeterminada...). Há uma diferença entre incerteza e indeterminação. Caso detivéssemos anteriormente toda uma ordem de prioridades definindo quais respostas são as corretas e quais são

48 SCHLINK, Bernhard. "Hercules in Germany?" *I.CON*, vol. 1, nº 4, 2003, p. 615.

49 DWORKIN, Ronald. "Response to overseas commentators". *I.CON*, vol. 1, nº 4, 2003, pp. 657-662.

as erradas, teríamos não só a certeza de que há uma única resposta correta para todos os casos difíceis, mas também qual seria ela.[50]

De qualquer modo, mesmo que se aceite a ordem relativa com a qual supõe Schlink o direito funcionar (mais/menos, se/então), ainda sim não seria possível dizer que uma decisão não é melhor que outra. Dizer que nenhuma resposta é melhor do que outra significa cair na falácia de que não é possível uma resposta correta, apenas respostas.

De modo semelhante, a questão da única resposta correta depende, em Robert Alexy,[51] da possibilidade de que o discurso prático possa alcançar uma única resposta correta em cada caso; tal só seria possível caso o discurso sempre garantisse um consenso. Uma única resposta correta para cada caso só poderia ser admitida caso se recorresse a cinco idealizações:

1) Tempo ilimitado;

2) Informação ilimitada;

3) Claridade linguístico-conceitual ilimitada;

4) Capacidade e disposição ilimitada para a troca de papéis;

5) Carência de preconceitos ilimitada.

Como isto só pode ser feito de maneira aproximada, é impossível o consenso em cada questão. Nota-se claramente que Alexy vê a resposta correta como uma questão substantiva, algo que dificilmente aparece em Dworkin. A resposta correta é uma exigência de postura por parte do juiz, ou seja, significa uma abertura do mesmo

---

50 Ora, quando a Corte Constitucional Alemã coloca o princípio da dignidade humana como o ponto final para o qual converge toda a ordem de valores em que se constitui a LFB, não é justamente isso que ela faz?

51 ALEXY, Robert. *Derecho y razón práctica*. México: Distribuiciones Fontanamara, 1993, p. 21.

para as pretensões das partes acerca de como ele deve levar a sério o fato de que elas dispõem de direitos.

Dworkin sustenta que existem duas dimensões ao longo das quais se deve julgar uma teoria e responder se ela oferece uma melhor justificativa dos dados jurídicos. A dimensão da *adequação* faz supor que uma teoria política é uma justificativa melhor que qualquer outra caso alguém que a defenda possa aplicar mais daquilo que está estabelecido do que uma outra justificativa o faria. A dimensão da *moralidade política* ou da *justificação* supõe que, se duas justificativas oferecem uma adequação boa aos dados jurídicos, uma delas oferecerá uma justificativa melhor caso se mostre superior enquanto teoria política ou teoria moral, ou seja, "*(...) se apreende melhor os direitos que as pessoas realmente têm*".[52] Uma teoria que seja aprovada nos dois testes dimensionais descritos dificilmente não oferecerá uma justificativa para uma resposta correta em um caso concreto.

Enfim, se as partes não detêm qualquer direito a uma decisão específica em um caso difícil, Dworkin assevera ser injusto deixar que as partes se submetam a uma decisão controversa acerca dos direitos que as partes possuem.[53] É melhor que as partes se submetam a uma decisão falível, contudo, do que a uma decisão baseada em argumentos de política ou injustificada. As razões que pedem que os juízes utilizem sua melhor capacidade de julgar são preponderantes, mesmo que não se possa provar a veracidade de um julgamento. Em não poucos casos, os argumentos são utilizados equivocadamente. Entretanto, os cidadãos tendem a sair ganhando mesmo assim:[54] eles supõem que detêm direitos e deveres, uns em relação aos outros

52 DWORKIN, Ronald. *Uma questão de princípio*. Trad. Luís Carlos Borges. São Paulo: Martins Fontes, 2001, p. 213.

53 DWORKIN, Ronald. *Levando os direitos a sério*. Trad. Nelson Boeira. São Paulo: Martins Fontes, 2002, p. 432.

54 DWORKIN, Ronald. *Levando os direitos a sério*. Trad. Nelson Boeira. São Paulo: Martins Fontes, 2002, p. 518.

(autonomia privada) e em relação ao Estado (autonomia pública), não obstante não esteja claro quais são estes direitos e deveres.

2.5 Direito e literatura: o romance em cadeia entre o originalismo, o interpretativismo e o não interpretativismo americanos

Em "*De que maneira o direito se assemelha à literatura*", Dworkin defende que as proposições de direito são interpretativas da história jurídica, combinando elementos descritivos e valorativos, mas sendo uma atividade diferente em relação às correspondentes a tais elementos.[55] Alguns filósofos e juristas realmente colocam o direito como uma questão de interpretação; resta saber o que eles querem dizer com isto. Para alguns, a atividade interpretativa surge quando um texto é obscuro, momento em que se recorre às chamadas "técnicas de interpretação". Grande parte da hermenêutica jurídica tem em mente que a interpretação consiste em descobrir o que os legisladores ou constituintes queriam dizer quando elaboraram as leis e constituições.

Por fim, os mais céticos defendem que, em verdade, os juízes fingem estar descobrindo a intenção legislativa, escondendo-se em um manto que encobre a intenção que eles mesmos queriam que estivesse contida na lei. Um juiz não interpretaria o direito quando fundamentasse um caso semelhante em outro caso decidido anteriormente pelos tribunais, mas, bastando que haja alguma diferença, ele estaria criando direitos. Uma versão mais abrangente da interpretação deve ser desenvolvida. A interpretação deve ser estudada como uma atividade geral, presente em outros contextos da vida que não apenas o direito.

---

55 *In:* DWORKIN, Ronald. *Uma questão de princípio*. Trad. Luís Carlos Borges. São Paulo: Martins Fontes, 2001, pp. 217 e ss. Publicado originalmente em 1982.

Essa possibilidade talvez se concretize melhor no estudo da própria da *interpretação literária*; mesmo que os críticos literários discordem a respeito de qual seja a real natureza desse processo, seus debates detêm muita pertinência e parecem ser muito frutíferos para a própria hermenêutica jurídica. Assim, Dworkin sugere sua *hipótese estética*: "*(...) a interpretação de uma obra literária tenta mostrar que maneira ler (ou de falar, dirigir ou representar) o texto revela-o como a melhor obra de arte*".[56] Uma interpretação de um objeto de arte tenta mostrá-lo como a melhor obra de arte que ele pode ser, o que demonstra a diferença existente entre explicá-la e transformá-la.

É certo que uma teoria da interpretação deve conter outra teoria normatizando o que seja a identidade de uma obra, a fim de que se possa distinguir entre interpretar a obra e modificá-la. Daí que várias teorias da interpretação recorram a um *texto canônico*. O que determina o estilo de um crítico literário é sua posição diante de um texto canônico; mas o estilo de interpretação também é sensível a outro elemento: a *coerência* ou *integridade* na arte. Não se pode tornar uma obra de arte superior por meio da interpretação pondo de lado boa parte da história. Uma hipótese filosófica não pode, ao mesmo tempo, afirmar que um romance filosófico é esteticamente superior a uma história de mistério e dizer que um livro de Agatha Christie é um tratado sobre a morte. Tal interpretação faz do romance um desastre.

Dworkin novamente mostra sua face hermenêutica. Ele não busca formular uma hipótese que possibilite a escolha entre teorias da interpretação, nem refutar as acusações de relativismo. A hipótese estética abandona a busca incessante pela objetividade, já que as opiniões das pessoas sobre o que seja bom na arte são inerentemente subjetivas. Segue, então, que a hipótese estética tem que ser

56 DWORKIN, Ronald. *Uma questão de princípio*. Trad. Luís Carlos Borges. São Paulo: Martins Fontes, 2001, p. 222.

suficientemente abstrata para oferecer uma descrição daquilo sobre que discorda uma ampla variedade de teorias. Com isso, teorias sobre a interpretação deixam de ser vistas como teorias sobre a própria ideia de interpretação e passam a concorrer a respeito da melhor resposta para a questão substantiva colocada pela interpretação.

Dworkin sustenta que nenhuma afirmação estética importante pode ser *demonstrada* como verdadeira ou falsa. E se isto significa dizer que juízos estéticos são subjetivos, ou seja, que se eles não passam no teste da demonstrabilidade, realmente, eles são subjetivos. Não se pode concluir disto que nenhuma teoria normativa da arte é melhor que outra, nem que uma teoria pode ser melhor do que qualquer outra produzida até o momento. Desse modo, a interpretação é um empreendimento e é errado supor que as proposições acerca de um empreendimento público não sejam passíveis de validação. De outra parte, definir vários pressupostos no que respeita a tal validade é errado. Seria mais pertinente avaliar as razões que as pessoas utilizam para dizer o que dizem.

A hipótese estética deve demonstrar seu poder crítico e seu poder explicativo. Ao se aceitar a interpretação como baseada em teorias normativas sobre a arte, é preciso mostrar em que sentido tais teorias são defensáveis; nesse diapasão, as teorias sobre a *intenção do autor* parecem vulneráveis. O que tais teorias supõem é que o que de mais valioso pode ser encontrado em uma obra de arte é aquilo que o autor quis, em um sentido estrito e restrito, colocar nela. A teoria que fundamenta a intenção do autor é justamente a que defende a arte como uma comunicação entre aquele e o público.

Dworkin quer demonstrar a falibilidade dessas doutrinas, posicionando-se em um debate de longa data na interpretação constitucional norte-americana: a querela entre *interpretativistas* e *não interpretativistas*.[57] É contra uma parte dos *interpretativistas*, por

---

57 DWORKIN, Ronald. *Uma questão de princípio*. Trad. Luís Carlos Borges. São Paulo: Martins Fontes, 2001, p. 230.

mais que isso pareça espantoso, que ele se opõe, nomeadamente, a uma corrente o *originalismo*, doutrina que atribui autoridade ao texto da constituição (textualistas),[58] segundo o entendimento do momento da sua adoção, ou às intenções dos que a estabeleceram (intencionalistas); ver-se-á que o principal alvo de Dworkin são justamente os últimos. O interpretativismo construtivista dworkiniano parte do pressuposto de que o texto é, nas palavras de Müller, apenas a ponta do *iceberg* e que muito há a se fazer a partir desse momento; daí dizer-se que ele mesmo seria um "originalista moderado". Os *não interpretativistas* norte-americanos procuram se livrar das "amarras" do texto e são considerados, pelos *interpretativistas* que se opõem, muito mais como uma ideologia política.[59]

Nenhuma teoria da interpretação dispensa a intenção do autor. Ocorre que há controvérsias sobre se isto realmente importa; para o *intencionalista*, isto sempre é importante. Alguns intencionalistas defendem que é relevante conhecer o estado de espírito do autor. Os que propõem tal assertiva não levam em conta, entretanto, como se relacionam as intenções *para* uma obra e as opiniões *sobre* ela. Dworkin apresenta o interessante exemplo do autor que vê na sua criatura algo que antes ele não via, ou seja, algo que não aparece no momento inicial da criação, mas apenas posteriormente.

Para o intencionalista, ou o autor descobre que tinha uma *intenção subconsciente* ou ele mudou de intenção. Dworkin não se contenta com nenhumas dessas explicações. Para ele, o autor passa

---

58 Um textualista criticado diretamente por Dworkin, como se verá abaixo nesse mesmo capítulo é Robert Bork. Bork teve sua indicação pelo Presidente Ronald Reagan, em 1987, para a Suprema Corte, reprovada pelo Senado Norte-Americano, justamente em virtude da posição originalista e textualista radical por ele defendida. Outro textualista estrito, este membro da Suprema Corte, é Antonin Scalia. Como *não interpretativistas* poderíamos citar, apenas a título de exemplo, os nomes de Michael Perry e Alexander Bickel.

59 BRITO, Miguel Nogueira de. "Originalismo e interpretação constitucional". *In*: AFONSO DA SILVA, Virgílio (Coord.). *Interpretação constitucional*. São Paulo: Malheiros, 2005, pp. 56/57.

a entender que seu romance se torna mais interessante quando ele dá um rumo diferente à história com base nos próprios personagens;[60] a causa disto é o talento de quem escreve. Nenhum crítico literário fará uma descrição completa a respeito do que um autor pretendia fazer quando escreveu um romance se ele não levar em conta a seguinte característica: o autor poderia ter a pretensão de criar algo independente de suas intenções.

Essa crítica de Dworkin é plenamente cabível no voto proferido pelo ex-Ministro do Supremo Tribunal Federal, Moreira Alves, quando do julgamento do *Habeas corpus* n. 82.424/RS,[61] famoso caso em que se discutia se a discriminação contra judeus poderia ser considerada crime de racismo e, com isso, sujeita à imprescritibilidade do art. 5º, inc. XLII, da Constituição Federal. Não obstante ter o Supremo considerado a prática como incluída nessa restrição constitucional, o voto chama a atenção pela investigação extremamente intencionalista levada a efeito pelo Ministro. Era preciso determinar, no caso, e de forma semântica, o sentido e o significado da expressão racismo; daí que um elemento histórico determina a remissão à proposta feita pelo constituinte originário para a criação do dispositivo. Com efeito, a Emenda Aditiva 2P00654-0, de iniciativa do constituinte Carlos Alberto Caó, tinha por justificação o combate à discriminação contra o negro, não contra os judeus.

Além disso, como o próprio Dicionário Aurélio Buarque de Holanda conceitua, o racismo é a doutrina que sustenta a superioridade de certas raças; se os judeus não são uma raça, como a branca, a negra e a amarela, não há que se falar em imprescritibilidade. Raça

60 DWORKIN, Ronald. *Uma questão de princípio*. Trad. Luís Carlos Borges. São Paulo: Martins Fontes, 2001, p. 232.

61 BRASIL. Supremo Tribunal Federal. *Habeas corpus* n. 82.424/RS. Paciente: Siegfried Ellwanger. Coator: Superior Tribunal de Justiça. Relator Ministro Maurício Corrêa (Relator originário Ministro Moreira Alves). Data da decisão: 17/09/2003; SUPREMO TRIBUNAL FEDERAL. *Crime de racismo e anti-semitismo*: um julgamento histórico do STF. Brasília: Brasília Jurídica, 2004.

é uma designação biológica; e mesmo que isto reste contestado pelo Projeto Genoma, na época da elaboração da Constituição esse avanço tecnológico *ainda* não era algo a se comemorar[62] – logo, a grave punição de ordem constitucional não poderia ser extensiva a esse agrupamento humano. A exegese constitucional deve dar relevada importância à *mens legislatoris* e se não há um grande espaço de tempo entre a promulgação da Constituição e o momento da aplicação, não há que se falar em uma suposta "interpretação evolutiva" (o espaço referido é, note-se, de quinze anos).

Sem adentrar no mérito da decisão, é preciso, desde já, colocar de lado a atividade interpretativa como um tipo de investigação psicológica das causas que levaram o legislador ou o constituinte a estabelecerem normas. Esse tipo de investigação, se detém alguma importância, coopera lateralmente na formulação da decisão; ao prender-se a esses limites, o Ministro Moreira Alves dá uma importância por demais excessiva à autoridade que promulgou o texto legislativo, agindo como um positivista à maneira de John Austin. Dizer que o período de quinze anos é um curto período, em uma sociedade em que as mudanças e informações ocorrem com tamanha velocidade, significa prender o direito ao suposto anseio psicológico dos pais fundadores. Significa, mais que isso, ignorar o projeto constitucional de uma Constituição.

Pode-se, com isto, distinguir o papel do artista criador do papel do crítico que interpreta tal criação. O artista sempre leva em conta uma teoria normativa sobre a arte que o guia, dizendo se aquilo é ou não arte e de que maneira ela pode ser arte em uma

---

62 "*E aqui faço uma observação: quando a denúncia foi recebida, em 1991, ainda não havia a noção científica de genoma, que é do ano 2000, não podendo ter sido levada em consideração pela Carta Magna de 1988 ao aludir ao preconceito de raça, para se sustentar que só existe uma raça, que é a humana, e que por ser única não daria margem a preconceito racial a que ínsita a diversidade de raças*" (SUPREMO TRIBUNAL FEDERAL. *Crime de racismo e anti-semitismo*: um julgamento histórico do STF. Brasília: Brasília Jurídica, 2004, p. 45).

melhor acepção; ou seja, o artista não cria sem interpretar. O crítico, por sua vez, não interpreta sem criar, vez que ele, embora limitado pela criação, deve escolher a melhor maneira de interpretar algo de modo a mostrá-lo como uma arte melhor.

Mas há uma diferença entre o artista e o crítico; não obstante, Dworkin quer derrubar tal diferença a fim de aproximar a interpretação na literatura da interpretação no Direito. Para tanto, ele recorre ao exemplo de um grupo de romancistas contratado para elaborar uma obra. Cada um deles escreverá um capítulo do romance, sempre tendo em vista a compreensão dele acerca do capítulo anterior. Ou seja, cada romancista tem a responsabilidade de interpretar e criar; mesmo o primeiro deve interpretar, não outro capítulo, mas o gênero escolhido.

Nenhum deles é livre em um sentido amplo, pois deve interpretar cada capítulo anterior da melhor maneira possível.[63] Ao longo da cadeia, os romancistas subsequentes podem se sentir mais

---

63 Nesse ponto, as noções de *horizonte* e *fusão de horizontes* são extremamente elucidativas do modo de proceder de quem compreende. Segundo Gadamer, a *situação* é definida pela impossibilidade de termos um completo conhecimento objetivo dela, justamente porque nela estamos inseridos. À situação alia-se o conceito de *horizonte*. "*Horizonte é o âmbito de visão que abarca e encerra tudo o que pode ser visto a partir de um determinado ponto*" (GADAMER, Hans-Georg. *Verdade e método I*: traços fundamentais de uma hermenêutica filosófica. 5ª ed. Trad. Flávio Paulo Meurer. Petrópolis: Vozes, 2003, p. 399). Ter um horizonte é definir o que é, na tradição, essencial para a tarefa hermenêutica. Quando se investiga o passado, o horizonte histórico que se determina pelo fenômeno nada mais nos fornece que uma visão opaca do que ele realmente é; não há diálogo, nesse caso, entre o horizonte do presente e o do passado. Não há entendimento, caso não haja uma fusão entre horizonte do passado e horizonte do presente. "*Não existe um horizonte do presente por si mesmo, assim como não existem horizontes históricos a serem conquistados*. Antes, compreender é sempre o processo de fusão desses horizontes presumivelmente dados por si mesmos" (GADAMER, Hans-Georg. *Verdade e método I*: traços fundamentais de uma hermenêutica filosófica. 5ª ed. Trad. Flávio Paulo Meurer. Petrópolis: Vozes, 2003, p. 404, destaques do original).

"amarrados"; o que não significa que haverá um consenso sobre a interpretação correta no momento posterior, mas apenas que sua interpretação pode ser melhor que outras.[64] Desse modo, a interpretação não se subordina à intenção de um autor específico, mas ao conjunto daqueles que interpretam. Dworkin acrescenta outro fator a seu exercício literário: os romancistas não deverão criar uma obra fragmentada, desvinculada, mas um romance único, integrado.[65]

Os casos difíceis no direito podem ser decididos da mesma maneira como se procede nos exercícios literários desse tipo. Cada juiz é um romancista na cadeia; cada um deve procurar investigar o que o conjunto deles se propôs a fazer coletivamente e não apenas seu estado de espírito quando se propuseram a escrever. O juiz deve se ver como membro de um complexo empreendimento histórico: seu trabalho é dar curso a tal história no futuro por meio do que ele faz agora. Por isto ele interpreta o material formado por decisões e práticas do passado e não inventa qual o rumo a ser seguido pelo romance coletivo. Além disso, não basta apenas interpretar a história institucional que vincula todos os "juízes-escritores", mas é preciso fazê-lo de maneira a tornar cada leitura a melhor possível da corrente de decisões.[66]

Mas como definir qual a melhor interpretação possível? Tal interpretação deve enfrentar um teste de duas dimensões: uma *dimensão formal*, que investiga se a interpretação do Direito se ajusta

---

64 Ou seja, ao transferir a ideia do romance em cadeia para o direito, a tese da única resposta correta mostra-se ainda mais plausível como uma questão de atitude, interpretativa das melhores práticas de uma comunidade e do que as instituições determinam acerca do Direito.

65 DWORKIN, Ronald. *Uma questão de princípio*. Trad. Luís Carlos Borges. São Paulo: Martins Fontes, 2001, p. 237.

66 "*(...) we must defend our choice as the best justification of the complex practice of legislation, and that will require us to defend it in a particular conception of democratic or other political morality – a particular account of the point and value of representative majoritarian government*" (DWORKIN, Ronald. *Justice in robes*. Cambridge: Harvard University Press, 2006, p. 17).

ao conjunto das práticas jurídicas, e uma *dimensão substantiva*, que visa demonstrar a finalidade ou valor da interpretação. A finalidade ou valor da interpretação levará em conta não a arte do direito, até porque o direito não é um empreendimento artístico, mas o fato de que o direito é um empreendimento *político*. Sua finalidade geral é a de coordenar o esforço social e individual, assegurar justiça entre os cidadãos e entre estes e o governo, ou qualquer combinação desses fins. Uma interpretação jurídica deve demonstrar seu valor em termos políticos, elucidando o princípio ou a política a que serve.

Desse modo, o juiz interpreta a história institucional que se lhe apresenta a partir de suas concepções de vida, uma história que acha melhor; ele não a inventa. Os limites serão oferecidos pelas dimensões formal e substantiva. Não há um método ou algoritmo para se alcançar a melhor interpretação. É certo que a intenção de quem decidiu um precedente, estabeleceu uma constituição ou elaborou uma lei desempenha um papel importante na construção da interpretação; mas trata-se, antes, de uma questão de teoria tpolítica do que da atribuição de uma vontade a uma pessoa em especial.

2.6 Integridade e comunidade de princípios

A proposta dworkiniana de um será ainda mais aprofundada em *O império do direito*, publicado originalmente em 1986. Ele começa por salientar que os processos judiciais sempre suscitam três tipos de questões: questões de fato, questões de direito e questões de moralidade política, ou seja, o que ocorreu, qual a lei aplicável e se há justiça. É justamente sobre as questões de direito que se torna necessário aclarar seu verdadeiro sentido: que tipo de divergência surge quando juízes discordam sobre qual a lei aplicável a um caso? Para Dworkin,[67] a verdade ou falsidade de uma *proposição jurídica* (as afirmações que as pessoas fazem sobre o que a lei permite,

67 DWORKIN, Ronald. *O império do Direito*. Trad. Jefferson Luís Camargo. São Paulo: Martins Fontes, 1999, pp. 6 e ss.

autoriza ou proíbe) está ligada a uma divergência *teórica* sobre o direito, ou seja, é uma divergência sobre os fundamentos do direito.

Teorias semânticas do Direito, quer dizer, teorias que insistem que os operadores do direito se utilizam de certos critérios linguísticos para avaliar as proposições jurídicas e definir o conceito do Direito não parecem estar muito cônscias dessa divergência, ainda quando, em virtude dos ganhos da filosofia da linguagem, defendam que estão discutindo o "uso" dos conceitos jurídicos. Tais teorias positivistas, em verdade, possuem como pano de fundo o direito como uma questão de fato e divergem empiricamente sobre a história das instituições jurídicas. São os casos de John Austin e Herbert Hart. O problema das teorias semânticas é que elas estão presas por um *aguilhão semântico.*

Com isso, a verdadeira divergência sobre o Direito é de natureza teórica. Daí ser necessário ampliar o argumento jurídico no sentido de identificar seu papel na cultura entendida de forma ampla. As pessoas, em uma sociedade, de fato debatem sobre as melhores interpretações de práticas e tradições e, quando o fazem, estão discutindo acerca do que tais práticas e tradições realmente requerem. Por exemplo, uma regra de cortesia que exige que os camponeses retirem o chapéu diante dos nobres pode sujeitar-se, em dado momento, ao teste de significado, ou seja, deve ser vista e reestruturada em *sua melhor luz.* Essa mudança ocorre porque a prática interpretativa é ela mesma um processo: uma nova forma sugerida de demonstrar deferência aos nobres ou uma crítica a tal atitude surge a partir de uma interpretação anterior, contudo, modificando-a, em um verdadeiro romance em cadeia.

Já que a atividade interpretativa é tão rica e complexa, porquanto presente em vários setores da vida social, é preciso, pois, distinguir suas possíveis modalidades. A primeira interpretação destacada por Dworkin é a chamada *interpretação conversacional*:[68] ao tentarmos

---

68 DWORKIN, Ronald. *O império do Direito*. Trad. Jefferson Luís Camargo. São Paulo: Martins Fontes, 1999, pp. 60 e ss.

nos entender com outras pessoas, procuramos interpretar os sons ou sinais que ela faz. Uma segunda forma de interpretação é a *interpretação científica*: um cientista coleta dados e, posteriormente, os interpreta em favor de sua pesquisa. Por fim, há a *interpretação artística*: os críticos interpretam obras de arte com vistas a justificar algum ponto de vista sobre seu significado, tema ou propósito.[69]

Dworkin irá defender que a interpretação das práticas sociais se assemelha por demais com a interpretação artística, uma vez que ambas interpretam algo criado pelas pessoas como uma entidade distinta; elas são formas de uma *interpretação criativa*. A interpretação criativa deve ser *construtiva*. A interpretação das obras de arte preocupa-se com o propósito, não a causa: esse propósito é o do intérprete, não do autor.

A *interpretação construtiva* de uma prática social pode ser ainda mais bem explicada. Pode-se dividir seu processo em etapas. Na etapa *pré-interpretativa*, são identificados os padrões que fornecem o conteúdo experimental da prática. Na etapa *interpretativa*, o intérprete deve encontrar uma justificativa geral para a prática outrora identificada. A última etapa é a chamada etapa *pós-interpretativa*, na qual ele ajusta sua ideia do que a prática realmente requer para servir de uma melhor forma à justificativa da etapa anterior. Dworkin[70] recorre ao exemplo de Wittgenstein de uma

---

69 Ao que nos parece, Dworkin, ao fixar essa distinção, quer apenas enfatizar o papel do intérprete na determinação do direito. Não nos parece que a diferenciação seja rígida, até porque ela implicaria no fato de que o construtivismo teria menor importância em algumas áreas do conhecimento, o que não é o caso.

70 DWORKIN, Ronald. *O império do Direito*. Trad. Jefferson Luís Camargo. São Paulo: Martins Fontes, 1999, p. 85. Ou mesmo a metáfora de uma árvore é esclarecedora: "*Em termos gerais, as pessoas concordam com as proposições mais genéricas e abstratas sobre a cortesia, que formam o tronco da árvore, mas divergem quanto aos refinamentos mais concretos ou as subinterpretações dessas proposições abstratas, quanto aos galhos da árvore*" (DWORKIN, Ronald. O

corda constituída de vários fios, sendo que nenhum deles percorre todo seu comprimento nem compreende toda a sua largura.

Dworkin[71] irá, então, reforçar a existência de uma resposta correta, distinguindo, novamente, os teóricos que defenderiam a tese de que não há uma resposta correta. Há um *ceticismo interior* e um *ceticismo exterior* a respeito da resposta correta. O cético interior apresenta-se como uma posição dentro da atividade interpretativa, mas autônoma em relação a melhor interpretação de algo. Seu interesse é a própria substância das afirmações que contesta. Já demonstramos como Dworkin refuta os céticos interiores. O *ceticismo exterior* paira em torno da atividade interpretativa. É uma teoria metafísica e não uma teoria interpretativa. Trata-se do *argumento da controvérsia*, acima referido e refutado, cuja base é a tese da demonstrabilidade. Esse tipo de ceticismo, para Dworkin[72] não ameaça qualquer projeto interpretativo.

Dworkin recupera duas tradições norte-americanas que irá, posteriormente, refutar em parte: o *convencionalismo* e o *pragmatismo*. O convencionalismo (ou positivismo jurídico) defende a ideia de direitos jurídicos e o fundamento da força coercitiva estatal está em direta consonância com as decisões tomadas no passado, de modo que a previsibilidade (segurança jurídica) e a imparcialidade sejam uma restrição bem-vinda e legítima. Um direito deve estar explícito nas convenções e decisões passadas, nos anais dos congressos ou das Assembleias Constituintes; é uma posição diretamente vinculada ao positivismo jurídico.

---

império do Direito. Trad. Jefferson Luís Camargo. São Paulo: Martins Fontes, 1999, p. 86).

71 DWORKIN, Ronald. *O império do Direito*. Trad. Jefferson Luís Camargo. São Paulo: Martins Fontes, 1999, pp. 94 e ss.

72 DWORKIN, Ronald. *O império do Direito*. Trad. Jefferson Luís Camargo. São Paulo: Martins Fontes, 1999, pp. 101/102.

O pragmatismo (ou realismo jurídico) nega que as decisões judiciais são legítimas porque há um direito das partes a uma decisão coerente por parte dos juízes. Esses últimos devem tomar suas decisões com o olhar dirigido para o futuro e o máximo que o Poder Judiciário faz é agir "como se" as pessoas detivessem direitos. Trata-se de uma concepção cética em relação aos direitos genuínos e que pode ser identificada com as propostas do movimento do *Critical Legal Studies*.

A partir dessas concepções do direito, Dworkin apresenta a sua concepção do *direito como integridade*. Essa concepção pressupõe um certo tipo de comunidade política, que abraça algumas virtudes escolhidas por Dworkin[73] arbitrariamente, mas procurando refletir os padrões mais básicos da política comum: imparcialidade, justiça e devido processo legal. A imparcialidade (*fairness*, que, como já ressaltado, pode ser traduzido por "equanimidade" – e não "equidade", a fim de não gerar confusões com acepções aristotélicas) perquire pelos procedimentos políticos que possam distribuir o poder político da maneira adequada; a justiça volta-se para as decisões que as instituições políticas devem tomar; e, o devido processo legal requer a correção dos procedimentos para julgamento dos cidadãos que possam ter infringido as leis estabelecidas pelos procedimentos políticos.

Um outro ideal deve ser acrescido e ele costuma ser traduzido na conhecida máxima de que casos semelhantes devem ser tratados de maneira parecida. Ele

> *(...) exige que o governo tenha uma só voz e aja de modo coerente e fundamentado em princípios com todos os seus*

73 DWORKIN, Ronald. *O império do Direito*. Trad. Jefferson Luís Camargo. São Paulo: Martins Fontes, 1999, p. 200.

> *cidadãos, para estender a cada um os padrões fundamentais de justiça e equidade que usa para alguns.*[74]

Dworkin dá ao "clichê" do igual tratamento o título de *integridade política*. Do mesmo modo que devemos, na moralidade pessoal, agir de forma íntegra para com as pessoas com as quais nos relacionamos, o Estado deve incorporar esse ideal, deve ser *personificado* nesse sentido positivo. Não se trata de um agente moral superdimensionado, mas da atribuição de uma responsabilidade coletiva em termos de princípios a uma comunidade.

2.7 Igual respeito e consideração: colocando a teoria dworkiniana em prática

Igual respeito e consideração: essa é a exigência básica do ideal da integridade. Trata-se da "norma fundamental" de sua teoria, para dizer com Habermas.[75] Ela é exemplificada por Dworkin[76] recorrendo a esse *modelo interpretativo* de decisão judicial e contrapondo-o a um modelo positivista que teria sido levado em conta na decisão do Juiz Robert Bork no caso *Dronenburg v. Zech* (741 F.2d 1388 (D.C. Circuit 1984)). Dronenburg servira a Marinha durante longos anos, porém fora dispensado quando admitiu ter praticado atos homossexuais num quartel.

As decisões da Suprema Corte Norte-Americana sobre os direitos de privacidade apontavam para uma progressiva liberalização: em *Griswold v. Connecticut* (381 U.S. 479 (1965)), ela decidira que os Estados não podem proibir o uso de contraceptivos por parceiros

---

74 DWORKIN, Ronald. *O império do Direito*. Trad. Jefferson Luís Camargo. São Paulo: Martins Fontes, 1999, p. 201.

75 HABERMAS, Jürgen. *Facticidad y validez*: sobre el derecho y el Estado democrático de derecho en términos de teoria del discurso. Trad. Manuel Jimenez Redondo. Madri: Trotta, 1998, p. 273.

76 DWORKIN, Ronald. "The 1984 McCorckle Lecture: Law's ambitions for itself". *Virginia Law Review*, vol. 71, 1985, pp. 179-181.

casados; em *Eisenstadt v. Baird* (405 U.S. 438 (1971)), tal direito fora estendido a parceiros não casados; em *Carey v. Population Servs. Int'l* (431 U.S. 678 (1977)), uma lei de Nova York foi declarada inconstitucional porque proibia a venda de contraceptivos por farmacêuticos não licenciados e para menores de dezesseis anos; e, em *Loving v. Virginia* (388 U.S. 1 (1967)), uma lei do Estado da Virgínia também foi declarada inconstitucional porque proibia o casamento entre pessoas de raças diferentes.

A partir dessas decisões, é possível concluir que o Estado afirmou dois princípios: o de que nenhum ato deve ser passível de intervenção estatal a não ser que traga prejuízos para outras pessoas, e não apenas porque é considerado "imoral"; o de que o Estado não deve restringir a liberdade dos indivíduos para a procriação por meio da legislação. Na prevalência do primeiro princípio, o direito como um todo protege Dronenburg; na do segundo, não. O segundo princípio não seria, em verdade, um princípio, já que estabelece uma linha arbitrária que não tem qualquer importância para o direito. Ora, mesmo que a legislação ou a Constituição não contenham explicitamente o direito de Dronenburg, o modelo interpretativo permite essa inferência, permite que o direito realize suas *próprias ambições*. Bork, quem tomara a decisão, preferira um modelo positivista que não aceita que os direitos possam ser interpretados.

O modelo positivista de Robert Bork é um modelo adequado para um tipo específico de comunidade que se guia por um ideal diferente da *integridade*: o ideal da *eficiência econômica*.[77] Este visa realizar as preferências da comunidade em geral. Conservadores e partidários da Análise Econômica do Direito comungam dessa

---

77 "*De ahí que la interpretación positivista de la práctica de las decisiones judiciales venga a tener por consecuencia que la garantía de seguridad jurídica deje en un segundo plano la garantía de racionalidad o rectitud normativa*" (HABERMAS, Jürgen. *Facticidad y validez*: sobre el derecho y el Estado democrático de derecho en términos de teoria del discurso. Trad. Manuel Jimenez Redondo. Madri: Trotta, 1998, p. 272).

"virtude". A maximização do bem comum é o fim das próprias normas jurídicas e são esses argumentos de política que ignoram a real natureza de um direito. Essa comunidade tem como cidadãos concorrentes em uma economia de mercado: eles devem competir para que suas preferências sejam, no fim das contas, satisfeitas. Não é isso o que ocorre em uma comunidade guiada pelo ideal da integridade.

Desse modo, Dworkin conceberá dois princípios da *integridade política* dessa comunidade que aceita o modelo interpretativo, um Legislativo e outro Judiciário.[78] O princípio legislativo pede aos legisladores que tentem tornar o conjunto de leis moralmente coerente. As divergências morais que as pessoas expressam não podem ser objeto de uma conciliação que trata a ordem pública de uma coletividade como uma mercadoria, um bolo que deve ser repartido equitativamente. É preciso que a perspectiva de cada um possa se manifestar de modo participativo no processo de elaboração das leis, mas apenas um princípio irá fundamentar a decisão coletiva que venha a ser tomada.

As soluções conciliatórias agridem diretamente o princípio da *integridade na legislação*, não porque lesam diretamente a justiça ou a imparcialidade, mas porque o Estado que age em nome delas age sem integridade de princípios, ou seja, como ente personificado não se deixa regular por princípios endossados coerentemente.[79] Sempre que direitos são concedidos, cada um deles parecendo ser coerentes a partir de si mesmo, mas não ante a um teste do *direito*

---

78 DWORKIN, Ronald. *O império do Direito*. Trad. Jefferson Luís Camargo. São Paulo: Martins Fontes, 1999, pp. 213 e ss.

79 O seguinte exemplo de uma solução conciliatória é bastante elucidativo: "*(...) o problema da escravidão era regido por um acordo conciliatório mediante o qual se contavam três quintos da população de escravos de um estado para determinar sua representação no Congresso e para proibir que este limitasse o poder original dos estados, mas somente antes de 1808*" (DWORKIN, Ronald. *O império do Direito*. Trad. Jefferson Luís Camargo. São Paulo: Martins Fontes, 1999, p. 223).

como um todo (que abarque as virtudes da justiça, imparcialidade e devido processo), a integridade é posta em jogo.

Uma comunidade que aceita o ideal da integridade, que o vê como um ideal "atraente", torna-se um tipo de comunidade especial que pode ser vista como um agente moral que fundamenta o uso de seu poder coercitivo.[80] Tal comunidade tem em favor de si, pela aceitação do ideal de integridade, a proteção contra a parcialidade, a fraude e outros tipos de "corrupções oficiais"; mas no que nos interessa, a integridade possibilita que o direito não seja visto apenas como um ordenamento fechado de regras cuja interpretação é propriedade do poder político.

As pessoas que se deixam governar por tal ideal aceitam que não apenas as decisões tomadas no passado valham como direito, mas que também as regras decorrentes de princípios pressupostos naquelas decisões permitam a expansão orgânica do conjunto de normas públicas, "*(...) sem a necessidade de um detalhamento da legislação ou da jurisprudência de cada um dos possíveis pontos de conflito*".[81] Para que se possa construir devidamente essa comunidade, a responsabilidade coletiva assumida pelo ente personificado no qual ela se constitui fundamenta-se na noção de que os membros da comunidade devem se sentir como autores das normas que estabelecem para si. O princípio do discurso, em sua forma democrática,

---

80 Note-se que Dworkin quer construir uma teoria política que justifique adequadamente o uso do poder político, sem perder de vista a legitimidade. "*(...) uma teoria política completa inclui pelo menos duas partes principais: reporta-se aos* fundamentos *do direito – circunstâncias nas quais proposições jurídicas específicas devem ser aceitas como bem fundadas ou verdadeiras – quanto à* força *do direito – o relativo poder que tem toda e qualquer verdadeira proposição jurídica de justificar a coerção em vários tipos de circunstâncias excepcionais. Essas duas partes devem apoiar-se mutuamente*" (DWORKIN, Ronald. *O império do Direito*. Trad. Jefferson Luís Camargo. São Paulo: Martins Fontes, 1999, p. 136).

81 DWORKIN, Ronald. *O império do Direito*. Trad. Jefferson Luís Camargo. São Paulo: Martins Fontes, 1999, p. 229.

aponta no mesmo sentido; não é à toa que, nessa passagem, Dworkin refira-se a Kant e Rousseau para dizer que, para além do que esses pensadores propuseram, o cidadão deve enxergar o conjunto de normas de uma maneira coerente caso queira torná-lo um conjunto seu.

Com isso, a atitude interpretativa pode guiar a prática social e estabelecer obrigações para os membros da comunidade que possam ser aceitas por eles, permitindo que o uso do poder político seja legítimo. O ideal da integridade recorre a um princípio da Revolução Francesa que permaneceu esquecido nos dias atuais: a *fraternidade*. Esse não é um princípio que pede que amemos uns aos outros nas relações de co-cidadania; não, sua afirmação é única e exclusivamente no sentido de um igual respeito e consideração.

Isso requer que os membros assumam certas responsabilidades que, de seu turno, só serão fraternais na medida em que dispuserem de certas características. Essas obrigações são *especiais*: os membros as devem uns aos outros, mas não as aceitam como um dever geral aplicável mesmo a quem não pertença ao grupo. Elas são também *pessoais*, no sentido de que se dirigem de um membro a outro, sem percorrer o grupo como um todo em um sentido coletivo. Além disso, tais responsabilidades decorrem de uma mais geral, o interesse de cada um no bem-estar de todos os membros do grupo; ou seja, elas são *abrangentes*. Por fim, os membros devem ter em mente que as práticas do grupo mostram um *igual* interesse por todos os membros. Essa é a *comunidade básica* que aceita a reciprocidade como parte integrante das obrigações que devemos uns aos outros.

Ora, se a comunidade básica que se rege pela reciprocidade e aceita a fraternidade nas obrigações dos membros, uns em relação aos outros, possui essas características, é preciso saber, interpretativamente, em que sentido podemos defini-la com mais propriedade. Dworkin apresenta três modelos.[82] O primeiro seria o de uma

82 DWORKIN, Ronald. *O império do Direito*. Trad. Jefferson Luís Camargo. São Paulo: Martins Fontes, 1999, pp. 252 e ss.

comunidade de fato: os membros veem a associação tão-somente como um acidente de fato, histórica ou geograficamente; eles possuem uma atitude egoísta e não se preocupam com seus concidadãos e com os rumos gerais da comunidade. Daí que o primeiro modelo não satisfaz nem a primeira condição de uma comunidade de básica de que os membros devam se sentir obrigados de uma forma especial com os outros membros diretamente relacionados.

O segundo modelo é o de uma *comunidade de regras*: os membros aceitam um compromisso geral de obedecer às regras estabelecidas de um certo modo que é específico da comunidade. Têm eles em mente, contudo, que suas obrigações se reduzem às regras previamente dadas (esse modelo está vinculado ao convencionalismo). Tal modelo satisfaz as duas primeiras condições de uma comunidade básica, mas não satisfaz a terceira, já que o não há um interesse de cada um no bem-estar de *todo* o grupo. Subjaz a esse modelo a já mencionada virtude da eficiência econômica: as pessoas apenas cumprem as decisões tomadas no passado porque obtêm dela algum benefício, contudo não se trata de uma vantagem ligada à própria fraternidade.

O terceiro modelo, por sua vez, é o de uma *comunidade de princípios*: os membros de uma comunidade política genuína são governados por princípios comuns e não apenas por regras. A política é uma arena de debate sobre as melhores concepções acerca da justiça, da imparcialidade e do devido processo legal. Os direitos e deveres políticos são provenientes de um sistema de princípios por todos endossado no qual são baseadas as decisões políticas dos juízes e legisladores.

> Assim, cada membro aceita que os outros têm direitos, e que ele tem deveres que decorrem desse sistema, ainda que estes nunca tenham sido formalmente identificados ou declarados.[83]

---

83 DWORKIN, Ronald. *O império do Direito*. Trad. Jefferson Luís Camargo. São Paulo: Martins Fontes, 1999, p. 255.

Esse modelo satisfaz as quatro condições de uma comunidade básica: aceita que suas concepções de virtudes políticas são especiais para seu grupo e que elas podem ser diferentes em outra comunidade; tais responsabilidades são pessoais e cada membro exige que ninguém seja deixado para trás; há um interesse verdadeiro no bem-estar da comunidade; e, cada membro trata um ao outro com igual consideração e respeito, ou seja, cada um e todos aceitam o ideal da integridade. Essa não é uma ambição utópica: não se está a exigir que cada um sinta pelo outro o que se chama de amor; mas apenas que sejamos tolerantes.[84]

A *integridade nas decisões judiciais* pressupõe a integridade na legislação. Ela requer que os juízes tratem o direito como um todo como se ele expressasse um conjunto coerente de princípios; daí que é possível encontrar normas implícitas entre e sob as normas explícitas. O direito segundo a integridade estabelece que os litigantes têm direito a uma resposta correta por parte dos juízes. Isso significa que a integridade não atende somente a um requisito estreito de coerência: ela pode exigir, algumas vezes, que, na realização do sistema de princípios, haja, efetivamente, um rompimento com o passado. Mas tal rompimento só é possível em termos de princípios, não de políticas.

Os juízes que aceitam o ideal da integridade sabem que não é possível apenas se voltar para o passado, como os convencionalistas, e nem fundamentar suas decisões segundo as consequências futuras, como os pragmáticos: a decisão judicial é parte de um processo que não tapa os olhos para nenhum desses momentos. Daí ser inútil

---

84 "*Se sentíssemos por amantes, amigos ou colegas nada além do mais intenso interesse que pudéssemos sentir por todos os nossos concidadãos, isso significaria a extinção, e não a universalidade do amor*" (DWORKIN, Ronald. *O império do Direito*. Trad. Jefferson Luís Camargo. São Paulo: Martins Fontes, 1999, p. 259).

perguntar se os juízes descobrem ou inventam o direito: eles fazem as duas coisas e nenhuma delas ao mesmo tempo.[85]

3 Um modelo de vinculação entre a atividade judicial e a atividade legislativa

Para Habermas,[86] é o próprio ideal da integridade que permite livrar o modelo hercúleo de aplicação jurisdicional do direito da pecha de isolamento, de uma feição monológica. O Direito é também forma de integração social em Dworkin, como o é em Habermas e Parsons. As relações de reconhecimento recíproco são estabelecidas por meio da ação comunicativa que está regulada, ao menos abstratamente, pelo sistema de direitos. Esse "núcleo procedimental" é percebido por Dworkin na construção de uma comunidade de princípios: Habermas quer deixar isto ainda mais claro quando sugere que as exigências da Teoria do Direito sejam transferidas de um sujeito com capacidades e conhecimento sobre-humanos para uma "sociedade aberta de intérpretes da Constituição", no sentido de Häberle. Häberle do conceito de interpretação, indicando que quem vive a norma acaba por interpretá-la. Daí que, em uma sociedade democrática, seria impensável a interpretação da Constituição por um único agente. "*Como não são apenas os intérpretes jurídicos da Constituição que vivem a norma, não detêm eles o monopólio da interpretação da Constituição*".[87]

---

85 DWORKIN, Ronald. *O império do Direito*. Trad. Jefferson Luís Camargo. São Paulo: Martins Fontes, 1999, p. 271.

86 HABERMAS, Jürgen. *Facticidad y validez*: sobre el derecho y el Estado democrático de derecho en términos de teoria del discurso. Trad. Manuel Jimenez Redondo. Madri: Trotta, 1998, p. 294.

87 HÄBERLE, Peter. *Hermenêutica Constitucional*: a sociedade aberta dos intérpretes da Constituição: contribuição para a interpretação pluralista e procedimental da Constituição. Trad. Gilmar Ferreira Mendes. Porto Alegre: Sergio Antonio Fabris, 1997, p. 15.

Klaus Günther[88] opõe dois modelos que discutem até que ponto a democracia está vinculada à aplicação pelo Poder Judiciário do direito. Um modelo defende que a democracia realmente finda às portas das salas de julgamento: é o *modelo das bolas de bilhar*, um modelo que preconiza que juízes e legisladores estabelecem direitos que funcionam como bolas de bilhar, chocando-se sem que haja qualquer comunicação entre elas, no máximo *irritações*. Em alguns casos, essas bolas rolarão nas mesmas direções; em outros não, já que os interesses envolvidos em processos são diferentes e, no mais das vezes, ao concretizar o direito o juiz o recria. Esse seria o modelo de uma teoria sistêmica como a de Niklas Luhmann, que não nos interessa nesse trabalho. O segundo modelo é mais promissor: ele prega uma ligação entre os discursos de justificação das normas jurídicas e os discursos de aplicação. O juiz aplica o direito estabelecido pelo legislador democrático. Esse é o *modelo da correia de transmissão*, que transfere a legitimidade do direito democrático para o momento da aplicação da norma jurídica ao caso concreto.

O modelo da correia de transmissão possui algumas versões. A primeira é a de Jean-Jacques Rousseau: é a mais pura, por defender que a lei consagra a *vontade geral* e os juízes simplesmente reduzem tal vontade às determinações dos casos concretos. A legitimidade das leis está justamente em não se referir a casos específicos: suas qualidades são a generalidade e a universalidade. Ocorre que se a vontade geral é deslocada da lei em si para o procedimento de formação dela, a generalidade perde o sentido. Rousseau não teria atentado para o fato de que a legislação e a jurisdição devem estar interligadas; ele teria defendido uma "teoria do espaço vazio" entre essas atividades a fim de manter ilesa a vontade geral representada na lei geral.

88 GÜNTHER, Klaus. "Legal adjudication and democracy: some remarks on Dworkin and Habermas". *European Journal of Philosophy*, vol. 3, nº 1, 1995, pp. 36 e ss.

É por isso que seu modelo carece ser modificado no sentido de atribuir a procedimentalização tanto na formação da lei quanto na aplicação do direito,[89] a fim de unir os dois processos e restabelecer o modelo da correia de transmissão. É por isso que o procedimento da aplicação do direito a um caso concreto requer a consideração de todas as suas características. O direito deve ser visto de forma coerente, reconhecendo-se as normas aplicáveis ao caso concreto e aplicando-se a que sobreviver ao teste de adequabilidade. Recusa-se a lei como *medium* de transmissão da legitimidade do legislador democrático para os órgãos judiciários para aceitar o procedimento em seu lugar.

Dworkin e seu ideal de integridade apresentam-se como um primeiro candidato para tal substituição. Como princípio de interpretação construtiva do direito, ele pede que este seja reconstruído em sua melhor luz, respeitando-se o passado, mas interpretando-o criticamente. Com isso, Dworkin rejeitaria a versão rousseauniana simplificada do modelo da correia de transmissão, o qual poderia ser relacionado com o *convencionalismo*. Já o *pragmatismo* seria como o modelo da bola de bilhar: os juízes podem revisar o que o legislador estabeleceu fundamentando-se apenas em argumentos de política. Ora, se, por um lado, a integridade fornece um modelo "atraente" para a correia de transmissão, como demonstrado ao longo desse Capítulo, a sobrecarga depositada no próprio juiz como dispositivo representacional da legitimidade da aplicação jurisdicional do direito será questionada por Günther, não obstante as várias advertências de Dworkin acerca da comunidade de princípios que aceita aquele ideal e da necessidade dos destinatários sentirem-se como autores das normas. Há dúvidas a respeito dessa conclusão precipitada: de qualquer forma, aliando-se os ganhos hermenêuticos da teoria de Dworkin com a teoria discursiva de Habermas, pode-se alcançar um modelo que permita obter legitimidade da atuação jurisdicional.

---

89 GÜNTHER, Klaus. "Legal adjudication and democracy: some remarks on Dworkin and Habermas". *European Journal of Philosophy*, vol. 3, nº 1, 1995, p. 43.

Isto porque são justamente os discursos de justificação e aplicação das normas jurídicas, discursos juridicamente instituídos, que interpretam o sistema de direitos e lhe dão forma. Um procedimento de formação do direito, para ser legítimo, detém a forma do direito e assegura a coesão interna entre autonomia pública e autonomia privada. Em um primeiro nível, são os filósofos e teóricos que desempenham o papel de aliar o discurso racional à forma do direito, um provendo elementos ao outro de forma concomitante e gradativa até a formação de um sistema abstrato de direitos. Em um segundo nível, os participantes tornam-se autores do sistema de direitos interpretando-o, tanto nas formas democráticas de formação da opinião e da vontade na esfera pública dos parlamentos, quanto nos discursos de aplicação judiciais. Trata-se de um fluxo procedimental.

O sistema de direitos é aberto a razões de ordem moral, ética e pragmática que o preenchem por intermédio da participação dos destinatários. Tal sistema não é um código pré-estabelecido, um suposto direito natural, uma mensagem de Deus ou algo que está para além de nossos conhecimentos: é tão-somente um ponto de referência interno que é idealizado pelos participantes que querem conceder-se mutuamente direitos de liberdade e igualdade. É claro que o feixe de argumentos à disposição do legislador é muito maior: podem ser razões pragmáticas, éticas ou morais. Depois de atravessar o código do direito, elas se tornam razões jurídicas e é a elas que os juízes recorrem nos casos concretos.[90]

O Poder Judiciário não dispõe, a seu bel-prazer, das razões que informaram a formação democrática das leis.[91] Mas isto não pode levar à confusão de que Habermas estaria defendendo um modelo simples da correia de transmissão, ou mesmo a uma acusação de positivismo jurídico: o procedimento no qual as razões são aplicadas,

90 GARZÓN VALDÉS, Ernesto. "El papel del poder judicial en la transición a la democracia". *Isonomía*, nº 18, 2003, pp. 27/28.

91 HABERMAS, Jürgen. *Facticidad y validez*: sobre el derecho y el Estado democrático de derecho en términos de teoria del discurso. Trad. Manuel Jimenez Redondo. Madri: Trotta, 1998, p. 261.

o procedimento judicial, é um discurso racional de aplicação devidamente institucionalizado pelo direito. Um discurso que atende ao ideal de coerência normativa requerida por seus próprios requisitos procedimentais. Isto nos remete à diferenciação entre discursos jurídicos de justificação e discursos jurídicos de aplicação de Klaus Günther, distinção esta pressuposta anteriormente e que será devidamente explicitada a partir de agora.

4 Klaus Günther e a diferença entre discursos jurídicos de justificação e discursos jurídicos de aplicação

Klaus Günther tem em vista a reconstrução,[92] a partir da perspectiva interna, de uma teoria sobre a aplicação das normas, tanto no campo da moral quanto no campo do direito. Ele atenta para o fato de que nenhuma norma consegue regular previamente todas as suas condições de aplicação; é preciso, pois, reconhecer que há uma divisão entre a *dimensão da validade* e a *dimensão da adequabilidade*. Deve-se trazer à tona, no momento da aplicação, os sinais característicos da situação em espécie. O exemplo que é muitas vezes repetido é da situação em que Kant, um defensor de um rigorismo moral,[93] deixa que um aluno se esconda debaixo de sua mesa, mas, quando é confrontado pela polícia política do *Kaiser*,

---

92 GÜNTHER, Klaus. *Teoria da argumentação no Direito e na moral*: justificação e aplicação. Trad. Cláudio Molz. Rev. Luís Moreira. São Paulo: Landy, 2004, p. 21.

93 Sobre este forte rigorismo moral na filosofia moral kantiana, Höffe afirma: "*(...) fora de dúvida, segundo o imperativo categórico não é permitida uma vida mentirosa e é ordenada uma vida honesta. Mas à máxima da honestidade não pertence necessariamente que se diga a cada um todo o tempo 'toda a verdade'; talvez a doentes terminais ou crianças pequenas seja permitido calar alguma coisa, sem que se permita por isso mentir. Apesar disso, não se exclui – o que Kant todavia não admite – que uma situação seja equívoca, que diversos deveres sejam reclamados ao mesmo tempo e que suas exigências apontem em variadas direções*" (HÖFFE, Otfried. *Immanuel Kant*. Trad. Christian

entrega o rapaz por não "poder mentir" bem evidencia os problemas de se ignorar a situação de aplicação.

Em condições de tempo e conhecimento limitados, não é possível vislumbrar de uma vez por todas as situações nas quais uma norma seria aplicável e deixar fixadas as consequências de seu cumprimento. Günther[94] assevera que um discurso de aplicação seria dispensável caso o ideal de uma norma perfeita pudesse ser cumprido, é dizer, os participantes de um discurso estariam dispondo de condições de tempo e conhecimento ilimitados. Esta norma perfeita regularia a sua própria aplicação. A validade de uma norma ainda seria aferida pela ilimitada participação de todos os afetados por ela no discurso que a constitui. Como ele quer dizer coisas diferentes quando menciona a validade e a adequabilidade de uma norma, é possível aceitarmos condições limitadas de tempo e conhecimento para a validade de uma norma e deixar para um momento posterior a verificação de sua adequabilidade.

Günther parte de um princípio da universalização "U" formulado em termos de uma ética do discurso habermasiana,[95] comparando-o com um princípio semântico moral, quer dizer, referido aos termos da norma, tal como sugerido por Hare. Por esse princípio, as normas dependem sim de uma situação de aplicação. Mas a primeira formulação pode ainda ser suavizada se desdobrada em uma versão forte de "U", que combina justificação e aplicação, além de pretender uma imparcialidade completa, e uma versão fraca de "U", que deixa a imparcialidade para o momento da justificação e requer um momento posterior de aplicação.

Viktor Hamm e Valério Rohden. São Paulo: Martins Fontes, 2005, pp. 214/215).

94 GÜNTHER, Klaus. "Uma concepção normativa de coerência para uma teoria discursiva da argumentação jurídica". *Cadernos de filosofia alemã*, São Paulo, nº 6, 2000, p. 87.

95 GÜNTHER, Klaus. *Teoria da argumentação no Direito e na moral*: justificação e aplicação. Trad. Cláudio Molz. Rev. Luís Moreira. São Paulo: Landy, 2004, pp. 35/36.

Essa versão fraca possui a seguinte formulação:

> Uma norma é válida se as consequências e os efeitos colaterais de sua observância puderem ser aceitos por todos, sob as mesmas circunstâncias, conforme os interesses de cada um, individualmente.[96]

O que se busca, nesse primeiro momento da justificação, não é saber como uma norma vai ser aplicada, mas conhecer as consequências que poderiam resultar para os interesses de todos, de forma previsível, caso a norma fosse aplicada. Nos discursos de justificação de uma norma, cabe a pergunta acerca de se ela representa o interesse comum e não questionamentos sobre sua aplicação. Diverso é o caso nos discursos de aplicação: aí prevalecem as características da situação que irão remeter a uma adequabilidade da norma.

E não se diga que, com isto, perde-se de vista a normatividade antes almejada nos discursos de justificação. É que os discursos de aplicação não substituem os discursos de justificação. Principalmente no caso de um direito que visa regular sociedades complexas, a legitimidade dos provimentos jurisdicionais que aplicam normas jurídicas descansa no resgate interpretativo de princípios que possam atender ao pluralismo de situações diversas. Na definição de quais sejam os sinais característicos de uma situação que levarão a aplicação de uma norma, contam também os caracteres definidos de forma perene na mesma, não apenas uma interpretação no caso. O *ônus argumentativo* não se desenvolve "no vácuo"; daí o caráter *prima facie* das normas a regular uma situação de aplicação.

Desse modo, uma vez que não há mais um consenso geral em uma sociedade sobre qual vida boa levar adiante, sobre uma única *concepção* entre outras de *conceitos*, a distinção entre discursos de

---

96 GÜNTHER, Klaus. *Teoria da argumentação no Direito e na moral*: justificação e aplicação. Trad. Cláudio Molz. Rev. Luís Moreira. São Paulo: Landy, 2004, p. 67.

justificação e discursos de aplicação não pode ser colocada de lado. Essa intuição é desenvolvida de uma forma bastante interessante por Klaus Günther ao recorrer aos ensinamentos de Piaget e Kohlberg.[97] Como os conflitos morais tendem a se tornar cada vez mais complexos e presentes, tais teorias, em seus estágios finais, oferecem uma boa explicação sobre como lidar com eles.

Essa temática não nos interessa no presente trabalho, não obstante sua reconhecida importância. Basta termos em mente que Piaget foi o precursor de uma teoria sobre o desenvolvimento moral da criança, classificando-o na tripartição de heteronomia (nível meramente motor e assimilativo), semi-autonomia (passa a haver uma cooperação inicial, mas ainda há uma verdade intrínseca às normas) e autonomia moral (nível no qual as regras se tornam modificáveis, desde que no interesse recíproco e geral).

Kohlberg irá estratificar ainda mais os níveis de Piaget, dividindo-o em seis estágios. O nível pré-convencional é formado por dois estágios:[98] o estágio 1 da moralidade heterônoma e o estágio 2 do individualismo, da intenção instrumental e da troca. O nível convencional constitui-se pelo estágio 3 de expectativas interpessoais, relações e conformidade interpessoal e pelo estágio 4 de sistema e consciência social. Já o nível pós-convencional abarca o estágio 5 do contrato social e dos direitos individuais e o estágio 6 dos princípios universais.[99]

---

97 GÜNTHER, Klaus. *Teoria da argumentação no Direito e na moral*: justificação e aplicação. Trad. Cláudio Molz. Rev. Luís Moreira. São Paulo: Landy, 2004, pp. 175 e ss.

98 O termo convencional significa a conformidade a regras, expectativas e acordos da sociedade ou autoridade pelo mero fato de serem regras, acordos ou expectativas (GALUPPO, Marcelo Campos. *Igualdade e diferença*: Estado Democrático de Direito a partir do pensamento de Habermas. Belo Horizonte: Mandamentos, 2002, p. 192).

99 HABERMAS, Jürgen. *Consciência moral e agir comunicativo*. Trad. Guido A. de Almeida. Rio de Janeiro: Tempo Brasileiro, 1989, pp. 153-155.

É justamente no estágio 6 do nível pós-convencional que não é reconhecido um escalonamento de normas mesmo que tais princípios possam ser exigidos universalmente: em certas situações de aplicação, alguns princípios devem ceder ante outros em *prol* da reciprocidade e sem que haja um compromisso daqueles. Cada norma deve ser avaliada ante os sinais característicos relevantes do caso concreto e tornar-se *a norma adequada* para aquele caso. Isto é o que permite que cada um, em termos de ética de discurso, possa levar adiante sua concepção de vida boa sem lesar os demais.[100]

Sob essa premissa, eis que surge, novamente, o problema da colisão de normas, já que mesmo na definição de quais são as características relevantes de uma situação é preciso considerar as diversas perspectivas normativas. Günther[101] discutirá essa problemática a partir da distinção entre "normas *prima facie*" e "normas definitivas", ou seja, normas que mandam fazer algo apenas a partir de uma suposição genérica e normas que mandam fazer algo de modo absoluto ou definitivo. A diferença é feita com base em Baier, no esquema de razões *prima facie* e razões comparativas: há razões fundamentando a suposição de que uma ação deve ou não ser executada; e há razões que impõem uma ação ou omissão apenas em vista da consideração de todas as circunstâncias. A diferença traçada por Baier é reformulada por Searle: passa-se a entender a diferença entre uma norma *prima facie* e uma norma absoluta não de uma maneira

---

100 "*Na etapa pós-convencional, os indivíduos, mesmo detentores de uma herança cultural, conseguem identificar os valores que formam sua identidade e passam a ter juízos de valor críticos sobre os mesmos, por meio do reconhecimento dos direitos individuais e de princípios universais. Em uma metáfora, poder-se-ia dizer que na moralidade pré-convencional o indivíduo está aprendendo as regras do jogo. Na etapa convencional, ele está apto a jogá-lo. Finalmente, na fase pós-convencional ele se torna capaz de criticar tais regras*" (CRUZ, Álvaro Ricardo de Souza. *Habermas e o Direito brasileiro*. Rio de Janeiro: Lumen Juris, 2006, pp. 135/136).

101 GÜNTHER, Klaus. *Teoria da argumentação no Direito e na moral*: justificação e aplicação. Trad. Cláudio Molz. Rev. Luís Moreira. São Paulo: Landy, 2004, pp. 305 e ss.

convencional, mas segundo os modos de indicar razões para a ação, segundo a quantidade de informações apreendidas e combinadas.

Não é na própria estrutura das normas, como pensa Alexy, que a distinção entre *princípios* e *regras* pode aparecer, mas no caso concreto a dirimir, ou seja, em condições da conversação presentes em situações nas quais nos posicionamos acerca de compromissos previamente firmados.[102] Em se tratando de regras, reflexões sobre a adequabilidade ficam excluídas, ao passo que nos princípios elas merecem destaque, ou melhor, não necessárias. Ora, mas na proposta de Günther, uma exclusão de um senso de adequabilidade levaria à desconsideração dos sinais característicos de um caso concreto: isto só seria possível, pois, se apresentadas razões e justificada a dispensabilidade – o que, enfim, exige um senso de adequabilidade – em fundamentos como um tipo de justiça convencional que pede um maior respeito pela obra do legislador político (mormente nos casos em que estão em jogo questões pragmáticas, éticas e morais, *i.e.*, argumentos de política que estão à disposição do juiz).[103]

Essa é a chamada cláusula *ceteris paribus* que pede que se mantenham iguais as demais coisas, excluindo a consideração das mais diversas situações de aplicação nos discursos de justificação e pleiteando *integridade* nos discursos de aplicação. O problema da colisão está nos discursos de aplicação e ele só é resolvido considerando-se os sinais característicos da situação: por isso a distinção

---

102 "*Saber se um princípio é ou não um princípio da comunidade nesse sentido é matéria para argumentação e não para relatórios, embora o que está habitualmente em discussão é o peso do princípio e não o seu* status" (DWORKIN, Ronald. *Levando os direitos a sério*. Trad. Nelson Boeira. São Paulo: Martins Fontes, 2002, p. 125).

103 "*O legislador já teria decidido a respeito da adequação de uma norma, no sentido da 'moralidade do sistema social' (*social system's morality*), de modo que as violações somente seriam admissíveis em casos excepcionais. Contudo, a estrutura da própria norma não seria afetada por essa distinção institucional*" (GÜNTHER, Klaus. *Teoria da argumentação no Direito e na moral*: justificação e aplicação. Trad. Cláudio Molz. Rev. Luís Moreira. São Paulo: Landy, 2004, p. 316).

entre princípios (normas *prima facie*) e regras (normas definitivas) não é morfológica, mas operacional. Essa consideração deverá ser imparcial e é a teoria de Ronald Dworkin que oferece, para Günther,[104] uma explicação da consideração imparcial de todos os sinais característicos de uma situação nos discursos jurídicos de aplicação: ela está no conceito de *integridade*.

O discurso sobre a validade das normas não requer que sejam levadas em consideração circunstâncias que sejam diferentes em todos os casos de aplicação. Apenas as circunstâncias ditas imutáveis, *iguais* em todos os casos de aplicação, serão levadas em conta na formulação da situação hipotética que tenta abranger o maior número de situações. Se "X" promete a Smith que irá à sua festa, mas, momentos antes desta ocorrer, ele fica sabendo que Jones está doente e precisa de sua ajuda, é justamente a consideração de todas as circunstâncias da *situação* que o levará à aplicação da norma "ajude o próximo" ao invés de "cumpra suas promessas". "*O interesse legítimo de Jones somente se tornaria relevante se existisse uma obrigação de levar em consideração* todas as características da situação".[105]

Para Günther, os discursos de aplicação pressupõem que as razões que são usadas são normas válidas. Para que uma norma seja identificada como adequada a uma situação, é preciso que os participantes esgotem todas as normas *prima facie* aplicáveis, fazendo uma descrição completa da situação. Não importa se os participantes partem da descrição completa da situação para então avaliar o sistema de normas *prima facie* aplicáveis, ou se fazem o contrário:

---

104 GÜNTHER, Klaus. *Teoria da argumentação no Direito e na moral*: justificação e aplicação. Trad. Cláudio Molz. Rev. Luís Moreira. São Paulo: Landy, 2004, pp. 404 e ss.

105 GÜNTHER, Klaus. "Uma concepção normativa de coerência para uma teoria discursiva da argumentação jurídica". *Cadernos de Filosofia Alemã*, São Paulo, nº 6, 2000, p. 90.

"Não existe problema com o círculo hermenêutico".[106] A questão tem início com a definição da identidade ou não de significado entre as expressões incluídas na norma e as que constituem a descrição do caso. Esta seria a *justificação interna*. Caso surjam dúvidas, pode-se apelar para a chamada *justificação externa*, que recorre a precedentes, decisões judiciais ou outras "fontes de direito".

Mas isto não é o bastante. É preciso determinar quais características do caso são relevantes e quais não são. Todas as características de uma situação devem ser levadas em consideração já quando estamos interpretando uma norma. A interpretação adequada envolve também a consideração de outras normas *prima facie* aplicáveis. Não se procede à interpretação apenas quando nos defrontamos com o sentido obscuro de um texto. Aliás, o próprio direito pode ser considerado uma prática interpretativa, como Dworkin o fez. Então se tem o resultado de uma interpretação coerente de todas aquelas normas que podem ser aplicadas *prima facie* a uma descrição completa do caso, ou seja, é a norma *adequada*.

Um sistema ideal coerente pode dar a cada caso a resposta correta ou adequada que ele pede. O direito pode ser um emaranhado de decisões, leis, enfim, normas, que se contradizem, mas os participantes deste empreendimento têm o direito de pedir ao juiz que o trate como um sistema coerente. Certo de que nunca alcançaremos completamente este ideal, Günther trabalha com sua realização aproximada, uma tarefa que pode ser auxiliada com o conceito de *paradigma*. Com a redução de complexidade operada pelos mesmos, podemos vislumbrar um sistema de normas válidas e que são transitivamente ordenadas.

---

106 GÜNTHER, Klaus. "Uma concepção normativa de coerência para uma teoria discursiva da argumentação jurídica". *Cadernos de Filosofia Alemã*, São Paulo, nº 6, 2000, p. 92.

Conclusões

Com isso, temos um *modelo da correia de transmissão* que pode prover legitimidade para o exercício da jurisdição nos termos de uma compreensão procedimental do Estado Democrático de Direito:[107] ele possui uma polia maior que é o próprio sistema de direitos (que não é fruto de um poder divino ou de um direito natural, mas da construção histórica de uma razão comunicativa), polia esta que pode ser entendida também como representativa dos princípios que uma comunidade assume sob a forma de conceitos (a constituição); e, uma polia de menor tamanho apresenta os discursos racionais de justificação jurídicos, que, por meio de uma interpretação e densificação do sistema de direitos permite que os cidadãos, com os procedimentos democráticos de formação da opinião e da vontade, definam a forma como igualdade e liberdade serão relacionadas em *prol* de todos e de cada um – nesse momento, os discursos estão abertos a razões morais, éticas e pragmáticas, é dizer, a argumentos de princípio e a argumentos de política.

A correia que liga essas duas polias representa os procedimentos de participação na formação de leis garantidos institucionalmente (a esfera pública pressionando o Parlamento, o voto popular, os mecanismos do referendo e do plebiscito, as leis de iniciativa popular e daí por diante). Ligada a essa polia menor está outra polia menor ainda, ligação esta que é feita por intermédio de outra correia: a última polia quer representar os discursos jurídicos de aplicação das normas e a correia que o liga à polia do Legislativo (que, lembre-se, já está ligada ao sistema de direitos) remete aos procedimentos de participação na formação dos provimentos jurisdicionais. Com isso, é possível manter a coesão interna entre direitos e democracia em todas as manifestações do poder político: basta que haja respeito ao princípio do discurso institucionalizado na forma de princípio da democracia.

---

107 GÜNTHER, Klaus. "Legal adjudication and democracy: some remarks on Dworkin and Habermas". *European Journal of Philosophy*, vol. 3, nº 1, abr. 1995, p. 48.

Por isso é que as exigências ideais de formação de uma teoria do direito por um juiz Hércules hão de ser transferidas para um procedimento cooperativo. Uma teoria discursiva do direito faz depender a aceitabilidade racional das sentenças judiciais não apenas da qualidade dos argumentos de fundamentação, mas também da própria estrutura do processo de argumentação.

Desse modo, a participação das partes no processo judicial, fornecendo interpretações da situação, fecha o modelo da correia de transmissão. Isto se dá em direta conexão com os discursos de justificação, porque aqui a coerência (leia-se *integridade*), é o requisito de fechamento do sistema. Daí serem descabidas as críticas de um dualismo entre os discursos de justificação e aplicação. A visão particular das partes permite a seleção das normas aplicáveis ao caso por intermédio da definição por relevância dos sinais característicos da situação.

Para que a imparcialidade seja preservada, e os que são destinatários do provimento não pareçam ser os julgadores de suas próprias causas, é preciso diferenciar o papel adicional daqueles que também compartilham as normas, porém não estão diretamente envolvidos pela solução do litígio.[108] Se os papéis argumentativos dos diretamente envolvidos no caso concreto e dos que não estão podem ser trocados livremente, o mesmo não se pode dizer de seus papéis procedimentais – daí serem os que não estão diretamente envolvidos uma parte terceira ou um expectador neutro (os juízes).

Os diretamente envolvidos lutam pela consideração relevante dos sinais característicos da situação; os indiretamente envolvidos que compartilham as normas aprovadas nos discursos de justificação interpretam, ao lado dos envolvidos, tais normas a partir de suas perspectivas. Por isto, não se inventa o Direito: a validade das normas não pode ser posta em jogo por terceiros que não estejam

108 GÜNTHER, Klaus. "Legal adjudication and democracy: some remarks on Dworkin and Habermas". *European Journal of Philosophy*, vol. 3, nº 1, abr. 1995, p. 49.

diretamente envolvidos porque, desse modo, eles estariam usurpando o papel dos participantes do discurso do caso concreto, ou seja, eles estariam trazendo a reciprocidade dos discursos de justificação para um lugar no qual ela não é bem-vinda. Daí não se poder falar em "processos objetivos": processos *sempre* se referem às partes; daí não poder o Judiciário agir de ofício, via de regra.

Há mais alguma parte que não esteja envolvida diretamente, mas que uma compreensão discursiva do processo requereria? Sim, há uma quarta parte, a esfera pública. As decisões judiciais devem ser públicas e fundamentadas (Constituição Federal, art. 93, inc. IX), estando sujeitas a seu olhar.

A reconstrução do modelo da correia de transmissão termina com a compreensão procedimentalista do paradigma do Estado Democrático de Direito. Um litígio surge, então, como um conflito de destinatários do direito acerca da melhor interpretação das razões jurídicas a que eles haviam dado seu assentimento nos discursos de justificação. "*The citizens as authors of the law quarrel about the question of how they should act (or should have acted) as addressees in the particular case*".[109] Mas eles não podem assumir, nesse momento, a perspectiva de autores, porque isso comprometeria universalidade do direito; por isso é necessária a figura do juiz, como representante do sistema de direitos já interpretado – e ele também não pode se apresentar como autor, já que isto feriria a separação de poderes. Seu papel é o de poder restabelecer a ligação entre os papéis de autor e destinatário, tomando uma decisão que seja legítima aos olhos das partes (mesmo do "perdedor", ao qual resta contentar-se com a aceitabilidade racional).

---

109 GÜNTHER, Klaus. "Legal adjudication and democracy: some remarks on Dworkin and Habermas". *European Journal of Philosophy*, vol. 3, nº 1, abr. 1995, p. 52.

CAPÍTULO X

ARGUMENTAÇÃO E NORMATIVIDADE: ALEXY E HABERMAS

Introdução

O Supremo Tribunal Federal (STF) nos oferece um panorama da justificativa das decisões judiciais que pode ser estendido a grande parte dos órgãos do Poder Judiciário brasileiro. A partir dos anos 2000, algumas fundamentações merecem destaque por acompanharem de forma acrítica a jurisprudência da Corte Constitucional Alemã (CCA). Baracho Júnior esclarece que,[1] não obstante as várias crises institucionais pelas quais passou o STF, é possível identificar alguns períodos nos quais uma certa consistência de fundo parece integrar os fundamentos das decisões da corte. Assim, na era varguista, a

1 BARACHO JÚNIOR, José Alfredo de Oliveira. "A nova hermenêutica na jurisprudência do Supremo Tribunal Federal". *In*: SAMPAIO, José Adércio Leite (Coord.). *Crise e desafios da Constituição*. Belo Horizonte: Del Rey, 2004, pp. 509 e ss. Para tanto, ver, além do trabalho de Baracho Júnior, CRUZ, Álvaro Ricardo de Souza. *Jurisdição constitucional democrática*. Belo Horizonte: Del Rey, 2004, pp. 267-317.

retórica das *questões políticas* deu ensejo a que se evitasse a tutela de vários direitos fundamentais.

Já no segundo período de ditadura militar (1964-1985), uma argumentação recorrente entrou em cena: a da *prevalência do interesse público sobre o interesse privado*, também em prejuízo dos direitos fundamentais. Isto permaneceu mesmo após a Constituição de 1988, como se pode notar na decisão tomada na ADI 47[2] e no Recurso extraordinário 153.531-8.[3] A partir da década de 1990, contudo, o Supremo passou a recorrer constantemente a um suposto fundamento implícito a nossa Constituição de 1988: o *princípio da proporcionalidade*.

A utilização de um princípio da proporcionalidade na formulação de provimentos jurisdicionais, contudo, é uma prática anterior mesmo à década de 1990. No Recurso Extraordinário n. 18.331,[4] julgado em 1951, o Relator, Ministro Orozimbo Nonato, já questionara a excessiva majoração de imposto sobre licença de cabines de banho na cidade de Santos (SP), caso esse provocasse a limitação da atividade particular. Apesar de conhecer do recurso, mas negar-lhe provimento, já começava a nascer aí uma relação de meios e fins na avaliação da constitucionalidade da atividade estatal ante os direitos fundamentais.

---

2 BRASIL. Supremo Tribunal Federal. *Ação direta de inconstitucionalidade n. 47/SP*. Requerente: Procurador-Geral da República. Requerido: Governador do Estado de São Paulo. Relator Ministro Octavio Galloti. Data da decisão: 09/09/1992. Disponível em: www.stf.gov.br. Acessado em: 09.12.2005.

3 BRASIL. Supremo Tribunal Federal. *Recurso extraordinário n. 153.531/SC*. Recorrente: APANDE e outros. Recorrido: Estado de Santa Catarina. Relator Ministro Nelson Jobim. Data da decisão: 01/07/1997. Disponível em: www.stf.gov.br. Acessado em: 03.08.2005.

4 BRASIL. Supremo Tribunal Federal. *Recurso extraordinário n. 18.331*. Relator Ministro Orozimbo Nonato. Data da decisão: 21/09/1951. Disponível em: www.stf.gov.br. Acessado em: 12.08.2005.

Sob o regime da Constituição de 1988, são várias as decisões que recorrem ao princípio da proporcionalidade com vistas a ponderar "valores constitucionais" ou mesmo seguindo, em verdade, a formulação norte-americana da razoabilidade consagrada no devido processo legal substantivo.[5] Foi assim na Medida Cautelar na ADI 1.047/DF. O mesmo evento se deu na Medida Cautelar na ADI 855,[6] em que se discutia a constitucionalidade da lei estadual do Paraná que obrigava os estabelecimentos de comércio de gás liquefeito a promover a pesagem dos botijões à vista do consumidor. Havia uma limitação por demais excessiva aos distribuidores de gás, daí a ofensa ao princípio da proporcionalidade.

Já em 2002, o STF conheceu uma reclamação formulada contra uma decisão do juízo federal da 10ª Vara da Seção Judiciária do Distrito Federal. A decisão do juízo ordinário autorizava a coleta da placenta da extraditanda grávida, a cantora Glória Treviño Ruiz, que se encontrava recolhida em uma carceragem da Polícia Federal. A coleta serviria para a realização de um exame de DNA em um

---

5 "*O recurso à regra da proporcionalidade na jurisprudência do STF pouco ou nada acrescenta à discussão e apenas solidifica a idéia de que o chamado princípio da razoabilidade e a regra da proporcionalidade seriam sinônimos. A invocação da proporcionalidade é, não raramente, um mero recurso a um* tópos, *com caráter retórico, e não sistemático. Em inúmeras decisões, sempre que se queira afastar alguma conduta considerada abusiva, recorre-se à formula* 'a luz do princípio da proporcionalidade ou razoabilidade, *o ato deve ser considerado inconstitucional*'" (AFONSO DA SILVA, Virgílio. "O proporcional e o razoavel". *Revista dos Tribunais*, nº 798, 2002, p. 31, destaques do original). Veremos, mais adiante, se o princípio da proporcionalidade, mesmo nos termos utilizados pela CCA cumpre alguma exigência de racionalidade ante o paradigma do Estado Democrático de Direito.

6 BRASIL. Supremo Tribunal Federal. *Medida cautelar na ação direta de inconstitucionalidade n. 855/DF*. Requerente: Confederação Nacional do Comércio. Requerido: Governador e Assembleia Legislativa do Estado do Paraná. Relator Ministro Sepúlveda Pertence. Data da decisão: 01/07/1993. Disponível em: www.stf.gov.br. Acessado em: 03.04.2005.

inquérito policial que investigava os fatos relacionados à gravidez da cantora, uma vez que esta teve início dentro da carceragem. A cantora acusava funcionários daquele órgão público. No mérito da decisão, o STF autorizou a realização do exame de DNA, asseverando expressamente que fazia uma *ponderação* de *valores* constitucionais contrapostos: o direito à intimidade e à vida da extraditanda e o direito à honra e à imagem dos servidores e da Polícia Federal como instituição.[7]

Tais exemplos mostram como o STF tem recorrido, não obstante de forma diversa como faz a Corte Constitucional Alemã, ao princípio da proporcionalidade para a solução de questões envolvendo matéria constitucional. Ainda que isto tenha se engendrado de uma maneira pouco rigorosa metodologicamente, como observa Afonso da Silva,[8] é de se ressaltar que a técnica tem sido incorporada em seu formato mais rígido. O que, de modo algum, provê mais legitimidade. No já citado acórdão no *Habeas Corpus* 82.424, sobre o crime de racismo contra judeus, os Ministros Gilmar Mendes e Marco Aurélio adotaram a medida originária da prática e da doutrina alemã, porém chegando a resultados diversos.[9]

---

7 BRASIL. Supremo Tribunal Federal. *Questão de ordem na Reclamação n. 2.040/DF*. Reclamante: Glória de Los Ángeles Treviño Ruiz. Reclamado: Juiz Federal da 10ª Vara da Seção Judiciária do Distrito Federal. Relator Ministro Néri da Silveira. Data da decisão: 21/02/2002. Disponível em: www.stf.gov.br. Acessado em: 04.10.2003.

8 AFONSO DA SILVA, Virgílio. "O proporcional e o razoável". *Revista dos Tribunais*, nº 798, 2002, pp. 31 e ss.

9 Afonso da Silva (AFONSO DA SILVA, Virgílio. *A constitucionalização do Direito*: os direitos fundamentais nas relações entre os particulares. São Paulo: Malheiros, 2005, pp. 167 e ss.) analisa a decisão do Supremo Tribunal Federal nesse caso salientando que a mediação legislativa existente (Lei n. 7.716/1989, art. 20) já determina que é inafiançável o crime de racismo, ou seja, no sopesamento entre dignidade da pessoa humana e liberdade de expressão, teria dado, de antemão, prevalência à primeira, não cabendo ponderação nesse caso. As dúvidas não são poucas. Em primeiro lugar, a grande questão do *habeas corpus*, não parece ser a relativa ao fato do crime ser inafiançável, mas ser imprescritível,

O Ministro Gilmar Mendes argumentou que a discussão dos autos levava à questão da verificação da "medida" da liberdade de expressão, de modo que ela não gerasse intolerância contra os judeus;[10] ela não detém primazia em face de outros "valores", como a igualdade e a dignidade humana. Não obstante equiparar o princípio da proporcionalidade ao princípio da razoabilidade e à proibição de excesso, ele assevera ser tal máxima aplicável à colisão de bens, valores ou princípios constitucionais e segue os subprincípios da adequação, necessidade e proporcionalidade em sentido estrito para a solução do conflito, visando averiguar se a decisão condenatória do Tribunal de Justiça do Rio Grande do Sul, empregando a imprescritibilidade, era adequada, necessária e proporcional: Mendes entendeu que sim.[11]

O Ministro Marco Aurélio traçou um caminho semelhante: ele reconstrói o método germânico, aludindo à obra de Robert Alexy e entendendo que a questão da colisão de direitos fundamentais requer uma "ponderação dos valores em jogo";[12] mas sua conclusão é diversa. Ante o subprincípio da adequação, ele conclui que a condenação do paciente e a proibição de publicação de seus

---

algo que a Constituição determina (art. 5º, inc. XLII) e que a lei não repete. Aceitando-se a ponderação, ela seria realmente dispensável? Ainda assim, e em segundo lugar, ou a ponderação realmente tem um papel importante na inovação da hermenêutica de aplicação dos direitos fundamentais, ou a aplicação silogística ainda impera em quaisquer casos e dispensa a avaliação pormenorizada de qualquer caso concreto. Fórmulas matemáticas não parecem resolver bem o problema.

10 SUPREMO TRIBUNAL FEDERAL. *Crime de racismo e anti-semitismo*: um julgamento histórico do STF (habeas corpus n. 82.424/RS). Brasília: Brasília Jurídica, 2004, pp. 70 e ss.

11 SUPREMO TRIBUNAL FEDERAL. *Crime de racismo e anti-semitismo*: um julgamento histórico do STF (habeas corpus n. 82.424/RS). Brasília: Brasília Jurídica, 2004, pp. 76/77.

12 SUPREMO TRIBUNAL FEDERAL. *Crime de racismo e anti-semitismo*: um julgamento histórico do STF (habeas corpus n. 82.424/RS). Brasília: Brasília Jurídica, 2004, pp. 177/178.

pensamentos, além da apreensão e destruição de suas obras não são meios adequados para evitar ou combater a discriminação ao povo judeu; diante do subprincípio da necessidade, o ministro entende que o Tribunal deve conceder a ordem em benefício do paciente, garantindo o direito à liberdade de expressão; por fim, ante o princípio da proporcionalidade em sentido estrito, ele chega à conclusão de que a restrição de opiniões publicadas em livros em uma sociedade plural como a brasileira é uma medida excessiva, uma vez que tais publicações nunca levariam à prática de violência. Os vários exemplos na jurisprudência comparada da utilização do princípio da proporcionalidade atestariam sua legitimidade para a decisão nesse caso concreto.

Essas são apenas algumas entre as várias decisões do STF que invocam a jurisprudência de valores, na sua forma metodológica do princípio da proporcionalidade, como fundamento da atuação do Poder Judiciário e do exercício do controle de constitucionalidade. Uma simples pesquisa de jurisprudência no *website* do STF, em 2024, indicava, pelo menos, 1.489 decisões citando o princípio da proporcionalidade.

A defesa pela doutrina brasileira do princípio da proporcionalidade é ampla. Não faltam exemplos na teoria constitucional contemporânea. Talvez os primeiros a fazer alusão ao princípio da proporcionalidade no Brasil foram Willis Santiago Guerra Filho[13] e Paulo Bonavides;[14] fundamentais foram também os estudos de

13 GUERRA FILHO, Willis Santiago. *Teoria Processual da Constituição*. São Paulo: Celso Bastos, 2000.

14 BONAVIDES, Paulo. *Curso de Direito Constitucional*. 12ª ed. São Paulo: Malheiros, 2002.

Luís Roberto Barroso, Ana Paula de Barcellos,[15] Daniel Sarmento[16] e Ingo Wolfgang Sarlet.[17] Também desenvolveram trabalhos de extrema importância no tema Humberto Ávila,[18] Gilmar Ferreira Mendes,[19] Virgílio Afonso da Silva[20] e Alexandre Travessoni.[21] A

---

15 BARROSO, Luís Roberto; BARCELLOS, Ana Paula de. "O começo da história: a nova interpretação constitucional e o papel dos princípios no Direito brasileiro". *In*: SAMPAIO, José Adércio Leite (Coord.). *Crise e desafios da Constituição*. Belo Horizonte: Del Rey, 2004, pp. 469-508. Ver, ainda, dos mesmos autores: BARROSO, Luís Roberto. "Os princípios da razoabilidade e da proporcionalidade no direito constitucional". *Cadernos de Direito Constitucional e Ciência Política*, nº 23, 1998, pp. 65-78; e, BARCELLOS, Ana Paula de. *Ponderação, racionalidade e atividade jurisdicional*. Rio de Janeiro: Renovar, 2005.

16 SARMENTO, Daniel. *A ponderação de interesses na Constituição Federal*. Rio de Janeiro: Lumen Juris, 2002; e, SARMENTO, Daniel. *Direitos fundamentais e relações privadas*. Rio de Janeiro: Lumen Juris, 2004.

17 Ver SARLET, Ingo Wolfgang. *Dignidade da pessoa humana e direitos fundamentais na Constituição de 1988*. 2ª ed. Porto Alegre: Livraria dos Advogados, 2002; SARLET, Ingo Wolfgang. "Constituição e proporcionalidade: o Direito Penal e os direitos fundamentais entre proibição de excesso e insuficiência". *Revista Brasileira de Ciências Criminais*, vol. 12, nº 47, mar./abr. 2004, pp. 60-122.

18 ÁVILA, Humberto. *Teoria dos princípios*: da definição à aplicação dos princípios jurídicos. 3ª ed. São Paulo: Malheiros, 2004.

19 MENDES, Gilmar Ferreira. *Direitos fundamentais e controle de constitucionalidade*: estudos de Direito Constitucional. 3ª ed. São Paulo: Saraiva, 2004.

20 AFONSO DA SILVA, Virgílio. "O proporcional e o razoável". *Revista dos Tribunais*, vol. 91, nº 798, 2002, pp. 23-50; AFONSO DA SILVA, Virgílio. "Princípios e regras: mitos e equívocos acerca de uma distinção". *Revista Latino-Americana de Estudos Constitucionais*, Belo Horizonte, nº 1, 2003, pp. 607-630; AFONSO DA SILVA, Virgílio. *A constitucionalização do Direito*: os direitos fundamentais nas relações entre os particulares. São Paulo: Malheiros, 2005; e, AFONSO DA SILVA, Virgílio (Coord.). *Interpretação constitucional*. São Paulo: Malheiros, 2005.

21 TRAVESSONI, Alexandre; BOROWSKI, Martin (Coord.). *O debate sobre a teoria dos princípios formais de Robert Alexy*. São Paulo e Barcelona: Marcial Pons, 2022.

lista de autores que compõem esse segmento da doutrina do Direito Constitucional brasileiro é imensa, havendo ainda vários outros trabalhos que calharia registrar; esses são somente alguns exemplos marcantes.

Buscaremos, nesse capítulo, elaborar uma crítica à ponderação de valores e ao princípio da proporcionalidade.

1 O pensamento de Robert Alexy: a jurisprudência da Corte Constitucional Alemã teorizada

A primeira parte do pensamento de Robert Alexy constitui-se de uma Teoria da Argumentação Jurídica. Foi essa a tese de doutorado defendida na Universidade de Götigen, na Alemanha, em 1976.[22] Alexy parte da constatação de que,[23] na atualidade, dificilmente pode-se dizer que a decisão judicial seja uma mera conclusão lógica a respeito de normas previamente estabelecidas postas diante dos fatos de um caso concreto; não há um simples silogismo. Ele tem razão nisto. Os fatores que levam a essa assertiva dizem respeito à imprecisão da linguagem jurídica, à possibilidade de conflitos normativos, à existência de *casos difíceis* e à possibilidade de decisões que contrariem uma disposição textual expressa.

2 A tese do caso especial

Não é do interesse desse capítulo proceder a uma reconstrução da teoria alexyana da argumentação jurídica:[24] a nós interessa ape-

---

22 CATTONI DE OLIVEIRA, Marcelo Andrade. *Direito Processual Constitucional*. Belo Horizonte: Mandamentos, 2001, p. 75.

23 ALEXY, Robert. *Teoria da argumentação jurídica*: a teoria do discurso racional como teoria da justificação jurídica. Trad. Zilda Hutchinson Schild Silva. São Paulo: Landy, 2001, p. 17.

24 Com esse fim, ver CATTONI DE OLIVEIRA, Marcelo Andrade. *Direito Processual Constitucional*. Belo Horizonte: Mandamentos, 2001, pp.

nas sua tese central, a de que o discurso jurídico é um caso especial do discurso prático geral. Alexy fundamenta esse postulado nas razões de que as discussões jurídicas se preocupam com questões práticas, de que tais discussões têm em mira questões de correção e porque há exigências especiais para o caso do discurso jurídico.[25] A argumentação jurídica desenvolvida com base nessa tese do caso especial possui relação com dois tipos de justificação: uma *justificação interna*, que questiona se uma opinião segue logicamente das premissas que visam justificá-la, e uma *justificação externa*, que se dirige diretamente para as premissas. Dentre as regras de justificação interna, está a de que para a fundamentação de uma decisão jurídica deve se apresentar, ao menos, uma norma *universal*.

Tivemos ocasião de ver que a formação dos discursos jurídicos de justificação conta com argumentos de diversas origens: pragmáticos, éticos e morais. Não há, a princípio, a prevalência de nenhum deles, até mesmo pelo caráter democrático da elaboração das leis. A moral está em complementariedade com o direito: ela não é o próprio direito, ou seja, não pode haver confusão entre um sistema de ação e saber e um sistema apenas de saber, que, por sinal, não conta com um aparato institucional de verificação do cumprimento de suas normas.

3 Princípios jurídicos como mandados de otimização

A par dessas considerações, é preciso enfrentar um problema mais grave na teoria alexyana, qual seja, o de uma relativização do

---

73-109; e ATIENZA, Manuel. *As razões do Direito*: teorias da argumentação jurídica. Trad. Maria Cristina Guimarães Cupertino. São Paulo: Landy, 2002, pp. 233-312.

25 ALEXY, Robert. *Teoria da argumentação jurídica:* a teoria do discurso racional como teoria da justificação jurídica. Trad. Zilda Hutchinson Schild Silva. São Paulo: Landy, 2001, p. 212.

código do direito pela assimilação de princípios jurídicos a valores e pelo recurso ao princípio da proporcionalidade como critério de racionalidade de decisões judiciais. Sua teorização parte de decisões do próprio Corte Constitucional Alemã. Robert Alexy delineia a assunção pela Corte Constitucional Alemã de um quadro de regras e princípios nos quais se constituiriam os direitos fundamentais, pela primeira vez, na decisão proferida no caso Lüth, em 1958, já discutido em capítulo anterior.[26]

A partir de decisões como esta foi possível para Alexy[27] localizar as regras e princípios no âmbito das normas. O que importa, em verdade, é o critério de distinção. Um primeiro e mais antigo critério é o da *generalidade*. Os princípios são normas de um grau de generalidade alto. Tal teoria foi defendida por Del Vecchio e Bobbio. É certo que os princípios possuem um grau de generalização maior; mas esta não é a causa da distinção, não diferenciando em essência as categorias. Os princípios não se formam em um processo de generalização; Galuppo exemplifica tal fato com pergunta acerca do que o princípio federativo generalizaria.[28]

Essa é a *tese fraca da separação*. A *tese forte* é a que afirma a diferença não no grau, mas no tipo qualitativo. Segundo Alexy, Dworkin emprega dois argumentos quando forma sua distinção (ou seja, Alexy vê em Dworkin uma distinção morfológica entre regras e princípios e não uma distinção que far-se-á em cada caso concreto, é dizer, que é operacional). Em primeiro lugar, as regras são aplicadas na forma do tudo-ou-nada (*all-or-nothing-fashion*); ou a regra é válida e se aceita suas consequências jurídicas, ou não, e então ela

---

26 ALEXY, Robert. "Constitutional rights, balancing, and rationality". *Ratio Juris*, vol. 16, nº 2, 2003, p. 132.

27 ALEXY, Robert. *Derecho y razón práctica*. México: Distribuiciones Fontanamara, 1993, p. 11.

28 GALUPPO, Marcelo Campos. *Igualdade e diferença*: Estado Democrático de Direito a partir do pensamento de Habermas. Belo Horizonte: Mandamentos, 2002, p. 171.

não conta para a decisão. Já os princípios, ainda que suas formulações sejam aplicáveis ao caso, não determinam necessariamente a decisão, apenas proporcionam razões que contam a favor de uma ou outra decisão. Em segundo lugar, nas colisões entre princípios demonstra-se que estes têm uma *dimensão de peso*. O princípio de maior peso terá um valor decisório, sem que se invalide o de menor peso. No conflito de regras, ao menos uma será sempre válida. Alexy opõe uma dúvida ao argumento do tudo-ou-nada caso se tenha em conta que na ocasião da decisão de um caso pode ser introduzida em uma regra uma exceção até então desconhecida. Mas o critério de distinção pela colisão é, para Alexy, adequado.

Outro caso analisado por Alexy refere-se ao conflito de uma norma federal com uma norma de um *Land*,[29] proibitiva da abertura de comércio aos domingos em horários divergentes dos estabelecidos pelo órgão federal. As duas normas são contraditórias: uma proíbe, outra permite. Ocorre que uma norma é declarada nula, sendo suprimida do ordenamento. Cuida-se de típico conflito de regras. Um outro caso diz respeito à celebração de um interrogatório com um acusado que corre perigo de um ataque de epilepsia e possível infarto. De um lado, pois, está o princípio do direito fundamental à vida e, de outro, o princípio do Estado de Direito, que pede um bom funcionamento das instituições de Direito Penal. Optar por um dos princípios seria tratar o caso como um *conflito de regras*, portanto, uma *contradição de normas*.

A CCA fala, contrariamente, em uma *tensão*, em que nenhuma norma goza de primazia diante da outra. Trata-se não de uma invalidação, mas de uma *ponderação*, em que o interesse do acusado contrário à celebração, no *caso concreto*, pesa mais que os interesses a cuja proteção serve a medida estatal. Há, então, um caso típico de colisão de princípios. O fator de decisão é o peso maior de um

---

29 ALEXY, Robert. *Derecho y razón práctica*. México: Distribuiciones Fontanamara, 1993, p. 13.

princípio no caso concreto: o de menor peso retrocede, sem que, com isto, necessite ser declarado inválido.

É preciso perguntar por que os princípios colidem da maneira descrita. Apenas a resposta a tal questão fornece o caminho para a distinção entre princípios e regras. O ponto decisivo é que os princípios são normas que definem que se realize algo na maior medida possível, em relação às possibilidades fáticas e jurídicas. Por isso eles são *mandados de otimização* que se caracterizam por seu cumprimento em diversos graus. O campo das possibilidades jurídicas está marcado por princípios e regras que trabalham em sentido contrário. Regras exigem um cumprimento pleno: são ou não são cumpridas. Há só uma medida de cumprimento. As regras já contêm em seu enunciado as determinações no campo do possível fática e juridicamente.[30]

Vale repetir: Alexy estabelece a diferença na própria estrutura das normas e no seu caráter de coerção, sem atentar para as peculiaridades de um caso concreto. Ao conceituar princípios como *mandados de otimização*, ele atribui uma estrutura teleológica aos mesmos. Seria mais fácil, contudo, retornar a Searle e transferir a diferença morfológica para as condições da conversação.

Realmente, razão não falta a Günther. Se a hermenêutica gadameriana, a tópica de Viehweg, a interpretação construtivista de Dworkin e o próprio Alexy pretenderam localizar o problema interpretativo do direito nos casos concretos, dar-lhes maior importância, não há que se estabelecer uma distinção onde ela não faz sentido, é dizer, no âmbito da validade. Se há diferença entre princípio e regra, ela está em dispor mais (princípios) ou menos (regras) dos sinais característicos da situação a dirimir. Não há dispensa da tarefa interpretativa em hipótese alguma: ocorre que, às vezes, os

---

30 ALEXY, Robert. *Teoría de los derechos fundamentales*. Trad. Ernesto Garzón Valdés. Madri: Centro de Estudios Constitucionales, 1993, p. 86.

discursos de justificação demandam mais trabalho dos discursos de aplicação para a concretização da norma jurídica.

Se a colisão se resolve pela ponderação no caso concreto, isto não significa que não possam ser estabelecidas relações de prioridade para novos casos. Alexy traz a lume o caso *Lebach*.[31] A CCA examinou o caso de um condenado que, pouco antes de sair da prisão, pleiteou a proibição da exibição dos detalhes de um crime por ele cometido por intermédio de um documentário exibido por uma rede de televisão. O documentário era intitulado "O assassinato dos soldados em Lebach" e dizia respeito ao homicídio de quatro soldados do Exército Federal que guardavam um depósito de munições perto de Lebach; ao dormir, eles foram mortos sem chance de defesa e suas armas roubadas para a prática de outros crimes.

O recorrente que almejava ver impedida a transmissão fora condenado como cúmplice. A Corte desenvolveu sua argumentação em três níveis: em um primeiro nível, ele constatou a colisão entre a proteção da personalidade e a liberdade de informação; em um segundo nível, ela definiu que, diante de uma condição determinada e relativamente abstrata, ou seja, de uma informação atual sobre um delito grave, existe uma prioridade de princípio ou *prima facie* em favor da liberdade de informação; e, em um terceiro nível, estipulou a Corte quatro condições presentes no caso *Lebach*. Essas condições eram: havia uma informação televisiva repetida (1), não amparada por um interesse de informação (2), acerca de um delito grave (3), que coloca em perigo a ressocialização do autor (4). Tais condições fazem prevalecer a proteção limitada da personalidade sobre a liberdade de informação.[32]

---

31 ALEXY, Robert. *Teoría de los derechos fundamentales*. Trad. Ernesto Garzón Valdés. Madri: Centro de Estudios Constitucionales, 1993, p. 95.

32 *BVerfGE* 35, 202.

Ou seja, fosse a informação *atual*, haveria uma precedência geral da liberdade de informação. Com isso, para Alexy,[33] uma ponderação sobre direitos fundamentais que seja "correta" tem como efeito a formação de uma norma de direito fundamental com caráter de regra à qual pode ser subsumido o caso. Por meio desse caso, é possível formular uma *lei de colisão*: "(...) las condiciones, bajo las que un principio prevalece sobre otro, forman el supuesto de hecho de una regla que determina las consecuencias jurídicas del principio prevalecente".[34] As regras estabelecidas pelas condições de prioridade dos princípios demonstram seu peso relativo. Em virtude da possibilidade de novos casos com novas combinações de características, não se pode construir uma teoria que exija uma decisão para cada caso.

Poder-se-ia dizer, então, que tais condições de prioridade, concebidas como regras, bastariam ser seguidas. Surge o segundo elemento. Os princípios, enquanto mandados de otimização, requerem a realização mais completa ante as possibilidades fáticas e jurídicas. As possibilidades fáticas levam à *adequação* e à *necessidade*. As possibilidades jurídicas implicam a lei de ponderação: "*Cuanto más alto sea el grado de incumplimiento o de menoscabo de un principio, tanto mayor debe ser la importancia del cumprimiento del otro*".[35] É o princípio da proporcionalidade em sentido estrito, que segue logicamente do caráter principal das normas, e vice-versa. Assim, uma teoria dos princípios conduziria a estruturas de argumentação racional.

---

33 ALEXY, Robert. *Teoría de los derechos fundamentales*. Trad. Ernesto Garzón Valdés. Madri: Centro de Estudios Constitucionales, 1993, p. 98.

34 ALEXY, Robert. *Derecho y razón práctica*. México: Distribuiciones Fontanamara, 1993, p. 17.

35 ALEXY, Robert. *Derecho y razón práctica*. México: Distribuiciones Fontanamara, 1993, p. 18.

Com isso, será possível dizer que, para a aplicação do Direito, segundo Alexy,[36] são possíveis apenas duas operações: uma lógica, de subsunção, e uma aritmética, segundo a dimensão de peso. A *fórmula da subsunção* envolve as seguintes premissas: uma norma, estabelecida pelo Legislativo ou pelo Judiciário por meio de precedentes; as regras semânticas que conectam os conceitos da norma com os conceitos do caso concreto; a descrição do caso; e, por fim, o julgamento de direito que segue logicamente. No mais das vezes, o mero recurso à fórmula da subsunção pode se mostrar insuficiente em vista das várias regras a regular o caso: "meta-regras" exercerão seu papel justamente aí (*lex superiori derogat lex inferiori*, *lex posteriori derogat lex anteriori* etc.).

Ao deduzir logicamente a aplicação de certas normas a um caso, uma *justificação interna* faz-se necessária; ao fundamentar a própria utilização daquelas premissas, aparece a *justificação externa*, como já mencionado. Esse é o primeiro nível da subsunção; tão logo ele se mostre inapto, deve-se apelar para o segundo nível da ponderação ou balanceamento. Ignorar o sistema dedutivo caracterizando-o como formalismo puro seria desconsiderar a "racionalidade" que ele pode proporcionar para a argumentação jurídica; sendo assim, cabe avaliar se algo parecido pode ser transposto para o âmbito da ponderação.

Há uma infinidade de casos difíceis em que uma constituição oferece diferentes respostas; se isso é verdade, e se também é verdade que há a possibilidade da interferência em direitos fundamentais, então a ponderação, como método da proporcionalidade, estaria presente em todos os campos do direito. O princípio da proporcionalidade é "ubíquo" (*ubiquitous*), no dizer de Alexy,[37] não obstante haver céticos como Habermas e Schlink. É preciso, pois, combater tais

---

36 ALEXY, Robert. "On balancing and subsumption: a structural comparison". *Ratio Juris*, vol. 16, nº 4, dez. 2003, pp. 433 e ss.

37 ALEXY, Robert. "On balancing and subsumption: a structural comparison". *Ratio Juris*, vol. 16, nº 4, dez. 2003, p. 436.

céticos com o intuito de colocar em evidência a estrutura racional da proporcionalidade. Novamente, a autoridade da CCA é invocada em ordem a tentar alcançar o fim almejado por Alexy: ele menciona a decisão sobre a "proporcional" medida estatal de exigir a inserção pelos fabricantes de cigarros, nas embalagens, de advertências sobre o mal que o fumo pode causar.

Esta seria uma interferência "leve" no direito de exercer uma profissão; uma interferência "pesada" seria a do caso de proibir o comércio de tabaco.[38] A decisão sobre a revista satírica *Titanic* também é invocada: a revista havia qualificado um oficial da reserva paraplégico de um "assassino natural" e de "aleijado".[39] A CCA viu o caso como um conflito entre o direito de personalidade do oficial e o direito de liberdade de expressão da revista, entendendo que a qualificação de "assassino natural", no contexto da revista, não lesava o direito de personalidade do oficial e que uma intervenção na liberdade de expressão, pelo menos aqui, seria desproporcional; já no que respeita ao epíteto "aleijado", o recurso constitucional impetrado pela revista *Titanic* seria infundado, porque a intervenção estatal em favor do oficial era proporcional para repreender essa adjetivação lesiva de sua personalidade.

Para possibilitar uma metodologia ainda mais detalhada, Alexy apresenta uma escala de interferência em um princípio jurídico e não interferência em outro: esta pode ser "leve" (*light*), "moderada" (*moderate*) e "séria" (*serious*).[40] Essas interferências são concretas, como ele reconhece; mas pode haver certas medidas ou pesos definidos em abstrato, segundo a relação de um princípio com outro independentemente das circunstâncias de um caso concreto. O direito à vida, por exemplo, teria um peso em abstrato maior do que o direito de liberdade de ação. Parece que Alexy não percebe a gravidade dessa

38 *BVerfGE*, 95, 173 (183).

39 *BVerfGE*, 86, 1.

40 ALEXY, Robert. "On balancing and subsumption: a structural comparison". *Ratio Juris*, vol. 16, nº 4, dez. 2003, p. 440.

afirmação para sua própria teoria: se esse sopesamento também é possível, porque qualificar um princípio como "mandado de otimização" se, de antemão, o legislador já pode estabelecer a precedência de um princípio sobre outro?

Mesmo assim, ele leva adiante seu empreendimento: o primeiro estágio do balanceamento estabelece qual a intensidade dessa interferência e parte do pressuposto de que, em abstrato, os princípios são "iguais". O segundo estágio avalia a importância de se satisfazer outro princípio; aqui, a avaliação também é feita em "concreto", nos termos da situação a dirimir. Por fim, o terceiro estágio põe em relação os resultados do primeiro e segundo estágios, fechando a relação tríade do balanceamento.

A partir disto, seria possível refutar uma escala de 0 a 1 para a argumentação jurídica: cálculos gradativos de importância como *leve*, *moderado* e sério, não cabem nessa metrificação. Mesmo assim, é possível estabelecer uma fórmula numérica, que não será reproduzida aqui, mas que parte do pressuposto de que essa *fórmula do peso* em situações "concretas" pressupõe pesos relativos para os princípios. Ao que parece, Alexy, com a criação de várias fórmulas numéricas que, geométrica ou aritmeticamente, visam "racionalizar" a teoria da argumentação jurídica desenvolvida por ele, quer aproximar o Direito da exatidão das ciências exatas, quer alcançar o mesmo nível de certeza que, nem mesmo nessas ciências, é possível alcançar nos dias atuais. Por isso, seria possível até uma avaliação em abstrato da importância de um princípio.

Com base na jurisprudência da CCA, ele havia estabelecido sua *lei de ponderação*: "Cuanto mayor es el grado de na lo satisfación o de afectación de un principio, tanto mayor tiene que ser la importância de la satisfacción del outro".[41] Agora é possível criar

---

41 ALEXY, Robert. *Teoría de los derechos fundamentales*. Trad. Ernesto Garzón Valdés. Madri: Centro de Estudios Constitucionales, 1993, p. 161.

uma segunda formulação da lei de ponderação: "The more heavily an interference with a constitutional right weighs, the greater must be the certainty of its underlying premisses".[42] A primeira lei de ponderação será chamada de "lei de ponderação substantiva", pois se refere à importância substantiva das razões da interferência; a segunda lei de ponderação será chamada de "lei da ponderação epistêmica". Essa *lei da ponderação epistêmica* também possui sua tríade modelar: ela envolve as classes da *certeza* ou *confiabilidade*, *sustentabilidade* ou *plausibilidade* e *falsidade não evidente*.

A conclusão de Alexy é de que é possível, tanto na subsunção quanto na ponderação, chegar ao mesmo nível de certeza. Ambas as fórmulas oferecidas permitem partir de uma premissa e alcançar uma conclusão. A diferença é que a subsunção trabalha com as regras da lógica; a ponderação com as regras da aritmética. O que não põe de lado, como ressaltado, a força do argumento de ponderação: ele seria aritmético, racional e seguro ao mesmo tempo, não obstante gradativo.

Se gradativo, é possível concluir pela proximidade dos princípios jurídicos com os valores. Ora, então valores e princípios guardariam uma certa pertinência, seriam conceitos aproximados. Não obstante isto, Alexy quer traçar uma diferença entre *valores* e *princípios jurídicos*.[43] Ele recorre a von Wright para dizer que os conceitos práticos podem ser de três modalidades: conceitos *deontológicos*, que estabelecem um mandado, um dever ser; conceitos *axiológicos*, que levam em conta o que é bom; e, conceitos *antropológicos*, cujos exemplos são a vontade, o interesse, a necessidade, a ação.

---

42 ALEXY, Robert. "On balancing and subsumption: a structural comparison". *Ratio Juris*, vol. 16, nº 4, dez. 2003, p. 446. Tradução livre: "Quanto maior for o peso de uma interferência em um direito fundamental, maior deve ser a certeza de suas premissas subjacentes".

43 ALEXY, Robert. *Teoría de los derechos fundamentales*. Trad. Ernesto Garzón Valdés. Madri: Centro de Estudios Constitucionales, 1993, p. 139.

Princípios são *mandados de otimização*, portanto, conceitos deontológicos: são o que Alexy tem em mira; e valores, são conceitos axiológicos. Veremos, mais à frente, porque ele aponta na direção certa, mas traça o caminho errado; contudo, já podemos intuir isto de antemão: se princípios são mandados de otimização, por que eles poderiam ser avaliados em abstrato? A única resposta é porque eles são valores, ou conceitos axiológicos, na teoria alexyana, pois, como ele mesmo ressaltou, caso se tratasse de conceitos deontológicos, um não mandaria fazer algo "menos" do que outro manda.

4 O princípio ou máxima da proporcionalidade

Alexy busca justificar a racionalidade da ponderação de valores por meio do uso de um princípio abrangente: o *princípio da proporcionalidade* (*Verhältnismäßigkeit*).[44] É esse princípio que subjaz à toda a jurisprudência da CCA e que admira tanto Robert Alexy, a ponto dele dizer, como referido, que se trata de um princípio "ubíquo" em todas as áreas do direito. A própria pertinência que valores guardam com princípios permite que se entenda a máxima da proporcionalidade como uma tradução dessa semelhança. A decisão de 15 de dezembro de 1965 daquela Corte bem evidencia a importância por ela atribuída ao princípio da proporcionalidade.

---

44 Não será discutida aqui a questão de se a proporcionalidade é um princípio, um postulado normativo (ÁVILA, Humberto. *Teoria dos princípios*: da definição à aplicação dos princípios jurídicos. 3ª ed. São Paulo: Malheiros, 2004, p. 88) ou uma regra (AFONSO DA SILVA, Virgílio. "O proporcional e o razoável". *Revista dos Tribunais*, nº 798, 2002, pp. 25/26). No entanto, como apontado por Afonso da Silva, é preciso atentar para a ressalva que faz Alexy (ALEXY, Robert. *Teoría de los derechos fundamentales*. Trad. Ernesto Garzón Valdés. Madri: Centro de Estudios Constitucionales, 1993, p. 112, nota 84): a máxima da proporcionalidade requer que seus subprincípios sejam aplicados como regras. Não se entende bem esse argumento ante o princípio da proporcionalidade em sentido estrito, contudo. Ao final, a nós interessa mais qual a sua lógica e se ela é legítima ante uma compreensão deontológica do direito.

Trata-se do caso de um almirante reformado da Marinha alemã que, em 1944, durante o ataque à Embaixada Alemã em Tóquio, ordenara que fossem deixados à deriva para a morte presos embarcados para a Alemanha que haviam tentado ultrapassar o bloqueio marítimo. O ex-almirante fora preso em agosto de 1965, quando já contava com 76 anos de idade, e ajuizara um recurso constitucional alegando a desnecessidade da medida, já que ele se encontrava à disposição da Justiça na própria Alemanha, tinha bom comportamento e não demonstrava indícios de que iria fugir. Estavam em tensão, pois, os princípios do direito do indivíduo à liberdade pessoal e a efetividade da pretensão penal punitiva. A detenção só é proporcional para garantir o processo penal.[45]

O princípio da proporcionalidade envolve outros três subprincípios: *princípio da adequação*, *princípio da necessidade* e *princípio da proporcionalidade em sentido estrito*. Todos abarcam a ideia da otimização. O *princípio da adequação* se refere ao que é factualmente possível, avaliando qual das medidas propostas por cada princípio é a mais idônea. Ele avaliará a medida suscetível de atingir o objetivo escolhido. "The principle of suitability excludes the adoption of means obstructing the realisation of at least one principle without promoting any principle or goal for which they were adopted".[46]

Uma posição pode ser melhorada sem ser em detrimento de outra (é o ótimo de Pareto, que está também presente no princípio da necessidade: segundo Vilfredo Pareto, um produto é um "ótimo de pareto" se nenhum agente ou situação pode estar em uma posição melhor sem fazer com que outro agente ou situação assuma uma posição pior). Se o meio M adotado para promover o princípio P1, além de se mostrar inadequado para tanto, leva a um prejuízo em relação ao princípio P2, M deve ser abandonado em favor de outro

45 *BverfGE* 19, 342 (347, 348).

46 ALEXY, Robert. "Constitutional rights, balancing, and rationality". *Ratio Juris*, vol. 16, nº 2, 2003, p. 135.

meio, já que nenhum dos dois princípios será beneficiado com a adoção de M.

O *princípio da necessidade* requer que, na presença de dois meios para dar curso ao mesmo princípio, seja escolhido o menos gravoso ou o que gere menos interferência nos princípios em concorrência. Havendo dois meios para promover o mesmo princípio, a escolha deve recair sobre o que seja o menos gravoso, o meio que interfira menos possível nos demais princípios eventualmente em concorrência. Se dois meios são adequados (note-se que é preciso seguir o método, passo a passo) para promover P1, deve-se escolher o meio que menos interfira em P2. Se houver ainda uma interferência em outro princípio P3, é preciso avançar na ponderação, seguindo o próximo passo da estrutura.

Por fim, o *princípio da proporcionalidade em sentido* estrito expressa a máxima da ponderação, ao pretender a otimização em relação às possibilidades jurídicas: quanto mais intensa for a interferência em um princípio, maior tem que ser a realização de outro. Trata-se da própria *lei de ponderação*. Quanto maior o grau de não satisfação ou detrimento de um princípio, maior a importância de se satisfazer o princípio concorrente.

As três facetas do princípio da proporcionalidade também decorrem do fato de se considerar os princípios jurídicos a partir de uma tese de otimização. Mas isso não pode, de modo algum, significar o contrário; mas Alexy defende que quem renuncia ao princípio da proporcionalidade deve, consequentemente, abrir mão de uma Teoria dos Princípios.[47] Desse modo, para ele, é necessário opor-se a eventuais críticas contra a ponderação, como a tese de Günther de que a diferença entre regras e princípios depende da situação de aplicação e que um balanceamento seria uma agressão à separação de poderes.

---

47 ALEXY, Robert. "On the structure of legal principles". *Ratio Juris*, vol. 13, nº 3, set. 2000, p. 297.

Seria necessário distinguir entre considerar os aspectos de uma situação e otimizar uma norma: pode-se considerar todos os aspectos situacionais para normas que dependam ou não de densificação, ao passo que a otimização requer que alguém venha a aderir a uma norma em maior ou menor extensão. "*While optimization implies the consideration of all circumstances, the consideration of all circumstances does not imply optimization*".[48] Por isso, a crítica de Günther não atingira a ponderação em si; entretanto, se é verdade que a consideração dos sinais característicos não implica a ponderação, mas uma norma de imparcialidade no caso concreto, de outra parte, para concordar com Alexy, é preciso ignorar a diferença entre argumentos de princípio e argumentos de política levada a efeito por Dworkin.[49]

5 Normas e valores: em *prol* de uma compreensão deontológica dos direitos

A opção metodológica da CCA se apresenta como um desafio à legitimidade democrática de suas decisões. Já anotamos como o STF segue a mesma tendência pela importação de teorias germânicas sobre aquela prática. Uma "teoria dos valores" desenvolvida pela CCA aponta para um rompimento com um entendimento deontológico dos direitos;

> Y con ello se pierde de vista la alternativa que representa esa comprensión correcta que es la interpretación constructiva,

48 ALEXY, Robert. "On the structure of legal principles". *Ratio Juris*, vol. 13, nº 3, set. 2000, p. 299.

49 "*É verdade que, assim, acerta-se o estado factual da jurisprudência constitucional, mas também, simultaneamente, adota-se, em seu lugar, a mistura de princípios e imperativos funcionais, que caracteriza o sistema administrativo ou econômico*" (GÜNTHER, Klaus. *Teoria da argumentação no Direito e na moral*: justificação e aplicação. Trad. Cláudio Molz. Rev. Luís Moreira. São Paulo: Landy, 2004, p. 322).

> conforme a la cual los derechos no pueden asimilarse a valores.[50]

Vimos como Robert Alexy constrói sua teoria de conceituação dos princípios jurídicos como algo semelhante a valores, como mandados de otimização, a partir das próprias construções jurisprudenciais de uma constituição como "ordem concreta de valores", à maneira de Scheler e Hartmann.[51]

E não se diga que a verdadeira dinâmica do controle de constitucionalidade na Alemanha aponta para uma já superada teorização sobre valores, apenas presente no período entre as décadas de 1950 e 1970, como o faz Bernhard Schlink;[52] ainda é possível identificar o recurso a valores por parte da Corte em julgamentos, mesmo que isto esteja travestido em uma "capa" de racionalidade chamada *princípio da proporcionalidade*. Não é despropositado o recurso de Alexy[53] a decisões da década de 1980 e 1990 da CCA nas quais ele insiste em ponderar direitos como se eles fossem valores.[54] Por exemplo,

---

50 HABERMAS, Jürgen. *Facticidad y validez*: sobre el derecho y el Estado democrático de derecho en términos de teoria del discurso. Trad. Manuel Jimenez Redondo. Madri: Trotta, 1998, p. 327.

51 "*A bússola das valorações do juiz (ou dos agentes da Administração) vê-a ZIPPELIUS <<no* ethos *jurídico dominante na comunidade>> nas <<concepções dominantes de justiça>>. O <<*ethos *jurídico dominante>> não consiste em uma soma de processos ao nível da consciência, mas no* conteúdo *de consciência de uma multiplicidade de indivíduos; é <<espírito objectivo>>, no sentido da teoria dos estratos de NICOLAI HARTMANN*" (LARENZ, Karl. *Metodologia da ciência do Direito*. Trad. José Lamego. 3ª ed. Lisboa: Fundação Calouste Gulbenkian, 1997, p. 173).

52 SCHLINK, Bernhard. "The dynamics of constitutional adjudication". *Cardozo Law Review*, Nova York, nº 17, mar. 1996, pp. 1.231-1.238.

53 ALEXY, Robert. "Epílogo a la Teoría de los derechos fundamentales". *Revista Española de Derecho Constitucional*, Madri, nº 66, ano 22, set./dez. 2002, pp. 44 e ss.

54 Em *BVerfGE* 71, 206 (221), o *Bundesverfassungsgericht* recorre explicitamente à proporcionalidade em sentido estrito: "*Según ello* [é dizer,

em 1994, discutiu-se a constitucionalidade de normas proibitivas da comercialização de *Cannabis Sativa* na Alemanha: o caso era de se saber se proibições para o comércio eram compatíveis com o direito de liberdade consagrado na Lei Fundamental e se o legislador estava livre para apenar o consumo individual. O recurso ao princípio da proporcionalidade e a uma ponderação de valores (*Werterjudikatur*) constitui fundamento da decisão.[55]

Pudemos verificar, quando do exame do feixe de argumentos do discurso de justificação, que os discursos morais guardam com os discursos jurídicos a semelhança de um funcionamento por intermédio de normas, bem como a comunhão de um código binário e a possibilidade de uma resposta correta. Os discursos jurídicos, contudo, estão abertos também a questões éticas e pragmáticas e detêm a força coercitiva institucionalizada em um aparato estatal; o fato de possuírem essa abertura discursiva necessária para uma

---

diante da intervenção mínima na liberdade de imprensa] *la restricción de las libertades del art. 5.1 LF no es desproporcionada en relación con aquello que se consigue mediante ella: la protección – ciertamente poco eficaz – de los bienes jurídicos del § 353 del* Código Penal"; já em *BVerfGE* 97, 169 (176), em que estavam em conflito a liberdade de profissão do empregador e o dever de proteção do trabalhadores, a Corte salientou que "*(...) Las posiciones iusfundamentales que entran en colisón deben ser comprendidas en su efecto recíproco y deben ser delimitadas de tal modo que sean efectivas en la mayor medida posible para todos los afectados*". Ambos os exemplos são tirados de ALEXY, Robert. "Epílogo a la Teoría de los derechos fundamentales". *Revista Española de Derecho Constitucional*, Madri, nº 66, ano 22, set./dez. 2002, pp. 44 e 50.

55 *BVerfGE* 90, 145. A CCA acabou por aprovar a legislação proibitiva do comércio da droga. Em 2024, por meio de legislação, foi autorizado que que pessoas com mais de 18 anos podem transportar até 25 gramas de maconha em vias públicas, cultivar até 50 gramas e ter três plantas de cannabis por adulto em sua residência (FRANCE PRESSE. "Alemanha legaliza o consumo recreativo da maconha a partir desta segunda (1º)". *G1*, 01 abr. 2024. Disponível em: https://g1.globo.com/mundo/noticia/2024/04/01/alemanha-legaliza-o-consumo-recreativo-de-maconha-a-partir-desta-segunda-1o.ghtml. Acessado em: 15.07.2024).

sociedade plural não significa dizer que eles funcionem por meio de interesses e valores. Discursos jurídicos envolvem questões de justiça em uma comunidade localizada geográfica e historicamente.

É certo que, com Dworkin, o direito não é constituído apenas de regras; os princípios jurídicos permitem, como já afirmado, uma melhor definição do sistema de direitos por meio de uma interpretação construtivista. Mas os princípios não podem ser concebidos a partir da ótica do que seja factualmente melhor ou factualmente possível: conceber os princípios jurídicos como *mandados de otimização* requer uma ponderação de bens (*Güterabwägung*). Como nenhum valor guarda precedência sobre outros, a interpretação jurídica torna-se, pois, uma questão acerca do que é realizável na medida de um caso concreto.

Habermas apresenta uma série de distinções entre *valores* e *normas* que não permite qualquer assimilação entre essas categorias e que, com certeza, passa ao largo de uma discussão meramente terminológica. As normas possuem um sentido deontológico e os valores um sentido teleológico – Alexy percebe isto, mas ao conceber os princípios como *mandados de otimização* ele perde de vista a diferença. As normas obrigam seus destinatários igualmente, ou seja, trata-se de uma obrigação incondicional e universal, ao passo que os valores são entendidos como preferências intersubjetivamente compartilhadas, no sentido relativo de uma apreciação de bens por uma cultura ou forma de vida determinadas. As normas definem o que é bom para todos – é esse seu sentido de "correção"; os valores, o que é bom para mim ou para nós.[56]

Por isso, normas dizem respeito, em uma dada situação, ao que é obrigatório fazer. À luz de valores, pode-se decidir qual comportamento é melhor e mais recomendável. Não parece ser esta última

---

56 HABERMAS, Jürgen. *Facticidad y validez*: sobre el derecho y el Estado democrático de derecho en términos de teoria del discurso. Trad. Manuel Jimenez Redondo. Madri: Trotta, 1998, pp. 328/329.

lógica a do direito: aliás, quando ele assim funciona, muito difícil se torna distingui-lo da política, da economia ou de outros sistemas. A acepção de Alexy de princípios otimizáveis coloca em perigo um sistema de direitos que, para seu correto funcionamento, depende de princípios jurídicos deontológicos, no sentido dworkiniano. Se, por um lado, uma tese do caso especial corre o risco da subordinação do direito a moral, algo inconcebível em sociedade pós-metafísicas, a concepção valorativa dos princípios corre o risco de subordinar o direito a uma ética de valores que não é, e nem pode ser, compartilhada por todos os cidadãos de um Estado Democrático de Direito.

Daí a crítica de que, nesse caso, o Poder Judiciário pode se tornar o senhor dos valores de uma sociedade, uma instância autoritária que assume o lugar de referência ocupado na Alemanha, outrora, pelo Imperador. O direito perde seu caráter de "barreira de fogo" contravalores que podem a qualquer tempo se alterar. Alexy está ciente do problema que uma teoria do discurso coloca para suas concepções; ele tem gastado várias linhas, desde a publicação de *Faktizität und Geltung*, para enfrentar as objeções de Habermas. Ocorre que, reiteradamente, a CCA é citada como a fonte da sabedoria da qual emanam as mais acertadas opções metodológicas; os casos decididos são apresentados como um laboratório de acertos do qual ele extrai suas teorias, dando ares de argumento de autoridade à jurisprudência daquela corte.[57]

---

57 Schlink parece padecer do mesmo problema, o que até reforça a crítica a Alexy: "*The concepts, theories, paradigms, and orientations that constitutional legal scholarship detects and depicts always come after the decision has been rendered. Constitutional legal scholarship works in the wake of the Bundesverfassungsgericht rather than ahead of it, following the paths defined by the powerful Court. This scholarship elaborates on the Court's solutions, and compiles and systematizes the Court's decisions*" (SCHLINK, Bernhard. "The dynamics of constitutional adjudication". *Cardozo Law Review*, Nova York, nº 17, mar. 1996, pp. 1.236/1.237).

Em outra oportunidade, Alexy tenta ocultar o sentido do termo deontológico ao restringir o teste de universalização que uma pretensão deste tipo exige a uma comunidade localizada histórica e temporalmente.[58] Com isso, ele torna as coisas fáceis para si, bastando dizer que o termo deontológico a que ele se refere não pode ser apreendido em um sentido estrito. Na verdade, o próprio termo deontológico se refere, em primeiro lugar, a um caráter obrigatório codificado de maneira binária. Mesmo que se restrinja a universalidade de normas a um campo específico localizado social e temporalmente, como *sói* ocorrer com as normas jurídicas, não se viola o código binário, código este que possui pretensão de verdade análoga a de mandamentos que variam entre "certo" e "errado" e nem é ultrajada a incondicionalidade de sua reivindicação normativa de validação.

Caso se leve a sério a proposta de Alexy, a própria *forma jurídica* estaria comprometida. Se o Direito tem em comum com a moral o fato de regular conflitos interpessoais, em primeira linha, ele não pode ceder a argumentos de política que efetivam fins coletivos.[59] Normas jurídicas diferentes podem, realmente, concorrer para a aplicação em um caso concreto; isso não significa que a solução se guie por um *princípio da proporcionalidade*. Pode haver várias razões para uma sentença judicial, mas seu enunciado é passível de correção. Ao ser baseada em valores, contudo, ela passa a ser o reflexo de determinadas concepções da vida boa não compartilhadas por todos – logo, é ilegítima justamente aos olhos de quem deveria mostrar-se como legítima.

Isso apenas em um primeiro plano, sem a necessidade de se referir à própria esfera pública. Outro problema identificado por Habermas nas críticas de Alexy a Günther é que, apesar de ele identificar as

---

58 ALEXY, Robert. "Jürgen Habermas' theory of legal discourse". *Cardozo Law Review*, nº 17, 1996, p. 1.030.

59 HABERMAS, Jürgen. *A inclusão do outro*: estudos de teoria política. Trad. Paulo Asthor Soethe e George Sperber. São Paulo: Loyola, 2002, p. 355.

diferenças das lógicas dos questionamentos necessários ao estabelecimento e à aplicação de uma norma, suas concepções não esclarecem da forma devida à diferença entre *legislação* e *jurisdição*.[60] Não se trata de arranjos comunicativos semelhantes, porque as razões à disposição do juiz não são as mesmas à disposição do legislador.[61]

Normas devem sua validade a um teste de universalização; valores são particulares. A diferenciação de Dworkin entre *argumentos de princípio* e *argumentos de política* opera justamente nesse sentido, ou seja, os direitos são colocados como "trunfos" diante de políticas. Isso não significa que o bem coletivo esteja desamparado; ele está amparado, mas por princípios jurídicos. O perigo de uma irracionalidade nas decisões judiciais de um órgão jurisdicional que adota uma teoria de valores é constante, já que argumentos funcionais estão a todo tempo concorrendo com direitos em pé de igualdade. Agora, isso não significa que direitos não possam colidir: ocorre que a decisão, nesses casos, não depende de um método de ponderação, mas de uma correta argumentação no sentido da prevalência de uma das normas *prima facie* naquele caso concreto.

---

60 HABERMAS. *A inclusão do outro*: estudos de teoria política. Trad. Paulo Asthor Soethe e George Sperber. São Paulo: Loyola, 2002, p. 358.

61 A crítica à "jurisprudência dos valores" é feita também por Friedrich Muller, referindo-se ao caso *Lüth* (MÜLLER, Friedrich. *Métodos de trabalho do Direito Constitucional*. Trad. Peter Naumann. 2ª ed. São Paulo: Max Limonad, 2000, pp. 35/36): "*A tentação a uma valoração e ponderação subjetivamente irracionais de 'valores', paralela ao uso do conceito de 'valor' – juridicamente dispensável, com ônus negativo herdado da história da filosofia – e de resto carente de nitidez – revela-se claramente quando o tribunal denomina em seguida a 'ordem valorativa' dos direitos fundamentais como 'ordem hierárquica de valores', em meio à qual se deveria efetuar uma ponderação. (...) Tal procedimento não satisfaz as exigências, imperativas no Estado de Direito e nele efetivamente satisfactíveis, a uma formação da decisão e representação da fundamentação, controlável em termos de objetividade da ciência jurídica no quadro da concretização da constituição e do ordenamento jurídico infraconstitucional*".

Esta é uma exigência de integridade, de coerência normativa em um sistema constituído de princípios deontológicos. Daí que um *senso de adequabilidade* seja necessário: ele requer a descrição completa da situação e a concepção de um conjunto coerente de normas tendente a solucionar o impasse.[62] "*Y adecuación significa aquí validez de un juicio singular deducido a partir de una norma válida, que es el que <<satura>> a la norma correspondiente*".[63]

A questão pode ser mais bem explicitada com um simples exemplo invocado por David Couzens Hoy.[64] É possível tomar decisões justas diante de interpretações a princípio conflitantes de uma mesma norma? Juízes estão diante de impasses à primeira vista insuperáveis, como ocorrera com o Rei Salomão que precisava decidir qual era a real mãe da criança e propôs dividi-la ao meio? Pelo que foi longamente demonstrado, direitos não são relativizáveis e uma decisão justa não é a que faz pender a espada sobre o objeto de um litígio. Essas são soluções de compromisso e a menos que as partes assim o desejem, não parecem aceitáveis do ponto de vista de uma teoria do discurso. Muito pelo contrário, são decisões arbitrárias.

Ainda que a submissão a algoritmos e métodos, ou mesmo a uma intenção do autor, pareçam possibilitar a correção almejada, elas acabam por dispensar o intérprete de sua principal tarefa reflexiva, entendida muito mais como uma habilidade do que uma fórmula. Quando partimos de um ponto de vista normativo, há critérios então para dizer se uma resposta é correta ou incorreta: no caso do Rei

---

62 GÜNTHER, Klaus. *Teoria da argumentação no Direito e na moral*: justificação e aplicação. Trad. Cláudio Molz. Rev. Luís Moreira. São Paulo: Landy, 2004, pp. 323 e ss.

63 HABERMAS, Jürgen. *Facticidad y validez*: sobre el derecho y el Estado democrático de derecho en términos de teoria del discurso. Trad. Manuel Jimenez Redondo. Madri: Trotta, 1998, p. 334.

64 HOY, David Couzens. "Interpreting the law: hermeneutical and poststructuralist perspectives". *Southern California Law Review*, vol. 58, nº 1, 1985, pp. 143 e ss.

Salomão, se a questão era saber qual seria a melhor mãe – não apenas da perspectiva biológica – o resultado pode parecer adequado, ainda que no futuro um outro o seja, quando se alterarem as perspectivas.[65] Tomar uma decisão e aplicar uma norma não significa menos esforço hermenêutico, muito pelo contrário, é justamente a ocasião de interpretar de forma ainda mais profunda.

Conclusões

O alcance comparado da máxima da proporcionalidade é enorme. Com ele, também vem uma preocupação transnacional com a expansão de atividades judiciais sem critérios claros de legitimidade. A judicialização da política é um processo que não se descola da argumentação jurídica. Reivindicações normativas são fundamentais nesse campo para uma verificação do processo de legitimidade de decisões judiciais.

65 "*What counts as 'best' depends on the purposes of interpretation, and even with the same purposes, the possibility of equally good explanations cannot be ruled out in advance. Again, however, until an alternative explanation is given, it cannot be judged, so that in the absence of a genuine alternative there is sufficient reason to accept the available interpretation as the right one*" (HOY, David Couzens. "Interpreting the law: hermeneutical and poststructuralist perspectives". *Southern California Law Review*, vol. 58, nº 1, 1985, p. 145).

CAPÍTULO XI

CONTROLE PROCEDIMENTAL DE CONSTITUCIONALIDADE

Introdução

Números de 2011 indicavam que cerca de 83% dos Estados no mundo adotavam alguma forma de controle de constitucionalidade. No total, Ginsburg e Versteeg indicam que 81 Estados adotavam formas concentradas de controle, ao passo que 76 optavam por modelos difusos de controle judicial de constitucionalidade.[1] Ainda daremos maior densidade a essas classificações, mas elas são indicativas do aumento do poder de tribunais de definir a constitucionalidade ou inconstitucionalidade de uma lei. No presente capítulo, discutiremos alguns pontos introdutórios sobre o controle de constitucionalidade. Procuremos apresentar também, ainda que brevemente, os traços que informam tal ferramenta no contexto do constitucionalismo brasileiro.

1 GINSBURG, Tom; VERSTEEG, Mila. "Why do countries adopt constitutional review?" *The Journal of Law, Economics, & Organization*, vol. 30, nº 3, 2014, pp. 587-622.

1 Legitimidade do controle de constitucionalidade

A consolidação de um mecanismo pelo qual juízes não eleitos declaram a inconstitucionalidade de atos produzidos com o apoio de uma maioria representativa gerou uma controvérsia que Alexander Bickel sintetizou como *dificuldade contramajoritária*.[2] Ainda que se possa localizar outros elementos históricos do constitucionalismo, com o caso Bonham referido em capítulo anterior, é, provavelmente, *Marbury v. Madison*: 5 U.S. 137 (1803), o precedente clássico que informa seu advento. Inúmeros autores debateram qual seria o fundamento filosófico e político do controle de constitucionalidade. Dworkin, por exemplo, defendia tais cortes como verdadeiros fóruns de princípio.[3] Waldron irá enfatizar a legitimidade de processos decisórios no âmbito Legislativo que, em face do desacordo razoável das sociedades atuais, seriam um *locus* mais adequado de debate e defesa da constituição.[4] Ely dará preponderância na defesa de garantias formais do processo legislativo por parte das cortes.[5]

Posições procedimentalistas tendem a enxergar a impossibilidade de se separar a defesa concomitante de direitos fundamentais e procedimentos democráticos no exercício do controle de constitucionalidade.[6] Mais à frente, pormenorizaremos essa posição. Aileen Kavanagh tem enxergado um maniqueísmo nas posições de

---

2 BICKEL, Alexander M. *The least dangerous branch*: the Supreme Court at the bar of politics. New Haven: Yale University Press, 1986.

3 DWORKIN, Ronald. *A matter of principle*. Oxford: Oxford University Press, 1985.

4 WALDRON, Jeremy. *Law and disagreement*. Oxford: Oxford University Press, 1999.

5 ELY, John Hart. *Democracy and distrust*: a theory of judicial review. Cambridge: Harvard University Press, 1980.

6 CATTONI DE OLIVEIRA, Marcelo Andrade. *Devido Processo Legislativo*: uma justificação democrática do controle jurisdicional de constitucionalidade das leis e do processo legislativo. 3ª ed. Belo Horizonte: Editora Fórum, 2016.

Dworkin (ainda que enfatize, equivocadamente, a figura de Hércules) e Waldron.[7]

Em reforço às tradições do *common law*, estariam posições como a de Mark Tushnet e Stephen Gardbaum, que defendem formas menos incisivas de controle de constitucionalidade e de maior deferência parlamentar.[8] Reforçando virtudes como cortesia, tolerância, moderação e auto-restrição, ela propõe uma atuação colaborativa entre os poderes. Dixon também enxerga a necessidade de uma calibragem das cortes para verificação de formas de atuação fracas e fortes, mas *responsivas* para atender a demandas de violação do núcleo democrático ou da inexistência de proteção a minorias por pontos cegos ou inércia na legislação.[9]

A legitimidade do controle de constitucionalidade depende em muito de uma teoria que atente para o específico modo de realização desse mecanismo no direito e para a necessidade de imposição coercitiva das decisões judiciais. Já vimos como a teoria discursiva, ao transferir a tensão entre facticidade e validade presente no seio da linguagem para o direito, procura atender a essa demanda. Não obstante, foi preciso ir adiante e reconstruir uma teoria hermenêutica que, enfatizando também a perspectiva interna dos participantes, pudesse operacionalizar as decisões judiciais de maneira mais satisfatória do que vinha fazendo o positivismo jurídico; não é à toa que o próprio pensamento de Jürgen Habermas irá buscar em Ronald Dworkin esse suporte.

---

7 KAVANAGH, Aileen. *The collaborative constitution*. Cambridge: Cambridge University Press, 2023.

8 TUSHNET, Mark. *Weak courts, strong rights*: judicial review and social welfare rights in comparative constitutional law. Princeton: Princeton University Press, 2009; GARDBAUM, Stephen. *The new commonwealth model of constitutionalism*: theory and practice. Cambridge: Cambridge University Press, 2013.

9 DIXON, Rosalind. *Responsive judicial review*: democracy and dysfunction in the modern age. Oxford: Oxford University Press, 2023.

Foi preciso, ao final, recorrer ao pensamento de Klaus Günther para que pudéssemos distinguir de forma clara as atividades de legislação e jurisdição em uma compreensão procedimentalista do direito e do Estado Democrático de Direito, definindo o que se chamou de *modelo da correia de transmissão*, um modelo que possa unir a participação dos cidadãos na formação dos provimentos jurisdicionais. Esse modelo não está ausente no controle de constitucionalidade, não obstante insista grande parte da doutrina nacional e também o Supremo Tribunal Federal em ser o controle concentrado um processo objetivo, ou seja, sem partes.

2 O caráter procedimental do controle de constitucionalidade das leis

Estabelecidos os pressupostos de um direito que não pode romper com seu código binário, é preciso saber, afinal, qual o papel do controle de constitucionalidade das leis em uma compreensão paradigmática do direito e do Estado Democrático de Direito que se pretenda procedimental, ou seja, uma compreensão aberta ao pluralismo de sociedades complexas como as atuais e que garanta a manutenção das diversas formas de vida pela coesão interna de direitos e democracia. Antes, porém, é preciso explorar melhor o que significa estar diante de um sistema de direitos que possui um código binário.

O direito é, ao mesmo tempo, sistema de ação e sistema de valores. Seu modo de operar é a distinção direito/não direito, justo/injusto, e não um código gradual relativizante que permita ao Judiciário em tudo refazer o que o Poder Legislativo havia empreendido no âmbito de fundamentação ou justificação das normas. Esse código se apresenta também como constitucionalidade/inconstitucionalidade; pois não há, em verdade, um "*princípio da supremacia constitucional*". A supremacia constitucional é parte das próprias regras do jogo argumentativo que representa o direito: sem ela, não há nem esse jogo. A constituição estabelece as condições discursivas sob as quais irão ser regidas as relações dos cidadãos em suas limitações sobre a liberdade e a igualdade. Perder de vista essa impositividade significa abdicar da própria forma moderna das Constituições (escritas, formais e rígidas), uma conquista histórica sem a qual tornam-se impossíveis as sociedades pluralistas da modernidade.

A existência de uma democracia depende de instrumentos construídos pelo próprio direito, um direito que só é legítimo se democrático. Daí a garantia pela jurisdição constitucional da participação de todos os afetados pelos processos de controle de constitucionalidade e pelos processos legislativos, algo incompossível com uma concepção "objetiva" de processo. A afirmação dos direitos processuais de participação dos destinatários revela um sentido democrático do exercício do controle de constitucionalidade, apresentando uma fonte de legitimidade capaz de atender ao pluralismo das sociedades modernas.[10]

A constituição é a norma que fixa os procedimentos políticos conforme os quais os cidadãos, exercendo direitos de autodeterminação, perseguem formas cada vez mais justas de vida. "*Sólo las condiciones procedimentales de la génesis democrática de las leyes aseguran la legitimidad del derecho estabelecido*".[11] Daí que a função da jurisdição constitucional seja a de garantir o sistema de direitos que estabelece a autonomia pública e a autonomia privada dos cidadãos. O controle de constitucionalidade procedimental prima

---

10 "*Ao possibilitar a garantia dos direitos fundamentais processuais jurisdicionais, nos próprios processos constitucionais de controle jurisdicional de constitucionalidade das leis e do processo legislativo, a Jurisdição Constitucional também garantirá as condições para o exercício da autonomia jurídica dos cidadãos, pela aplicação* reflexiva do princípio do devido processo legal, *compreendido, aqui, como 'modelo constitucional do processo' (...)*" (CATTONI DE OLIVEIRA, Marcelo Andrade. *Devido processo legislativo*: uma justificação democrática do controle jurisdicional de constitucionalidade das leis e do processo legislativo. 2ª ed. Belo Horizonte: Mandamentos, 2006, p. 131).

11 HABERMAS, Jürgen. *Facticidad y validez*: sobre el derecho y el Estado democrático de derecho en términos de teoria del discurso. Trad. Manuel Jimenez Redondo. Madri: Trotta, 1998, p. 336.

pela coesão interna entre direitos e democracia que está na base de tensão entre facticidade e validade a ser mediatizada pelo Direito.

Não devem apenas ser garantidos os direitos de defesa do paradigma liberal, nem, por outro lado, deve o Poder Judiciário agir de forma paternalista ante os jurisdicionados, mas, sim, devem ser preservados os direitos fundamentais e a formação livre da opinião e da vontade (que se dá por meio do direito). Não se trata de uma proposição formalista como a de John Hart Ely:[12] não basta a garantia dos procedimentos democráticos, é preciso também que o controle de constitucionalidade corrija lesões a direitos fundamentais. Mesmo o conceito de procedimento democrático não pode ser levado em conta sem se referir a seu conteúdo normativo de justiça: igual respeito e consideração; esse conteúdo carece, ante princípios constitucionais, de uma interpretação construtivista a ser favor.

Cattoni de Oliveira salienta que a jurisdição constitucional,[13] no marco de uma compreensão procedimentalista do direito e do Estado Democrático de Direito, deve primar pela garantia das condições processuais para o exercício da autonomia pública e da autonomia privada dos co-associados jurídicos, levando a sério sua complementariedade. Isto só ocorre da maneira devida por meio de um "modelo constitucional de processo", que também alcança o controle de constitucionalidade e põe de lado concepções antidemocráticas como as de um processo objetivo, sem partes.

---

12 ELY, John Hart. *Democracy and distrust*: a theory of judicial review. Cambridge: Harvard University Press, 1980.

13 CATTONI DE OLIVEIRA, Marcelo Andrade. *Devido processo legislativo*: uma justificação democrática do controle jurisdicional de constitucionalidade das leis e do processo legislativo. 2ª ed. Belo Horizonte: Mandamentos, 2006, p. 129. A tarefa da *jurisdição constitucional*, para o autor, densifica-se nas seguintes perspectivas: "*1. garantia do devido processo legislativo democrático, ou seja, democracia e abertura nos discursos de justificação; 2. garantia do devido processo constitucional, ou seja, imparcialidade e adequabilidade nos discursos de aplicação constitucional*".

O processo só existe enquanto procedimento em contraditório (Fazzallari).[14] O que não significa reduzir o papel do *controle de constitucionalidade* à mera verificação do cumprimento dos requisitos procedimentais dos processos de elaboração legislativa: uma vez que a coesão interna entre direitos e democracia, entre autonomia pública e privada, constitui o núcleo de um paradigma procedimentalista, a lesão a direitos fundamentais não pode ser de modo algum tolerada. Direitos fundamentais estes que se desdobram nas cinco categorias elencadas por Habermas para o *sistema de direitos* e que possuem um caráter normativo, e não axiológico.

A distinção entre discursos de justificação e discursos de aplicação é de extrema importância para a legitimidade do exercício do controle de constitucionalidade. Se ela aparece, de pronto, no controle difuso de constitucionalidade, como uma exigência de adequabilidade de uma norma constitucionalmente interpretada para o deslinde da solução a ser oferecida pela via jurisdicional, no caso do controle concentrado a questão não pode ganhar contornos diversos. Também aqui está a se falar de um problema concreto, de um processo em contraditório e não um processo objetivo, de um caso concreto que envolve argumentos jurídicos sobre a constitucionalidade das normas.

---

14 "*O processo caracteriza-se como uma espécie de procedimento pela participação na atividade de preparação do provimento dos* interessados, *juntamente com o autor do próprio provimento, como no caso do processo jurisdicional, ou dos seus representantes, como no caso do processo legislativo. Os interessados são aqueles em cuja esfera jurídica o provimento está destinado a produzir efeitos. Mas essa participação dá-se de forma específica, dá-se em contraditório. Contraditório, mais que a simples garantia de dizer e contradizer, é garantia de participação em simétrica paridade*" (CATTONI DE OLIVEIRA, Marcelo Andrade. *Direito Processual Constitucional*. Belo Horizonte: Mandamentos, 2001, pp. 193/194).

Com bem salientado por Cruz,[15] não obstante uma decisão poder ter eficácia *erga omnes* no controle de constitucionalidade, o feixe de argumentos à disposição do Judiciário é reduzido; daí não se poder falar em um novo discurso de justificação ou em uma continuidade de um discurso de justificação iniciado pelo legislativo. As razões legitimadoras que provêm da constituição são tomadas da perspectiva de um discurso de aplicação e não sob a consideração de argumentos políticos com os quais apenas o Poder Legislativo pode trabalhar.

Sendo assim, a interpretação constitucional assume um importante papel na configuração de um modelo da correia de transmissão que integre também o controle de constitucionalidade. Um sistema de direitos só oferece legitimidade na medida em que puder ser concretizada a coesão interna entre autonomia pública e autonomia privada. Ao assumir a função do controle de constitucionalidade como uma função judicante, ao superar a concepção de uma "teoria dos valores" e ao assegurar os pressupostos normativos da produção democrática do direito, o déficit de legitimidade da jurisdição constitucional torna-se passível de um controle muito mais amplo.

Não é sem razão que Habermas critica a decisão da Corte Constitucional Alemã de invalidar a lei sobre o aborto antes aprovada pelo Parlamento Alemão:[16] no mais das vezes, o que um *princípio da*

---

15 "*O caráter generalista da decisão não a transforma em provimento legislativo, vez que a mesma não se sustenta em um discurso de justificação, no qual argumentos pragmáticos e ético-políticos são trabalhados do início ao fim do processo, isto é, o fato de a decisão assumir a forma de uma norma genérica e abstrata não permite a conclusão de que foi produto de um discurso de fundamentação*" (CRUZ, Álvaro Ricardo de Souza. *Jurisdição constitucional democrática*. Belo Horizonte: Del Rey, 2004, pp. 248/249).

16 "*Si nuestro Tribunal Constitucional pusiese en la base de sus decisiones tal autocomprensión procedimentalista, no hubiera podido rechazar, por ejemplo, la ley del aborto que el Parlamento había aprobado con una convincente mayoría que abarcaba a todos los grupos parlamentarios, tras una exhaustiva preparación discursiva en el espacio público político y tras repetias y concienzudas discusiones de todos los argumentos y*

proporcionalidade consegue assegurar é tão-somente que a vontade de poucos seja a pretensa vontade da maioria e, pior que isso, que ela possa ser invocada com *ratio decidendi* em casos em que não motivaria nem mesmo o legislador democrático.

Novamente, não há que se falar em um "vazio" do procedimentalismo. A exigência de uma compreensão procedimental do controle de constitucionalidade não é uma exigência formal, que ignora os direitos alcançados por uma historicidade aberta à complexidade cada vez maior das sociedades modernas. Não é porque se exige que a coesão interna entre direitos e democracia seja tanto o limite quanto o motivo da atuação jurisdicional no controle de constitucionalidade que se está a trabalhar com um paradigma liberal.

Habermas irá afirmar que a existência de tribunais constitucionais não é algo de *per si* evidente; tanto sua posição institucional quanto a legitimidade de suas decisões são questões extremamente controvertidas.[17] E isto se agrava quando se trata de um *controle abstrato* de normas: nesse passo, talvez o autocontrole por parte do legislador seja uma proposta (que, entre nós, se dá pelas chamadas Comissões de Constituição e Justiça) cuja legitimação seria objeto de discussões talvez menos acaloradas. Os compromissos e negociações presentes nos discursos de justificação exigem um procedimento autônomo de controle de normas mesmo dentro do próprio Poder Legislativo, com vistas a que o poder administrativo não possa se desprender do poder comunicativo. Tais exigências estão de acordo com uma *separação de poderes* revisitada pela teoria discursiva.[18]

---

contraargumentos en las propias filas, o por lo menos no hubiera debido rechazarla sin aducir ninguna otra *clase de razones*" (HABERMAS, Jürgen. *Más allá del Estado nacional*. Trad. Manuel Jiménez Redondo. México: Fondo de Cultura Económica, 2000, pp. 172/173). Habermas se refere à decisão de 1993, *BverfGE* 88, 203.

17 HABERMAS, Jürgen. *Facticidad y validez*: sobre el derecho y el Estado democrático de derecho en términos de teoria del discurso. Trad. Manuel Jimenez Redondo. Madri: Trotta, 1998, p. 312.

18 "*Desde la perspectiva de la teoría del discurso, la lógica de la división de poderes exige una asimetría en el ensamblaje y entrelazamiento de*

Daí não ser fácil a tarefa de atribuir legitimidade a um controle abstrato de normas exercido por um Tribunal Constitucional. Não obstante, é possível reconstruir essa atividade em termos discursivos, ou seja, vê-la segunda uma compreensão procedimental. E isso se aplica também ao fator de que tal jurisdição constitucional leva a efeito uma concretização do sistema de direitos: decisões baseadas em princípios carecem de uma interpretação construtivista que desenvolva a Constituição de modo a torná-la, a todo tempo, um compromisso renovado processualmente ao qual as partes (os cidadãos de um Estado Democrático de Direito) possam acessar como um pacto deles próprios.

3 Controle de constitucionalidade e ponderação

Há, ainda, uma vinculação entre proporcionalidade e controle de constitucionalidade concebida por Alexy. Para ele,[19] o constitucionalismo discursivo, como teoria, parte da conexão entre os seguintes conceitos: direitos fundamentais, ponderação, discurso, controle de constitucionalidade e representação. Como já exaustivamente repetido, mesmo pelo próprio Alexy, a ponderação pressupõe um princípio da proporcionalidade. É preciso saber se, realmente, a ponderação não é objetiva; é preciso saber se ela não pode, em última análise, oferecer um critério de correção.

Se isto for assim, o controle de constitucionalidade pode sair comprometido, já que está diretamente vinculado à ideia de

poderes del Estado: el poder ejecutivo, al que ha de impedirse el poder disponer a voluntad de las razones normativas del poder legislativo y de la justicia, está sujeto en su actividad tanto al control parlamentario como al control judicial, mientras que queda excluida la inversión de tal relación, es decir, una supervisión de los otros dos poderes por el poder ejecutivo" (HABERMAS, Jürgen. *Facticidad y validez*: sobre el derecho y el Estado democrático de derecho en términos de teoria del discurso. Trad. Manuel Jimenez Redondo. Madri: Trotta, 1998, p. 314).

19 ALEXY, Robert. "Balancing, constitutional review, and representation". *I-CON*, vol. 3, nº 4, 2005, p. 572.

correção. Para tanto, a *fórmula do peso* que, no modelo de regras, encontra o paralelo do sistema dedutivo, parece oferecer uma resposta adequada: ela aponta para a *proporcionalidade* como critério de correção e objetividade dos julgamentos com base em mandados de otimização. Como a fórmula do peso pode ser expressa em números, ela é correta; vimos, de um modo até repetitivo, como a tese da demonstrabilidade é fraca contra o argumento de que há uma resposta correta em questões de direito.

Alexy conceitua o controle de constitucionalidade como "*(...) an expression of the priority or superiority of constitutional rights over and against parliamentary legislation*".[20] De uma perspectiva da teoria discursiva, há um problema, pois se esquece que o controle de constitucionalidade deve também garantir os procedimentos de livre formação da opinião e da vontade, é dizer, deve garantir a coesão interna entre direitos e democracia. Ao controle de constitucionalidade estaria implícito o conceito de contradição, a contradição de uma norma à constituição. A corte chega à conclusão, por meio de um julgamento, que uma norma é inconstitucional, por outro lado, o parlamento, implicitamente, parte da presunção de que a norma que editou é constitucional.

Essa atividade da corte não é meramente cognitiva; ela é volitiva, a corte faz algo, participa do processo legislativo em um caráter não apenas discursivo, mas institucional e com autoridade. Kelsen ficaria feliz em ver que sua teoria continua sendo defendida de uma forma tão eficaz. Alexy não pode estar de todo certo, porque se estiver, a garantia de legitimidade de uma corte constitucional de juízes não eleitos democraticamente irá deitar-se sobre o quê? Sobre a suposta sapiência desses juízes? Não parece ser este o caminho. Se o Poder Judiciário decide com autoridade, ele só pode fazê-lo discursivamente e isto há de ser trazido para o primeiro plano. Alexy atenta para esse fator e propõe que o controle de constitucionalidade exerça a função de *representação argumentativa* do povo.

---

20 ALEXY, Robert. "Balancing, constitutional review, and representation". *I-CON*, vol. 3, nº 4, 2005, p. 577.

É a inclusão de argumentos no conceito de democracia que a torna deliberativa. Como os membros de uma corte constitucional não são eleitos, a conexão entre representados e representantes, nesse caso, é puramente argumentativa. Mas apenas um conceito de representação que possua uma dimensão ideal para conectar decisão e discurso e uma dimensão real, factual, responde a essa pretensão (o velho dualismo que o giro hermenêutico buscou superar retorna nas palavras de Alexy).

As condições para uma representação argumentativa são duas: primeiro, a existência de argumentos sólidos ou corretos; segundo, a existência de pessoas racionais que possam concordar com tais argumentos. A proposta de Alexy não é promissora: ela sugere a existência não só de juízes Hércules (na pior interpretação que possa se fazer de Dworkin), mas de um auditório de *experts*, de pessoas com boa vontade para crer que a corte constitucional decide de forma correta. E se elas não puderem fazê-lo? Há alguma alternativa? Uma legitimação procedimental parece, a nosso ver, ser uma resposta mais adequada para uma sociedade constituída de pessoas racionais e, com o perdão da expressão, irracionais.

Com isso estaria satisfeita a necessidade de racionalização e de justificação das decisões que ponderassem direitos. Ou seja, direitos são tratados como bens passíveis de uma mensuração e qualificação. É essa estrutura que se pretende aplicar ao controle de constitucionalidade com vistas a justificar a modulação temporal dos efeitos da declaração de inconstitucionalidade; uma estrutura que ignora o caráter deontológico do direito, sua força normativa.

Pode-se comparar a proposta de Alexy com aquela feita por Luís Roberto Barroso.[21] Segundo o Ministro do STF, cortes, no controle de constitucionalidade, cumpririam papéis de três tipos:

---

21 BARROSO, Luís Roberto. "Countermajoritarian, Representative, and Enlightened: The Roles of Constitutional Courts in Democracies". *The American Journal of Comparative Law*, vol. 67, nº 1, 2019, pp. 109-143.

contramajoritário; representativo (como intérprete social; ou de vanguarda iluminista, guiando o processo civilizatório e empurrando a história. Além de enganosos, esses papéis jogam um fardo desnecessário sobre os ombros de cortes constitucionais e supremas cortes. Com Bustamante e Godói, já tivemos ocasião de examinar esses argumentos detidamente e mostrar como eles comprometem a legitimidade da própria corte ao invés de assegurá-la.[22]

4 Cortes e crise democrática

Em sua visão específica sobre a relação entre cortes e democracia, Tom Ginsburg define a jurisprudência anti-erosão como sendo aquela voltada para controlar ameaças que visam reduzir a competição democrática.[23] Sua preocupação seria com um "mínimo" de qualidade de democracia – o que pode se distanciar sobre o que, de fato, afeta a democracia brasileira – mas que, nas circunstâncias de preservação do processo eleitoral, pode se mostrar útil para direcionar como uma corte deve decidir. Igualmente, com vistas a cumprir funções de coordenação contra um governante iliberal ou autoritário, as decisões de uma corte podem indicar aos cidadãos que aquele governo violou normas jurídicas, que ele não está unificado e que oponentes políticos podem expandir sua causa.

Dixon e Issacharoff[24] procuraram separar formas diversas pelas quais tribunais evitam o próprio confronto político usando

---

22 BUSTAMANTE, Thomas; MEYER, Emílio; GODOI, Evanilda. "Luís Roberto Barroso's Theory of Constitutional Adjudication: a Philosophical Reply". *The American Journal of Comparative Law*, vol. 69, nº 4, 2021, pp. 798-833.

23 GINSBURG, Tom. "The Jurisprudence of Anti-Erosion". *Drake Law Review*, vol. 66, 2018, p. 837.

24 DIXON, Rosalind; ISSACHAROFF, Samuel. "Living to Fight Another Day: Judicial Deferral in Defense of Democracy". *Wisconsin Law Review*, 2016.

diferentes tipos de decisões de diferimento (*deferral*).[25] *Diferimentos de primeira ordem* suspendem ou adiam, de fato, anulações de leis ou atos que possam redundar em conflitos diretos entre os poderes. *Diferimentos de segunda ordem* exploram a fundamentação do julgado para trazer advertências para outros poderes, sem que, no dispositivo, apareça uma clara e definida resolução sobre, por exemplo, a inconstitucionalidade de um ato ou norma.

Yvonne Tew trata os casos como sendo de uma atuação judicial estratégica.[26] Cuida-se também, da ótica judicial, de adotar uma posição consequencialista não apenas em termos jurídicos, mas de fortalecimento institucional. Assim, seria possível classificar as posições das cortes em relação às políticas de outros poderes de quatro formas.

Na estratégia *maxi-minimalista*, tribunais adotam uma longa fundamentação, porém um curto dispositivo (*holding*) que evita o confronto político. Essa seria a tônica de *Marbury v. Madison*, 5 U.S. (1 Cranch) 137 (1803), em que a Suprema Corte dos Estados Unidos se auto-intitula do poder de controle jurisdicional de constitucionalidade, mas deixa de reconhecer, de modo vinculante, o cargo de juiz de paz pleiteado por William Marbury. Já a estratégia *mini-maximalista* parte do princípio de restringir as razões de decidir e adotar um dispositivo com amplas consequências políticas, como ocorrera com a Suprema Corte do Reino Unido ao invalidar, em 2019, a prorrogação da sessão legislativa do Parlamento estabelecida pelo Executivo, fazendo prevalecer séculos de soberania parlamentar.[27]

---

25 DIXON, Rosalind; ISSACHAROFF, Samuel. “Living to Fight Another Day: Judicial Deferral in Defense of Democracy”. *Wisconsin Law Review*, 2016, pp. 683-731.

26 TEW, Yvonne. “Strategic Judicial Empowerment”. *American Journal of Comparative Law*, 2022 (no prelo).

27 SUPREMA CORTE DO REINO UNIDO. 2019. *R (on the application of Miller) (Appellant) v The Prime Minister (Respondent), Cherry and others (Respondents) v Advocate General for Scotland (Appellant)*

Uma estratégica de *construção de coalizão* também é derivada do caso britânico, uma vez que a Suprema Corte do Reino Unido sai da questão fortalecida em conjunto com o Parlamento. Na estratégia *retórica*, uma corte pode buscar um maior apoio público para sua decisão: a Suprema Corte do Malauí, ao invalidar o resultado das eleições presidenciais de 2019 por adulteração de votos, precisou, em boa parte do julgado, recorrer à narrativa da prevalência da soberania popular e daquilo que seria a expressão "concreta" da democracia.[28] Por fim, uma estratégia de *decisão unânime* pode esconder o dissenso individual e fortalecer, ainda mais, a posição institucional.

Mais especificamente no contexto de erosão democrática, Roznai aponta qual seria o papel de reação de cortes que são atacadas em tais circunstâncias ou que, nas suas palavras, são objeto de *bullying*.[29] Não se desconsidere o caso brasileiro, em que tanto o STF quanto o TSE foram duramente questionados pelo ex-Presidente Bolsonaro e seus apoiadores, principalmente durante o período de pandemia de COVID-19.[30] Em uma posição de *confronto*, uma suprema corte ou corte constitucional pode partir para um revide direto – o pior exemplo comparado é o da Corte Constitucional Russa, suspensa

---

(Scotland). Disponível em: https://www.supremecourt.uk/cases/docs/uksc-2019-0192-judgment.pdf. Acessado em: 16.02.2022.

28 TEW, Yvonne. "Strategic Judicial Empowerment". *American Journal of Comparative Law*, 2022 (no prelo); SUPREMA CORTE DO MALAUÍ. *Mutharika & Anor. v Chilima & Anor. (MSCA Constitutional Appeal 1 of 2020) [2020] MWSC 1 (08 May 2020)*. Disponível em: https://malawilii.org/mw/judgment/supreme-court-appeal/2020/1. Acessado em: 16.02.2022.

29 ROZNAI, Yaniv. "Who Will Save the Redheads? Towards an Anti-Bully Theory of Judicial Review and Protection of Democracy". *William & Mary Bill of Rights Journal*, vol. 29, nº 2, 2020, pp. 327-366.

30 MEYER, Emilio Peluso Neder. *Constitutional erosion in Brazil*. Oxford: Hart Publishing, 2021.

por Yeltsin na década de 1990.[31] Posições contrárias, de pura *deferência*, podem resultar no enfraquecimento institucional da corte no médio ou longo prazo. Já a posição de "negócios como sempre" (*business-as-usual*) pressupõe que a corte continue trabalhando como se estivesse em um período de normalidade – o que se assemelha, de fato, a uma atitude anti-*bullying* mais promissora. É o que parece ter sido, em parte, o caso do STF em sua jurisprudência sobre a COVID-19.

5 Modelos de controle de constitucionalidade

Algumas perguntas feitas por Canotilho de modo já clássico cooperam na compreensão das dimensões do controle de constitucionalidade.[32] Ao indagar "quem controla?", ou seja, pode-se classificar o controle de constitucionalidade em *político*, se exercido por órgãos representativos ou políticos, ou *jurisdicional*, se acaso utilizado por cortes ou tribunais. Assim, o caso francês se tornou paradigmático de um Conselho Constitucional de perfil político, como assinalado em capítulo anterior. Na abertura do presente capítulo, no entanto, indicamos o predomínio de formas judiciais ou jurisdicionais de controle de constitucionalidade no sistema comparado.

Dentro do modelo jurisdicional, já se pode começar a fazer a pergunta "como se controla?", ainda que Canotilho a reserve para outra classificação.[33] Assim, estaríamos diante de modelos de controle *difuso* se a competência é distribuída para quaisquer juízes ou tribunais, seguindo-se a tradição americana. O modelo

---

31 ROZNAI, Yaniv. "Who Will Save the Redheads? Towards an Anti-Bully Theory of Judicial Review and Protection of Democracy". *William & Mary Bill of Rights Journal*, vol. 29, nº 2, 2020, p. 359.

32 CANOTILHO, José Joaquim Gomes. *Direito Constitucional e Teoria da Constituição*. 5ª ed. Coimbra: Almedina, 2001, p. 897.

33 CANOTILHO, José Joaquim Gomes. *Direito Constitucional e Teoria da Constituição*. 5ª ed. Coimbra: Almedina, 2001, p. 899.

kelseniano, contudo, concentra tal tarefa em uma corte suprema ou corte constitucional,[34] modelo esse popularizado após a Segunda Guerra Mundial. O Brasil tem recebido a classificação de um modelo misto, vez que incorpora as duas tradições.[35]

Poderíamos também adicionar a pergunta "o que se controla?" para aqui adicionar duas classificações que costumam dialogar. De um lado, fala-se em controle por *via incidental* quando a medida é invocada no curso de uma outra ação judicial; o controle seria por *via principal* se a questão central é a que particulariza uma ação ajuizada perante um órgão competente para o controle. Essa classificação é sempre trazida juntamente com a oposição controle abstrato e controle concreto, que já tivemos ocasião de criticar por pressupor uma artificial "abstrativização" e uma dispensa do trabalho interpretativo.[36] Seria o controle abstrato se feito independentemente de caso concreto; e, concreto, se vinculado a um caso, seguindo o modelo americano.

Pergunta-se também "quando se controla?" para se referir ao momento de controle de constitucionalidade. Será *preventivo*

---

34 Cortes supremas integram a jurisdição ordinária, ao passo que corte constitucionais têm a tarefa especial e separada de controle de constitucionalidade. Para a diferença, cf. AFONSO DA SILVA, Virgílio. "Constitutional Courts / Supreme Courts, General". *In*: GROTE, Rainer; LACHENMANN, Frauke; WOLFRUM, Rüdiger (Coord.). *Max Planck Encyclopedia of Comparative Constitutional Law*. Oxford: Oxford University Press, 2018. Disponível em: https://oxcon.ouplaw.com/display/10.1093/law-mpeccol/law-mpeccol-e518. Acessado em: 04.07.2024.

35 MENDES, Gilmar; BRANCO, Paulo. *Curso de Direito Constitucional*. 12ª ed. São Paulo: Saraiva, 2017, p. 1.116. Gonçalves reserva a classificação mista para a confluência de modelos político e jurisdicional. (GONÇALVES, Bernardo. *Curso de Direito Constitucional*. 13ª ed. Salvador: Juspodivm, 2021).

36 CRUZ, Álvaro Ricardo de Souza; MEYER, Emílio Peluso Neder; RODRIGUES, Eder. *Desafios Contemporâneos do Controle de Constitucionalidade*. Belo Horizonte: Arraes Editores, 2012.

o controle que se der sobre projeto ou proposição legislativa; será *repressivo* o controle a posterior, quando já promulgada e publicada a lei. O caso francês do Conselho Constitucional é paradigmático, novamente; até 2008, apenas se adotava a modalidade preventiva, ao passo que, dali em diante, os modelos passaram a conviver.

Nenhuma dessas classificações é excludente e poderão se apresentar conjuntamente em diversos sistemas constitucionais.

A título de complementação, pode-se referir aqui também aos efeitos da declaração de constitucionalidade. Fala-se em efeitos *inter partes* se a declaração atinge apenas as partes do processo, como se dá na tradição americana. Efeitos *erga omnes* seguem a ideia kelseniana de um "legislador negativo" para retirar a lei declarada inconstitucional com efeitos gerais. No que tange à relação com o tempo, ou seja, o momento em que a lei foi publicada e o momento em que se sucedeu a declaração de inconstitucionalidade, são, pelo menos, quatro as possibilidades. Há efeito *ex tunc* se se reconhece a nulidade da lei inconstitucional com efeitos plenamente retroativos. É possível marcar uma data entre o advento da lei e a declaração, caso em que os efeitos são *ex tunc restritivos*. Efeitos *ex nunc* se projetam a partir da data de julgamento de inconstitucionalidade. E efeitos *pro futuro* supõem uma data posterior em que a lei deixa de produzir efeitos jurídicos.

Tais modalidades decisionais remetem ao que se costumou fixar no Brasil como *sentenças de modulação temporal*. Estas estão no bojo das chamadas *decisões ou sentenças intermediárias*, que envolvem restrições à plena incidência da inconstitucionalidade. São técnicas como *interpretação conforme*, *declaração de inconstitucionalidade sem redução de texto*, *sentenças aditivas*, *apelo ao Legislador*, enfim, modalidades decisionais que desafiam a ideia de um legislador negativo.[37]

---

37 Discutimos todas essas técnicas em MEYER, Emílio Peluso Neder. *Decisão e jurisdição constitucional*: crítica às sentenças intermediárias,

Conclusões

O objetivo desse capítulo é o de apenas introduzir a temática do controle de constitucionalidade, enfocando-se, principalmente, a questão de legitimidade desse controle. Mesmo ela demandaria obras próprias. As demais questões foram aqui apenas ventiladas e continuam, sempre, a demandar estudos e questionamentos detidos.

técnicas e efeitos do controle constitucionalidade em perspectiva comparada. 2ª ed. Rio de Janeiro: Lumen Juris, 2021.

CAPÍTULO XII

PODER CONSTITUINTE

Introdução

Dedico este capítulo a uma análise, ainda que breve, da teoria do poder constituinte. Isso será feito retomando a discussão sobre poder constituinte originário e derivado. Também analisaremos como essa concepção é impactada pela noção de patriotismo constitucional e como elas também alcançam a discussão contemporânea sobre identidade constitucional. O capítulo compreende, adicionalmente, a discussão sobre a extensão do poder de emenda constitucional e a discussão sobre a possibilidade de um controle de constitucionalidade.

1 Poder constituinte e poderes constituídos

Joel Cólon-Rios apresenta cinco concepções que podem ser relacionadas à ideia de poder constituinte nos períodos antecedentes e concomitantes às revoluções americana e francesa.[1] A primeira delas dialoga com o período revolucionário inglês do século XVII, sendo ele investido nas funções parlamentares e refletindo a soberania parlamentar. A segunda concepção é atribuída à Coroa e à legislatura no exercício de uma função constituinte nas novas colônias. Fala-se também, e em terceiro lugar, em uma concepção de poder constituinte que visa opor um poder do povo ao poder do Parlamento ou do Rei. George Lawson e John Locke também contribuíram com uma ideia de poder constituinte como direito de resistência. A quinta e mais comum concepção na América Latina deriva das propostas de Emmanuel Sieyès: ele teria sintetizado doutrinas precedentes e proposto a distinção entre *poder constituinte* e *poderes constituídos*, partindo da separação entre leis fundamentais e leis ordinárias.[2]

Rubinelli aduz, entretanto, que um panfleto atribuído a Allan Ramsey, em 1765, na Inglaterra, já poderia ter trazido a ideia de uma separação entre poder constituinte e poderes constituídos.[3] É a autora quem também questiona, com base em novos estudos documentais, se o caráter excessivamente político do poder constituinte usualmente atribuído a Sieyès não seria, em verdade, uma distorção interpretativa levada a efeito por Carl Schmitt.[4] Arato adiciona que mesas de negociação em momentos constituintes têm sido extremamente importantes para refutar uma correlação direta

1 COLON-RIOS, Joel. "Five Conceptions of Constituent Power". *Victoria University of Wellington Legal Research Papers*, vol. 7, nº 31, 2017, pp. 1-40.

2 COLON-RIOS, Joel. "Five Conceptions of Constituent Power". *Victoria University of Wellington Legal Research Papers*, vol. 7, nº 31, 2017, p. 30; SIEYÈS, Emmanuel Joseph. *A constituinte burguesa*: qu'est-ce que le Tiers État? Rio de Janeiro: Freitas Bastos, 2014.

3 RUBINELLI, Lucia. *Constituent power*: a history. Cambridge: Cambridge University Press, 2020, p. 19.

4 RUBINELLI, Lucia. *Constituent Power*: a history. Cambridge: Cambridge University Press, 2021, p. 106. Ver, também, VERDUGO, Sergio. "Is it time to abandon the theory of constituent power?" *ICON*, vol. 21, nº 1, 2023, pp. 14-79.

entre poder constituinte e soberania.[5] Processos nesses termos tenderiam à produção de resultados mais legítimos e constitucionalismos mais estáveis.

Tais questões são importantes para colocar em discussão a própria teoria do poder pconstituinte. Ou seja, seria ainda pertinente o argumento de que o poder constituinte originário é dotado de total e irrestrita liberdade? É plenamente incondicionado? Processos constituintes têm obedecido a certos critérios normativos que refutam tais concepções. Pode-se apontar que uma questão central é como transições impactam na agenda constituinte, ditando o modo como o processo olhar para o passado e vincula seu futuro.[6] Outro ponto diz com a forma como instrumentos internacionais de direitos humanos têm procurado previamente pautar o conteúdo de normas constitucionais.[7]

Talvez uma das questões mais intrincadas da teoria constitucional diga respeito ao caráter do poder constituinte – aqui tratado, ainda sem enfrentarmos as questões ulteriores, como o poder de estabelecimento de uma constituição. Como destaca Neil Walker, o poder constituinte conduz tanto uma *promessa* como uma *ameaça*.[8] A promessa se situa na construção de um parâmetro de verificação e

---

5 ARATO, Andrew. *The adventures of the constituent power*. Cambridge: Cambridge University Press, 2017.

6 TEITEL, Ruti. "Transitional Justice and the Transformation of Constitutionalism". *In*: GINSBURG, Tom; DIXON, Rosalind (Coord.). *Comparative Constitutional Law*. Cheltenham: Edward Elgar, 2011, pp. 57-76.

7 NIESEN, Peter. "Constituent power in global constitutionalism". *In*: LANG JR, Anthony; WIENER, Antje (Coord.). *Handbook on Global Constitutionalism*. 2ª ed. Cheltenham: Edward Elgar, 2023, pp. 318-330.

8 WALKER, Neil. "Post-Constituent Constitutionalism? The Case of the European Union". *In*: LOUGHLIN, Martin; WALKER, Neil (Coord.). *The Paradox of Constitutionalism*: Constituent Power and Constitutional Form. Oxford: Oxford University Press, 2007, p. 248.

legitimidade constitucional que ultrapassa a delimitação positivista do texto. Ela se relaciona com as duas faces da democracia ou autogoverno (*self-government*): de um lado, aquele que projeta o *self*, em que a autoridade é "autorizada" ou em que os sujeitos à autoridade constitucional devem ser também seus autores constituintes; de outro lado, a dimensão governamental, ou seja, a "forma constitucional" produzida em termos de desenho, execução e aplicação deve guardar relação com as normas estabelecidas pelo poder constituinte.

A *ameaça* do poder constituinte se desdobra em duas camadas: a uma, diz respeito às dificuldades de se definir quem pode legitimamente atribuir algo ao poder constituinte, como também estabelecer adequadamente o que é autorizado constitucionalmente segundo aquele *pedigree*; a duas, a ameaça envolve a série de desafios para a *efetiva realização* de um sistema constitucional que, de fato, reproduza o que fora normatizado pelo poder constituinte. Sobre o *pedigree*, as credenciais democráticas sempre serão de difícil garantia, envolvendo problemas de regressão infinita e *boot-strapping*.[9] Sobre a *efetiva realização*, o desempenho institucional irá se envolver diretamente com a necessidade de garantir a miríade de valores e interesses protegidos normativamente por uma constituição.

É de difícil resposta, também, a pergunta que procura saber se o poder constituinte está ou não contido tão somente na *forma constitucional*. Teorias estáticas irão remeter essa discussão para uma perspectiva originalista de perfil textual ou histórico: o que

---

9 O termo remete à dificuldade de empreender algo com recursos próprios, ou seja, usar uma alça de couro das próprias botas como alavanca, para impulsionar um salto. Jon Elster assim denomina o processo pelo qual uma Assembleia Constituinte rompe os laços com as autoridades que a constituíram para ir além do mandato constituinte, assumindo ela própria a condução do processo. Cf. ELSTER, Jon. "Constitutional Bootstrapping in Philadelphia and Paris". *In*: ROSENFELD, Michel (Coord.). *Constitutionalism, Identity, Difference, and Legitimacy*: Theoretical Perspectives. Durham: Duke University Press, 1994, pp. 57-83.

significa a tradução original. Versões mais dinâmicas seriam mais conscientes da "natural incompletude" da autorização original que demanda uma reinterpretação do poder constituinte e das normas a ele associadas. Aqui as dificuldades também não desaparecem: se o texto é o limite, como a autorização original pode pretender ter caráter transgeracional? O que é o texto que condiciona a *forma constitucional*, os *poderes constituídos*?

Pode-se propor também que o poder constituinte não se esgota nas formas jurídicas que produz: ele possuiria uma presença extra constituinte, um caráter permanente. Mas isto significaria, segundo Walker, acrescentar ao problema da circularidade pré-constitucional dois outros desafios.[10] De um lado, não há uma resposta sobre como este poder constituinte permanente pode, de vez, superar a legitimidade do próprio poder constituído. De outro lado, permanece a dificuldade sobre quem deteria o juízo sobre quando e como tal superação ocorreria.

Desse quadro de desafios sintetizados emergem as perguntas sobre *quem* é o poder constituinte (qual a sua identidade?) e *como* ele é traduzido ou se coloca para além dos arranjos constitucionais positivados.

A suposta circularidade do processo de autoconstituição do direito e do processo democrático deu azo para que Frank Michelman levantasse uma objeção: haveria a persistência de um paradoxo, e não uma tensão constitutiva, entre direitos e democracia que se realiza *ab initio* no ato do poder constituinte originário, é dizer, será que é possível reconhecer realmente como democrático o processo de formação da opinião e da vontade levado a cabo pelos pais fundadores? Habermas levanta a questão, ventilada adiante, de que os

---

10 WALKER, Neil. "Post-Constituent Constitutionalism? The Case of the European Union". *In*: LOUGHLIN, Martin; WALKER, Neil (Coord.). *The Paradox of Constitutionalism*: Constituent Power and Constitutional Form. Oxford: Oxford University Press, 2007, p. 250.

cidadãos que decidem pela criação autônoma de uma associação de participantes do direito livres e iguais colocam-se diante da aporia de dizer que direitos eles devem se atribuir reciprocamente, caso queiram regular legitimamente sua convivência por intermédio do direito positivo.[11]

Michelman[12] sustenta que a prática constituinte não pode ser explicada da ótica da teoria do discurso, já que, dentro do processo circular de autoconstituição do Cireito, poderia haver um regresso ao infinito. A legitimidade procedimental dos resultados discursivos depende não somente da observância do procedimento, mas de pontos de vista temporais, sociais e objetivos, segundo a crítica de Michelman. A Assembleia Constituinte não poderia ela mesma garantir a legitimidade das regras segundo as quais ela mesma foi constituída, não se encerrando neste caso a série e o processo democrático cairia num redemoinho infinito da sua autoconstituição circular. O paradoxo levantado por Michelman, é, em verdade, tão antigo quanto a própria história do Direito Constitucional, fruto de eternos debates, como os travados entre Hans Kelsen e Carl Schmitt.[13]

Habermas responde às críticas de Michelman com algo que ele entende ser próprio do caráter das constituições dos Estados

---

11 HABERMAS, Jürgen. *Era das transições*. Trad. Flávio Beno Siebeneichler. Rio de Janeiro: Tempo Brasileiro, 2003, p. 162.

12 *In:* HABERMAS, Jürgen. *Era das transições*. Trad. Flávio Beno Siebeneichler. Rio de Janeiro: Tempo Brasileiro, 2003, p. 164.

13 Kelsen tentou ocultar tal paradoxo com sua teoria pura. A norma fundamental seria um pressuposto da Ciência do Direito e por isso não seria ele mesmo objeto de questionamento; a Ciência do Direito pertencia ao campo do *dever ser*. Schmitt expôs o paradoxo, dando prevalência à democracia, conceituada por ele como a unidade do *político* que radicava no Presidente da República (tal como na Igreja Católica, o Presidente, e não o Parlamento, melhor exprimia o princípio da representação). (CALDWELL, Peter. *Popular sovereignty and the crisis of German Constitutional Law*: the theory and practice of Weimar Constitutionalism. Londres: Duke University Press, 1997, pp. 85 e ss.).

Democráticos de Direito: sua abertura para o futuro. Uma constituição democrática cria um *projeto* capaz de formar tradições com um início definido na história.[14] As gerações vindouras possuem a tarefa de reinterpretar e reafirmar a constituição, atualizando a substância normativa do sistema de direitos.

É verdade que essa continuação falível do evento fundador só pode escapar do círculo da autoconstituição discursiva de uma comunidade, se esse processo, que não é imune a interrupções e a recaídas históricas, puder ser interpretado, *a longo prazo*, como um processo de aprendizagem que se corrige a si mesmo.[15]

---

14 A ideia da Constituição como um projeto é própria de teorias reconstrutivas como as de Habermas e Dworkin e põe de lado teorias originalistas que visam alcançar a vontade do constituinte, como se ela pudesse prender as próximas gerações de uma vez por todas, como se encerrasse um processo. Daí afirmar Rosenfeld ser a identidade constitucional um projeto aberto que se concretiza na construção e reconstrução. "*O sujeito constitucional, que emerge do encontro do eu com o outro, fundado na ausência e na alienação, encontra-se em uma posição que requer que ele esqueça a sua identidade utilizando-se do* medium *de um discurso constitucional, enraizado em uma linguagem comum que vincula e une o multifacetado* eu *constitucional aos seus múltiplos outros. Esse discurso constitucional deve ser construído, sobretudo, a partir de um texto constitucional que deve ser localizado em seu contexto próprio, levando em conta as restrições normativas e factuais relevantes. Como o texto é dependente do contexto e como o contexto é aberto-a-finalidades (*open-ended*) e sujeito a transformações ao longo do tempo, o sujeito constitucional precisa recorrer ao discurso constitucional para inventar e reinventar a sua identidade. (...) Em resumo, a auto-identidade constitucional, no entanto, só pode ser articulada pouco a pouco por um sujeito parcial que deve construí-la a partir de fragmentos díspares que precisam ser projetados em um passado e um futuro incertos*" (ROSENFELD, Michel. *A identidade do sujeito constitucional*. Trad. Menelick de Carvalho Netto. Belo Horizonte: Mandamentos, 2003, pp. 39-41).

15 HABERMAS, Jürgen. *Era das transições*. Trad. Flávio Beno Siebeneichler. Rio de Janeiro: Tempo Brasileiro, 2003, p. 165. Ver, também, CATTONI DE OLIVEIRA, Marcelo Andrade. *Poder constituinte e patriotismo constitucional*: o projeto constituinte do Estado

Habermas salienta que, para Hannah Arendt, o fenômeno básico do poder é o potencial de uma vontade comum formada numa comunicação isenta de coerção. Daí ela diferenciar "poder" e "violência"; o primeiro é a força geradora de consenso de uma comunicação que visa ao entendimento; o segundo, a capacidade de instrumentalizar a vontade alheia em benefício dos próprios fins. Desse modo, o poder comunicativo surge nos espaços públicos e em estruturas de intersubjetividade.

Trata-se da força autorizadora que se manifesta na criação do direito legítimo e na fundação das instituições; de acordo com Habermas, Arendt vê esse poder principalmente nos atos fundadores de liberdade que criam instituições e leis, ou seja, nas mais exemplares manifestações de um poder constituinte originário, como foi o caso da Revolução Norte-Americana. Daí a filósofa distinguir, outrossim, rebelião e revolução, de um lado, e libertação e liberdade, de outro. A rebelião luta contra um poder instaurado e busca a libertação diante dele; o que caracteriza a libertação é o momento dramático da guerra contra a tirania, ao passo que a liberdade necessita de um processo contínuo de sedimentação.

É na *constituição* da *liberdade* que o poder comunicativo se manifesta em sua forma mais sublime. A distinção estabelecida por Arendt entre poder e violência permite a contraposição entre a abdicação do uso livre da violência pelos cidadãos em favor de um uso dela, mas agora canalizado pelo direito, em favor do poder político. O direito vincula-se de *per si* a um poder comunicativo capaz de gerar direito legítimo.

Democrático de Direito na Teoria Discursiva de Jürgen Habermas. Belo Horizonte: Mandamentos, 2006.

2 Poder constituinte originário e derivado

A distinção entre *poder constituinte originário* e *poder constituinte derivado* é contemporânea à Sieyès e parece ter surgido nos debates da Assembleia Constituinte que levaram à Constituição francesa de 1791. Enquanto Nicolas Frochot defendera que a própria constituição deveria prever uma forma de alteração total e uma forma de alteração parcial, Antoine Barnave foi mais exitoso ao estabelecer que uma mudança na totalidade só poderia ser fruto de uma ação do povo, titular do poder constituinte. Desse modo, a constituição só pode prever uma ação limitada inerente à ideia de um *poder constituinte derivado*.[16]

3 Processo constituinte

São diversas as posições daqueles que dividem as fases do processo constituinte. Procuraremos sintetizá-las aqui nos estágios de *arranjos pré-constituintes*, *convenção*, *debate* e *ratificação*.

Os *arranjos pré-constituintes* envolvem acordos políticos provisórios que resolvem temas preparatórios da própria Assembleia Constituinte. Eles podem ser extremamente importantes em situações de transições de regimes autoritários para regimes democráticos e de situações de conflito para situações pós-conflito, em que podem ganhar a forma de acordos de paz. Foi o que se deu em casos como Afeganistão, África do Sul, Egito, Quênia, Iraque, entre outros. *Arranjos pré-constituintes* podem envolver também *constituições provisórias* ou *interinas*: foram os casos da África do Sul (1993) e da Tailândia (2014), por exemplo, em que o poder constituinte foi governado previamente por delimitações estabelecidas em documentos constitucionais provisórios.

---

16 ROZNAI, Yaniv. *Unconstitutional Constitutional Amendments*: The Limits of Amendment Powers. Oxford: Oxford University Press, 2017, p. 114.

A *convenção* envolve a definição do órgão competente e a seleção de membros para sua composição. Ela tem sido, normalmente, precedida de consultas públicas que podem envolver questões sobre o procedimento e o conteúdo das constituições. No decorrer da *convenção*, podem ser convocadas *comissões constitucionais* (ou, como se costumou chamar no Brasil, "comissões de notáveis") que podem elaborar um projeto inicial a partir do qual as deliberações ocorrerão. Durante a Assembleia Constituinte 1987-1988, a proposta de uma comissão desse tipo foi rejeitada – de fato, é duvidoso que "expertise constitucional" não seja utilizada para colonizar por meio da técnica a deliberação e tornar o processo bem menos inclusivo.

Na *convenção*, é importante assinalar que escolha dos atores constitucionais variou historicamente. A pesquisa de Ginsburg, Elkins e Blount sugere que, dentre 460 Constituições adotadas entre 1792 e 2005, as opções por atores constitucionais estão entre as seguintes:

a) legislatura constituinte, 19%;

b) legislatura constituinte + executivo, 17%;

c) executivo + referendo, 12%;

d) assembleias constituintes, 12%;

e) apenas executivo, 9%.[17]

Ou seja, o principal modelo é aquele em que o Legislativo recebe também a incumbência de realizar uma tarefa constituinte. O que pode, e também não pode, dizer algo sobre seu caráter democrático. Isto vai depender de como se dão outras subfases da *convenção*.

---

17 GINSBURG, Tom; ELKINS, Zachary; BLOUNT, Justin. "Does the Process of Constitution-Making Matter?" *Annual Review of Law and Social Sciences*, vol. 5, nº 5, 2009, p. 55. Disponível em: https://ssrn.com/abstract=1860392. Acessado em: 15.07.2024.

A fase de *debate* deve promover o maior grau de inclusão pública possível. Fatores como tempo, enfrentamento de questões contenciosas, *quóruns* e transparência são fundamentais aqui. Do mesmo modo, a *aprovação* pode indicar um amplo grau de vinculação popular ao projeto resultante dos trabalhos constituintes.

4 Patriotismo constitucional e identidade constitucional

Habermas propõe um tipo de integração de cidadãos em um Estado Democrático de Direito que não seja apenas ético, que possa transcender o contexto de seus projetos de vida particulares.[18] A *integração ético-cultural* deve ser desacoplada da *integração ético-política*, um tipo de pertinência abstrato o suficiente para tratar como iguais sujeitos com diferentes concepções do bom. Os cidadãos passam a se reconhecer mutuamente por compartilharem o mesmo sistema de direitos interpretado segundo uma cultura política comum.

É justamente o teor dessa interpretação que põe de lado a ideia de que o direito deveria ser eticamente neutro. Há, sim, um horizonte interpretativo comum. É o que Habermas chama de *patriotismo constitucional*,[19] ou seja, uma afinidade neutra o bastante

---

18 HABERMAS, Jürgen. *A inclusão do outro*: estudos de teoria política. Trad. Paulo Asthor Soethe e George Sperber. São Paulo: Loyola, 2002, p. 253.

19 Segundo Cattoni de Oliveira, "Patriotismo constitucional é um conceito originalmente cunhado pelo jurista e politólogo alemão Dolf Sternberger, por oportunidade do trigésimo aniversário da Lei Fundamental de Bonn, em artigo publicado em 1979. (...) Para Sternberger, que se remete explicitamente à tradição do republicanismo cívico, a República Federal de Bonn se constituiu, no arco do tempo, sobre a práxis e o exercício dos direitos fundamentais de participação política, constitucional e democraticamente garantidos.

A noção de patriotismo constitucional, cunhada inicialmente por Steinberger, foi também desenvolvida, posteriormente, como esclarece Juan Carlos Velasco-Arroyo, por autores como o sociólogo Rainer Lepsius, que a partir dela pretendia contribuir pedagogicamente para a

para não assumir *uma* forma ética apenas, mas concreta no nível de estar situada historicamente e poder ser reconhecida por todos. O patriotismo constitucional conjuga-se com o pluralismo das sociedades modernas ao manter-se sensível às diversas formas de vida e, ao mesmo tempo, cuidar para que sejam mantidas suas integridades. Por isso, é necessário manter distintos os planos de integração: com a coincidência, a cultura majoritária de uma comunidade política utiliza-se do aparato estatal, comprometendo a máxima de neutralização ética da garantia da igualdade.

Habermas refere-se àquilo que se costumou chamar nos Estados Unidos de *civil religion.*[20] Se as proposições fundamentais de uma constituição evidenciam o caráter universalista de um sistema básico de direitos, elas, por outro lado, colocam também à mostra um certo contexto histórico e uma tradição. E são esses próprios cidadãos que podem enxergar o Estado Democrático de Direito como uma conquista sua, caso se vejam como autores das normas que lhes estão destinadas.[21] Kant e Rousseau transformaram a soberania popular ao concebê-la como uma conversão do poder político em *autolegislação*: a constituição do poder político só pode se legitimar

---

formação política de novas gerações de alemães, ao mesmo tempo que a utilizava como categoria sociológica capaz de expressar um novo tipo de identidade coletiva construída pelos alemães ocidentais, no processo político de consolidação da República Federal de 1949.

Foi, todavia, no contexto da polêmica conhecida como a 'disputa dos historiadores', poucos anos antes da queda do muro de Berlim, que o filósofo e sociólogo alemão Jürgen Habermas passa a empregar, pela primeira vez, a expressão patriotismo constitucional" (CATTONI DE OLIVEIRA, Marcelo Andrade. *Poder constituinte e patriotismo constitucional*: o projeto constituinte do Estado Democrático de Direito na Teoria Discursiva de Jürgen Habermas. Belo Horizonte: Mandamentos, 2006, pp. 1/2).

20 HABERMAS, Jürgen. *A inclusão do outro*: estudos de teoria política. Trad. Paulo Asthor Soethe e George Sperber. São Paulo: Loyola, 2002, p. 318.

21 MCCARTHY, Thomas. "Legitimacy and diversity: dialectical reflections on analytical distinctions". *Cardozo Law Review*, Nova York, nº 17, mar. 1996, p. 1.113.

pela prática democrática.[22] Assim, o consenso que embasa uma comunidade política desliga-se de um *ethos* substancial e passa a se fundar num *procedimento*. A Constituição, entendida como um projeto aberto, possibilita a pluralidade de concepções do bem viver e traz a lume apenas a possibilidade dos cidadãos se deixarem vincular por uma cultura política comum.

Não é diferente o caso do Brasil, um país que emergiu justamente da ampla pluralidade de culturas, religiões, opções e modos de vida; o patriotismo constitucional, nesse âmbito, parece surgir como a grande fonte de legitimação do poder político ante a queda das imagens de mundo metafísicas. Ele está presente na interpretação que fazemos do sistema de direitos, interpretação esta que se evidencia nas práticas constitucionais diuturnas e que aponta para a construção de uma cidadania participativa. Certo é que tal "cultura cidadã" requer anos para a sua formação, mas este é realmente o desafio e não parece, pelo menos a esta altura, haver um conceito que lide tão bem com o pluralismo como o faz o conceito de patriotismo constitucional.[23]

---

22 HABERMAS, Jürgen. *Facticidad y validez*: sobre el derecho y el Estado democrático de derecho en términos de teoría del discurso. Trad. Manuel Jimenez Redondo. Madri: Trotta, 1998, p. 624.

23 "*Evidentemente, a defesa do pluralismo é uma característica do Estado Democrático de Direito, paradigma que a Constituição do Brasil prescreve não só como modelo de Estado, mas também como projeto para a sociedade. (...) o Estado Democrático de Direito pressupõe que o pluralismo é constitutivo da própria sociedade contemporânea, e que, portanto, não se pode, legitimamente, eliminar qualquer projeto de vida sem se interferir na auto-identidade de uma determinada sociedade (...). Isto exige de nós, como já indicava Häberle na década de setenta, uma nova compreensão do que seja a Constituição. A Constituição não mais pode ser entendida apenas como um consenso de fundo, mas deve ser entendida como a manifestação indireta de um dissenso, ou, caso se prefira, de um pluralismo*" (GALUPPO, Marcelo Campos. "Hermenêutica constitucional e pluralismo". *In*: CRUZ, Álvaro Ricardo de Souza; SAMPAIO, José Adércio Leite. *Hermenêutica e jurisdição constitucional*. Belo Horizonte: Del Rey, 2001, pp. 53/54).

O fato de o conceito de patriotismo constitucional não ser algo vazio, por demais abstrato ante as eticidades presentes em sociedades plurais, está evidenciado na diferenciação que Mattias Kumm faz entre um *patriotismo constitucional denso* (*thick*) e um *patriotismo constitucional fraco* (*thin*).[24] Ele liga o conceito de patriotismo constitucional fraco ao suposto de que, para a formação de uma identidade do velho continente no âmbito da Comunidade Europeia, bastariam os princípios básicos da tradição liberal constitucional-democrática, quais sejam, direitos humanos, democracia e Estado de Direito.

Interessante notar que Habermas apresenta, como estrutura do sistema de direitos fundamentais de um patriotismo constitucional, a igual consideração e respeito de todos em sua integridade como indivíduos, em sua qualidade de membros de grupos étnicos ou culturais e em sua condição de cidadãos.[25] Rosenfeld, do mesmo modo, renova as limitações e a teoria de um poder constituinte originário ao apresentar os limites para este fincados na própria ideia de constitucionalismo: governo limitado, Estado de Direito (*rule of law*) e direitos fundamentais.[26] Ao lado desse conceito fraco de patriotismo constitucional, Kumm apresenta um conceito denso, que evidencia um comprometimento mais forte do que aquele ligado a meros princípios abstratos.[27]

---

24 KUMM, Mathias. "The Idea of thick constitutional patriotism and its implications for the role and structure of European legal history". *German Law Journal*, vol. 6, nº 2, 2005, p. 319.

25 HABERMAS, Jürgen. *Facticidad y validez*: sobre el derecho y el Estado democrático de derecho en términos de teoria del discurso. Trad. Manuel Jimenez Redondo. Madri: Trotta, 1998, p. 624.

26 ROSENFELD, Michel. *A identidade do sujeito constitucional*. Trad. Menelick de Carvalho Netto. Belo Horizonte: Mandamentos, 2003, p. 36.

27 KUMM, Mathias. "The Idea of thick constitutional patriotism and its implications for the role and structure of European legal history". *German Law Journal*, vol. 6, nº 2, 2005, p. 321.

As normas abstratas são interpretadas à luz da história particular dos cidadãos e segundo seus compromissos éticos e políticos. Kumm salienta que esse processo se dá em parte na formação educacional nas escolas, nas discussões e deliberações de uma esfera pública organizada, em alianças que são forjadas, em programas articulados, em disputas jurídicas e políticas e em escolhas que são feitas.

> *Thus, universal principles of justice may be textually fixed in the constitution.* But they derive their power to shape identities in the present from the connection with struggles of the past and the ambitions for the future.[28]

Tais ideias estão presentes naquilo que Rosenfeld tão bem representou mediante as figuras de linguagem da negação, da metáfora e da metonímia,[29] processos pelos quais o sujeito constitucional, que é sempre um vazio (*lack*), mantém-se aberto para as possibilidades de outras identidades lhe fornecerem conteúdo. Daí não ser

---

28 KUMM, Mathias. "The Idea of thick constitutional patriotism and its implications for the role and structure of European legal history". *German Law Journal*, vol. 6, nº 2, 2005, p. 321.

29 "*A negação, a metáfora e a metonímia combinam-se para selecionar, descartar e organizar os elementos pertinentes com vistas a produzir um discurso constitucional no e pelo qual o sujeito constitucional possa fundar a sua identidade. A negação é crucial na medida em que o sujeito constitucional só pode emergir como um 'eu' distinto através da exclusão e da renúncia. A metáfora ou condensação, por outro lado, que atua mediante o procedimento de se destacar as semelhanças em detrimento das diferenças, exerce um papel unificador chave, ao produzir identidades parciais em torno das quais a identidade constitucional possa transitar. A metonímia ou deslocamento, finalmente, com a sua ênfase na contiguidade e no contexto, é essencial para evitar que o sujeito constitucional se fixe em identidades que permaneçam tão condensadas e abstratas ao ponto de aplainar as diferenças que devem ser levadas em conta se a identidade constitucional deve verdadeiramente envolver tanto* o eu *quanto o outro*" (ROSENFELD, Michel. *A identidade do sujeito constitucional*. Trad. Menelick de Carvalho Netto. Belo Horizonte: Mandamentos, 2003, p. 50).

possível um poder constituinte originário que surja *ex nihilo*, ou seja, a partir do nada.

Rosenfeld estabelece uma interessante relação entre a dialética hegeliana do senhor e do escravo e o processo de formação da identidade constitucional,[30] a qual é concebida por ele como uma *ausência*, como um projeto inacabado que precisa ser a todo o momento reconstruído, mas nunca deve se fechar.[31] Isso porque a identidade constitucional enfrenta uma série de obstáculos contra sua definição absoluta: ela é propensa a se alterar com o tempo; a identidade constitucional encontra-se mergulhada em outras identidades relevantes, como as nacionais, étnicas e culturais; é preciso estabelecer um entrelaçamento entre a identidade do passado, a do presente e a do futuro e mesmo sopesar como cada uma dessas definições vincula as gerações vindouras; sempre há a possibilidade da identidade constitucional ser reinterpretada e reconstruída; há um sem número de interpretações possíveis do que seja a constituição; e, além disso, as emendas constitucionais podem redefinir a identidade constitucional.[32]

Por isso, aqui, o processo é aberto. Segundo Rosenfeld,[33] o sujeito constitucional é sempre carente de reconstrução, mas esta

---

30 ROSENFELD, Michel. *A identidade do sujeito constitucional*. Trad. Menelick de Carvalho Netto. Belo Horizonte: Mandamentos, 2003, p. 31.

31 "*Onde o humano se divide entre senhor e escravo não é possível emergir a humanidade verdadeira (...). O senhor é o fim e a razão de ser da atividade do escravo, mas não conquista a humanidade, pois isso só é possível na perfeita liberdade e independência dos sujeitos que, pelo reconhecimento mútuo, constituem uma comunidade igualitária*" (OLIVEIRA, Manfredo. *Ética e sociabilidade*. São Paulo: Loyola, 1993, p. 195).

32 ROSENFELD, Michel. *A identidade do sujeito constitucional*. Trad. Menelick de Carvalho Netto. Belo Horizonte: Mandamentos, 2003, pp. 17-21.

33 ROSENFELD, Michel. *A identidade do sujeito constitucional*. Trad. Menelick de Carvalho Netto. Belo Horizonte: Mandamentos, 2003,

reconstrução nunca pode ser definitiva; ele se desenvolve numa ausência a fim de possibilitar que outras identidades possam sempre se determinar na sociedade pluralista atual. Para Rosenfeld, citando Preuss, "*a ordem constitucional requer a imposição de limites à ampla e difusa identidade comunitária pré-política da nação*". A identidade constitucional concorre com outras identidades relevantes, mas não num nível de abstração que a torne inútil. Ela deve se opor às outras identidades, mas deve incorporá-las parcialmente para que seu sentido se torne determinado ou determinável. A questão-chave é como ela pode se afastar de outras identidades, ao mesmo tempo em que incorpora elementos dela para que possa ser viável no ambiente sociopolítico.

A relação do sujeito constitucional com os *outros selves* (as tradições vigentes até o aporte do rompimento por uma nova ordem constitucional) é o cerne da tese que Rosenfeld defende. O sujeito constitucional, pelo poder constituinte, aparentemente molda uma nova ordem política à sua própria imagem, numa posição de domínio que descarta as tradições até então vigentes. Mas não há como fazer desaparecer essas tradições; aliás, no mais das vezes, elas são incorporadas sob outras formas. "*A imposição irrestrita da vontade revolucionária não conduz ao constitucionalismo, mas ao reinado do Terror*".[34]

Kumm[35] irá então construir o ideal de patriotismo constitucional denso no espaço da Comunidade Europeia por meio de uma revisão da historiografia jurídica e política da Europa. Com este instrumento é que ele apontará para a existência de uma interpretação

---

p. 40.

34 ROSENFELD, Michel. *A identidade do sujeito constitucional*. Trad. Menelick de Carvalho Netto. Belo Horizonte: Mandamentos, 2003, pp. 35/36.

35 KUMM, Mathias. "The Idea of thick constitutional patriotism and its implications for the role and structure of European legal history". *German Law Journal*, vol. 6, nº 2, 2005, pp. 324 e ss.

dos princípios liberais das democracias constitucionais que pode ser compartilhada pelos Estados nacionais europeus. Este não é o ponto que nos interessa primordialmente aqui, mas ele aponta para uma questão que vem sendo enfaticamente posta, qual seja, a de que não se trata, no patriotismo constitucional, de uma integração social no *vazio*.

Uma interpretação do conceito habermasiano de patriotismo constitucional esclarecedora, instigante e, ao mesmo tempo, não isenta de críticas, é a que faz Frank Michelman.[36] Ele vislumbra, de fato, o caráter concreto de um patriotismo constitucional que une cidadãos em torno de um núcleo de princípios abstratos, ou a *essência da Constituição*, devidamente interpretados por uma comunidade. O patriotismo constitucional teria sim um aspecto de transcendentalismo, um reconhecimento do que uma Constituição incondicional e contrafactualmente deveria ser para justificar o uso do poder político. Esta transcendência deriva, para Michelman, do fato de que Habermas tem plena consciência do giro linguístico e da resposta que ele possibilitou à filosofia atual: a linguagem constitui o mundo.

Essa linguagem, no entanto, é paroquial, não possibilitando, à primeira vista, a existência de conceitos para além dos limites culturais ou éticos. Assim, Michelman vê em Habermas a tentativa de recuperar *tendências transcendentais* ou *universalistas*, principalmente na leitura que o último faz da obra de von Humboldt.[37] Ao lado das funções informativas e expressivas, Humboldt coloca a função comunicativa da linguagem; Habermas, segundo Michelman,

---

36 MICHELMAN, Frank. "Morality, identity and constitutional patriotism". *Denver University Law Review*, Denver, nº 76, 1999, pp. 1.009 e ss.

37 Para maiores detalhes, ver HABERMAS, Jürgen. "Filosofia hermenêutica e filosofia analítica: duas versões complementares da virada linguística". *In*: ______. *Verdade e justificação*: ensaios filosóficos. Trad. Milton Camargo Mota. São Paulo: Loyola, 2004.

interpreta tal função na sua melhor forma quando as partes que, em uma conversação, se encontram em desentendimento, passam, a partir de seus próprios pontos de vista, a buscar por um ponto de convergência. É a *possibilidade* de consenso que permite que as partes se comuniquem, não obstante terem diferentes interpretações sobre o mesmo objeto. Aí radica, segundo Michelman, a natureza das normas morais, que possuem um alcance universal, assim como as *condições ideais de fala*, que realizam o *princípio do discurso.*[38]

Aqui se faz necessário um esclarecimento. Não obstante as afinidades que compartilham Michelman e Habermas,[39] Michelman parece, como um autor filiado à tradição republicana, não relacionar bem os discursos morais e éticos, pelo menos da forma como faz Habermas. Os discursos morais não são inacessíveis, porque incondicionados, se tomados da perspectiva ética na qual estamos imersos. Não se trata de uma transcendência absoluta. Trata-se de uma transcendência que é construída justamente pela linguagem e que, devido a isso, pode ser assumida criticamente e reformulada, assim como as tradições que mais fortemente nos obnubilam no mais das vezes. Michelman[40] tem razão ao afirmar a universalidade de uma moral pós-convencional, que passa pelo teste da discursividade; mas é com base nisso que ela não é uma moral absoluta.

Mas a observação de Michelman acerca de como o giro linguístico possibilita a Habermas construir sua ideia de patriotismo constitucional não deixa de ter pertinência. Não obstante ler

---

38 MICHELMAN, Frank. "Morality, identity and constitutional patriotism". *Denver University Law Review*, Denver, nº 76, 1999, pp. 1.013/1.014.

39 Para tanto, ver MICHELMAN, Frank. "Family quarrel". *Cardozo Law Review*, Nova York, nº 17, mar. 1996, pp. 1.163 e ss., e HABERMAS, Jürgen. *A inclusão do outro*: estudos de teoria política. Trad. George Sperber e Paulo Asthor Soethe. São Paulo: Loyola, 2002, pp. 306-308.

40 MICHELMAN, Frank. "Morality, identity and constitutional patriotism". *Denver University Law Review*, Denver, nº 76, 1999, p. 1.020.

Habermas como um contratualista,[41] algo que coloca o momento da atribuição recíproca de direitos como um momento pressuposto e anterior ao próprio debate, Michelman atenta para o fato de que são as próprias *condições ideais de fala* que possibilitam o resultado, aceitável racionalmente, de um acordo abstrato em relação a objetivos e preferências que não possam ser universalizadas no âmbito de uma comunidade concreta.

Melhor, entretanto, seria falar em *pressupostos normativos contrafactuais*, não *condições ideais de fala*, uma vez que Habermas não tem em mente subordinar o princípio do discurso à moral.[42] É dizer, o *sistema de direitos* institui condições procedimentais que não limitam a atividade autônoma criadora de normas porque é justamente ele que a possibilita. Vale salientar: condições possibilitadoras não impõem limites àquilo que constituem. Nesse passo, é possível relacionar os *pressupostos normativos contrafactuais* com um sistema de direitos que provê uma relação complementar entre autonomia pública e autonomia privada.

Ocorre que Michelman incorre em outro problema: o princípio do discurso, ao aliar-se à forma jurídica, torna-se princípio da democracia e, com isso, os *pressupostos normativos contrafactuais* se fincam no chão das condições de uma formação pública e livre da opinião e da vontade, que está institucionalizada no sistema de direitos. Não há uma subordinação do direito à moral, com isso; Michelman segue no mesmo erro que William Rehg.[43] O que é,

---

41 MICHELMAN, Frank. "Morality, identity and constitutional patriotism". *Denver University Law Review*, Denver, nº 76, 1999, pp. 1.014 e ss.

42 HOY, David Couzens. "Interpreting the law: hermeneutical and poststructuralist perspectives". *Southern California Law Review*, vol. 58, nº 1, 1985, pp. 160/161.

43 REHG, William. "Against subordination: morality, discourse and decision in the legal theory of Jürgen Habermas". *Cardozo Law Review*, Nova York, nº 17, mar. 1996, p. 1.156.

em Habermas, a explicação das diferentes lógicas dos discursos, não pode ser compreendido sem levar em conta os modos de institucionalização necessários para a condução da ação em sociedades democráticas, sociedades estas que não podem mais apelar para instituições arcaicas, mas tão-somente para o direito.

O princípio da democracia é uma garantia institucional, não uma regra interna de argumentação. O direito é positivado por meio de *discursos de justificação* que obedecem sim as regras procedimentais; mas tais regras não possuem um valor em si que não careça ele mesmo de fundamentação. Daí, novamente, a complementariedade entre autonomia pública e privada. Os procedimentos também são vistos pelos seus destinatários como fruto de sua vontade e não são estabelecidos como que externamente. Tal como Michelman, Rehg[44] enxerga o consenso como exigência, não como possibilidade, colocando-se de antemão fora das próprias condições de formação da opinião e da vontade.

Esclarecidas essas questões, vale atentar para o conceito de patriotismo constitucional que Michelman obtém de Habermas. Em sociedades pluralizadas, os cidadãos podem reconhecer-se uns aos outros como livres e iguais, firmando um conjunto de princípios representativos daquilo que Michelman chama de *essência da constituição*.[45] Há um acordo acerca de certos princípios que, não obstante suas diferentes aplicações, possibilitam uma base consensual. Os debates são sempre acerca da melhor interpretação que se faça sobre os princípios mais basilares de uma comunidade política; tal interpretação revela a impregnação ética dessa forma política.

44 REHG, William. "Against subordination: morality, discourse and decision in the legal theory of Jürgen Habermas". *Cardozo Law Review*, Nova York, nº 17, mar. 1996, p. 1.156.

45 MICHELMAN, Frank. "Morality, identity and constitutional patriotism". *Denver University Law Review*, Denver, nº 76, 1999, p. 1.024.

Os cidadãos que aceitam reger-se sob a base de fundamentação de um patriotismo constitucional reconhecem que não podem concordar previamente sobre o conteúdo dos princípios. E será apenas no *contexto da aplicação* que os cidadãos terão ideia do dissenso que impera. Tal contexto, de seu turno, é o que pode ser chamado de *identidade constitucional*. E, como foi salientado acima com Rosenfeld, tal identidade é um projeto voltado para o futuro. Nesse sentido, o *patriotismo constitucional* significa um compromisso ético-político de levar adiante essa identidade constitucional aberta.[46]

O problema, como dito, está no "*morally necessitad readiness*", ou seja, numa suposta "boa vontade" que acaba por confundir discursos morais e éticos e subordina o direito a um desses discursos. Se um discurso aqui pode envolver os demais, trata-se do discurso jurídico, por sua institucionalização externa; mas não é o caso, repita-se, de uma subordinação prévia, mas sim constituída dentro do discurso e das condições necessárias para seu desenvolvimento livre e equânime. Novamente, a prioridade que o correto detém sobre o bom é abalada com exigências junto aos cidadãos de crenças éticas "densas"; pois se, como dito, Kumm tem certa razão ao falar num conceito *denso* (*thick*) de *patriotismo constitucional*, isso significa apenas que tal patriotismo não é vazio; por outro lado, não pode, como parece interpretar Michelman, significar um compartilhamento ético por parte dos cidadãos que, hoje em dia, não seria aceitável nem mesmo nos antigos modelos europeus de Estado-nação.

Daí o próprio Habermas falar em um conceito *fraco* (*thin*) de patriotismo constitucional para evitar tais problemas, remetendo-se à prática comunicativa e performativa instaurada por um poder constituinte, prática esta que permite às gerações vindouras que possam se apropriar criticamente da missão constitucional e de sua história.

---

46 MICHELMAN, Frank. "Morality, identity and constitutional patriotism". *Denver University Law Review*, Denver, nº 76, 1999, p. 1.026.

No capítulo referente ao constitucionalismo alemão, mencionamos como o conceito de identidade constitucional foi invocado para afirmar a autenticidade da Lei Fundamental de Bonn de 1949 e contraposição ao nacional-socialismo. O contexto atual também pede cautela quanto às distorções no uso do termo que têm aparecido, principalmente, na contraposição da Hungria em cumprir com exigências de Estado de Direito em relação à União Europeia.[47]

Compare-se também a o que se chamou, na Índia, de *moralidade constitucional*. A referência ao constitucionalismo indiano passa por refletir sobre uma antiga civilização que se colocou ante um desafio da modernidade e de uma mudança social radical.[48] Cuida-se de acomodar um altíssimo nível de complexidade étnica, religiosa e linguística. Um dos primeiros fatores a considerar para o advento do constitucionalismo indiano foi que ele era de fato um objeto do movimento nacionalista, de perfil predominantemente pacifista. Para além de Mahatma Ghandi, grupos excluídos e intocáveis como os *Dalits* eram tributários de uma cultura constitucional, tendo Bhimrao Ramji Ambedkar como um dos principais desenhistas da Constituição indiana de 1949.[49] Não é à toa, assim, que ele mesmo usará a expressão "moralidade constitucional" em um discurso de 1948, remetendo a George Grote, não para enfatizar um sentido substancialista, mas para destacar a necessidade de se estruturar um regime de autocontenção constitucional e liberdade. A grande

---

47 DRINÓCZI, Tímea. "Constitutional Identity in Europe: The Identity of the Constitution. A Regional Approach". *German Law Journal*, vol. 21, nº 2, 2020, pp. 105-130.

48 CHOUDHRY, Sujit; KHOSLA, Madhav; MEHTA, Pratap. "Locating Indian Constitutionalism". *In*: ______ (Coord.). *The Oxford Handbook of the Indian Constitution*. Oxford: Oxford University Press, 2016, pos. 3238.

49 CHOUDHRY, Sujit; KHOSLA, Madhav; MEHTA, Pratap. "Locating Indian Constitutionalism". *In*: ______ (Coord.). *The Oxford Handbook of the Indian Constitution*. Oxford: Oxford University Press, 2016, pos. 3278.

questão não seria a do termo "constituição", mas de uma "prática adverbial" ligada a ela.[50]

A Assembleia Constituinte de 1946 foi eleita indiretamente a partir de Assembleias Provinciais, contando com 299 constituintes e incluindo 9 mulheres. Inicialmente, ela contava com representantes provinciais de áreas que pertenciam à parte do Paquistão e que, em junho de 1947, tais delegações formariam a constituinte autônoma deste último país. Após a deliberação de um rascunho proposto por B. N. Rau, uma comissão presidida por Ambedkar propôs um projeto detalhado que, discutido e emendado, seria aprovado. Também nesse procedimento a ideia de *moralidade constitucional* teria impacto, uma vez que ela também incorporaria a noção de soberania popular evitando que qualquer um dos poderes pudesse avocar para si a exclusividade da representação.

Pode-se reconhecer a partir desse processo o resultado de uma constituição em um sentido cosmopolita. Choudhry, Khosla e Mehta veem no texto uma tentativa de se emancipar de tradições jurídicas indianas, ao mesmo tempo em aparece uma enorme influência do *common law* inglês, do constitucionalismo irlandês e do constitucionalismo estadunidense, principalmente no que toca ao devido processo legal.[51] Isto teria permitido a refutação de uma crítica inicial de um "ecletismo derivado" (*derivative ecleticism*) ou

---

50 MEHTA, Pratap Banu. *What Is Constitutional Morality*. Disponível em: http://www.india-seminar.com/2010/615/615_pratap_bhanu_mehta.htm. Acessado em: 15.07.2024.

51 A Constituição Indiana de 1949 é influenciada pelos *Directive Principles of Social Policy (DPSP)* previstos pelo art. 45 da atual Constituição Irlandesa de 1937. Esses seriam "guias" de atuação legislativa do *Oireachtas*, o Parlamento irlandês. De modo semelhante, os arts. 36 a 45 da Constituição Indiana também pautariam a atuação do Governo e da Legislatura federal e estaduais, instituindo um Estado de bem-estar social. As disposições, contudo, não podem ser efetivadas por intermédio da atuação judicial.

mesmo uma "imitação escravizada" (*slavish imitation*)[52] e a incorporação de um tipo de constitucionalismo que consegue navegar por distintas tradições domésticas e supranacionais para resolver seus próprios problemas. Esse cosmopolitismo se refletiria em um parcial sucesso de uma constituição durável que conseguiria tornar o constitucionalismo o domínio linguístico da luta por direitos nos variados campos.

5 Emendas constitucionais

Uma forte tendência de pesquisa se abriu com a discussão sobre como tratar da proteção de constituições, por meio de *entrenchment clauses* (cláusulas de entrincheiramento), contra emendas constitucionais que sejam inconstitucionais.[53] Não pareceria haver maiores dificuldades em casos como o do Brasil e da Alemanha que contam com cláusulas pétreas ou cláusulas de eternidade.[54]

No que respeita ao *judicial review*, o sistema indiano sofre ingerência propriamente do constitucionalismo estadunidense e não do constitucionalismo inglês. Assim, a supremacia parlamentar foi limitada em *prol* da criação de um sistema de controle jurisdicional de constitucionalidade. Assim, o art. 13 da Constituição da Índia estabelece a nulidade de leis que contrariem o texto constitucional. A partir do julgamento do caso *Kesavananda Bharati vs. State of Kerala*,

52 DE, Rohit. "Constitutional Antecedents". *In*: CHOUDHRY, Sujit; KHOSLA, Madhav; MEHTA, Pratap (Coord.). *The Oxford Handbook of the Indian Constitution*. Oxford: Oxford University Press, 2016, pos. 3614.

53 ROZNAI, Yaniv. *Unconstitutional Constitutional Amendments*: The Limits of Amendment Powers. Oxford: Oxford University Press, 2017; ALBERT, Richard. *Constitutional amendments*: making, breaking, and changing constitutions. Oxford: Oxford University Press, 2019; ALBERT, Richard. "Constitutional amendment and dismemberment". *Yale Journal of International Law*, vol. 43, 2018, p. 1.

54 No Brasil, art. 60 § 4º; na Lei Fundamental de Bonn, 79, § (3).

(1973) 4 SCC 225, a Suprema Corte Indiana fundou sua "doutrina da estrutura básica" da Constituição, a *basic structure doctrine*. Por ela, o poder de emenda constitucional do Parlamento foi restringido pelo fato de que as 24ª, 25ª e 26ª Emendas potencialmente violavam características essenciais da Constituição. Mais especificamente, o art. 31-C violaria uma série de direitos fundamentais.

A partir de uma disputa sobre a necessidade de supressão de um sistema questionável de propriedade colonial (o chamado sistema *zamindari*) por meio de desapropriações sem justa indenização, o poder de emenda foi discutido pela Suprema Corte Indiana. Com a declaração de inconstitucionalidade de tais leis, a reação parlamentar se deu em um *override* constitucional privando titulares de propriedade no sistema *zamindari* sem indenização e sem possibilidade de judicialização de outras indenizações. Após mais algumas disputas sobre o caráter das emendas constitucionais, o Parlamento ainda faria aprovar três emendas (24, 25 e 26, entre 1971 e 1972) que positivariam um amplo e irrestrito poder de emenda. A resposta da Suprema Corte Indiana veio no caso *Kesavananda Bharati*, no qual ela definiu a possibilidade de controle de constitucionalidade substancial de emendas constitucionais que pudessem agredir a estrutura básica da constituição. Esse posicionamento ficou conhecido como *doutrina da estrutura fundamental*, que incluiria princípios como a supremacia constitucional, a forma de governo republicana e democrática, o Estado laico, a separação de poderes e o federalismo.[55]

A exploração e ampliação da doutrina da estrutura fundamental levaria a conflitos maiores entre a Suprema Corte Indiana e o Parlamento daquele país. Indira Gandhi foi condenada por fraudes eleitorais praticadas nas eleições de 1971; em resposta, ela estabeleceu uma série de medidas de emergência, com prisões de milhares de opositores e limitações à liberdade de expressão. Finalmente,

55 ROZNAI, Yaniv. *Unconstitutional Constitutional Amendments*: The Limits of Amendment Powers. Oxford: Oxford University Press, 2017, p. 46.

fez aprovar no Parlamento a 39ª Emenda, que retirava das cortes a competência para julgar litígios derivados do processo eleitoral quando eles envolvessem o Primeiro-Ministro e o Presidente (Speaker) do Parlamento, além de imunizar eleições para esses cargos de decisões judiciais baseadas em direito anterior à referida emenda constitucional.

A resposta da Suprema Corte Indiana foi declarar a inconstitucionalidade da 39ª Emenda com base sobretudo em uma concepção formal de democracia. A emenda constitucional impediria eleições livres e justas. Apesar de ser difícil aceitar que os conceitos de justiça e liberdade em eleições possam ser lidos meramente como "formais", como pretende Choudhry, é interessante observar que, de fato, a Suprema Corte Indiana evitou um julgamento claro sobre as políticas de Indira Gandhi e seu partido, o Partido do Congresso.

A fuga de um enfrentamento ostensivo evitou que a Suprema Corte Indiana dissesse claramente qual era o problema: o abuso por parte de um partido político majoritário do fato de ser o detentor absoluto da maioria. Enquanto a doutrina da estrutura fundamental aparece no contexto de uma esmagadora maioria do Partido do Congresso, inclusive para aprovar emendas constitucionais, ao mesmo tempo o caso Indira Gandhi aponta que cortes podem estabelecer limites até onde é possível atuar via controle de constitucionalidade para promover *accountability* sobre a prática do partido. Choudhry lembra, com acerto, que o caso invoca um problema recorrente em situações transicionais, ou seja, em Estados que se pretendem pós-autoritários, mas que se encontram em uma situação em que o fruto da queda do autoritarismo é a emergência de um partido político dominante e também autoritário.[56]

---

56 CHOUDHRY, Sujit. "How To Do Constitutional Law and Politics in South Asia". *In*: TUSHNET, Mark; KHOSLA, Madhav (Coord.). *Unstable Constitutionalism*: Law and politics in South Asia. Cambridge: Cambridge University Press, 2015, p. 19.

A doutrina da estrutura fundamental não é um privilégio indiano. Ela foi utilizada pela Suprema Corte de Bangladesh para invalidar a 8ª Emenda à Constituição de 1972 (que estabelecia subdivisões dentro da própria corte). Seguindo o período autocrático e de emergência que vigorou de 1975 a 1990, emendas constitucionais iriam ser declaradas inconstitucionais em 2010 e 2011. O caso mais polêmico é o da 13ª Emenda. Em *Abdul Mannan Khan v. Bangladesh*, a Suprema Corte invalidou prospectivamente o sistema eleitoral parlamentar conhecido como CTG (sigla para *Caretaker Government*), um sistema pelo qual as eleições parlamentares são conduzidas por um "órgão neutro" (em relação aos partidos políticos em disputa) que assume o poder político por noventa dias. A Corte declarara que os membros do CTG, juízes aposentados, já haviam manifestado parcialidade política capaz de comprometer democracia e imparcialidade judicial, elementos que integrariam a estrutura básica da Constituição.[57]

O Parlamento bengali, então, fez aprovar a 15ª Emenda, supostamente cumprindo a decisão da Suprema Corte e extinguindo o sistema CTG, o que levou à ausência de partidos políticos nas eleições subsequentes (2014) e a violentos protestos. O resultado foi a escolha de apenas um partido político para compor o Parlamento.

No Quênia, em 2023, o Judiciário esteve próximo de declarar um conjunto de emendas constitucionais inconstitucionais. Pelo menos foi assim que cortes inferiores enxergaram o conjunto de emendas apelidado de *BBI*, como mencionamos no capítulo sobre

57 HOQUE, Ridwanul. "The Judicialization of Politics in Bangladesh: Pragmatism, Legitimacy, and Consequences". *In*: TUSHNET, Mark; KHOSLA, Madhav (Coord.). *Unstable Constitutionalism*: Law and politics in South Asia. Cambridge: Cambridge University Press, 2015, p. 280.

comparativismo constitucional. Repita-se que a Suprema Corte de Israel seguiu nessa direção em 2024.[58]

Conclusões

A temática do poder constituinte, revisitada, continua a possibilitar novas inquietações a partir dos temas que gerou para o constitucionalismo. A discussão sobre força normativa da constituição deve ser trabalhada também no sentido de compreender um desenho constitucional que a proteja em sua identidade ou núcleo básico. Daí que o comparativismo constitucional tenha sido fundamental para expandir a discussão sobre emendas constitucionais.

58 WEILL, Rivka. *Conceptualizing Democratic Backsliding as a Threat to Constitutional Identity*: Israel as a Case Study. 2024. (Manuscrito com a autora).

CAPÍTULO XIII

TEORIA DOS DIREITOS FUNDAMENTAIS A PARTIR DO BRASIL

Introdução

Este capítulo apresenta a temática de uma teoria dos direitos fundamentais construída a partir da Constituição de 1988. O que se busca é verificar se foi possível estabelecer os pressupostos de uma metódica dos direitos fundamentais no Brasil adequada a um Estado Democrático de Direito e como a Constituição de 1988 contribuiu para tanto. O caminho a ser percorrido será o de uma reconstrução metodológica a partir da incorporação por diversos juristas brasileiros de contributos da doutrina estrangeira, de decisões de tribunais de outros países e de decisões de tribunais internacionais.[1]

---

1 Não será feita uma análise crítica a partir dos pressupostos de uma teoria sobre "migrações de ideias constitucionais", tal qual se pode verificar em CHOUDHRY, Sujit (Coord.). *The migration of constitucional ideas*. Nova York: Cambridge University Press, 2006. No pensamento constitucional brasileiro, cf. SARMENTO, Daniel; SOUZA NETO, Cláudio Pereira de. *Direito Constitucional*: teoria, história e métodos de trabalho.

Será feita, inicialmente, uma análise paradigmática e intergeracional dos direitos fundamentais. Segue uma discussão sobre sua fundamentalidade material. Após isto, serão feitos questionamentos sobre as características dos direitos fundamentais. Na sequência, parte-se para a relação dos direitos fundamentais com os três poderes de Estado: Legislativo, Executivo e Judiciário. Uma análise sobre as classificações de direitos fundamentais terá lugar no caminho que se segue; da mesma forma, abriremos um espaço para o debate acerca das dimensões objetiva e subjetiva. Segue uma discussão sobre um "sistema aberto" de direitos fundamentais. O próximo ponto conterá um debate sobre a titularidade e a horizontalização desses direitos; mencionaremos, também, as relações especiais de sujeição. Discutiremos também a colisão de direitos fundamentais. Por fim, encerraremos com um panorama dos direitos fundamentais em espécie a partir da jurisprudência do Supremo Tribunal Federal (STF).

1 Uma análise paradigmática e dimensional dos direitos fundamentais

Uma visão paradigmática do direito e suas diversas formas de relação com a sociedade e o Estado tem sido fundamental para compreender a importância de se conhecer os pressupostos do Estado Democrático de Direito. A noção de paradigma, emprestada da filosofia da ciência de Thomas Kuhn[2] e utilizada por Habermas,[3]

Belo Horizonte: Fórum, 2012, pp. 450 e ss., onde se pode encontrar a questão sob as vestes de um "princípio do cosmopolitismo". Em NEVES, Marcelo. *Transconstitucionalismo*. São Paulo: WMF Martins Fontes, 2009, podemos encontrar uma tese abrangente sobre casos em que ordens jurídicas de diferentes dimensões são confrontadas.

2 KUHN, Thomas. *A estrutura das revoluções científicas*. Trad. Beatriz Vianna Boeira e Nelson Boeira. São Paulo: Perspectiva, 1994.

3 HABERMAS, Jürgen. *Facticidad y validez*: sobre el derecho y el Estado democrático de derecho en términos de teoria del discurso. Trad. Manuel Jimenez Redondo. Madri: Trotta, 1998, em especial o capítulo IX.

Carvalho Neto[4] e Cattoni de Oliveira,[5] indica a presença, no Estado moderno, dos paradigmas do Estado Liberal, do Estado Social e do Estado Democrático de Direito.[6]

Nos dois primeiros paradigmas parece ter sido dada ênfase exagerada na autonomia privada dos indivíduos, pelo que seria necessária uma recuperação complementar em relação à autonomia pública no Estado Democrático de Direito, como enfatizado em capítulos anteriores.

> As duas partes só discordam quanto a se poder garantir a autonomia privada diretamente mediante direitos de liberdade, ou a se dever assegurar o surgimento da autonomia privada mediante outorga de reivindicações de benefícios sociais. Em ambos os casos, todavia, perde-se de vista a coesão interna entre autonomia privada e pública.[7]

Por consequência, a relação entre liberdade e igualdade tenderia a se alterar, assim como a própria dinâmica dos direitos fundamentais.

O segundo flanco de análise parte da proposta de Karel Vasak, segundo a qual seria possível falar em "gerações" de direitos fundamentais. Tal proposta foi abraçada no Brasil por Paulo

---

4 CARVALHO NETTO, Menelick de. "Requisitos pragmáticos da interpretação jurídica sob o paradigma do Estado Democrático de Direito". *Revista de Direito Comparado*, vol. 3, mai. 1999, pp. 473 e ss.

5 CATTONI DE OLIVEIRA, Marcelo Andrade. *Direito Constitucional*. Belo Horizonte: Mandamentos, 2002.

6 Para uma discussão sobre a adequação da noção de paradigma à ciência do Direito, cf. CRUZ, Álvaro Ricardo de Souza. *O discurso científico na modernidade*: o conceito de paradigma é aplicável ao Direito? Rio de Janeiro: Lumen Juris, 2009.

7 HABERMAS, Jürgen. *A inclusão do outro*: estudos de teoria política. Trad. Paulo Asthor Soethe e George Sperber. São Paulo: Loyola, 2002, p. 295.

Bonavides.[8] Em uma primeira geração situaríamos os direitos pós-revolucionários, como liberdades, direitos políticos, propriedade e uma igualdade formal; na segunda geração estariam os direitos de cunho social, coletivos, como os relativos ao trabalho, à previdência, à saúde e à educação; já na terceira geração, localizaríamos direitos como os difusos, tal qual o direito a um meio ambiente saudável e à proteção do patrimônio histórico e cultura: "Têm primeiro por destinatário o gênero humano mesmo, num momento expressivo de sua afirmação como valor supremo em termos de existencialidade concreta".[9] Acrescente-se uma quarta geração, relativa aos direitos de participação democrática (democracia, informação e pluralismo), como defende Bonavides, e, talvez, uma quinta geração.[10]

Será este mesmo autor brasileiro que criticará a compreensão intergeracional, no que acompanhado por Sarlet, Marinoni e Mitidiero,[11] apenas a título exemplificativo, destacando que ela acaba por permitir a superação de uma fase pela outra, quando, na verdade, o que ocorre é uma contínua reaproximação hermenêutica. Por isto, seria mais adequado falar em "dimensões"; ou, como defendem

---

8 BONAVIDES, Paulo. *Curso de Direito Constitucional*. 12ª ed. São Paulo: Malheiros, 2002, p. 522.

9 BONAVIDES, Paulo. *Curso de Direito Constitucional*. 12ª ed. São Paulo: Malheiros, 2002, p. 523.

10 Seriam, na visão de Tehrarian, direitos ainda a serem desenvolvidos e articulados e que tratariam do cuidado, amor e compaixão por todas as formas de vida; algo semelhante poderia ser extraído de Marzouki. Lebech, de seu turno, falaria na proteção em relação às novas tecnologias: identidade individual, patrimônio genético e proteção contra o abuso de técnicas de clonagem. Cf. sobre essa abrangente pesquisa doutrinária, o trabalho de SAMPAIO, José Adércio Leite. *Direitos fundamentais*: retórica e historicidade. Belo Horizonte: Del Rey, 2004, p. 302.

11 SARLET, Ingo; MARINONI, Luís Guilherme; MITIDIERO, Daniel. *Curso de Direito Constitucional*. São Paulo: RT, 2012, p. 258.

Cançado Trindade[12] e Magalhães[13] (criticados por Cattoni de Oliveira[14] por ver tal proposta como axiologizante) em uma teoria da interdependência dos direitos fundamentais.

De fato, uma compreensão que permita um não fechamento de direitos é que se mostra apta, por exemplo, a incorporar as novas categorias de direitos coletivos de indígenas e populações campesinas defendidas pelo atual Constitucionalismo Latino-Americano (de ver, por exemplo, as Constituições Boliviana de 2007, que trata da jurisdição específica indígena e campesina no art. 201 e Equatoriana de 2008, que cuida do "direito da natureza" ou "Pacha Mama" a partir do art. 71).[15] Pense-se também no reconhecimento de uma *justiça de transição* no Brasil e de direitos dela decorrentes, como os direitos à verdade e à memória e o direito à reparação.[16]

---

12 CANÇADO TRINDADE, Antonio Augusto. "Memorial em prol de uma nova mentalidade quanto à proteção dos direitos humanos no plano internacional e nacional". *Revista de Direito Comparado*, Belo Horizonte, vol. 3, 1998, p. 57.

13 MAGALHÃES, José Luiz Quadros de. *Direitos humanos na ordem interna*. Belo Horizonte: Interlivros, 1992.

14 CATTONI DE OLIVEIRA, Marcelo Andrade. "Teoria discursiva da argumentação jurídica de aplicação e garantia processual jurisdicional dos direitos fundamentais". *Revista Brasileira de Estudos Políticos*, Belo Horizonte, vol. 88, 2003, p. 121.

15 Para tanto, cf. MAGALHÃES, José Luiz Quadros de. *Estado plurinacional e Direito Internacional*. Curitiba: Juruá, 2012, pp. 84 e ss.

16 Vasta bibliografia foi produzida no Brasil no campo de pesquisa da *justiça de transição*. Apenas a título exemplificativo: MEYER, Emilio Peluso Neder. *Ditadura e responsabilização*: elementos para uma justiça de transição no Brasil. Belo Horizonte: Arraes Editores, 2012; SOARES, Inês Virgínia Prado. KISHI, Sandra Akemi Shimada (Coord.). *Memória e verdade*: a justiça de transição no Estado Democrático brasileiro. Belo Horizonte: Fórum, 2009; SANTOS, Boaventura de Souza; ABRÃO, Paulo. SANTOS, Cecília McDowell; TORELLY, Marcelo D. (Coord.). *Repressão e memória política no contexto ibero-brasileiro*: estudos sobre Brasil, Guatemala, Moçambique, Peru e Portugal. Brasília: Ministério da Justiça, Comissão de Anistia; Portugal: Universidade de Coimbra, Centro de Estudos Sociais, 2010; REÁTEGUI, Felix (Coord.). *Justiça*

2 Fundamentalidade material

Uma teoria constitucional adequada dos direitos fundamentais passa também pela discussão a respeito de uma *fundamentalidade material* de tais direitos. Na doutrina portuguesa, Vieira de Andrade assenta o fundamento material na tão conclamada "dignidade da pessoa humana".[17] Segundo Robert Alexy,[18]

> direitos fundamentais e normas de direitos fundamentais são fundamentálmente substanciais porque, com eles, são tomadas decisões sobre a estrutura normativa básica do Estado e da sociedade.

Ao julgar a ADI 3.685/DF,[19] que discutia a exclusão da verticalização dos partidos políticos estabelecida pela Emenda Constitucional n. 52/2006 já para as eleições daquele ano, o STF teve

---

de transição: manual para a América Latina. Brasília: Comissão de Anistia, Ministério da Justiça; Nova Iorque, Centro Internacional para a Justiça de Transição, 2011; SILVA FILHO, José Carlos Moreira da; ABRÃO, Paulo; TORELLY, Marcelo D. (Coord.). *Justiça de transição nas Américas*. Belo Horizonte: Fórum, 2013; QUINALHA, Renan Honório. *Justiça de transição*: contornos do conceito. São Paulo: Outras Expressões; Dobra Editorial, 2013; CATTONI DE OLIVEIRA, Marcelo Andrade. *Constitucionalismo e história do Direito*. Belo Horizonte: Pergamum, 2011.

17 VIEIRA DE ANDRADE, José Carlos. *Os direitos fundamentais na Constituição Portuguesa de 1976*. Coimbra: Almedina, 1976, p. 85.

18 ALEXY, Robert. *Teoria dos direitos fundamentais*. Trad. Virgílio Afonso da Silva. São Paulo: Malheiros, 2008, p. 522.

19 BRASIL. Supremo Tribunal Federal. *Ação direta de inconstitucionalidade n. 3.685/DF*. Requerente: Conselho Federal da Ordem dos Advogados do Brasil. Requerido: Congresso Nacional. Relatora Ministra Ellen Gracie. Brasília, 22 de março de 2003. Disponível em: www.stf.jus.br. Acessado em: 05.08.2024.

oportunidade de encontrar tal fundamento na "segurança jurídica", respeitando o princípio da anualidade eleitoral.[20]

Nenhuma dessas concepções foge, contudo, de uma crítica no sentido da formação do já mencionado entendimento axiologizante da constituição e dos direitos fundamentais; em relação à segurança jurídica, isto apenas poderá ser feito se ela se traduzir nos direitos fundamentais da coisa julgada, do ato jurídico perfeito e do direito adquirido, sempre concebidos normativamente.

3 Características dos direitos fundamentais

A teoria constitucional também indica a existência de *características dos direitos fundamentais*. A primeira delas seria a da *universalidade* – é aqui que Canotilho desponta com sua divisão entre "direitos fundamentais", titularizados pelos destinatários de uma constituição datada e localizada espacialmente, e "direitos humanos", pertencentes a uma sociedade internacional e fixados em tratados e outras normas do Direito Internacional dos Direitos Humanos. É só desta maneira que a distinção ainda merece algum tratamento. "É necessário assinalar-lhes a dimensão de *Fundamental Rights* colocados no lugar cimeiro das fontes de direito: as normas constitucionais".[21]

Falar-se-ia em um *caráter absoluto* dos direitos fundamentais, caráter este refutado por doutrinadores como Mendes, Coelho e Branco com base em uma suposta proximidade de tais direitos a valores, a partir de Robert Alexy.[22] Não que limitações não sejam

---

20 MENDES, Gilmar Ferreira; COELHO, Inocêncio Mártires; BRANCO, Paulo Gustavo Gonet. *Curso de Direito Constitucional*. São Paulo: Saraiva, 2007, p. 228.

21 CANOTILHO, José Joaquim Gomes. *Direito Constitucional e Teoria da Constituição*. 7ª ed. Coimbra: Almedina, 2003, p. 377.

22 MENDES, Gilmar Ferreira; COELHO, Inocêncio Mártires; BRANCO, Paulo Gustavo Gonet. *Curso de Direito Constitucional*. São Paulo: Saraiva, 2007, p. 230.

possíveis; não o serão contudo, com base em uma suposta dimensão axiológica. Mais acertada parece ser a proposta de Dworkin que, com sua distinção entre "argumentos de princípio" e "argumentos de política", vê os direitos como "trunfos" ante decisões da maioria.[23] Os direitos fundamentais seriam dotados, também, de *historicidade*: de fato, para além de um jusnaturalismo, os direitos são conquistas de lutas históricas. Por fim, haveria uma *indisponibilidade* dos direitos fundamentais, concepção também criticada se levada às últimas consequências, caso seja necessário reforçar a autonomia privada dos indivíduos.[24]

4 Vinculação dos poderes

É possível, também, encarar os direitos fundamentais a partir de suas relações com os três poderes constituídos. No que toca à vinculação do Legislativo, a Corte Constitucional Alemã foi pródiga na elaboração de cláusulas interpretativas.

> En sus decisiones el Tribunal Constitucional alemán califica por eso a los derechos fundamentales de principios de un orden jurídico global, cuyo contenido normativo estructura al sistema de reglas en conjunto. Y partiendo de eso, la dogmática alemana de los derechos fundamentales se ocupa sobre todo de la <<interacción>> (*Wechselwirkung*) entre los derechos fundamentales – sólo ya intangibles en su <<contenido esencial>> (*Wesensgehalt*) – y las leyes simples; de las <<barreras inmanentes a los derechos fundamentales>> (*immanente Grundrechtsschranken*) que de ello se siguen incluso para los derechos subjetivos-públicos absolutamente válidos; de la <<irradiación>> (*Austrahlung*) de los derechos fundamentales

---

23 DWORKIN, Ronald. *Levando os direitos a sério*. Trad. Nelson Boeira. São Paulo: Martins Fontes, 2002, p. 134.

24 Para tanto, cf. STANCIOLI, Brunello de Souza. *Renúncia ao exercício dos direitos da personalidade ou como alguém se torna o que quiser*. Belo Horizonte: Del Rey, 2010.

> sobre todos los ámbitos del derecho y del <<efecto sobre terceros>> (*Drittwirkung*) de los deberes y derechos horizontales de las personas privadas entre sí (...).[25]

Os chamados "conceitos-chave do Direito Constitucional" podem contribuir para uma interpretação construtivista dos direitos fundamentais, como destaca Habermas, com base em Denninger e Dworkin.[26] É preciso, contudo, evitar operar com tais conceitos a partir de uma ótica valorativa.

Na teoria dos direitos fundamentais, é de se mencionar o que Alexy chama de "restrições constitucionais indiretas". "Restrições indiretamente constitucionais são aquelas que a Constituição autoriza alguém a estabelecer".[27] Qual o nível de conformação dos direitos fundamentais que se deve franquear ao Legislador? Como adverte Virgílio Afonso da Silva,[28] é necessário atentar para duas propostas: de um lado, Martin Borowski defenderá uma teoria interna ou imanente dos direitos fundamentais, que admitirá restrições aos mesmos a partir de seus próprios pressupostos, preconizando-se justamente a ideia de *limites imanentes*; de outro lado, por meio de uma teoria externa pode-se distinguir o "direito em si" de suas restrições. Assim, deve-se discutir eventuais "limites dos limites" a direitos fundamentais.

Encontra-se também no conjunto alemão dos "conceitos chave do Direito Constitucional", em boa parte incorporados pela

---

25 HABERMAS, Jürgen. *Facticidad y validez*: sobre el derecho y el Estado democrático de derecho en términos de teoria del discurso. Trad. Manuel Jimenez Redondo. Madri: Trotta, 1998, p. 320.

26 HABERMAS, Jürgen. *Facticidad y validez*: sobre el derecho y el Estado democrático de derecho en términos de teoria del discurso. Trad. Manuel Jimenez Redondo. Madri: Trotta, 1998, p. 321.

27 ALEXY, Robert. *Teoria dos direitos fundamentais*. Trad. Virgílio Afonso da Silva. São Paulo: Malheiros, 2008, p. 291.

28 AFONSO DA SILVA, Virgílio. *Direitos fundamentais*: conteúdo essencial, restrições e eficácia. 2ª ed. São Paulo: Malheiros, 2011, p. 128.

doutrina brasileira, o que se poderia chamar de "núcleo essencial", que abrangeria duas concepções. Pela teoria absoluta, defendida por Von Mangoldt e Klein, este núcleo estaria pré-estabelecido na constituição, como unidade substancial autônoma. Pela teoria relativa, de Maunz, seria necessário descortinar esse núcleo ao verificar cada caso concreto, segundo o objetivo perseguido pela norma de caráter restritivo, utilizando-se da máxima da proporcionalidade, em suas três submáximas de adequação, necessidade e proporcionalidade em sentido estrito.

O STF buscou garantir o *núcleo essencial* ou *conteúdo essencial* ao julgar o HC 82.959/DF, em que entendeu que a antiga redação da Lei de Crimes Hediondos, ao não permitir a progressão de regime, violava o núcleo essencial do princípio da individualização da pena, previsto como direito fundamental no art. 5º, inc. XLVI, "a", da Constituição de 1988:

> Não é difícil perceber que fixação *in abstracto* de semelhante modelo, sem permitir que se levem em conta as particularidades de cada indivíduo, a sua capacidade de reintegração social e os esforços envidados com vistas à ressocialização, retira qualquer caráter substancial da garantia da individualização da pena. Ela passa a ser uma delegação em branco oferecida ao legislador, que tudo poderá fazer. Se assim se entender, tem-se a completa descaracterização de uma garantia fundamental. Portanto, nessa hipótese, independentemente da doutrina que pretenda adotar sobre a proteção do núcleo essencial – relativa ou absoluta –, afigura-se inequívoca a afronta a esse elemento integrante do direito fundamental. É que o próprio direito fundamental restaria violado.

Mencione-se, também, a incorporação de uma "proibição do retrocesso" que impediria que a disciplina legislativa estabelecesse no futuro uma normatização menos efetiva do que aquela que se apresenta no presente.

> Aqui, o núcleo essencial dos direitos sociais já realizados e efetivados pela legislação deve ser considerado como constitucionalmente garantido, de modo que qualquer medida que busca aniquilar ou revogar tal núcleo será refutada inconstitucional, se não prever um plano alternativo.[29]

Cláusula comum nos direitos de cunho prestacional, ela foi invocada pelo STF para julgar não lesiva à separação de poderes decisão judicial em ação civil pública que determinou que o Município de São Paulo matriculasse crianças em unidades de ensino fundamental próximas de suas residências ou do endereço de trabalho de seus responsáveis legais.

> Na realidade, a cláusula que proíbe o retrocesso em matéria social traduz, no processo de sua concretização, verdadeira dimensão negativa pertinente aos direitos sociais de natureza prestacional (como o direito à educação e à saúde, p. ex.), impedindo, em consequência, que os níveis de concretização dessas prerrogativas, uma vez atingidos, venham a ser ulteriormente reduzidos ou suprimidos pelo Estado, exceto na hipótese – de todo inocorrente na espécie – em que políticas compensatórias venham a ser implementadas pelas instâncias governamentais.[30]

No que respeita à vinculação do Poder Executivo, discute-se se seria dado ao administrador público exercer juízo de constitucionalidade caso a prática do ato administrativo estivesse assentada na violação de direitos fundamentais. Vieira de Andrade faz a discutível

---

29 FERNANDES, Bernardo Gonçalves. *Curso de Direito Constitucional*. 5ª ed. Salvador: JusPodivm, 2013, pp. 339/340.

30 BRASIL. Supremo Tribunal Federal. *Agravo regimental no recurso extraordinário com agravo n. 639.337/SP*. Agravante: Município de São Paulo. Agravado: Ministério Público do Estado de São Paulo. Relator Ministro Celso de Mello. Brasília, 23 de agosto de 2011, p. 167. Disponível em: www.stf.jus.br. Acessado em: 05.08.2024.

proposta de suspensão da prática do ato na espera de adequada solução legislativa; no contexto brasileiro, Mendes, Coelho e Branco advogam que, pelo menos no que tange à chefia do Executivo, a sistemática concentrada de controle da constitucionalidade permitiria que a resposta viesse do Judiciário e que apenas hipóteses excepcionais permitiriam um descumprimento direto:

> Verifica-se, é certo, algum consenso doutrinário, no sentido de que, em princípio, os agentes administrativos não dispõem de competência para apreciar a lei segundo critérios constitucionais, devendo, no caso em que entenda haver inconstitucionalidade, provocar a autoridade hierarquicamente superior a respeito.[31]

Em relação a este último poder, a questão referente à "aplicabilidade" dos direitos fundamentais, aplicabilidade esta imediata, nos termos do art. 5º, § 1º, da Constituição de 1988, parece acompanhar a própria história de tais direitos. O constitucionalismo de Weimar, com Anschütz, deu uma contribuição importante para a construção de uma teoria das "normas programáticas" para os direitos de prestação, vistos como tarefas de concreção legislativa. "Para Anschütz esses direitos eram considerados 'normas programáticas', com valor jurídico, pois, como eram um programa para o legislador, deveriam ser observadas na elaboração das leis ordinárias".[32]

No Brasil, a tese de José Afonso da Silva[33] publicada originalmente em 1967, inspirada em Meirelles Teixeira e Vezio Crisafulli, permitiu que o próprio STF se desvencilhasse da concretização de

---

31 MENDES, Gilmar Ferreira; COELHO, Inocêncio Mártires; BRANCO, Paulo Gustavo Gonet. *Curso de Direito Constitucional*. São Paulo: Saraiva, 2007, p. 239.

32 BERCOVICI, Gilberto. *Constituição e estado de exceção permanente*: atualidade de Weimar. Rio de Janeiro: Azougue Editorial, 2004, p. 29.

33 SILVA, José Afonso da. *Aplicabilidade das normas constitucionais*. 8ª ed. São Paulo: Malheiros, 2012.

direitos fundamentais, como na jurisprudência[34] a respeito da taxa anual de juros estabelecida pela redação anterior do art. 192 da Constituição de 1988 cristalizada na Súmula Vinculante n. 7.[35] Foi necessária toda uma mudança paradigmática para que houvesse reconhecimento da efetiva aplicabilidade de normas constitucionais, o que, por certo, teria consequências na aplicação de direitos fundamentais.[36]

A teoria constitucional contemporânea tem tentado dar outro matiz a tal discussão. Neste contexto, aparece o debate a respeito da garantia de um *mínimo existencial*, seja ele negativo, com a proteção estatal se limitando a uma posição de evitar subtração de condições materiais mínimas de vida, seja ele positivo, com o asseguramento de medidas materiais concretas de vida digna.[37] Em posição a princípio oposta, a cláusula da *reserva do possível* ("*Der Vorbehalt des Möglichen*") parece indicar uma permissão para que o Judiciário atenda aos limites orçamentários defendidos pelo Executivo, permitindo uma restrição dos direitos sociais. Falar-se, inclusive, de um *conteúdo fático*, concernente à efetiva disponibilidade dos recursos econômicos, e um *conteúdo jurídico*, relativo

---

34 Por exemplo, BRASIL. Supremo Tribunal Federal. *Recurso extraordinário n. 237.952/MS*. Recorrente: Banco Bradesco S/A. Recorridos: Evandro Eurico Salgueiro e Outra. Relator Ministro Octavio Gallotti. Brasília, 9 de fevereiro de 2009. Disponível em: www.stf.jus.br. Acessado em: 05.08.2024.

35 "A norma do § 3° do artigo 192 da Constituição, revogada pela Emenda Constitucional n° 40/2003, que limitava a taxa de juros a 12% ao ano, tinha sua aplicação condicionada à edição de lei complementar".

36 Peça importante nessa mudança pode ser encontrada em BARROSO, Luís Roberto. *O Direito Constitucional e a efetividade de suas normas*: limites e possibilidades da Constituição brasileira. 9ª ed. Rio de Janeiro: Renovar, 2008. Merece também registro: CLÈVE, Clèmerson Merlin (Coord.). *Constituição, Democracia e Justiça*: aportes para um constitucionalismo igualitário. Belo Horizonte: Fórum, 2011.

37 SARMENTO, Daniel. *Por um Constitucionalismo Inclusivo*. Rio de Janeiro: Lumen Juris, 2010, p. 195.

à autorização orçamentária das despesas do direito fundamental.[38] Um primeiro passo em direção à garantia do mínimo existencial foi dado pelo STF no julgamento da ADPF n. 45/DF[39] no que respeita ao direito à saúde. Mas foi no julgamento comum das Suspensões de Segurança n. 2.361, 2.944, 3.345 e 3.355[40] que esta Corte sinalizou mais enfaticamente naquele sentido.[41]

5 Classificação e funções dos direitos fundamentais

É possível, em uma teoria dos direitos fundamentais, falar em uma classificação deles, que só merece ser mantida à vista de sua utilidade para a consolidação desses direitos. É conhecida a separação de Ruy Barbosa entre direitos, de cunho declaratório, e garantias, de

---

38 SARLET, Ingo Wolfgang. *A eficácia dos direitos fundamentais*. 10ª ed. Porto Alegre: Livraria do Advogado, 2011, p. 288.

39 BRASIL. Supremo Tribunal Federal. *Arguição de descumprimento de preceito fundamental n. 45/DF*. Arguente: Partido da Social Democracia Brasileira. Arguído: Presidente da República. Relator Ministro Celso de Mello. Brasília, 29 de abril de 2004. Disponível em: www.stf.jus.br. Acessado em: 05.08.2024.

40 O julgamento se deu de forma conjunta com diversos outros processos, entre eles, suspensões de tutela antecipada. Para tanto, cf. BRASIL. Supremo Tribunal Federal. *Agravo regimental na suspensão de tutela antecipada n. 175*. Relator Ministro Gilmar Mendes. Brasília, 17 de março de 2010. Disponível em: www.stf.jus.br. Acessado em: 21.10.2013. Discussões mais aprofundadas sobre a relação entre *mínimo existencial* e *reserva do possível*, não necessariamente sob o viés que permeia essas páginas, podem ser encontradas em BARCELLOS, Ana Paula de. "Constitucionalização das políticas públicas em matéria de direitos fundamentais: o controle político-social e o controle jurídico no espaço democrático". *In*: SOUZA NETO, Cláudio Pereira de; SARMENTO, Daniel (Coord.). *A Constitucionalização do Direito*. Rio de Janeiro: Lumen Juris, 2007, pp. 599-635.

41 Para uma importante análise da relação entre saúde e globalização, cf. VENTURA, Deisy. *Direito e saúde global*: o caso da pandemia de gripe A(H1N1). São Paulo: Outras Expressões/Dobra Editorial, 2013.

perfil assecuratório.[42] Georg Jellinek defenderá uma teoria dos *status* dos direitos: o *status subjectiones* ou passivo reservaria deveres aos destinatários; o *status libertatis* ou negativo garantiria a proteção de posições individuais; o *status* ativo permitiria a participação política; e, por fim, o *status civitatis* ou positivo permitiria exigir do Estado certas prestações.[43]

A visão, por demais "estatalista", foi também abraçada pelo STF ao fundamentar sua decisão na ADPF n. 130/DF, que declarou não recepcionada pela Constituição de 1988 da antiga Lei de Imprensa, Lei n. 5.250/1967:

> É verdade consabida, desde que Jellinek desenvolveu sua *Teoria dos quatro "status"*, que os direitos fundamentais cumprem diferentes funções na ordem jurídica. (...) os direitos fundamentais contêm disposições definidoras de uma *competência negativa do Poder Público* (*negative Kompetenzbestimmung*), que fica obrigado, assim, a respeitar o núcleo de liberdade constitucionalmente assegurado.[44]

Para Carl Schmitt, que via a Constituição de Weimar e seus direitos fundamentais como a consolidação de "compromissos dilatórios", os direitos fundamentais poderão ser separados em "direitos de liberdade", "direitos democráticos", "direitos socialistas de prestação social ou cultural", direitos das organizações públicas contra o Estado", "garantias institucionais" (para as instituições de Direito

---

42 SILVA, José Afonso da. *Curso de Direito Constitucional Positivo*. 16ª ed. São Paulo: Malheiros, 1999, p. 189.

43 JELLINEK, Georg. *Sistema dei diritti pubblici subiettivi*. Milão: Giuffrè, 1912, p. 244.

44 BRASIL. Supremo Tribunal Federal. *Arguição de descumprimento de preceito fundamental n. 130/DF*. Arguente: Partido Democrata Brasileiro – PDT. Relator Ministro Carlos Britto. Brasília, 30 de abril de 2009, pp. 219/220. Disponível em: www.stf.jus.br. Acessado em: 05.08.2024.

Público, como igreja e exército) e "garantias de instituto" (para as instituições de Direito Privado, como o casamento e a propriedade). Serão estas últimas garantias que darão a tônica de Schmitt sobre sua compreensão dos direitos fundamentais de Weimar. Sua despreocupação com direitos de perfil liberal demonstra a insatisfação com uma Constituição que não representasse a unidade do povo alemão, que continha dispositivos que não revelavam sua decisão política fundamental.

> (...) Carl Schmitt deixou muito claro o que ele considera objeto de proteção da Constituição de Weimar: as instituições mais tradicionais e conservadoras do sistema jurídico-político alemão, subvertendo a lógica dos direitos fundamentais.[45]

Ainda no campo da classificação, é de se mencionar também a taxionomia de José Carlos Vieira de Andrade em *direitos de defesa*, *direitos à prestação jurídica* (visando à normatização pelo Estado de algo protegido pelo direito fundamental) e *direitos à prestação material* (os direitos sociais por excelência) e, ao cabo, *direitos de participação*.[46] Todas essas classificações apenas se sustentam na medida em que sejam voltadas aos casos concretos que são regulados pelos direitos fundamentais. Uma taxionomia meramente em abstrato desconsidera claramente os ganhos proporcionados pela hermenêutica e pela teoria da argumentação jurídica.

6 Dimensões subjetiva e objetiva dos direitos fundamentais

Também integra uma metódica dos direitos fundamentais a análise germânica das dimensões subjetiva e objetiva. Pela dimensão

---

45 BERCOVICI, Gilberto. *Constituição e estado de exceção permanente*: atualidade de Weimar. Rio de Janeiro: Azougue, 2004, p. 34.

46 VIEIRA DE ANDRADE, José Carlos. *Os direitos fundamentais na Constituição Portuguesa de 1976*. Coimbra: Almedina, 1976, p. 192.

subjetiva, os direitos fundamentais garantiriam posições jurídicas individuais determinando atuações negativas ou positivas do poder público. Já pela dimensão objetiva, os direitos fundamentais encontrados em uma constituição encerrariam uma "eficácia irradiante" por todo ordenamento jurídico. Os direitos fundamentais dariam a estrutura básica do Estado Democrático de Direito. Esse movimento é que permitiria falar em uma "constitucionalização" do Direito.

> Há razoável consenso de que o marco inicial do processo de constitucionalização do Direito foi estabelecido na Alemanha. Ali, sob o regime da Lei Fundamental de Bonn de 1949 e consagrando desenvolvimentos doutrinários que vinham de mais longe, o Tribunal Constitucional Federal assentou que os direitos fundamentais, além de sua dimensão subjetiva de proteção de situações individuais, desempenham uma outra função: a de instituir uma ordem objetiva de valores. (...) Tais normas constitucionais condicionam a interpretação de todos os outros ramos do Direito, público ou privado, e vinculam os poderes estatais. O primeiro grande precedente na matéria foi o caso *Lüth*, julgado em 15 de janeiro de 1958.[47]

Se a oposição objetivo/subjetivo já não é isenta de críticas de uma perspectiva emancipatória dos titulares de direitos fundamentais, do mesmo modo, ela não deixa de cair no mesmo problema de uma concepção axiologizante dos direitos fundamentais.

Mais adequada ao paradigma do Estado Democrático de Direito nos parece a posição de Jürgen Habermas. É dele a proposta de que

---

47 BARROSO, Luís Roberto. *Curso de Direito Constitucional Contemporâneo*: os conceitos fundamentais e a construção do novo modelo. 2ª ed. São Paulo: Saraiva, 2011, pp. 355/356. No mesmo sentido, SARLET, Ingo; MARINONI, Luís Guilherme; MITIDIERO, Daniel. *Curso de Direito Constitucional*. São Paulo: RT, 2012, pp. 295 e ss.

a superação de visões parciais como o liberalismo, o republicanismo e o comunitarismo[48] passaria por uma coesão interna entre autonomia pública e autonomia privada que inclui um sistema de direitos fundamentais. É aqui que entram as cinco categorias de direitos que definem o *status* de sujeito de direito:

a) Direitos resultantes do desenvolvimento e configuração politicamente autônomos do direito *ao maior grau possível de iguais liberdades subjetivas de ação*;

b) Direitos resultantes do desenvolvimento e configuração politicamente autônomos do *status* de membro da associação voluntária que é a comunidade política;

c) Direitos que resultam diretamente da *jurisdicionalidade* dos direitos;

d) Direitos de participação em igualdade de oportunidades nos processos de formação da opinião e da vontade comuns;

e) Direitos que garantam condições de vida que, social, técnica e ecologicamente asseguradas na medida de sua necessidade em cada caso.

Assim, se liberais como Rawls[49] poderiam enfatizar os direitos propostos em "a", ou republicanistas como Michelman[50] defenderiam

---

48 Para uma discussão de tais correntes no constitucionalismo brasileiro e partir da Constituição de 1988, cf. CATTONI DE OLIVEIRA, Marcelo Andrade. *Devido processo legislativo*: uma justificação democrática do controle jurisdicional de constitucionalidade das leis e do processo legislativo. 2ª ed. Belo Horizonte: Mandamentos, 2006, e CITTADINO, Gisele. *Pluralismo, direito e justiça distributiva*: elementos da filosofia constitucional contemporânea. 4ª ed. Rio de Janeiro: Lumen Juris, 2013.

49 Cf. RAWLS, John. *O liberalismo político*. Trad. Álvaro de Vita. São Paulo: Martins Fontes, 2001, e RAWLS, John. *Uma teoria da justiça*. São Paulo: Martins Fontes, 1997.

50 MICHELMAN, Frank. "Law's republic". *Yale Law Journal*, vol. 97, nº 8, jul. 1988, pp. 1.493-1.537.

a primazia dos direitos previsto em "d", ou, ainda, comunitaristas como Walzer[51] defenderiam o compartilhamento dos valores mais caros à sociedade, o que se propugna é por uma garantia e uma aplicação que sejam amplas e consentâneas com uma coesão entre autonomia pública e autonomia privada.

7 Os direitos fundamentais como um sistema aberto

Discute-se a afirmação de que os direitos fundamentais constituiriam um sistema aberto, como já inicialmente ressaltado. Não haveria um *rol* fechado de direitos fundamentais, tal qual enuncia a Emenda IX da Constituição Americana e o § 2º do art. 5º da Constituição de 1988. Este último dispositivo estabelece verdadeira abertura hermenêutica, de um lado, ao enunciar os direitos que viriam do regime e do sistema adotados pela Constituição, e, por outro lado, também uma abertura semântica, ao permitir o ingresso de direitos decorrentes de tratados internacionais. Nesse ponto, há que se concordar com as posições de Celso Duvivier de Albuquerque Mello e Flávia Piovesan,[52] no sentido do que os tratados internacionais de direitos humanos possuem hierarquia constitucional. Criticável, pois, a posição assumida pelo Supremo Tribunal Federal no julgamento do Recurso Extraordinário n. 466.343/SP,[53] quando deu ao Pacto de San José da Costa Rica o caráter de norma "supralegal". Se a

---

51 WALZER, Michael. *Politics and passion*. toward a more egalitarian liberalism. New Haven: Yale University Press, 2004.

52 MELLO, Celso Duvivier Albuquerque. "O § 2º do art. 5º da Constituição Federal". *In*: TORRES, Ricardo Lobo (Coord.). *Teoria dos direitos fundamentais*. 2ª ed. Rio de Janeiro: Renovar, 2001, pp. 25 e ss.; PIOVESAN, Flávia. *Direitos Humanos e o Direito Constitucional Internacional*. 12ª ed. São Paulo: Saraiva, 2011, pp. 95 e ss.

53 BRASIL. Supremo Tribunal Federal. *Recurso extraordinário n. 466.343/SP*. Recorrente: Banco Bradesco S/A. Recorrido: Luciano Cardoso Santos. Relator Ministro Cezar Peluso. Brasília, 3 de dezembro de 2008. Disponível em: www.stf.jus.br. Acessado em: 05.08.2024.

decisão acerta ao não mais permitir a prisão civil do depositário infiel no contexto atual, ela erra ao reforçar uma interpretação dada à redação do § 3º do art. 5º da Constituição, redação esta fixada pela EC n. 45/2004.[54]

Tal questão aponta para a necessidade de se proceder a partir de uma ótica comunicativa das razões de decidir no âmbito nacional e internacional, seja ao modo de um "interconstitucionalismo" de Canotillo,[55] seja ao modo de um "transconstitucionalismo" de Marcelo Neves.[56] De fato, importa sim para a construção de um regime forte de direitos fundamentais o que decidem tribunais estrangeiros, internacionais e regionais, principalmente levando-se em conta a livre adesão da República Federativa do Brasil a jurisdição de cortes como a Corte Interamericana de Direitos Humanos. A jurisprudência do STF neste campo tem sido, contudo, bastante seletiva. Se as posições da Corte Interamericana de Direitos Humanos serviram, por exemplo, para julgar inconstitucional a exigência de

---

54 Valério de Oliveira Mazzuoli chega a propor um "monismo internacionalista dialógico" para defender uma posição que em cada caso concreto se permita a aferição da norma de direitos humanos mais protetiva, seja ela interna ou internacional: "Assim, no que tange ao tema dos "direitos humanos" é possível falar na existência de um monismo internacionalista dialógico. Ou seja, se é certo que à luz da ordem jurídica internacional os tratados internacionais sempre prevalecem à ordem jurídica interna (concepção monista internacionalista clássica), não é menos certo que em se tratando dos instrumentos que versam direitos humanos pode haver coexistência e diálogo entre eles e as normas de Direito interno" (MAZZOULI, Valério de Oliveira. *Curso de Direito Internacional*. 5ª ed. São Paulo: RT, 2011, p. 90). Cf., ainda, MAZZOULI, Valério de Oliveira. *Tratados internacionais de direitos humanos e direito interno*. São Paulo: Saraiva, 2010.

55 CANOTILHO, José Joaquim Gomes. *Brancosos e a interconstitucionalidade*: itinerários dos discursos sobre a historicidade constitucional. Coimbra: Almedina, 2006.

56 NEVES, Marcelo. *Transconstitucionalismo*. São Paulo: WMF Martins Fontes, 2008, pp. 115 e ss.

diploma para o exercício da profissão de jornalista,[57] as decisões do órgão regional foram contrariadas no que respeita ao sentido da Lei de Anistia de 1979 definido no julgamento da ADPF n. 153/DF.[58]

8 Titularidade dos direitos fundamentais

Outro ponto concernente a um diálogo da doutrina e corte brasileiras com uma teoria estrangeira dos direitos fundamentais diz com a titularidade dos direitos fundamentais. Em primeiro lugar, a titularidade ativa ocupa-se de quem são os destinatários e sujeitos de tais direitos. A Constituição de 1988 parece caminhar, na redação literal do *caput* do art. 5º, no sentido de uma definição restritiva por nacionalidade ou localização espacial; entretanto, a própria orientação firmada pelo art. 4º do mesmo texto constitucional, que permeia as relações internacionais da República federativa do Brasil, cuidou de indicar solução mais abrangente, a incluir não só pessoas físicas, mas jurídicas, além de brasileiros e estrangeiros, tudo a indicar que a solução depende de uma abordagem hermenêutica em cada caso concreto.

---

57 BRASIL. Supremo Tribunal Federal. *Recurso extraordinário n. 511.961/SP*. Recorrente: Sindicato das Empresas de Rádio e Televisão no Estado de São Paulo – SETERSP e Ministério Público Federal. Recorrida: União e Outros. Relator Ministro Gilmar Mendes. Brasília, 17 de junho de 2009. Disponível em: http://redir.stf.jus.br/paginadorpub/paginador.jsp?docTP=AC&docID=605643. Acessado em: 12.09.2009.

58 BRASIL. Supremo Tribunal Federal. *Arguição de descumprimento de preceito fundamental n. 153/DF*. Arguente: Conselho Federal da Ordem dos Advogados do Brasil. Arguidos: Presidente da República e Congresso Nacional. Relator Ministro Luiz Fux. Brasília/DF: 29 de abril de 2010. Disponível em: http://www.stf.jus.br/portal/geral/verPdfPaginado.asp?id=330654&tipo=TP&descricao=ADPF%2F153. Acessado em: 12.03.2011. Benvindo (BENVINDO, Juliano Zaiden. *The rule of law in Brazil*: the legal construction of inequality. Oxford: Hart Publishing, 2022, p. 193).

No que respeita aos estrangeiros, bem antes da Constituição de 1988,

> o STF, em acórdão de 1957, apreciou esse mesmo problema, suscitado pela redação de dispositivo constitucional semelhante ao do *caput* do art. 5º da atual Lei Maior. No RE 33.919, o STF julgou mandado de segurança impetrado por firma estrangeira, sediada em Lisboa, que se via às voltas com determinação do fisco de leiloar caixas de cognac de sua propriedade. (...) O STF reconheceu que seria uma violência não reconhecer o direito de propriedade do estrangeiro no Brasil, independentemente de sua residência, e que não faria sentido recusar-lhe a legitimidade do mandado de segurança (...).[59]

Temática que tem sido recorrentemente tratada no campo da titularidade dos direitos fundamentais diz respeito ao polo passivo. Assim, discute-se se os direitos fundamentais apenas tratariam de uma relação entre indivíduos e o Estado, ou se eles teriam eficácia em relação a particulares ou terceiros (*Drittwirkung*). A tradição liberal norte-americana teve refutada em parte tal possibilidade. Em *Shelley V. Kraemer* (334 U.S. 1 (1948)), a Suprema Corte não o próprio contrato de um condomínio que impossibilitava a venda de imóveis para negros, mas a decisão judicial da Suprema Corte de Missouri que validava tal negócio jurídico. A decisão indica que o Estado deveria estar presente em uma relação de direitos fundamentais (*state action doctrine*). Ela já havia pavimentado um caminho semelhante ao decidir o caso *Marsh v. Alabama* (326 U.S. 501 (1942)) em que sedimentou que, se um particular realiza uma função pública, como manter uma cidade para os trabalhadores de uma corporação, ela se aproxima do Estado, aplicando-se os direitos fundamentais plenamente (*public function theory*). De qualquer

59 MENDES, Gilmar; BRANCO, Paulo. *Curso de Direito Constitucional*. 12ª ed. São Paulo: Saraiva, 2017, pp. 262/263, nota 142.

modo, não é dado ao Estado, por meio de sua legislação, estimular o descumprimento de direitos fundamentais nas relações privadas.[60]

Na Alemanha pós-guerra, tal aplicação pareceu ser bem aceita, não obstante seja divergente a sua forma. Para Günter Dürig, deveria prevalecer a autonomia privada dos indivíduos, só se permitindo a aplicação de direitos fundamentais em relações privadas se houver intermediação legislativa (teoria da eficácia indireta).[61] Haveria um "direito geral de liberdade". Esse pensamento seria inspirado no emblemático caso Lüth, decidido pela Corte Constitucional Alemã em 1958. A solução da colisão dos direitos fundamentais de imagem de Veit Harlan e de liberdade de expressão de Eric Lüth passaria pelo ponto de irrupção do § 826 do BGB, para só aí alcançar relações entre particulares. Em outra ponta, Hans Nipperdey defenderá a teoria da eficácia direta, em que os direitos fundamentais podem, por si só, regular relações privadas.

> Quando se fala em aplicabilidade direta dos direitos fundamentais nas relações entre particulares, quer-se dizer que, da mesma forma como são aplicados nas relações entre o Estado e os cidadãos, não é necessária nenhuma ação intermediária para que sejam também aplicáveis nas relações interprivados.[62]

No Brasil, o STF parece ter assumido esta orientação ao julgar o Recurso Extraordinário n. 158.215/RS,[63] relativo ao devido pro-

---

60 SARMENTO, Daniel. *Direitos fundamentais e relações privadas*. Rio de Janeiro: Lumen Juris, 2004, p. 204.

61 AFONSO DA SILVA, Virgílio. *A constitucionalização do Direito*: os direitos fundamentais nas relações entre particulares. São Paulo: Malheiros, 2005, p. 76.

62 AFONSO DA SILVA, Virgílio. *A constitucionalização do Direito*: os direitos fundamentais nas relações entre particulares. São Paulo: Malheiros, 2005, p. 86.

63 BRASIL. Supremo Tribunal Federal. *Recurso extraordinário n. 158.215/RS*. Recorrente: Ayrton da Silva Capaverde e Outros. Recorrida:

cesso legal nas relações entre cooperativas e cooperados, e o Recurso Extraordinário n. 161.243/DF,[64] que cuidou de aplicar o princípio da igualdade nas relações da Air France com seus empregados. Essa tendência parece acompanhar uma evolução internacional, já que assim caminhou a Corte Europeia de Justiça no *Caso Bosman v. UEFA* (1995), ao aplicar diretamente o Tratado de Maastricht às relações entre jogadores de futebol e a organização desportiva. O caminho de uma teoria da eficácia direta, preocupada com as peculiaridades de cada caso concreto, parece ser o mais adequado. Registre-se, contudo, que "(...) a teoria da eficácia direta precisa ser depurada da noção de que ela só possa ser empregada por meio de uma teoria da argumentação de natureza axiológica".[65]

Registre-se também o desenvolvimento de pensamento concernente às chamadas *relações especiais de sujeição*: militares, presos, internos, servidores públicos, teriam uma disciplina diferenciada e restritiva dos direitos fundamentais que detêm, haja visto como ressalta Vieira de Andrade,[66] a presença de um estatuto especial.

Cooperativa Mista São Luiz Ltda. Relator Ministro Marco Aurélio. Brasília, 30 de abril de 1996. Disponível em: www.stf.jus.br. Acessado em: 05.08.2024.

64 BRASIL. Supremo Tribunal Federal. *Recurso extraordinário n. 161.243-6/DF*. Recorrente: Joseph Halfin. Recorrida: Compagnie Nationale Air France. Relator Ministro Carlos Velloso. Brasília, 29 de outubro de 1996. Disponível em: http://redir.stf.jus.br/paginadorpub/paginador.jsp?docTP=AC&docID=213655. Acessado em: 05.08.2024.

65 CRUZ, Álvaro Ricardo de Souza. *Hermenêutica jurídica e(m) debate*: o constitucionalismo brasileiro entre a teoria do discurso e a ontologia essencial. Belo Horizonte: Fórum, 2007, p. 354.

66 VIEIRA DE ANDRADE, José Carlos. *Os direitos fundamentais na Constituição Portuguesa de 1976*. Coimbra: Almedina, 1976, p. 244.

9 Colisões de direitos fundamentais

Nenhum ramo, contudo, de uma teoria dos direitos fundamentais tem levantado tantas discussões que o de uma chamada *colisão de direitos fundamentais*, como já observado no capítulo sobre argumentação e normatividade. Também com o pós-guerra, a Corte Constitucional Alemã, superando a noção de princípios como normas "mais gerais" de um sistema, como em Esser e Del Vecchio, irá defender uma aproximação dos direitos fundamentais a princípios ou, em sua visão, valores.[67] Foi no já mencionado "Caso Lüth" que a Lei Fundamental de Bonn foi vista como uma *ordem concreta de valores*. O principal jurista a teorizar a respeito dessa chamada *jurisprudência de valores* foi o também alemão Robert Alexy, em sua *Teoria dos direitos fundamentais*.[68]

A partir de Dworkin,[69] a distinção entre "argumentos de política" e "argumentos de princípio" deve ser reforçada por sua concepção de que os princípios têm uma *dimensão de peso* que, contudo, não é "relativizável", "ponderável", ou aplicada em graus. Argumentos de política justificam uma decisão política demonstrando que ela protege alguma meta coletiva. Argumentos de princípio justificam uma decisão na medida em que mostram que ela respeita direitos de indivíduos ou grupos. O Poder Judiciário dirime controvérsias sobre direitos, não sobre política. Isto sem mencionar que uma que a atividade interpretativa é essencial a qualquer empreendimento político; com isto, *normas* em geral são passíveis de interpretação e é isto que merece ser destacado.

---

67 Para uma reconstrução das mudanças paradigmáticas do conceito de *princípio*, cf. GALUPPO, Marcelo. *Igualdade e diferença*: Estado Democrático de Direito a partir do pensamento de Habermas. Belo Horizonte: Mandamentos, 2002, pp. 167 e ss.

68 ALEXY, Robert. *Teoria dos direitos fundamentais*. Trad. Virgílio Afonso da Silva. São Paulo: Malheiros, 2008.

69 DWORKIN, Ronald. *Levando os direitos a sério*. Trad. Nelson Boeira. São Paulo: Martins Fontes, 2002, p. 134.

10 Direitos fundamentais em espécie na jurisprudência do STF

Visando encerrar esta exposição, não poderíamos deixar de trazer a conformação que tem sido a alguns direitos fundamentais em espécie pelo STF.[70] Nos reduziremos à apenas alguns deles, até porque, como já visto, algo já foi mencionado ao longo do texto. Críticos de uma judicialização da política e cientes da necessidade de revisão de certos pressupostos metodológicos, o que se busca destacar é apenas como tem sido expansiva a atuação do STF em relação aos direitos fundamentais; em certos casos, a expansão é salutar; em outros, é benéfica nas consequências, mas problemática na fundamentação; em alguns outros, é necessária uma perspectiva crítica em ambos os casos. Destacaremos aqui apenas a primeira tipologia. Em tais decisões, a metódica dos direitos fundamentais, como visto, conformada em boa parte pela doutrina e prática jurisprudencial estrangeiras, se fez sentir com maior ou menor rigor.

Assim, depois de anos de tramitação sem frutos de projetos de lei tratando da questão, o STF decidiu a ADPF n. 54/DF,[71] permitindo a antecipação do parto por anencefalia fetal, em uma interpretação que buscou efetivar diversos direitos fundamentais da mulher. Já na ADI n. 3.510/DF,[72] o direito à vida ganhou conformação, pelo

---

70 ANJOS FILHO, Robério Nunes dos (Coord.). *STF e direitos fundamentais*. Salvador: JusPodivm, 2013.

71 BRASIL. Supremo Tribunal Federal. *Arguição de descumprimento de preceito fundamental n. 54/DF*. Requerente: Confederação Nacional dos Trabalhadores da Saúde. Intimado: Presidente da República. Relator Ministro Marco Aurélio. Brasília, 11 e 12 de abril de 2012. Disponível em: www.stf.jus.br. Acessado em: 05.08.2024.

72 BRASIL. Supremo Tribunal Federal. *Ação direta de inconstitucionalidade n. 3.510/DF*. Requerente: Procurador-Geral da República. Requeridos: Presidente da República e Congresso Nacional. Relator Ministro Ayres Britto. Brasília/DF, 29 de maio de 2008. Disponível em: http://redir.stf.jus.br/paginadorpub/paginador.jsp?docTP=AC&docID=611723. Acessado em: 05.08.2024.

menos no seu aspecto inicial, com a possibilidade de pesquisas com células tronco embrionárias. A liberdade de expressão, por outro lado, ganhou maior amplitude com o julgamento da Medida Cautelar na ADI 4.451/DF,[73] que declarou inconstitucionais dispositivos da Lei n. 9.504/1997 que restringiam críticas a candidatos em período eleitoral. De modo semelhante, na ADPF n. 130/DF[74] decidiu-se pela não recepção pela Constituição de 1988 da Lei de Imprensa – Lei n. 5.250/1967.

Dando sequência a uma abertura do sistema, a liberdade de reunião foi expandida com a ADPF n. 187/DF,[75] que julgou constitucional a "Marcha da Maconha". No que cuida da liberdade de profissão, foram taxadas de inconstitucionais restrições individuais e desvinculadas do ofício praticado, como a exigência de filiação a órgão de classe no exercício da profissão de músico.[76] Em se tratando do princípio da igualdade, de grande importância foi a chancela das ações afirmativas de cotas em universidades decidida na ADPF

---

73 BRASIL. Supremo Tribunal Federal. *Medida Cautelar na Ação direta de inconstitucionalidade n. 4.451/DF*. Requerente: Associação Brasileira de Emissoras de Rádio e Televisão – ABERT. Requeridos: Presidente da República e Congresso Nacional. Relator Ministro Teori Zavascki. Disponível em: www.stf.jus.br. Acessado em: 05.08.2024.

74 BRASIL. Supremo Tribunal Federal. *Arguição de descumprimento de preceito fundamental n. 130/DF*. Arguente: Partido Democrático Trabalhista – PDT. Arguidos: Presidente da República e Congresso Nacional. Relator Ministro Carlos Britto. Brasília, 30 de abril de 2009. Disponível em: http://redir.stf.jus.br/paginadorpub/paginador.jsp?docTP=AC&docID=605411. Acessado em: 05.08.2024.

75 BRASIL. Supremo Tribunal Federal. *Arguição de descumprimento de preceito fundamental n. 187/DF*. Requerente: Procurador-Geral da República. Relator Ministro Celso de Mello. Brasília, 15 de junho de 2011. Disponível em: www.stf.jus.br. Acessado em: 05.08.2024.

76 BRASIL. Supremo Tribunal Federal. *Recurso extraordinário n. 414.426/SC*. Requerente: Ordem dos Músicos do Brasil – Conselho Regional de Santa Catarina. Requeridos: Marco Aurélio de Oliveira Santos e Outros. Relator Ministra Ellen Gracie. Brasília, 1º de agosto de 2011. Disponível em: www.stf.jus.br. Acessado em: 05.08.2024.

186/DF.[77] Do mesmo modo, em relação também à igualdade, mas também a privacidade, a ADPF 132/DF,[78] que estendeu a proteção da união estável às relações homoafetivas.

Em se tratando de direitos sociais, como mencionado, assegurou-se o *mínimo existencial* de direito à saúde, em um conjunto de *suspensões de segurança* e *suspensões de tutela antecipada* julgadas. Para o direito à educação, o mesmo seu com o asseguramento de vagas mínimas de creche e pré-escola definidas como responsabilidade do poder público.[79] No que toca aos direitos de nacionalidade, de se mencionar a Extradição n. 974,[80] em que se reconhece que o Brasil não tolera o crime de desaparecimento forçado de pessoas, permitindo-se a extradição pela não cessação do crime.

Conclusões

Todo este quadro demonstra que uma teoria dos direitos fundamentais adequada não pode deixar de atentar para o que se pretende com o Estado Democrático de Direito. Neste passo, exigências como

---

77 BRASIL. Supremo Tribunal Federal. *Arguição de descumprimento de preceito fundamental n. 186/DF*. Requerente: Democratas – DEM. Relator Ministro Ricardo Lewandowski. Brasília, 26 de abril de 2012. Disponível em: www.stf.jus.br. Acessado em: 05.08.2024.

78 BRASIL. Supremo Tribunal Federal. *Arguição de descumprimento de preceito fundamental n. 132/DF*. Requerente: Governador do Estado do Rio de Janeiro. Relator Ministro Ayres Britto. Brasília, 5 de maio de 2011. Disponível em: www.stf.jus.br. Acessado em: 05.08.2024. Para uma análise dessa decisão, cf. PEDRON, Flávio Quinaud. *Mutação constitucional na crise do positivismo jurídico*. Belo Horizonte: Arraes Editores, 2012.

79 Para os casos dos direitos à saúde e à educação, ver notas acima.

80 BRASIL. Supremo Tribunal Federal. *Extradição n. 974*. Requerente: Governo da República Argentina. Extraditado: Manoel Cordeiro Piacentini. Relator Ministro Marco Aurélio. Relator para o acórdão Ministro Ricardo Lewandowski. Brasília/DF, 6 de agosto de 2009. Disponível em: http://redir.stf.jus.br/paginadorpub/paginador.jsp?docTP=AC&docID=606492. Acessado em: 05.08.2024.

a de cumprimento de um devido processo legislativo junto dos órgãos de representação política, assim como o cumprimento de um devido processo legal perante um processo jurisdicional em contraditório e um controle democrático de políticas públicas, são inderrogáveis e devem permear as relações do indivíduo com o Estado e com os demais particulares. Tais exigências não podem ser descuradas pela prática judiciária. Se essas conclusões procuraram apresentar aspectos positivos (pelo menos nas consequências) da jurisprudência do STF sobre a matéria, isto não significa que um olhar mais atento possa deixar de assumir uma constante perspectiva crítica, visando impactar eventuais mudanças de orientação no futuro. A grande lição que fica nesse percurso de anos de consolidação de um projeto de direitos fundamentais é que, mais do que "caudatária" da jurisprudência, a doutrina é essencial para permitir que ela se renove, seja concebida democraticamente e cumpra a exigência constitucional de fundamentação.

CAPÍTULO XIV

ILIBERALISMO E CONSTITUCIONALISMO NO BRASIL

Introdução

Iliberalismo não é o mesmo que autoritarismo. O iliberalismo pressupõe que, para além das eleições competitivas, existe um certo grau de liberdades e instituições constitucionais a funcionar dentro de um regime político.[1] Os regimes autoritários, no entanto, não só podem suspender as eleições ou manipulá-las abertamente, como também podem exercer o poder sem as devidas restrições. O iliberalismo, entretanto, pode crescer nas democracias estabelecidas. Embora o Brasil ainda tenha de lidar com o delicado legado da ditadura militar de 1964-1985, é, no entanto, uma democracia que está a caminho da consolidação. Nesse sentido, pode-se ver que as instituições liberais podem comportar-se de forma iliberal.

---

1 SAJÓ, Andrés; UITZ, Renata; HOLMES, Stephen. "Preface". *In*: ______ (Coord.). *The Routledge Handbook of Illiberalism*. Abingdon: Routledge, 2022. p. xxiv.

Este capítulo toma como ponto de referência a concepção de Laruelle do iliberalismo como uma ideologia formada nas últimas duas ou três décadas e que atualiza termos classicamente conservadores. Ele se baseia em concepções políticas populistas de extrema direita e critica conceitos liberais como instituições e direitos das minorias.[2] Ainda assim, o capítulo desafia tais pressupostos para o caso brasileiro ao tentar mostrar que a formação do iliberalismo neste contexto dependeu do desenvolvimento histórico do autoritarismo dentro do conceito de constitucionalismo. Além disso, enfoca-se como a manipulação de instituições e teorias jurídicas ajudou a abrir o espaço atual para o iliberalismo no Brasil.

Nesse sentido, pode-se perceber que o "ressentimento jurídico" que os populistas de direita demonstram contra o Estado de Direito aparece no contexto brasileiro na forma de uma necessidade contínua de subverter dispositivos constitucionais e legais.[3] A abordagem autoritária do direito faz parte do legado constitucional histórico do Brasil e se manifesta atualmente como uma manipulação completa das instituições jurídicas por políticos, juristas e outros atores. Embora a Constituição de 1988 não contenha quaisquer disposições explicitamente iliberais, a natureza da política iliberal é mais subtil e mais difusa na forma como mina os princípios do constitucionalismo. A evolução constitucional do Brasil demonstra que o iliberalismo não é uma concepção verdadeiramente nova.

Metodologicamente, este capítulo se apoia em um corpo de literatura da teoria constitucional brasileira que abrange diferentes períodos do século XX. Autores que defenderam claramente tanto

---

2 LARUELLE, Marlene. "Illiberalism: a Conceptual Introduction". *East European Politics*, vol. 38, nº 2, 2022. Disponível em: https://www.illiberalism.org/illiberalism-conceptual-introduction/. Acessado em: 15.07.2024.

3 BLOKKER, Paul. "Populism and Illiberalism". *In*: SAJÓ, Andrés; UITZ, Renata; HOLMES, Stephen (Coord.). *The Routledge Handbook of Illiberalism*. Abingdon: Routledge, 2022, p. 265.

dispositivos iliberais quanto autoritários em diferentes momentos da história constitucional do Brasil mostram que existe uma tradição iliberal anterior que abriu caminho para as perspectivas atuais. Nesse sentido, mesmo os apoiadores de um Presidente autoritário como Bolsonaro fazem suas reivindicações com base em um paradigma anterior. Sem se perder em todo o desenvolvimento histórico do tema, este capítulo aborda os principais elementos históricos que perduram no pensamento desses diferentes autores. Ao final, um quadro que mostra as diferentes fases em que esses teóricos defenderam suas teorias e até mesmo se engajaram na política ajuda o leitor a navegar pela história do constitucionalismo brasileiro.

É importante separar o autoritarismo do iliberalismo para ver como estes conjuntos de práticas políticas, econômicas e sociais evoluem e como, particularmente no Brasil, as tradições constitucionais autoritárias abriram o caminho para as atuais práticas iliberais. Este capítulo começa debatendo as ideias dos mais relevantes juristas que defenderam diferentes formas de autoritarismo no Brasil ao longo da formação de sua tradição constitucional. Tradições autoritárias aparecem como uma primeira e também mais rudimentar forma de governo, enquanto o iliberalismo depende da restrição da democracia através de um abuso sofisticado da lei. O constitucionalismo autoritário é descrito através das ideias de constitucionalistas que dominaram o debate durante a década de 1930 no Brasil durante a primeira presidência de Getúlio Vargas, sob o que ele então chamou de Estado Novo.

Sob o regime democrático que emergiu posteriormente, a doutrina de segurança nacional aparece como um importante contraponto ao apelo pela democratização. A posterior ditadura militar de 1964-1985 também contou com a ajuda de juristas que visavam legitimar a autocracia total. Mesmo com a transição para a democracia possibilitada pela Constituição de 1988, as opiniões conservadoras e autoritárias de um número importante de constitucionalistas e outros juristas ainda sobrevivem trinta e cinco anos depois. O Presidente Bolsonaro usou tanto os discursos de oposição à política tradicional quanto a retórica anticorrupção para abrir caminho ao poder. Ele também podia contar com a ajuda de uma cultura de iliberalismo como resultado de concepções autoritárias de política de longa data, misturadas com a disponibilidade dos juristas para ajudar na legitimação da sua política.

1 Autoritarismo como porta de entrada para o iliberalismo

A primeira Constituição brasileira, promulgada em 1824, previa um quarto poder constituído conhecido como Poder Moderador que foi colocado nas mãos do monarca para administrar crises entre os três poderes principais.[4] O Poder Moderador foi a institucionalização, embora com distorções, de uma ideia originada por um dos fundadores do liberalismo político moderno, o filósofo político suíço-francês Benjamin Constant.[5] Tal estrutura institucional estimulou debates entre aqueles que viam o Poder Moderador como uma mera prerrogativa do monarca. Esta era a opinião defendida por figuras como o acadêmico e político do século XIX Braz Florentino Henriques de Souza, juntamente com outros que defendiam uma perspectiva mais ampla que pudesse incluir a Assembleia Geral Legislativa na gestão desse poder, como Zacarias de Góis e Vasconcellos.[6]

---

4 Para um estudo detido da Constituição de 1824, cf. GOMES, David. *A Constituição de 1824 e o problema da modernidade*: o conceito moderno de Constituição, a história constitucional brasileira e a Teoria da Constituição no Brasil. 2ª ed. Belo Horizonte: Conhecimento, 2024.

5 CONSTANT, Benjamin. *Political writings*. Trad. e edição de Biancamaria Fontata. Cambridge: Cambridge University Press, 1988; ROSENBLATT, Helena. "The history of illiberalism". *In*: SAJÓ, Andrés; UITZ, Renata; HOLMES, Stephen (Coord.). *The Routledge Handbook of Illiberalism*. Abingdon: Routledge, 2022, p. 20.

6 MEYER, Emílio Peluso Neder. *Constitutional erosion in Brazil*. Oxford: Hart Publishing, 2021, p. 158; SOUZA, Braz. *Do Poder Moderador*: ensaio de Direito Constitucional. Recife: Typographia Universal, 1864;

Esse primeiro debate dá uma ideia da constante tensão entre conservadorismo e liberalismo que persiste ao longo da história constitucional brasileira. O Poder Moderador, na forma como foi aplicado na Constituição de 1824, tinha uma concepção autoritária que seria recuperada ao longo da história – ressurgindo inclusive na década de 2020 para se referir a um suposto direito das Forças Armadas de resolver disputas entre os três principais ramos do governo.

Rosenfield argumenta que, durante a Primeira República (1891-1930),[7] quando a Constituição de 1891 estava em vigor e as ideias liberais prevaleciam entre juristas, as violações da lei eleitoral abriram caminho para o autoritarismo moderno no Brasil. As sucessivas crises políticas que atingiram o Brasil durante as décadas de 1910 e 1920 foram controladas por decretos de estados de emergência que eram pragmaticamente defendidos por meio de leituras autoritárias da Constituição que criticavam o republicanismo liberal defendido por autores como Ruy Barbosa e Pedro Lessa.[8]

Antes da década de 1930, autores como Alberto Torres defenderiam não apenas o exercício de um Poder Moderador durante a Primeira República, mas que o Estado tivesse um papel de destaque na relação entre a sociedade e as instituições.[9] Torres influenciou o debate sobre como lidar com a crise financeira e política da década

---

REPOLÊS, Maria Fernanda. *Quem deve ser o guardião da Constituição?* do Poder Moderador ao Supremo Tribunal Federal. Belo Horizonte: Mandamentos, 2018; CARVALHO NETO, Menelick. *A sanção no processo legislativo*. Belo Horizonte: Del Rey, 1992, p. 73.

7 ROSENFIELD, Luís. *Revolução conservadora*: genealogia do constitucionalismo autoritário brasileiro (1930-1945). Porto Alegre: EdiPUCRS, 2021, p. 47.

8 Ver BARBOSA, Ruy. *Obras Completas*. São Paulo: Hunter Books, 2016; LESSA, Pedro. *Do Poder Judiciário*: Direito Constitucional Brasileiro. Rio de Janeiro: Livraria Francisco Alves, 1915.

9 Ver TORRES, Alberto. *O problema nacional brasileiro*: introdução a um Programa de Organização Nacional. Rio de Janeiro: Ed. Nacional, 1938.

de 1920: propondo amplas reformas à Constituição de 1891 (que seriam em parte adotadas em 1926) e combatendo o que Oliveira Viana descreveu como idealismo constitucional.[10] Os juristas mais propensos a apoiar o liberalismo concordaram com as reformas, mas sem a profundidade de convicção defendida por pensadores mais conservadores.[11]

No final, as reformas constitucionais de 1926 levaram à potencial suspensão do *habeas corpus* durante situações de crise, ao fortalecimento do Poder Executivo e à imposição de severas restrições ao controle de constitucionalidade, um tema principal que perduraria nos anos seguintes. Um dos teóricos do debate da época, o jurista e diplomata Francisco Cavalcanti Pontes de Miranda, que seria o jurista brasileiro mais citado pelos juízes em 2019,[12] mencionou que um dos problemas que as reformas precisavam resolver era a questão racial: ele se referiu a estados que adotaram medidas extremas, como a castração de pessoas anormais. O Brasil sofreria por abrigar cegos, imbecis e pessoas que sofrem de doenças físicas, em uma clara posição eugênica pelo jurista.[13] Esse foi o clima dos debates que antecederam os anos da primeira ditadura.

---

10 Ver VIANA, Francisco José Oliveira. *O Idealismo da Constituição*. Rio de Janeiro: Terra do Sol, 1927.

11 ROSENFIELD, Luís. *Revolução conservadora*: genealogia do constitucionalismo autoritário brasileiro (1930-1945). Porto Alegre: EdiPUCRS, 2021, p. 107.

12 VIANNA, Luiz; CARVALHO, Maria; BURGOS, Marcelo. *Quem Somos*: a magistratura que queremos. Rio de Janeiro: Associação dos Magistrados Brasileiros, 2018, p. 109.

13 Ver MIRANDA, Pontes de. "Preliminares de revisão constitucional". *In*: CARDOSO, Vicente (Coord.). *À Margem da História da República*. Brasília: Editora da Universidade de Brasília, 1981, pp. 1-10; ver também ROSENFIELD, Luís. *Revolução conservadora*: genealogia do constitucionalismo autoritário brasileiro (1930-1945). Porto Alegre: EdiPUCRS, 2021, p. 128.

Na década de 1930, a política brasileira estava em estado de agitação: uma revolução não reconheceu a eleição de Júlio Prestes para a presidência e apoiou Getúlio Vargas na tomada do poder em 1930. A Constituição de 1891 foi simplesmente revogada pelo Decreto 19.398 de 1930, emitido por um governo provisório liderado por Vargas.

Em 1932, um dos conflitos civis mais sangrentos do Brasil pressionou Vargas a organizar a Assembleia Constituinte de 1933-1934, que levou à Constituição republicana de 1934.[14] A Assembleia Constituinte promulgou a Constituição de 1934 em um processo que contou com representantes de classes que evocaram as propostas corporativistas. Além disso, direitos sociais apareceram na Constituição de 1934, em consonância com a Constituição de Weimar de 1919. Contudo, tal como na Alemanha, o caminho democrático social e liberal seria interrompido. Em 1935, um plano comunista fabricado para tomar o poder deu a Vargas o pretexto de que precisava para exercer uma dura repressão política.

Vargas finalmente liderou seu próprio golpe de Estado e impôs a Constituição de 1937, escrita por um dos principais constitucionalistas

---

14 Deve-se notar que Hans Kelsen, um dos mais importantes filósofos e juristas do século XX, emitiu uma opinião muito pragmática sobre quem tinha o poder de convocar a Assembleia Constituinte na época: os líderes da Revolução de 1930 que comandaram o governo provisório. Kelsen foi convidado pela *Política: Revista de Direito Público, Legislação Social e Economia*, revista científica brasileira, para opinar sobre o processo constitucional que levou à Constituição de 1934. Esse fato indica que os juristas brasileiros, naquela época, já tinham conexões com juristas estrangeiros que impactavam sistemas jurídicos muito diferentes em todo o mundo. Ver SIQUEIRA, Gustavo. "O parecer de Kelsen sobre a Constituinte Brasileira de 1933-1934". *Direito & Práxis*, vol. 6, nº 11, nov. 2015, pp. 354/355; MATOS, Andityas. "'Um governo revolucionário possui os poderes que quer possuir': a Teoria Pura do Direito enquanto teoria da violência diante da Assembleia Nacional Constituinte Brasileira de 1933/34". *Revista da Faculdade de Direito da UFMG*, nº 64, 2014, pp. 67-69.

autoritários da época, Francisco Campos, que via o poder constituinte ligado à já mencionada Revolução de 1930 e ao objetivo de modernizar o país.[15] Campos argumentou que a Constituição imposta em 1937 garantia direitos e, ao mesmo tempo, preservava a nação – ele seguiu a receita antiliberal tradicional de criticar qualquer tipo de preferência por direitos individuais como contrária ao interesse da nação.[16] Nesse sentido, o seu tipo de antiliberalismo está mais próximo de ser uma espécie de autoritarismo, em vez de uma versão sofisticada de iliberalismo.

O governo do Presidente Getúlio Vargas por meio do Estado Novo (1930-1945) testemunhou a prevalência de juristas de forte perfil autoritário ou antiliberal que criticavam a forma tradicional de interpretar a ordem constitucional brasileira. Consideremos que uma das características de teóricos antiliberais como Oliveira Viana, Butler Maciel e Francisco Campos era assumir uma posição de constante crítica ao Poder Judiciário, para depois se adaptarem e argumentarem que a ampliação dos poderes dos tribunais não seria um problema desde que os seus membros fossem nomeados pelos governos iliberais que apoiavam.[17] Esses foram os primeiros autores a sistematizar e ajudar a moldar o debate público no Brasil em favor de um tipo de constitucionalismo autoritário, ou seja, eles reconheciam claramente que a democracia deveria ser reformada em favor de formas eficazes de governo que, no final, também precisavam seguir formalmente as regras de uma constituição.

---

15 ROSENFIELD, Luís. *Revolução conservadora*: genealogia do constitucionalismo autoritário brasileiro (1930-1945). Porto Alegre: EdiPUCRS, 2021, p. 155.

16 HOLMES, Stephen. "The antiliberal idea". *In*: SAJÓ, András; UITZ, Renáta; HOLMES, Stephen (Coord.). *The Routledge Handbook of Illiberalism*. Abingdon: Routledge, 2022, p. 3.

17 VIANA, Francisco José Oliveira. *Problemas de Política Objetiva*. São Paulo: Companhia Editorial de São Paulo, 1947; ROSENFIELD, Luís. *Revolução conservadora*: genealogia do constitucionalismo autoritário brasileiro (1930-1945). Porto Alegre: EdiPUCRS, 2021, p. 71.

2 Constitucionalismo autoritário no Brasil

Aqui se presume, juntamente com Frankenberg,[18] que o constitucionalismo autoritário pressupõe uma série de fenômenos diversos:

(a) Um quadro político autoritário que se baseia em uma mistura de dispositivos autocráticos e democráticos;

(b) A personificação do bem público como propriedade por parte dos detentores do poder (como visto no tratamento preferencial de familiares e correligionários, com graves consequências para a concentração do poder econômico);

(c) Um sistema em que a participação política se transforma em cumplicidade;

(d) Um culto ao imediatismo como desculpa para restringir o debate e evitar deliberações no decurso do governo.

Nesse sentido, o autoritarismo na sua forma pura pode dispensar completamente o constitucionalismo, enquanto o constitucionalismo autoritário presume que uma constituição é uma parte essencial da administração pública e, em um governo autoritário abertamente declarado, manipula-a. O antiliberalismo reúne uma série de diferentes visões de mundo que criticam abertamente as instituições liberais; o iliberalismo, por sua vez, é cínico ao não prescindir inteiramente das instituições liberais, mas antes manipula-as constantemente.

Uma das principais figuras do constitucionalismo autoritário brasileiro foi Oliveira Viana, autor de *Instituições Políticas*

---

18 FRANKENBERG, Günther. "Authoritarian constitutionalism: coming to terms with modernity's dreams and demons". *Goethe-Universität Frankfurt am Main Faculty of Law Research Paper*, nº 3/2018, p. 11. Disponível em: https://publikationen.ub.uni-frankfurt.de/files/45807/18_03_RPS.pdf. Acessado em: 15.07.2024.

Brasileiras.[19] Ele, junto com outros juristas brasileiros de sua época, foi um crítico severo do transplante de ideias políticas dos Estados Unidos e da Europa para o Brasil: tal migração seria feita em prejuízo da criação de um verdadeiro "sentimento de nação".[20] O fator que impediria o colapso total da ordem política antes do início do século XX havia sido o já mencionado pelo Poder Moderador do monarca sob a Constituição de 1824. Após o colapso daquela Constituição em 1889, a unidade política do povo dependeria do regime de uma ditadura, enquanto o sentimento da nação estivesse ausente das práticas políticas brasileiras.

A necessidade de mudanças na cultura política do povo brasileiro poderia depender não de ferramentas liberais, mas sim de dispositivos autoritários, incluindo documentos constitucionais.[21] Oliveira Viana reconheceu, através de uma análise da experiência soviética, que a pressão de cima para baixo do Estado por si só não seria suficiente. Contudo, a Itália fascista e a Alemanha nazista também mostraram que a sociedade não pode ser simplesmente ignorada por aqueles que estão no poder.[22] Mas, considerando a "realidade" do povo brasileiro (que Viana retrata como o *povo-massa*), seria necessário contar com instituições que pudessem protegê-lo contra a ação arbitrária do poder elitista tradicional.[23]

---

19 VIANA, Francisco José Oliveira. *Instituições políticas brasileiras*. Brasília: Conselho Editorial do Senado Federal, 1999.

20 REPOLÊS, Maria Fernanda. *Quem deve ser o guardião da Constituição?* do Poder Moderador ao Supremo Tribunal Federal. Belo Horizonte: Mandamentos, 2018, p. 77.

21 VIANA, Francisco José Oliveira. *Instituições políticas brasileiras*. Brasília: Conselho Editorial do Senado Federal, 1999, p. 448.

22 VIANA, Francisco José Oliveira. *Instituições políticas brasileiras*. Brasília: Conselho Editorial do Senado Federal, 1999, p. 460.

23 VIANA, Francisco José Oliveira. *Instituições políticas brasileiras*. Brasília: Conselho Editorial do Senado Federal, 1999, p. 98.

A década de 1930 assistiu à consolidação de um debate entre juristas liberais-democratas e autoritários de diferentes matizes que resultaria na vitória destes últimos com o Estado Novo após o golpe de 1937. Embora o liberalismo da Constituição de 1891 tenha sido defendido por alguns constitucionalistas brasileiros, propostas verdadeiramente fascistas também foram apresentadas por outros juristas brasileiros influentes. Miguel Reale, filósofo do Direito da Universidade de São Paulo, por exemplo, inspirado no político e jurista italiano Alfredo Rocco (um dos principais teóricos do corporativismo), defendia que os indivíduos deveriam ser vistos como meios para os fins sociais do Estado.[24] A Constituição de 1937, redigida por Francisco Campos, manteve as questões que chamavam a atenção na época, como os direitos sociais e econômicos, mas através do controle dos sindicatos e da participação das massas. Para se ter uma ideia de até onde Campos iria, ele acreditava que Hitler conseguia extrair da confusão das ruas a essência da política para a manutenção do poder sobre a nação.[25]

Crítico do liberalismo, Campos defendeu a existência de um clima de massa, no qual surgiria uma tensão crescente entre os métodos liberais da democracia e os processos irracionais de integração política.[26] Para ele, as crises políticas do liberalismo atingiram o cerne da democracia e apelaram à intervenção do totalitarismo, e não o contrário. Campos viu a década de 1930 como o cenário para

---

24 ROSENFIELD, Luís. *Revolução conservadora*: genealogia do constitucionalismo autoritário brasileiro (1930-1945). Porto Alegre: EdiPUCRS, 2021, p. 181.

25 ROSENFIELD, Luís. *Revolução conservadora*: genealogia do constitucionalismo autoritário brasileiro (1930-1945). Porto Alegre: EdiPUCRS, 2021, p. 195.

26 CAMPOS, Francisco. *O Estado Nacional*: sua estrutura, seu conteúdo ideológico. Brasília: Conselho Editorial do Senado Federal, [1935], 2001, p. 28.

um "clima" libertário geral.[27] Diante da situação proeminentemente crítica que o Brasil enfrentava naqueles tempos, seria dever de um estadista (isto é, Getúlio Vargas) tomar medidas extraordinárias, como o golpe de 1937.[28]

Nessa justificativa tão geral das políticas de Vargas, não é surpresa que Campos visse, em 1937, a continuidade da revolução iniciada em 1930: em outras palavras, a chamada Revolução de 1930 foi a base para impor unilateralmente uma constituição ditatorial em 1937. E, claro, ele não viu problema em mais tarde em também chamar o Golpe de 1964 de revolução, além de cooperar na redação do Ato Institucional n. 1. Limitar a discussão a questões como proteção do sufrágio universal, das garantias constitucionais e das liberdades públicas seria visto como adequado para o século XIX, mas já era uma abordagem ultrapassada na década de 1930. Se, por um lado, o Estado ampliou suas atividades no século XX, o Poder Legislativo, por outro, não estaria à altura da tarefa de assumir novas funções, sendo os legisladores obrigados a delegar seus poderes.[29] E, se a nova ordem se caracterizasse pela sua abordagem de questões como os direitos sociais, o problema da criação de uma forma nova e mais robusta de poder estatal deveria ser a principal preocupação de uma constituição.

Em termos econômicos, seguindo algumas das sugestões da Itália fascista, o corporativismo daria substância a uma concepção autoritária de democracia em que a representação técnica poderia

27 CAMPOS, Francisco. *O Estado Nacional*: sua estrutura, seu conteúdo ideológico. Brasília: Conselho Editorial do Senado Federal, [1935], 2001, p. 31.

28 CAMPOS, Francisco. *O Estado Nacional*: sua estrutura, seu conteúdo ideológico. Brasília: Conselho Editorial do Senado Federal, [1935], 2001, p. 40.

29 CAMPOS, Francisco. *O Estado Nacional*: sua estrutura, seu conteúdo ideológico. Brasília: Conselho Editorial do Senado Federal, [1935], 2001, p. 55.

servir como um substituto para a representação política. É interessante que Campos tenha argumentado que o liberalismo poderia levar ao comunismo através da tomada da vida econômica pelo governo: embora a ideia do *homo economicus* fosse importante várias décadas mais tarde como uma crítica ao autoritarismo na forma de neoliberalismo,[30] os escritos confusos de Campos formaram a base para uma crítica geral à representação no legislativo no sentido schmittiano.[31]

O constitucionalismo autoritário também se apresentou como uma alternativa à versão brasileira do fascismo, conhecida como *integralismo*. O integralismo brasileiro foi fundado na década de 1920 por um autodeclarado admirador do fascismo italiano, Plínio Salgado, e se baseava no princípio da autoridade, em fundamentos religiosos e na importância da família e da pátria.[32] Os integralistas usavam uniforme verde, o que os levou a serem conhecidos como "camisas verdes". Um dos principais líderes intelectuais do integralismo foi o já citado Miguel Reale, que se tornaria um filósofo jurídico muito influente e um dos principais autores do atual Código Civil Brasileiro de 2002. Reale argumentou que a nação era um corpo ético, político, econômico e cultural; que o nacionalismo era a espinha dorsal do integralismo; que o liberalismo não seria capaz de captar a essência das aspirações populares que definem

30 BROWN, Wendy. *Nas ruínas do neoliberalismo*: a ascensão da política antidemocrática no Ocidente. Nova York: Columbia University Press, 2019.

31 Na década de 1920, o teórico político Carl Schmitt tornou-se um dos mais veementes críticos da democracia representativa, apontando várias de suas deficiências: um governo de amadores, a causa de uma crise prolongada, a banalidade dos debates parlamentares, o uso indevido de imunidades, as negociatas e assim por diante. (SCHMITT, Carl. *The Crisis of Parliamentary Democracy*. Cambridge: MIT Press, [1923] 1988, p. 19).

32 GONÇALVES, Leandro; CALDEIRA NETO, Odilon. *Fascismo de camisas verdes*: do integralismo ao neointegralismo. São Paulo: FGV Editora, 2020.

a democracia; que os partidos políticos seriam desnecessários no Brasil; e que as famílias e as empresas estariam entre os elementos mais importantes da democracia.[33]

Os integralistas eram claramente anticomunistas e apoiaram o golpe de 1937. Contudo, em 1938, conspiraram sem sucesso para derrubar Vargas, e os líderes integralistas foram forçados a deixar o país. No século XXI, elementos que lembram o grupo seriam reciclados através de organizações como a Frente Integralista Brasileira, tendo alguns de seus membros sido eleitos para cargos em câmaras municipais. O movimento foi importante para a radicalização do discurso político, especialmente nas eleições de 2018.

A Constituição de 1937 conferiu ao Presidente uma série de funções distintas, centralizando o governo para restringir os poderes dos estados da federação. Permitiu ao Presidente emitir legislação por decreto face à dissolução do Congresso durante a ditadura de Vargas. Prevaleciam restrições aos direitos políticos e às liberdades civis. O estudioso Almir de Andrade qualificou explicitamente a democracia brasileira da época como substancialmente antiliberal.[34] A legislação emitida pelo Presidente Vargas permaneceria em vigor até os anos 2020: o Código Penal, o Código de Processo Penal e parte do corpo da legislação laboral sobreviveram a diferentes regimes políticos.

Nesse sentido, embora a Constituição de 1937 tenha criado um Estado com fracos níveis de institucionalismo, o mesmo não pode ser concluído sobre os decretos-lei de Vargas. Uma das razões do sucesso destes corpos legislativos da era Vargas pode estar ligada à extensa e profunda literatura produzida por juristas próximos do

33 REALE, Miguel. *Obras Políticas*: Tomo III. Brasília: Editora Universidade de Brasília, 1983, p. 16.

34 ROSENFIELD, Luís. *Revolução conservadora*: genealogia do constitucionalismo autoritário brasileiro (1930-1945). Porto Alegre: EdiPUCRS, 2021, p. 283.

regime: as suas capacidades técnicas ajudaram a forjar regras duradouras.[35] No que diz respeito ao Poder Judiciário sob a estrutura constitucional de 1937, também houve duras críticas por parte desses teóricos autoritários no sentido de se tratar de uma oligarquia e uma extensão do antigo Poder Moderador da Constituição de 1824.

Curiosamente, Campos criou uma forma de evitar que tribunais e juízes se tornassem um problema para os projetos do Estado Novo. Sem erradicar a função controle de constitucionalidade dos tribunais, a Constituição de 1937 previa que uma decisão judicial que invalidasse uma lei poderia ser declarada sem efeito se, na opinião do Presidente, estivesse de acordo com o bem comum e se o Congresso assim o concordasse por uma maioria de dois terços em ambas as casas. O Congresso, porém, permaneceu fechado durante o regime de Vargas. Campos costumava dizer que o controle de constitucionalidade era uma prerrogativa única do constitucionalismo americano, criada por juristas que pertenciam ao passado e pretendiam impedir ou moderar as demandas populares.[36] Na sua opinião, o controle de constitucionalidade seria uma reminiscência do Poder Moderador monárquico que obscureceria os movimentos democráticos. É preciso reconhecer que Campos teve uma forma genial de utilizar o vocabulário constitucional e democrático contra os seus próprios propósitos, de forma comparável à utilização do legalismo autocrático por alguns líderes eleitos décadas mais tarde.[37]

Santos sintetiza o constitucionalismo antiliberal brasileiro da década de 1930 como uma forma de crítica geral à política e às

35 ROSENFIELD, Luís. *Revolução conservadora*: genealogia do constitucionalismo autoritário brasileiro (1930-1945). Porto Alegre: EdiPUCRS, 2021, p. 293.

36 CAMPOS, Francisco. *O Estado Nacional*: sua estrutura, seu conteúdo ideológico. Brasília: Conselho Editorial do Senado Federal, [1935], 2001, p. 102.

37 SCHEPPELE, Kim Lane. "Autocratic Legalism". *University of Chicago Law Review*, vol. 85, nº 2, mar. 2018, p. 548.

instituições liberais, da personificação da soberania decisória concretizada, da mobilização de massas por meio de argumentos irracionais de um líder populista e da burocratização da legislação.[38] Um dos fatores pouco explorados é o fato de parcela da população ter, em certa medida, apoiado decisões autoritárias ao longo da história constitucional do Brasil. Na década de 1930, a eclosão da Segunda Guerra Mundial e a forma como *o varguismo* conseguiu atender às demandas socioeconômicas explicam, em parte, a aceitação do regime de Vargas. No entanto, juristas como Oliveira Viana e Almir de Andrade estavam conscientes do poder explicativo da psicologia social no que diz respeito ao autoritarismo brasileiro.[39] Esta é uma consideração especial por ter como objetivo definir o caminho histórico para Bolsonaro conquistar a maioria dos votos presidenciais décadas depois. Muito antes disso, porém, é preciso entender por que o Brasil voltou a ser uma democracia e por que, mais uma vez, ela seria interrompida.

Do que foi dito até agora, pode-se perceber que elementos como a discussão de um Poder Moderador e o crescente envolvimento das Forças Armadas na política, além da linha geral de crítica à eficácia da democracia liberal consolidaram-se para além do fim do Estado Novo. Como a próxima seção mostrará, a crise política ainda parece depender de instituições que deveriam estar muito distantes da política.

---

38 SANTOS, Rogério Dultra dos. "Francisco Campos e os fundamentos do constitucionalismo antiliberal no Brasil". *Dados*, vol. 50, nº 2, set. 2007, pp. 281-323.

39 ROSENFIELD, Luís. *Revolução conservadora*: genealogia do constitucionalismo autoritário brasileiro (1930-1945). Porto Alegre: EdiPUCRS, 2021, p. 273.

3 O retorno da democracia

O fim da Segunda Guerra Mundial trouxe consigo um sentimento geral no mundo desenvolvido de rejeição às formas autocráticas de governo. Além do declínio gradual do apoio militar a Vargas em meados da década de 1940, deve-se considerar o fato de que houve apoio parcial para que ele permanecesse no poder através do movimento denominado *queremismo*. Tal movimento não prevaleceu e o poder foi tomado de Vargas após outro golpe. A eleição do seu antigo ministro da Guerra, um militar e não um civil, demonstra que a imbricação do autoritarismo e a militarização da política não desapareceriam rapidamente.

Outra Assembleia Constituinte democrática conduziu à Constituição de 1946, um documento que também protegia os direitos sociais e econômicos, ao mesmo tempo em que visava desmantelar o autoritarismo. A sua previsão, no entanto, de eleições separadas para Presidente e vice-Presidente, produziu um estado de crise política constante e a necessidade de acomodação no chamado *presidencialismo de coalizão* brasileiro, uma forma de governo que dependia fortemente de acordos entre apoiadores e oponentes do Presidente – característica que retornaria na Constituição de 1988.[40] A Guerra Fria exigiu que os Presidentes brasileiros (Gaspar Dutra, 1946-1951; Getúlio Vargas, novamente, em 1951-1954; Juscelino Kubitschek, 1956-1961; Jânio Quadros, 1961; João Goulart, 1961-1964) tomassem parte no conflito e as pressões dos militares, do governo dos Estados Unidos, da Igreja Católica e das elites brasileiras criaram o clima para o Golpe em 1964.

---

40 ABRANCHES, Sérgio. *Presidencialismo de coalizão*: raízes e evolução do modelo político brasileiro. São Paulo: Companhia das Letras, 2018; BUSTAMANTE, Thomas; MEYER, Emílio Peluso Neder. "Legislative Resistance to Illiberalism in a System of Coalitional Presidentialism: Will It Work in Brazil?" *Theory and Practice of Legislation*, 2021, pp. 1-21.

Ao longo do século XX, no Brasil, uma teoria extremamente importante da década de 1930 foi usada para conter a oposição política em geral e os partidos de esquerda e comunistas em particular: a doutrina da segurança nacional. A primeira Lei de Segurança Nacional (Lei 38 de 1935)[41] aparece com uma configuração destinada a proteger a Constituição de 1934 contra tentativas de mudar a forma de governo por meios violentos. Ao longo da sua aplicação, porém, disposições para a proteção da democracia foram misturadas com outras que criminalizavam, por exemplo, o incitamento ao ódio entre as classes sociais. Essa mesma característica porosa permeou todos as demais leis de segurança nacional até a revogação da Lei de Segurança Nacional de 1983 (Lei n. 7.170) pela Lei n. 14.197 de 2021,[42] conhecida como lei de proteção contra crimes perpetrados contra o Estado Democrático de Direito.

A doutrina da segurança nacional foi uma consolidação dos diversos argumentos para a proteção do Estado contra os inimigos externos e, além disso, internos da nação. A doutrina teve importante influência na Academia Superior de Guerra (Escola Superior de Guerra), *think tank* militar criado na década de 1940 e ainda em atividade. Um dos principais teóricos da doutrina de segurança nacional, Mário Pessoa, argumentou, aludindo ao antigo secretário da Defesa dos EUA, Robert McNamara, que a segurança coletiva era uma estratégia militar em um mundo em parte livre e em parte totalitário.[43] O seu principal alvo não eram as ameaças estrangeiras à segurança nacional, como já foi mencionado, mas o conflito interno na forma de guerra revolucionária conduzida forças comunistas.

---

41 Cf. BRASIL. *Lei 38*, de 4 de abril de 1935. Disponível em: https://www2.camara.leg.br/legin/fed/lei/1930-1939/lei-38-4-abril-1935-397878-republicacao-77367-pl.html. Acessado em: 09.06.2024.

42 Cf. Disponíveis em: http://www.planalto.gov.br/ccivil_03/leis/l7170.htm e http://www.planalto.gov.br/ccivil_03/_Ato2019-2022/2021/Lei/L14197.htm#art4. Acessado em: 09.06.2024.

43 PESSOA, Mário. *A Lei de Segurança Nacional*. Rio de Janeiro: Biblioteca do Exército; Revista dos Tribunais, 1971, p. 99.

As Forças Armadas deveriam ser politizadas para combater esse tipo de ameaça. A doutrina de segurança nacional fundou políticas de segurança pública no Brasil, em um tipo de concepção não reformada pela Constituição de 1988,[44] e atuou como parte da legitimação dos argumentos em apoio à ditadura de 1964-1985.

4 Ditadura, não iliberalismo

O Golpe de 1964, como já mencionado, buscou se cercar de uma fachada jurídica na forma dos chamados *atos institucionais*. Campos escreveu o preâmbulo do Ato Institucional n. 1 de 1964 utilizando a linguagem do Direito Constitucional para sustentar seus objetivos.[45] O golpe foi descrito como uma revolução. Esta revolução recorreu a um poder constituinte, a sua forma mais radical e expressiva de autolegitimação. A revolução poderia moldar normas sem quaisquer pré-condições e os líderes de tal revolução seriam os comandantes das Forças Armadas.

A "revolução" precisaria ser institucionalizada na forma do ato que Campos estava ajudando a redigir. Um dos objetivos da "revolução" era conter a onda bolchevique: para fazer isto, contraditoriamente, a chamada revolução manteve viva a Constituição de 1946 e autorizou que o Congresso pudesse continuar o seu trabalho. Com a ajuda de outro jurista, Carlos Medeiros e Silva, Francisco

---

44 Cf. KOONINGS, Kees. "Political Orientations and Factionalism in the Brazilian Armed Forces, 1964-85". *In*: SILVA, Patricio (Coord.). *The Soldier and the State in South America*. Hampshire: Palgrave Macmillan, 2001, p. 131; GUERRA, Maria Pia. *Polícia e ditadura*: a Arquitetura Institucional da Segurança Pública de 1964 a 1988. Brasília: Ministério da Justiça e Cidadania, 2016.

45 Cf. Disponível em: http://www.planalto.gov.br/ccivil_03/ait/ait-01-64.htm. Acessado em: 09.06.2024.

Campos criou um documento legal, não previsto na Constituição de 1946, para definir a agenda do regime.[46]

O golpe foi apoiado por diversos setores da elite brasileira, incluindo a Ordem dos Advogados do Brasil. Uma forma eficaz de propaganda levantada contra o fantasma do comunismo, personificado pelo Presidente deposto João Goulart, ajudou a apoiar o golpe. Em pouco tempo, porém, vários juristas perceberiam que haviam cometido um grande erro e precisariam começar a se opor à ditadura. Vários juristas e instituições, contudo, demoraram a se opor ao regime.

O Supremo Tribunal Federal (STF) não controlou os primeiros passos do regime autoritário; mas o tribunal foi importante ao decidir *habeas corpus* para proteger estudantes e governadores, medida que levaria o regime a elaborar o Ato Institucional n. 2 de 1966, com o qual empacotou a Corte e comprometeu a independência judicial.[47] Novamente, pode-se perceber que as tensões entre liberalismo e iliberalismo estiveram presentes em diferentes fases da história constitucional do Brasil. Para os fins deste capítulo, no entanto, é importante destacar o papel dos juristas que apoiaram abertamente posições iliberais e antiliberais para proporcionar à ditadura um verniz de legitimidade.

Alfredo Buzaid, por exemplo, colaborou na elaboração de um dos documentos jurídicos mais antiliberais da história brasileira, o Ato Institucional n. 5 de 1968,[48] bem como o Decreto Lei

---

46 LIMA, Danilo. *Legalidade e autoritarismo*: o papel dos juristas na consolidação da ditadura militar de 1964. São Leopoldo: Universidade do Vale do Rio dos Sinos, 2018, p. 96. (Tese de Doutorado); NAPOLITANO, Marcos. *1964*: história do Regime Militar Brasileiro. São Paulo: Contexto, 2014, p. 80.

47 Cf. Disponível em: http://www.planalto.gov.br/ccivil_03/ait/ait-02-65.htm. Acessado em: 09.06.2024.

48 Cf. Disponível em: http://www.planalto.gov.br/ccivil_03/ait/ait-05-68.htm. Acessado em: 09.06.2024.

n. 1.077/1970, que regulamentou a censura oficial.[49] Foi ex-integralista, professor da Faculdade de Direito da Universidade de São Paulo (USP), Ministro da Justiça, e foi nomeado para o STF pela ditadura. Para Buzaid, o que ele também via como uma revolução (o Golpe Militar de 1964) tinha o objetivo de reduzir a política a uma mera atividade tecnocrática, como uma consequência direta do seu passado integralista.[50]

Hely Lopes Meirelles, que era Secretário de Segurança Pública do Estado de São Paulo quando a ditadura organizou a campanha de repressão política conhecida como Operação Bandeirante, era um conhecido advogado administrativista. Um de seus livros resistiu ao teste do tempo como uma importante referência mesmo após a restauração da democracia, sendo continuamente reimpresso após sua morte.[51] Em 1976, citando um manual da Escola Superior de Guerra, argumentou que o desenvolvimento e a segurança nacional deveriam orientar a constituição e a legislação contra o antagonismo dos seus oponentes e os excessos dos direitos individuais.[52] Sua re-

---

49 O decreto-lei foi uma forma de legislação emitida pelo Presidente em situações de emergência. Foi previsto pela primeira vez na Constituição de 1937 e teve papel de destaque naquela época em vista da dissolução do Congresso durante a primeira presidência de Vargas, quando ele efetivamente governou como ditador. Também foi amplamente utilizado durante a ditadura militar de 1964-1985. A Constituição de 1988 substituiu o decreto-lei pelas medidas provisórias, que têm características semelhantes, mas também maiores controles.

50 LIMA, Danilo. *Legalidade e autoritarismo*: o papel dos juristas na consolidação da ditadura militar de 1964. São Leopoldo: Universidade do Vale do Rio dos Sinos, 2018, p. 96. (Tese de Doutorado); NAPOLITANO, Marcos. *1964*: história do Regime Militar Brasileiro. São Paulo: Contexto, 2014, p. 184. Ver também BUZAID, Alfredo. *Rumos políticos da revolução brasileira*. Brasília: Ministério da Justiça, 1970.

51 MEIRELLES, Hely Lopes. *Direito Administrativo brasileiro*. 44ª ed. São Paulo e Salvador: Malheiros e Juspodivm, 2019.

52 MEIRELLES, Hely Lopes. "Poder de Polícia, Desenvolvimento e Segurança Nacional". *Revista de Direito Administrativo*, nº 125, 1976, p. 13.

tórica evoca os escritos de Francisco Campos e mostra os vínculos desses teóricos com os órgãos centrais do regime militar.

Manoel Gonçalves Ferreira Filho, também professor de longa data da Universidade de São Paulo e que ocupou cargos no governo daquele Estado durante a ditadura militar de 1964-1985, publicou um livro no qual defendeu um conceito de democracia apenas em termos possíveis.[53] No mesmo tom de seus antecessores da década de 1930, criticou as eleições gerais para a presidência e o sistema de partidos políticos no Brasil. Ele também qualificou o Golpe de 1964 como uma revolução.[54]

Vários outros professores de direito contribuíram diretamente para a ditadura militar de 1964-1985 e abriram caminho para a formação de uma elite jurídica de perfil conservador: Themístocles Cavalcanti,[55] Clóvis Ramalhete,[56] e outros.[57] O relatório da Comissão Nacional da Verdade, dedicada a investigar as violações dos direitos humanos ocorridas durante a ditadura militar, tem um capítulo específico dedicado ao papel do Poder Judiciário tanto no controle como no enfrentamento do aparelho repressivo.[58] As con-

---

53 FERREIRA FILHO, Manoel Gonçalves. *A Democracia Possível*. São Paulo: Saraiva, 1979.

54 FERREIRA FILHO, Manoel Gonçalves. *O poder constituinte*. São Paulo: Saraiva, 1985.

55 CAVALCANTI, Themístocles. "Introdução à análise da Constituição de 1967: o esquema político da Constituição". *In*: SENADO FEDERAL. *Coleção Constituições Brasileiras*, vol. VI: 1967. 3ª ed. Brasília: Senado Federal, 2012.

56 RAMALHETE, Clóvis. "A revolução como fonte do Direito: notas sobre a Teoria Jurídica das Revoluções". *Revista de Informação Legislativa*, vol. 11, nº 42, abr. 1974, pp. 99-114.

57 LIMA, Danilo. *Legalidade e autoritarismo*: o papel dos juristas na consolidação da ditadura Militar de 1964. São Leopoldo: Universidade do Vale do Rio dos Sinos, 2018. (Tese de Doutorado).

58 COMISSÃO NACIONAL DA VERDADE. *Relatório Final*. Cap. 17: "O Judiciário na ditadura". Brasília: CNV, 2014. Disponível em:

clusões dão plausibilidade ao argumento apresentado por Anthony W. Pereira de que, em comparação com outros países latino-americanos, o Brasil tinha um sistema de repressão mais legalizado, utilizando principalmente tribunais militares para processar e encarcerar os oponentes do regime ditatorial.[59]

A força e a resistência dessas diferentes formas de conceber os sistemas jurídico-políticos no Brasil criaram um arcabouço que atravessou várias gerações. Eles sempre foram contrabalançados por movimentos da sociedade civil (como aquele que pediu anistia apenas para oponentes políticos durante a ditadura de 1964-1985), bem como pelo papel dos advogados e da Ordem dos Advogados do Brasil (que apoiou o golpe, mas mudou de posição poucos anos mais tarde) dentro e fora dos tribunais. Como acontece com qualquer parte da esfera pública, não houve uma abordagem monolítica para interpretar as duas eras ditatoriais – e, além disso, os interlúdios democráticos deram ao constitucionalismo brasileiro um caráter matizado.

Quando a Assembleia Constituinte de 1987-1988 foi convocada, a era dos juristas antiliberais já deveria ter passado e muitos deles tiveram de ceder à nova Constituição democrática de 1988. No entanto, a tensão entre o liberalismo e o antiliberalismo ainda existe e deixa espaço para interpretações que não se alinham com as características democráticas da Constituição de 1988. Consideremos, por exemplo, que foi a pressão política de Ministros do STF na transição que impediu a criação de um tribunal constitucional distinto – com novos membros e acima da Corte – pela nova Constituição.[60] Pontes

---

http://cnv.memoriasreveladas.gov.br/images/documentos/Capitulo17/Capitulo%2017.pdf. Acessado em: 15.07.2024.

59 PEREIRA, Anthony W. *Political (In)Justice*: Authoritarianism and the Rule of Law in Brazil, Chile, and Argentina. Pittsburgh: University of Pittsburgh Press, 2005.

60 MEYER, Emilio Peluso Neder. "Judges and Courts Destabilizing Constitutionalism: The Brazilian Judiciary Branch's Political and

de Miranda, falecido em 1979, e Hely Lopes Meirelles, falecido em 1990, ainda estão entre os juristas que juízes mais citam.[61]

5 A Constituição de 1988 e a ascensão do iliberalismo

A espinha dorsal democrática da Constituição de 1988 abriu caminho para a estabilização das instituições e a prevenção de golpes no Brasil, como se pode concluir a partir da tentativa frustrada de 8 de janeiro de 2023. Embora as instituições brasileiras precisassem lidar com dois processos de *impeachment* que levaram dois Presidentes a deixarem o cargo (Fernando Collor, em 1992, por renúncia; e Dilma Rousseff, em 2016, por condenação juridicamente discutível), parece que, pelo menos por enquanto, as instituições constitucionais têm conseguido evitar uma ruptura.[62] No entanto, a ascensão do Presidente Jair Bolsonaro ao poder demonstrou que tanto o autoritarismo quanto o antiliberalismo não são estranhos ao presente político brasileiro. Além disso, eles podem se transformar em iliberalismo e criar apoios políticos e jurídicos para Presidentes autoproclamados autoritários.

Para além da perpetuação de velhas teorias que justificariam rupturas democráticas, constitucionalistas ainda se posicionariam

---

Authoritarian Character". *German Law Journal*, vol. 19, nº 4, 2018, p. 756.

61 VIANNA, Luiz Werneck; CARVALHO, Maria Alice Rezende de; BURGOS, Marcelo Baumann. *Quem somos*: a magistratura que queremos. Rio de Janeiro: Associação dos Magistrados Brasileiros, 2018, p. 109.

62 O Presidente Lula contou com a intervenção federal no governo do Distrito Federal para deter os atos violentos de 8 de janeiro de 2023 e obter controle sobre a situação do golpe que estava sendo tentado. Além disso, ao demitir o Comandante do Exército, ele conseguiu demonstrar pelo menos uma submissão parcial dos militares à autoridade presidencial civil.

de forma a tentar legitimar o passado autoritário. Celso Ribeiro Bastos, um influente professor que morreu em 2003, ainda definia o que aconteceu em 1964 como uma revolução, não um golpe.[63] Ives Gandra da Silva Martins foi um relevante jurista na formulação dos projetos de lei do controle de constitucionalidade exercido pelo STF. Seus escritos de 1977, 1984 e 1987 oferecem um panorama de seu estilo de conservadorismo.[64] Em 1977, ele argumentou que havia uma erosão dos valores tradicionais, um excesso de liberdade, um problema crescente de dependência de drogas e a desvalorização da diferenciação do sexo como instituição conjugal.[65]

Para que a Constituição de 1988 entrasse em vigor, Martins argumentou, em 1987, que um sistema parlamentarista seria melhor. Em 2002, em um artigo para a Revista da Escola Superior de Guerra, Martins afirmou que já não era "politicamente correto" defender a família tradicional, mas sim a família "deformada" de parceiros homoafetivos apoiada pelos meios de comunicação.[66] Essas foram (e são) ideias importantes para apoiar o tipo de iliberalismo que Bolsonaro usaria para vencer os dois turnos das eleições presidenciais de 2018. Em 2021, Martins seria constantemente referido como um dos juristas constitucionalistas que viu na previsão do art. 142 da Constituição de 1988 uma permissão para as Forças Armadas intervirem diretamente em um conflito político na forma de um Poder Moderador, atuando como árbitro entre os outros três poderes

---

63 BASTOS, Celso. *Curso de Direito Constitucional*. São Paulo: Malheiros, 1998, p. 132.

64 MARTINS, Ives Gandra da Silva. *O Estado de Direito e o Direito do Estado*: outros escritos. São Paulo: Lex Editora, 2006.

65 MARTINS, Ives Gandra da Silva. *O Estado de Direito e o Direito do Estado*: outros escritos. São Paulo: Lex Editora, 2006, p. 56.

66 MARTINS, Ives Gandra da Silva. *O Estado de Direito e o Direito do Estado*: outros escritos. São Paulo: Lex Editora, 2006, p. 304.

do governo, ao mesmo tempo em que Bolsonaro saiu às ruas para ameaçar o Congresso Nacional e o STF.[67]

Esses são alguns dos juristas mais tradicionais que influenciaram muitos advogados e advogadas no Brasil. Mas não foram os únicos a exercer ampla influência após 1988. Apoiando-se na estrutura mais democrática de todos os textos constitucionais brasileiros, constitucionalistas começaram a apoiar diferentes metodologias interpretativas.

Mantendo a tensão entre o liberalismo e o iliberalismo, ao mesmo tempo em que defendiam a implementação de direitos socioeconômicos da Constituição de 1988, vários acadêmicos pressionariam continuamente pela consolidação do Estado Democrático de Direito.[68] Portanto, há motivos de sobra para ler a história

---

67 MARTINS, Ives Gandra da Silva. "Ives Gandra: minha interpretação do artigo 142 da Constituição Federal". *Consultor Jurídico*, 27 ago. 2021. Disponível em: https://www.conjur.com.br/2021-ago-27/ives-gandra-minha-interpretacao-artigo-142-constituicao. Acessado em: 15.07.2024.

Diz o dispositivo: "Art. 142. As Forças Armadas, integradas pela Marinha, pelo Exército e pela Aeronáutica, são instituições nacionais permanentes e regulares, organizadas com base na hierarquia e na disciplina, sob a autoridade suprema do Presidente da República, e destinam-se a defender a Pátria, garantir os poderes constitucionais e, por iniciativa de qualquer um deles, a lei e a ordem". Para uma análise da disputa na interpretação do dispositivo, cf. CESÁRIO ALVIM, Juliana. "Constitucionalismo popular e democrático: uma boa ideia em contextos de autoritarismo crescente?" *Direito e Práxis*, vol. 13, nº 4, 2022, pp. 2.691-2.731.

68 BONAVIDES, Paulo. *Teoria constitucional da Democracia Participativa*: por um Direito Constitucional de Luta e Resistência, por uma Nova Hermenêutica, por uma Repolitização da Legitimidade. São Paulo: Malheiros, 2001, pp. 77/78. O autor argumentou, em 1999, que existiam formas alternativas de destruir uma constituição utilizando meios institucionais e neoliberais em vez de um golpe violento.

Ver também CARVALHO NETO, Menelick de. "Racionalização da Ordem Jurídica e da Democracia". *Revista Brasileira de Estudos*

constitucional brasileira sob uma luz democrática, e focar apenas na perspectiva autoritária é, em si, um exercício excludente. Ainda assim, é preciso compreender por que é que, em 2018, a maioria dos eleitores brasileiros escolheu Bolsonaro e porque ele manteve um apoio considerável apesar de não ter conseguido a reeleição.

Em relação a fatores que favorecem o iliberalismo brasileiro, um dos mais marcantes é o descontentamento do público com a política. Utilizando recursos públicos para ganhos privados por meio do clientelismo, relações políticas perpetuando o domínio de elites continuam a fazer parte do cenário político no Brasil.[69] Especialmente em um país marcado por graves desigualdades, é difícil eliminar relações que se solidificaram durante séculos. Isso não significa, no entanto, que a política no Brasil esteja condenada para sempre, mas esse é o tipo de pensamento que iliberais e antiliberais querem que

---

Políticos, nº 88, 2001, pp. 81-108. Carvalho Neto defendeu persistentemente a ordem constitucional instituída em 1988 e sempre teve consciência de que a manipulação do conceito de povo pode levar à exclusão.

Cf., também, CATTONI, Marcelo. *Poder constituinte e patriotismo constitucional*. Belo Horizonte: Mandamentos, 2006. Cattoni defende uma compreensão do controle de constitucionalidade no Brasil que atribui peso igual à preservação dos direitos fundamentais e ao procedimento legislativo.

Cf. STRECK, Lenio. *Hermenêutica jurídica e crise*: uma exploração hermenêutica da construção do Direito. Porto Alegre: Livraria do Advogado, 1999. Streck autor publicou vários livros defendendo metodologias hermenêuticas adequadas à aplicação da Constituição de 1988.

Ver, também, SILVA, José Afonso da. *Curso de Direito Constitucional*. 16ª ed. São Paulo: Malheiros, 1999. Este autor foi um dos juristas mais influentes durante os debates de 1987-1988 e ajudou a forjar o novo sistema constitucional democrático.

69 MAINWARING, Scott. *Rethinking Party Systems in the Third Wave of Democratization*: The Case of Brazil. Stanford: Stanford University Press, 1999, p. 179.

o eleitorado aceite.[70] Páginas e mais páginas de Ciência Política, Direito e Sociologia foram escritas para denunciar o clientelismo e a corrupção como problemas únicos dos políticos, demonizando, assim, o Estado e, consequentemente, a própria política.

Nesse sentido, quando constitucionalistas autoritários como Francisco Campos ou Oliveira Viana declararam a falência da democracia representativa na década de 1930 devido à ineficiência, corrupção ou inépcia daqueles que deveriam representar o povo, provavelmente sabiam que não estavam apontando nada de novo e nem oferecendo uma solução verdadeiramente eficaz para os problemas políticos brasileiros. A ditadura militar de 1964-1985, por exemplo, é agora vista como o berço da corrupção para grandes empresas que ganharam contratos públicos, ao contrário da defesa que se faz do regime militar como incorrupto.[71]

O Presidente Fernando Collor de Mello sofreu *impeachment* por, entre outras coisas, estar envolvido com um ex-tesoureiro de campanha eleitoral que teria mobilizado recursos para favorecer o Presidente e por mentir sobre isso – embora Collor tenha sido eleito como um *outsider* caçador de marajás.[72] Durante o primeiro mandato do Presidente Fernando Henrique Cardoso, houve acusações de que a aprovação da emenda constitucional que lhe permitia concorrer a um segundo mandato dependia do pagamento de parlamentares.[73] Neste contexto, quando começou a era dos governos do Partido dos

70 SOUZA, Jessé. *A tolice da inteligência brasileira*. São Paulo: Casa da Palavra, 2015.

71 Cf. CAMPOS, Pedro. *Estranhas catedrais*: as empreiteiras brasileiras e a ditadura civil-militar, 1964-1988. Rio de Janeiro: Eduff, 2014.

72 MAFEI, Rafael. *Como remover um Presidente*: teoria, história e prática do *impeachment* no Brasil. São Paulo: Zahar, 2021, p. 125.

73 FOLHA DE S. PAULO. "Entrevista: FHC diz que coloca 'mãos no fogo' pela lisura do voto". *Folha de S. Paulo*, 2 set. 1997. Disponível em: https://www1.folha.uol.com.br/fsp/brasil/fc020905.htm. Acessado em: 15.07.2024.

Trabalhadores (PT), um passo importante dentro do Ministério da Justiça foi o fortalecimento da Polícia Federal. Foi na década de 2000 que enormes operações policiais foram cobertas pelos meios de comunicação social e parecia que um ponto de virada teria sido alcançado.

6 A política da Operação Lava Jato

Uma das características dos principais teóricos do iliberalismo brasileiro foi que vários deles estavam engajados tanto na academia quanto na atividade política. As principais figuras do que ficou conhecido como Operação Lava Jato também compartilhavam dessa mesma formação.

Durante sua existência, o PT ficou conhecido por fazer campanha pela ética na política como parte de sua plataforma eleitoral. No entanto, durante o primeiro mandato do Presidente Luiz Inácio Lula da Silva (e como este autor e outros apontaram em artigo prévio), ocorreu uma das maiores acusações da era democrática. O chamado *Mensalão* foi julgado pelo STF, amplamente comentado e divulgado pela mídia e resultou na condenação de quarenta pessoas supostamente envolvidas em um esquema massivo de compra de votos no legislativo federal.[74] Mas mais estava por vir.

Em 2014, o então Juiz Federal Sérgio Moro e seu colega, o Procurador da República Deltan Dallagnol, lideraram a grande investigação da Operação Lava Jato sobre escândalos de corrupção envolvendo, inicialmente, a Petrobras. Estes crimes financeiros teriam envolvido uma grande quantidade de recursos públicas e o país tinha acabado de enfrentar uma grande crise política, com protestos em 2013. Novamente, estariam envolvidas as principais figuras do PT.

---

74 MAFEI, Rafael; BUSTAMANTE, Thomas; MEYER, Emilio. "From Antiestablishmentarianism to Bolsonarism in Brazil". *In*: SAJÓ, András; UITZ, Renáta; HOLMES, Stephen (Coord.). *The Routledge Handbook of Illiberalism*. Abingdon: Routledge, 2022, p. 779.

Crimes foram cometidos e, em grande parte, a operação conseguiu mostrar como o financiamento de campanhas eleitorais no Brasil era problemático. No entanto, o tiro saiu pela culatra quando mensagens vazadas mostraram que as acusações e os julgamentos foram combinados entre os diferentes atores institucionais, incluindo Moro e Dallagnol. Moro também ajudou Jair Bolsonaro a ser eleito quando vazou para a imprensa, pouco antes do último turno das eleições de 2018, um acordo de delação premiada envolvendo um ex-Ministro do PT que enfrentava acusações de corrupção, apenas para depois considerar o acordo inservível no processo. O vazamento tinha um claro propósito eleitoral.[75] Moro tornou-se Ministro da Justiça de Bolsonaro, renunciou, viu a sentença de culpa que emitiu e que mandou o Presidente Lula para a prisão ser anulada pelo STF e,[76] em 2022, tentou concorrer à Presidência da República.

Sérgio Moro e Deltan Dallagnol (que também abandonou o Ministério Público Federal para se tornar político) estudaram na Universidade Federal do Paraná, na qual Moro se tornou professor. Como em qualquer universidade pública no Brasil, eles teriam recebido qualificação técnica e teórica em sua formação jurídica. O perfil das carreiras públicas no Brasil hoje, no entanto, privilegia o conhecimento técnico, exigindo que os candidatos a concursos para cargos públicos demonstrem profundo conhecimento das diversas áreas do Direito, de uma enorme quantidade de legislação e da jurisprudência dos tribunais brasileiros. Embora alguns desses exames exijam um certo conhecimento de Teoria e Filosofia do Direito, parece ser difícil avaliar o domínio destas disciplinas entre milhares de candidatos a cargos públicos e reavaliar constantemente juízes e procuradores em exercício por intermédio de formação contínua.

---

75 THE INTERCEPT BRASIL. *As mensagens secretas da Lava Jato*. Disponível em: https://theintercept.com/series/mensagens-lava-jato/. Acessado em: 15.07.2024.

76 BUSTAMANTE, Thomas; MEYER, Emilio. “Operation Car Wash on Trial”. *Verfassungsblog*, 10 mar. 2021. Disponível em: https://verfassungsblog.de/operation-car-wash-on-trial/. Acessado em: 15.07.2024.

A Operação Lava Jato foi encerrada pelo Procurador-Geral da República Augusto Aras, indicado pelo Presidente Bolsonaro.[77] Mas a operação gerou o efeito particular de amplificar o discurso contra a política. Conforme descreveu a Juíza Federal Fabiana Rodrigues, a operação trouxe eficiência no combate à corrupção, agilizando a coleta de provas e os processos criminais, além de melhorar a análise financeira e aplicação dos acordos internacionais.[78] Tal efetividade teve um custo elevado, envolvendo a autopromoção dos agentes envolvidos na operação e a administração do *timing* dos atos judiciais para que pudessem contar com maior visibilidade na mídia. Utilizando a prisão preventiva e acordos de delação premiada e contando com jornais e programas de televisão para divulgar o andamento da operação, promotores e juízes julgaram um elevado número de réus, sendo 174 deles condenados. Encurralado pelas manchetes dos jornais, o STF revisou a sua jurisprudência sobre direitos ao devido processo e competências jurisdicionais entre 2016 e 2019 para fortalecer as medidas usadas pelos agentes da Operação Lava Jato.

A Operação Lava Jato teve apoio político próprio. A Associação Brasileira dos Magistrados Brasileiros apoiou Moro quando um grupo de advogados apresentou um processo administrativo contra ele no Conselho Nacional de Justiça, em 2016.[79] Quando Moro vazou para a imprensa conversas telefônicas entre o Presidente Lula e a então Presidente Dilma Rousseff, a Associação dos Juízes

77 BRITTO, Ricardo; SLATTERY, Gram. "Depois de sete anos, Brasil encerra esquadrão anticorrupção da Lava Jato". *Reuters*, 3 fev. 2021. Disponível em: https://www.reuters.com/article/us-brazil-corruption-idUSKBN2A4068. Acessado em: 15.07.2024.

78 RODRIGUES, Fabiana. *Lava Jato*: aprendizagem institucional e ação estratégica na justiça. São Paulo: WMF Martins Fontes, 2020, p. 259.

79 LEITÃO, Matheus. "Campanha de juízes na internet em apoio a Sérgio Moro". *G1 (Globo)*, 10 mar. 2016. Disponível em: https://g1.globo.com/politica/blog/matheus-leitao/post/juizes-fazem-campanha-na-internet-em-apoio-sergio-moro.html. Acessado em: 15.07.2024.

Federais Brasileiros (AJUFE) também publicou nota em seu apoio.[80] Em 2019, quando já era ministro da Justiça, a AJUFE voltou a apoiar Moro quando suas conversas com procuradores vazaram.[81] Quando o STF anulou a condenação de Lula, a AJUFE defendeu publicamente a Operação Lava Jato.[82] Até o Ministro do STF Luís Roberto Barroso apoiou a operação no passado, apesar de saber que, no futuro, casos relacionados a ela poderiam chegar a ele.[83]

Se somarmos a Operação Lava Jato ao *impeachment* politicamente discutível da Presidente Dilma Rousseff em 2016, o resultado será o sentimento geral anti-PT que impulsionou a campanha eleitoral anti-establishment e anti-política de Jair Bolsonaro para o Presidência.[84]

---

80 AJUFE. "Nota Pública de Apoio ao Juiz Federal Sérgio Moro". *Correio Braziliense*, Blog do Servidor, 17 mar. 2016. Disponível em: http://blogs.correiobraziliense.com.br/servidor/ajufe-nota-publica-em-apoio-ao-federal-juiz-sergio-moro/. Acessado em: 10.06.2024.

81 MIGALHAS. "Juízes Federais assinam moção em apoio a Sérgio Moro". *Migalhas*, 26 jun. 2019. Disponível em: https://www.migalhas.com.br/quentes/305142/juizes-federais-assinam-mocao-de-apoio-a-sergio-moro. Acessado em: 15.07.2024.

82 AJUFE. "Presidente da Ajufe se manifesta sobre decisão do STF que declarou que Moro foi parcial na condenação do ex-presidente Lula". *AJUFE*, 24 mar. 2021. Disponível em: https://www.ajufe.org.br/imprensa/noticias/15383-presidente-da-ajufe-manifesta-sobre-a-decisao-do-STF-que-declarou-que-moro-foi-parcial-na-condenacao-do-ex-presidente-lula. Acessado em: 10.06.2024.

83 BUSTAMANTE, Thomas; MEYER, Emílio Peluso Neder; BUSTAMANTE, Evanilda De Godoi. "Luís Roberto Barroso's Theory of Constitutional Adjudication: a Philosophical Reply". *The American Journal of Comparative Law*, vol. 69, nº 4, 2021, pp. 798-833.

84 MAFEI, Rafael; BUSTAMANTE, Thomas; MEYER, Emilio. "From Antiestablishmentarianism to Bolsonarism in Brazil". *In*: SAJÓ, András; UITZ, Renáta; HOLMES, Stephen (Coord.). *The Routledge Handbook of Illiberalism*. Abingdon: Routledge, 2022, p. 780.

7 Votando em Bolsonaro

Ainda assim, precisamos de mais argumentos para compreender como os cidadãos em geral, e os juristas em particular, acabaram por dar o seu apoio à eleição e subsequente governo de Jair Bolsonaro. Como Stenner já demonstrou, qualquer sociedade contém pelo menos um certo percentual mínimo de pessoas com perfis ou predisposições autoritárias.[85] Acrescente-se a isso uma ameaça normativa como uma crise política ou econômica – como as que vinham acontecendo continuamente no Brasil – e outros eleitores se juntam aos autoritários em qualquer projeto antidemocrático. O caso do chamado "cidadão de bem" que se opõe aos direitos LGBT, critica o papel das universidades, adota a religião evangélica, defende a família e a propriedade, serve como uma amostra de um grupo muito heterogêneo de apoiadores de Bolsonaro.[86]

Argumentar que o bolsonarismo está assentado em bases teóricas sólidas é esquecer que o que o movimento fez foi criar uma bricolagem, um caleidoscópio de posições políticas.[87] O bolsonarismo não tem um esquema coerente de ideias. Além disso, não existe uma definição adequada do objetivo que deve ser perseguido pelos bolsonaristas, embora seja necessária a obediência cega ao líder populista.[88] Nenhuma obrigação substantiva ou comunitária liga

---

85 STENNER, Karen. *The Authoritarian Dynamic*. Cambridge: Cambridge University Press, 2005.

86 MAFEI, Rafael; BUSTAMANTE, Thomas; MEYER, Emilio. "From Antiestablishmentarianism to Bolsonarism in Brazil". *In*: SAJÓ, András; UITZ, Renáta; HOLMES, Stephen (Coord.). *The Routledge Handbook of Illiberalism*. Abingdon: Routledge, 2022, p. 781.

87 KALIL, Isabela. "Crise política, esquerdas e bolsonarismo". *Revista ADUSP*, 2020, pp. 16-18.

88 BUSTAMANTE, Thomas; MENDES, Conrado. "Freedom without Responsibility: The Promise of Bolsonaro's COVID-19 Denial". *Jus Cogens*, vol. 3, nº 2, 2021, p. 184.

as diferentes origens dos apoiadores de Bolsonaro, exceto o conceito atomista e individualista de liberdade.[89]

Embora o Presidente Bolsonaro afirmasse ter o escritor Olavo de Carvalho como guru e até o homenageasse quando morreu de COVID-19, o fato é que ele só conseguiu indicar alguns membros para o governo de Bolsonaro, sem oferecer base teórica para a direção política.[90] A visão de mundo de Carvalho era, na verdade, a condensação da visão de mundo das Forças Armadas sobre as ameaças do "marxismo cultural".[91] Em um documento de 1989, a instituição expressou a sua preocupação de que a esquerda utilizasse as teorias desenvolvidas pelo escritor marxista italiano do século XX, Antonio Gramsci, para fazer lavagem cerebral nas pessoas e iniciar outra revolução.[92] Esse frenesi apareceu nos escritos do polemista Olavo de Carvalho e seria repetido por Bolsonaro.[93]

Para usar os termos do filósofo liberal do século XX, John Rawls, talvez a única pista de uma doutrina única e abrangente adotada e imposta pelo bolsonarismo esteja relacionada com fins

---

89 BUSTAMANTE, Thomas; MENDES, Conrado. "Freedom without Responsibility: The Promise of Bolsonaro's COVID-19 Denial". *Jus Cogens*, vol. 3, nº 2, 2021, p. 198.

90 FINCHELSTEIN, Federico; CALDEIRA NETO, Odilon. "El destino final del gurú de Bolsonaro". *Clarín*, 31 jan. 2021. Disponível em: https://www.clarin.com/opinion/destino-final-guru-bolsonaro_0_xho5R70cBy.html. Acessado em: 15.07.2024.

91 LUPION, Bruno. "Os militares não mudaram sua maneira de pensar depois da ditadura". *Deutsche Welle*, 4 jun. 2020. Disponível em: https://www.dw.com/pt-br/militares-não-mudaram-modo-de-pensar-depois-da-ditadura/a-53679430. Acessado em: 15.07.2024.

92 PEDRETTI, Lucas. "Os ecos de ORVIL em 2021, o livro secreto da ditadura". *Pública*, 30 ago. 2021. Disponível em: https://apublica.org/2021/08/os-ecos-do-orvil-em-2021-o-livro-secreto-da-ditadura/. Acessado em: 15.07.2024.

93 CARVALHO, Olavo de. "Do Marxismo Cultural". *O Globo*, 8 jun. 2002. Disponível em: https://olavodecarvalho.org/do-marxismo-cultural/. Acessado em: 15.07.2024.

pragmáticos e o oportunismo. Na verdade, o oportunismo aparece como uma característica importante do iliberalismo, tal como Smilova o encara.[94] As metas são calculadas em função de seus recursos econômicos, desde que gerem riqueza para os membros de uma determinada comunidade. Tal abordagem explica por que Bolsonaro tem conseguido manter seu apoio (mesmo após sua derrota eleitoral), embora mude constantemente de opinião diante de acusações contra seus filhos, mudanças na economia ou mantenha comportamento errático em relação às elites que o apoiam. Considere, por exemplo, que ele se apresentou como um combatente da corrupção na campanha presidencial de 2018, apenas para descobrir que ele e um de seus filhos, Flávio, foram acusados de organizar um esquema de rachadinhas no qual concordariam em contratar amigos como seus assessores com uma redução em seus vencimentos a ser paga à família.[95]

Bolsonaro foi filiado a oito partidos políticos diferentes ao longo de sua carreira e se vinculou a um cujo líder já foi preso no passado no contexto do Mensalão. Ele criticou todo o establishment político, para depois aderir a um dos piores exemplos de política clientelista para evitar processos de *impeachment*.[96] Bolsonaro defendeu a proteção do interesse nacional contra a concorrência estrangeira ao longo de sua carreira como deputado federal, mas começou a apoiar a privatização da Petrobras quando os preços do

---

94 SMILOVA, Ruzha. "The ideational core of democratic illiberalism". *In*: SAJÓ, András. UITZ, Renáta; HOLMES, Stephen (Coord.). *Routledge Handbook of Illiberalism*. Abingdon: Routledge, 2022, p. 177.

95 AL JAZEERA. "Brazil's Bolsonaro Faces More Corruption Accusations". *Al Jazeera*, 5 jul. 2021. Disponível em: https://www.aljazeera.com/news/2021/7/5/brazils-bolsonaro-faces-corruption-accusations. Acessado em: 04.07.2024.

96 BARROS, Celso. "Bolsonaro não salvou a democracia". *Folha de S. Paulo*, 1 ago. 2021. Disponível em: https://www1.folha.uol.com.br/colunas/celso-rocha-de-barros/2021/08/bolcentrao-nao-salvou-a-democracia.shtml. Acessado em: 15.07.2024.

gás dispararam em 2022, ano de eleições presidenciais.[97] Contou com o apoio de vários dos mais altos membros das Forças Armadas, mas despediu os comandantes do Exército, da Marinha e da Aeronáutica quando estes resistiram em dar-lhe apoio às suas políticas contra a COVID-19.[98] Em suma, o oportunismo parece ser a linha das políticas de Bolsonaro.

Bustamante e Mendes acrescentam que há também uma característica dos apoiadores de Bolsonaro em copiar seu comportamento transgressor com base na ideia de que, como um homem comum que chegou à Presidência, ele deve preservar a autenticidade seus comportamentos básicos.[99] Além disso, Bolsonaro foge de qualquer tipo de responsabilidade, reproduzindo em seus pronunciamentos agressivos todos os valores autoritários que muitos dos cidadãos brasileiros que o apoiam compartilham.

8 Legitimando Bolsonaro

Além do apoio sólido de promotores e juízes brasileiros, em sua maioria, à Operação Lava Jato, que abriu caminho para a ascensão de Bolsonaro, houve juristas que abraçaram abertamente as propostas do Presidente.

---

97 COLLETTA, Ricardo. "Bolsonaro Defende Revisão de Política de Preços para Conter Alta dos Combustíveis". *Folha de S. Paulo*, 7 mar. 2022. Disponível em: https://www1.folha.uol.com.br/mercado/2022/03/bolsonaro-defende-revisao-de-politica-precos-para-conter-alta-dos-combustiveis.shtml. Acessado em: 15.07.2024.

98 GIELOW, Igor; SASSINE, Vinicius; URIBE, Gustavo. "Atrito com Bolsonaro Derruba Comandantes das Forças Armadas, na Maior Crise Militar desde 1977". *Folha de S. Paulo*, 30 mar. 2021. Disponível em: https://www1.folha.uol.com.br/poder/2021/03/comandantes-das-forcas-armadas-pedem-demissao-em-protesto-contra-bolsonaro.shtml. Acessado em: 15.07.2024.

99 BUSTAMANTE, Thomas; MENDES, Conrado. "Freedom without Responsibility: The Promise of Bolsonaro's COVID-19 Denial". *Jus Cogens*, vol. 3, nº 2, 2021, p. 185.

Em 2018, durante as eleições presidenciais, mulheres de todo o Brasil lançaram a campanha *#EleNão*, que realizou manifestações em mais de 114 cidades e alertou o eleitorado sobre os perigos da eleição de Bolsonaro.[100] Contra esse movimento, juristas conservadores lançaram o *slogan #EleSim*. Argumentaram que um grande esforço institucional contra a corrupção foi empreendido nos anos 2010 e 2020 e que apoiavam um projeto que deveria ser regido pela Constituição e pela coexistência tolerante e pacífica (palavras que seriam difíceis de encontrar nos discursos de Bolsonaro). Os signatários da petição incluíam Ives Gandra da Silva Martins e outros juristas de renome no Brasil, como Luiz Guilherme Marinoni, Daniel Mitidiero e Teresa Arruda Alvim, entre outros.[101]

O apoio à administração Bolsonaro também veio de juristas evangélicos. A Associação Nacional de Juristas Evangélicos (ANAJURE) foi criada em 2012 com a ajuda da Ministra da Mulher, da Família e dos Direitos Humanos de Bolsonaro, Damares Alves.[102] Alves ficou conhecida por suas declarações polêmicas, como a de que o uso da plataforma TikTok está associado a maiores índices de gravidez entre adolescentes.[103] A ANAJURE apoiou Bolsonaro em

---

100 ROSSI, Amanda; CARNEIRO, Julia; GRAGNANI, Juliana. "#EleNão: a manifestação histórica liderada por mulheres no Brasil vista de quatro ângulos". *BBC News Brasil*, 30 set. 2018. Disponível em: https://www.bbc.com/portuguese/brasil-45700013. Acessado em: 15.07.2024.

101 MIGALHAS. "Advogados e Professores Assinam Manifesto por Bolsonaro". *Migalhas*, 17 out. 2018. Disponível em: https://www.migalhas.com.br/quentes/289344/advogados-e-professores-assinam-manifesto-por-bolsonaro. Acessado em: 15.07.2024.

102 ASSOCIAÇÃO NACIONAL DOS JURISTAS EVANGÉLICOS. Disponível em: https://anajure.org.br. Acessado em: 10.06.2024. Ver também ZANATTA, Carolina. "Associação de Juristas Evangélicos Fundada por Damares Alves Amplia Lobby no Governo". *Pública*, 12 jun. 2019. Disponível em: https://apublica.org/2019/06/associacao-de-juristas-evangelicos-fundada-por-damares-alves-amplia-lobby-no-governo/. Acessado em: 10.06.2024.

103 DUARTE, Melissa. "Damares Relaciona Gravidez na Adolescência no TikTok". *O Globo*, 2 jan. 2022. Disponível em: https://oglobo.globo.

sua tentativa de nomear um jurista evangélico para o STF – o que finalmente aconteceu com a nomeação de André Mendonça.[104] A associação tem atuado ativamente no Congresso e em ações judiciais ajuizadas no STF.[105] Também apoiou Sérgio Moro quando ele era Ministro da Justiça de Bolsonaro, especialmente em seu duro pacote de combate ao crime, um projeto de lei que incluía, por exemplo, uma excludente da ilicitude para policiais que cometessem homicídio no cumprimento do dever, caso o fizessem por medo ou violenta emoção.

Outra linha de apoio a Bolsonaro veio do Ministério Público. Os promotores da associação *Ministério Público Pró-Sociedade* congregavam membros de todo o país – organização informal e sem o selo do órgão federal ou estadual – argumentando que o capitalismo é um fato evidente e o conservadorismo faz parte de qualquer sociedade (chegam a citar o conservador britânico e filósofo Roger Scruton em seu site).[106] Eles criticaram o "globalismo", muito no sentido do que

---

com/brasil/direitos-humanos/damares-relaciona-gravidez-na-adolescencia-ao-tiktok-25376786. Acessado em: 15.07.2024.

104 ANAJURE. "Nota Pública em Resposta à Manifestação que Postula a Rejeição da Indicação do Dr. André Mendonça ao STF". *ANAJURE*, 20 jul. 2021. Disponível em: https://anajure.org.br/nota-publica-em-resposta-a-manifestacao-que-postula-a-rejeicao-da-indicacao-do-dr-andre-mendonca-ao-stf/. Acessado em: 10.06.2024.

105 ZANATTA, Carolina. "Associação de Juristas Evangélicos Fundada por Damares Alves Amplia Lobby no Governo". *Pública*, 12 jun. 2019. Disponível em: https://apublica.org/2019/06/associacao-de-juristas-evangelicos-fundada-por-damares-alves-amplia-lobby-no-governo/. Acessado em: 10.06.2024.

106 Veja site do Ministério Público Pró-Sociedade: https://www.mpprosociedade.com.br. No momento da redação deste artigo, o site dos Procuradores Pró-Sociedade estava suspenso, provavelmente devido a uma investigação do Conselho Nacional do Ministério Público sobre o uso indevido do nome da instituição. Ver FILHO, João. "Como atua o MP Pró-Sociedade, grupo que usa o aparato do Estado em defesa da ideologia bolsonarista". *The Intercept Brasil*, 1 nov. 2020. Disponível em: https://theintercept.com/2020/11/01/como-atua-o-mp-pro-sociedade-grupo-que-usa-o-aparato-do-estado-em-defesa-da-ideologia-bolsonarista/. Acessado em: 15.07.2024; FREITAS, Hyndara. "CNMP avaliará

fez o então Ministro das Relações Exteriores de Bolsonaro, Ernesto Araújo, alegando que o comunismo, o clientelismo e o marxismo Gramsciano vieram substituir os valores tradicionais da sociedade na década de 1960.[107] Os procuradores também defenderam os direitos dos pais relativamente à educação dos seus filhos.

No que diz respeito às suas funções, o papel dos procuradores deveria ser, acima de tudo, o de proteger os direitos das vítimas e deveriam evitar o que chamam de "bandidolatria". Um dos membros do Ministério Público Pró-Sociedade descreveu o Coronavírus como um "Chinavírus".[108] Vários dos seus membros insistiram que os prefeitos de todo o Brasil precisavam oferecer ao público o chamado "tratamento precoce" para a COVID-19 – a mistura de hidroxicloroquina, ivermectina e outros medicamentos sem base científica que Bolsonaro estava recomendando irresponsavelmente à população.[109]

Além disso, um Procurador da República que faz parte do grupo argumenta nas redes sociais que a "esquerda mundial" é

---

uso do termo 'Ministério Público' por entidades de direito privado". *Jota*, 24 jun. 2020. Disponível em: https://www.jota.info/coberturas-especiais/liberdade-expressao/cnmp-vai-avaliar-a-utilização-do-termo-ministério-público-por-entidades-de-direito-privado-24062020. Acessado em: 10.06.2024.

107 ARAÚJO, Ernesto. "Palestra do Ministro Ernesto Araújo no Seminário da FUNAG sobre Globalismo". *Brazilian Foreign Ministry*, 10 jun. 2019. Disponível em: https://www.gov.br/funag/pt-br/centrais-de-conteudo/politica-externa-brasileira/palestra-do-ministro-ernesto-araujo-no-seminario-da-funag-sobre-globalismo. Acessado em: 04.07.2024.

108 FILHO, João. "Como atua o MP Pró-Sociedade, grupo que usa o aparato do Estado em defesa da ideologia bolsonarista". *The Intercept Brasil*, 1 nov. 2020. Disponível em: https://theintercept.com/2020/11/01/como-atua-o-mp-pro-sociedade-grupo-que-usa-o-aparato-do-estado-em-defesa-da-ideologia-bolsonarista/. Acessado em: 15.07.2024.

109 MEYER, Emilio; BUSTAMANTE, Thomas. "A Portrait of Bolsonaro's Crimes against Humanity". *Verfassungsblog*, 5 nov. 2021. Disponível em: https://verfassungsblog.de/a-portrait-of-bolsonaros-crimes-against-humanity/. Acessado em: 15.07.2024.

responsável pela pedofilia.[110] Até mesmo um pedido para que Bolsonaro declarasse estado de emergência por causa da pandemia foi feito pela associação, com duras críticas de outras associações de procuradores de todo o país.[111]

Além do apoio indireto ou eleitoral a Bolsonaro, outros juristas ofereceram seu tempo para promover o bolsonarismo. André Mendonça ocupou sucessivamente os cargos de Advogado-Geral da União e Ministro da Justiça. Nesta última função, ele assediou os críticos de Bolsonaro usando a agora revogada Lei de Segurança Nacional.[112] Sua lealdade foi recompensada na forma da nomeação para o STF. José Levi do Amaral, Professor de Direito Constitucional da Universidade de São Paulo e membro de carreira da Advocacia-Geral da União também atuou como Advogado-Geral de Bolsonaro.

Augusto Aras foi nomeado Procurador-Geral da República e foi amplamente criticado por se omitir em investigar e responsabilizar o Presidente Bolsonaro. Outrora uma posição muito autônoma e eficaz, o Procurador-Geral da República se tornou o caso mais claro de captura institucional sob o governo Bolsonaro. Considere-se que um relatório sobre as ações de controle de constitucionalidade

---

110 FILHO, João. "Como atua o MP Pró-Sociedade, grupo que usa o aparato do Estado em defesa da ideologia bolsonarista". *The Intercept Brasil*, 1 nov. 2020. Disponível em: https://theintercept.com/2020/11/01/como-atua-o-mp-pro-sociedade-grupo-que-usa-o-aparato-do-estado-em-defesa-da-ideologia-bolsonarista/. Acessado em: 15.07.2024.

111 ASSOCIAÇÃO PARANAENSE DO MINISTÉRIO PÚBLICO. *Associações do Ministério Público se opõem à representação do MP Entidade Pró-Sociedade que Postula o Decreto do Estado de Defesa.* 17 mar. 2021. Disponível em: https://www.apmppr.org.br/noticias/associacoes-do-ministerio-publico-sao-contrarias-a-representacao-da-entidade-mp-para-a-sociedade-que-postula-a-decretacao-do-estado-de-defesa-3159. Acessado em: 10.06.2024.

112 REIS, Ulisses; MEYER, Emilio. "Undemocratic Legislation to Undermine Freedom of Speech in Brazil". *Blog I-Connect*, 3 fev. 2021. Disponível em: http://www.iconnectblog.com/2021/02/undemocratic-legislation-to-undermine-freedom-of-speech-in-brazil/. Acessado em: 15.07.2024.

no STF no governo Bolsonaro mostrou que o Ministério Público ajuizou apenas 1,74% das medidas.[113] Isto significa que, em um governo não comprometido com o Estado de Direito, o número de processos judiciais foi bastante baixo. Relativamente a 287 processos, o Ministério Público apenas se pronunciou em 148 deles, na maioria das vezes atrasando as manifestações: isto demonstra a falta de procedimentos de fiscalização.

Considerando que a Advocacia-Geral da União é a instituição responsável pela defesa do governo federal, não surpreende que o Ministério Público tenha tido a mesma opinião dela em 85,71% dos méritos dos casos. Mesmo com milhares de documentos e outras provas encontradas pela Comissão Parlamentar de Inquérito que investigou Bolsonaro pelas suas políticas sobre a pandemia de COVID-19, mostrando que a imunidade coletiva foi uma política geral que levou a mais de 600 mil mortes, o Procurador-Geral da República nada fez. Pelo contrário, em um outro processo relativo à pandemia, seu gabinete manifestou dúvidas sobre a eficácia do uso da máscara na prevenção de infecções.[114]

Conclusões

Como em qualquer comunidade política, o sistema político brasileiro é pressionado pelas tensões entre constitucionalismo e

---

113 MACHADO, Eloísa; FERRARO, Luiza. "PGR e AGU se alinham em defesa dos atos de Bolsonaro, aponta estudo sobre ações ajuizadas no Supremo". *Folha de S. Paulo*, 19 ago. 2021. Disponível em: https://www1.folha.uol.com.br/poder/2021/08/pgr-e-agu-se-alinham-na-defesa-de-atos-de-bolsonaro-aponta-estudo-sobre-acoes-movidas-no-supremo.shtml. Acessado em: 15.07.2024.

114 FALCÃO, Márcio; VIVAS, Fernanda. "Opinião da PGR que minimizou o não uso de máscara por Bolsonaro gera perplexidade, diz Rosa Weber". *G1 (Globo)*, 1 out. 2021. Disponível em: https://g1.globo.com/politica/noticia/2021/10/01/opiniao-da-pgr-que-minimizou-nao-uso-de-mascara-por-bolsonaro-gera-perplexidade-diz-rosa-weber.ghtml. Acessado em: 15.07.2024.

democracia, de um lado, e liberalismo, antiliberalismo e iliberalismo, do outro. Tal como descrito neste capítulo, a remoção completa de disposições e práticas autoritárias ou iliberais é uma tarefa impossível de se realizar, especialmente em uma sociedade extremamente desigual, historicamente marcada pela escravidão e pelo colonialismo. Isto não significa que o Brasil esteja fadado ao autoritarismo: através de diferentes fases da sua história constitucional e, especialmente, mais recentemente, a estabilização política por meio da democracia constitucional foi parcialmente alcançada.

No entanto, pressionadas por constantes crises políticas e econômicas desde pelo menos 2013 em diante, predisposições autoritárias floresceram de uma forma capaz de levar um candidato autoproclamado iliberal de extrema direita até à Presidência. Com ele veio uma onda de apoio de pessoas que se sentiam deixadas para trás pelas principais políticas públicas, juntamente com acusações amplificadas de corrupção e falso comunismo, ecoando o tipo de crítica que os constitucionalistas autoritários fizeram no passado. Este renascimento e reinvenção no cenário muito diferente de uma sociedade da era da informação digital ajudaram a reunir apoio ao Presidente Bolsonaro e a mantê-lo, mesmo face a uma pandemia mal combatida.

Contudo, se o iliberalismo foi estruturado e legitimado legalmente por vários teóricos no Brasil de hoje, ele ainda não atingiu o ponto sem retorno na política. O fraco desempenho do governo diante da pandemia e a incompetência política do Presidente Bolsonaro impediram-no de ampliar sua popularidade. Este cenário ajudou as instituições a montarem respostas políticas e jurídicas, no Congresso Nacional e no STF, opondo-se aos seus objetivos mais autoritários. Incapaz de obter um apoio mais amplo enquanto segue o caminho do iliberalismo, parece que o bolsonarismo tem desafios para o seu futuro político no Brasil. Os resultados das eleições de 2022 mostraram que o bolsonarismo ainda é capaz de eleger vários deputados e senadores conservadores, o que significa que será, por enquanto, uma força política forte, mesmo sem Jair Bolsonaro reeleito Presidente.

Tabela 1 – Lista de teóricos liberais e iliberais brasileiros mencionados no capítulo:

Teóricos e Juristas	Principais Períodos de Publicação e Atividade	Cargos Governamentais Ocupados	Cargos Acadêmicos Ocupados	Principais Publicações
Braz Florentino (1825-1870)	Império Brasileiro (1824-1870)	Governador da província do Maranhão	Professor da Faculdade de Direito do Recife	*Do Poder Moderador* (1864)
Góis e Vasconcellos (1815-1877)	Império Brasileiro (1824-1870)	Governador de 3 províncias, Deputado e 3 vezes Ministro (Marinha, Justiça e Economia)	Professor da Faculdade de Direito do Recife	*Sobre a natureza e o limite do Poder Moderador* (1860)
Ruy Barbosa (1849-1923)	Império Brasileiro (1824-1870), 1ª República (1891-1930)	Ministro das Finanças, Senador e Deputado Representante na Conferência de Paz de Haia (1907)	N/A	*Os Atos Inconstitucionais do Congresso e do Executivo perante a Justiça Federal* (1893)
Pedro Lessa (1859-1921)	1ª República (1891-1930)	Secretário de Estado e Ministro do Supremo Tribunal Federal	Professor da Faculdade de Direito de São Paulo	*Do Judiciário* (1915)

Alberto Torres (1865-1917)	1ª República (1891-1930)	Governador do Estado do Rio de Janeiro, Ministro da Justiça e do Supremo Tribunal Federal	N/A	*O Problema Nacional Brasileiro* (1938)
Oliveira Viana (1883-1951)	1ª República (1891-1930), Vargas (1937-1945)	Ministro do Tribunal de Contas da União	Faculdade de Direito do Estado do Rio de Janeiro	*Instituições Políticas Brasileiras* (1949)
Pontes de Miranda (1892-1979)	Vargas (1937-1945), 1946-1964, Ditadura militar (1964 até a morte de Miranda)	Juiz e Diplomata.	Nenhum (professor *honoris causa* em diversas instituições)	*Comentários sobre a Constituição de 1967* (1970)
Francisco Campos (1891-1968)	Vargas (1937-1945), Ditadura militar (1964-1985)	Deputado Estadual e Federal, Secretário de Estado, Ministro da Educação e Ministro da Justiça	Professor: Faculdade de Direito de Minas Gerais; Escola Nacional de Direito	*O Estado Nacional* (1940)
Almir de Andrade (1911-1991)	Vargas (1937-1945)	Diretor da Agência Nacional e Vice-Chefe de Gabinete	Faculdade de Direito do Rio de Janeiro	*Diretrizes para a Nova Política do Brasil* (1943)

Miguel Reale (1910-2006)	Vargas (1937-1945), 1946-1964, Ditadura militar (1964-1985), Constituição de 1988 até a morte de Reale	Secretário de Justiça de São Paulo, revisor da Constituição imposta pelos militares de 1967	Professor da Faculdade de Direito da Universidade de São Paulo	*Obras Políticas* (1983)
Alfredo Buzaid (1914-1991)	Ditadura Militar (1964-1985)	Ministro da Justiça e Juiz do Supremo Tribunal	Professor da Faculdade de Direito da Universidade de São Paulo	*Humanismo Político* (1973)
Hely Lopes Meirelles (1917-1990)	Ditadura Militar (1964-1985)	Juiz, Secretário de Estado de Segurança Pública de São Paulo	Escola de Engenharia de São Carlos	*Direito Administrativo Brasileiro* (1982)
Manoel Gonçalves Ferreira Filho (1934)	Ditadura Militar (1964-1985), Constituição de 1988 em diante	Vice-Governador de São Paulo, Secretária de Justiça, e do Estado de São Paulo	Professor da Faculdade de Direito da Universidade de São Paulo	*O poder constituinte* (1985)
Celso Ribeiro Bastos (1938-2003)	Constituição de 1988 em diante	N/A	Professor da Faculdade de Direito da Universidade de São Paulo	*Curso de Direito Constitucional* (1999)

Ives Gandra da Silva Martins (1935)	Ditadura Militar (1964-1985), Constituição de 1988 em diante	N/A	Professor da Universidade Presbiteriana Mackenzie	*O Estado de Direito e o Direito Estadual* (2006)
Sérgio Moro (1972)	Constituição de 1988 em diante	Juiz Federal e Ministro da Justiça	Professor da Faculdade de Direito da Universidade Federal do Paraná	*Considerações sobre a Operação Mani Puliti* (2004)

REFERÊNCIAS BIBLIOGRÁFICAS

ABRANCHES, Sérgio. *Presidencialismo de coalizão*: raízes e evolução do modelo político brasileiro. São Paulo: Companhia das Letras, 2018.

AFONSO DA SILVA, Virgílio. "Constitutional Courts / Supreme Courts, General". *In*: GROTE, Rainer; LACHENMANN, Frauke; WOLFRUM, Rüdiger (Coord.). *Max Planck Encyclopedia of Comparative Constitutional Law*. Oxford: Oxford University Press, 2018. Disponível em: https://oxcon.ouplaw.com/display/10.1093/law-mpeccol/law-mpeccol-e518. Acessado em: 04.07.2024.

______. "O proporcional e o razoável". *Revista dos Tribunais*, nº 798, 2002.

______. "Princípios e regras: mitos e equívocos acerca de uma distinção". *Revista Latino-Americana de Estudos Constitucionais*, Belo Horizonte, nº 1, 2003.

______. *A constitucionalização do direito*: os direitos fundamentais nas relações entre os particulares. São Paulo: Malheiros, 2005

______. *Direitos fundamentais*: conteúdo essencial, restrições e eficácia. São Paulo: Malheiros, 2010.

AJUFE. "Nota Pública de Apoio ao Juiz Federal Sérgio Moro". *Correio Braziliense*, Blog do Servidor, 17 mar. 2016. Disponível em: http://blogs.correiobraziliense.com.br/servidor/ajufe-nota-publica-em-apoio-ao-federal-juiz-sergio-moro/. Acessado em: 10.06.2024.

______. "Presidente da Ajufe se manifesta sobre decisão do STF que declarou que Moro foi parcial na condenação do ex-presidente Lula". *AJUFE*, 24 mar. 2021. Disponível em: https://www.ajufe.org.br/imprensa/noticias/15383-presidente-da-ajufe-manifesta-sobre-a-decisao-do-STF-que-declarou-que-moro-foi-parcial-na-condenacao-do-ex-presidente-lula. Acessado em: 10.06.2024.

AL JAZEERA. "Brazil's Bolsonaro Faces More Corruption Accusations". *Al Jazeera*, 5 jul. 2021. Disponível em: https://www.aljazeera.com/news/2021/7/5/brazils-bolsonaro-faces-corruption-accusations. Acessado em: 04.07.2024.

ALBERT, Richard. "Constitutional amendment and dismemberment". *Yale Journal of International Law*, vol. 43, 2018.

______. *Constitutional amendments*: making, breaking, and changing constitutions. Oxford: Oxford University Press, 2019.

ALBURQUERQUE, Ana Luiza. "Defensoria vê indícios de mutilações em operação da PM que deixou 13 mortos no Rio". *Folha de S. Paulo*, 12 fev. 2019. Disponível em: https://www1.folha.uol.com.br/cotidiano/2019/02/defensoria-do-rio-ve-indicios-de-fuzilamento-em-acao-policial-que-matou-13.shtml. Acessado em: 04.07.2024.

ALEINIKOFF, Alexander. "Constitutional law in the age of balancing". *The Yale Law Journal*, vol. 96, nº 5, 1987.

ALEXY, Robert. "Balancing, constitutional review, and representation". *I-CON*, vol. 3, nº 4, 2005.

______. "Constitutional rights, balancing, and rationality". *Ratio Juris*, vol. 16, nº 2, 2003.

______. "Jürgen Habermas' theory of legal discourse". *Cardozo Law Review*, Nova York, nº 17, mar. 1996.

______. "Justification and application of norms". *Ratio Juris*, vol. 6, nº 2, jul. 1993. Tradução para fins acadêmicos de Menelick de Carvalho Netto.

______. "On balancing and subsumption: a structural comparison". *Ratio Juris*, vol. 16, nº 4, dez. 2003.

______. "On the structure of legal principles". *Ratio Juris*, vol. 13, nº 3, set. 2000.

______. "The special case thesis". *Ratio Juris*, vol. 12, nº 4, dez. 1999.

______. *Derecho y razón práctica*. México: Distribuiciones Fontanamara, 1993.

______. "Epílogo a la Teoría de los derechos fundamentales". *Revista Española de Derecho Constitucional*, Madri, nº 66, ano 22, set./dez. 2002.

______. *Teoria da argumentação jurídica*: a teoria do discurso racional como teoria da justificação jurídica. Trad. Zilda Hutchinson Schild Silva. São Paulo: Landy, 2001.

______. *Teoría de los derechos fundamentales*. Trad. Ernesto Garzón Valdés. Madri: Centro de Estudios Constitucionales, 1993.

______. *Teoria dos direitos fundamentais*. Trad. Virgílio Afonso da Silva. São Paulo: Malheiros, 2008.

AMAR, Akhil Reed. *America's Constitution*: a Biography. Nova York: Random House, 2010.

ANAJURE. "Nota Pública em Resposta à Manifestação que Postula a Rejeição da Indicação do Dr. André Mendonça ao STF". *ANAJURE*, 20 jul. 2021. Disponível em: https://anajure.org.br/nota-publica-em--resposta-a-manifestacao-que-postula-a-rejeicao-da-indicacao-do-dr--andre-mendonca-ao-stf/. Acessado em: 10.06.2024.

ANJOS FILHO, Robério Nunes dos (Coord.). *STF e direitos fundamentais*. Salvador: JusPodivm, 2013.

ARAIZA, William. *Enforcing the Equal Protection Clause*: Congressional Power, Judicial Doctrine, and Constitutional Law. Nova York e Londres: New York University Press, 2015.

ARATO, Andrew. "The Bush Tribunals and the Specter of Dictatorship". *Constellations*, vol. 9, nº 4, 2002.

______. *The adventures of the constituent power*. Cambridge: Cambridge University Press, 2017.

ARAÚJO, Ernesto. "Palestra do Ministro Ernesto Araújo no Seminário da FUNAG sobre Globalismo". *Brazilian Foreign Ministry*, 10 jun. 2019. Disponível em: https://www.gov.br/funag/pt-br/centrais-de-conteudo/politica-externa-brasileira/palestra-do-ministro-ernesto-araujo-no-seminario-da-funag-sobre-globalismo. Acessado em: 04.07.2024.

ARLIDGE, Anthony; JUDGE, Igor. *Magna Carta Uncovered*. Oxford: Hart, 2014.

ASSEMBLÉE NACIONAL. *Motions de censure depuis 1958*. Disponível em: https://www.assemblee-nationale.fr/dyn/decouvrir-l-assemblee/motions-de-censure-depuis-1958. Acessado em: 28.05.2024.

ASSOCIAÇÃO NACIONAL DOS JURISTAS EVANGÉLICOS. Disponível em: https://anajure.org.br. Acessado em: 10.06.2024.

ASSOCIAÇÃO PARANAENSE DO MINISTÉRIO PÚBLICO. *Associações do Ministério Público se opõem à representação do MP Entidade Pró-Sociedade que Postula o Decreto do Estado de Defesa*. 17 de março de 2021. Disponível em: https://www.apmppr.org.br/noticias/associacoes-do-ministerio-publico-sao-contrarias-a-representacao-da-entidade-mp-para-a-sociedade-que-postula-a-decretacao-do-estado-de-defesa-3159. Acessado em: 10.06.2024.

AUSTIN, John. *The province of jurisprudence determined*: and the uses of the study of jurisprudence. Prefácio de H.L.A. Hart. Hacket: Indianápolis, 1998.

ÁVILA, Humberto. *Teoria dos princípios*: da definição à aplicação dos princípios jurídicos. 3ª ed. São Paulo: Malheiros, 2004.

BAHIA, Alexandre Gustavo Melo Franco. *Controle judicial difuso de constitucionalidade das leis e atos normativos*: contribuição para a construção de uma democracia cidadã no Brasil. Belo Horizonte: Universidade Federal de Minas Gerais, 2003. (Dissertação de Mestrado).

BAGEHOT, Walter. *The English Constitution*. Oxford: Oxford University Press, 2001.

BARACHO JÚNIOR, José Alfredo de Oliveira. "A nova hermenêutica na jurisprudência do Supremo Tribunal Federal". *In*: SAMPAIO, José Adércio Leite (Coord.). *Crise e desafios da Constituição*. Belo Horizonte: Del Rey, 2004.

BARAK, Ahron. *Proportionality*: Constitutional Rights and Their Limitations. Cambridge: Cambridge University Press, 2012.

BARBOSA, Ruy. *Obras Completas*. São Paulo: Hunter Books, 2016.

BARCELLOS, Ana Paula de. "Constitucionalização das políticas públicas em matéria de direitos fundamentais: o controle político-social e o controle jurídico no espaço democrático". *In*: SOUZA NETO, Cláudio Pereira de; SARMENTO, Daniel (Coord.). *A Constitucionalização do Direito*. Rio de Janeiro: Lumen Juris, 2007.

______. *Ponderação, racionalidade e atividade jurisdicional*. Rio de Janeiro: Renovar, 2005.

BARNETT, Hilaire. *Administrative and Constitutional Law*. 4ª ed. Londres: Cavendish Publishing, 2002.

BARROS, Celso. "Bolsonaro não salvou a democracia". *Folha de S. Paulo*, 1 ago. 2021. Disponível em: https://www1.folha.uol.com.br/colunas/celso-rocha-de-barros/2021/08/bolcentrao-nao-salvou-a-democracia.shtml. Acessado em: 15.07.2024.

BARROSO, Luís Roberto. "Countermajoritarian, Representative, and Enlightened: The Roles of Constitutional Courts in Democracies". *The American Journal of Comparative Law*, vol. 67, nº 1, 2019.

______. "Os princípios da razoabilidade e da proporcionalidade no direito constitucional". *Cadernos de Direito Constitucional e Ciência Política*, nº 23, 1998.

______. *Curso de Direito Constitucional contemporâneo*: os conceitos fundamentais e a construção do novo modelo. São Paulo: Saraiva, 2015.

______. *O direito constitucional e a efetividade de suas normas*: limites e possibilidades da Constituição brasileira. 9ª ed. Rio de Janeiro: Renovar, 2008.

BARROSO, Luís Roberto; BARCELLOS, Ana Paula de. "O começo da história: a nova interpretação constitucional e o papel dos princípios no Direito brasileiro". *In*: SAMPAIO, José Adércio Leite (Coord.). *Crise e desafios da Constituição*. Belo Horizonte: Del Rey, 2004.

BASTOS, Celso. *Curso de Direito Constitucional*. São Paulo: Malheiros, 1998.

BBC NEWS. "Gina Miller: Who is Campaigner Behind Brexit Court Cases?" *BBC News*, 25 set. 2019. Disponível em: https://www.bbc.com/news/uk-politics-37861888. Acessado em: 15.07.2024.

BBC. "Scottish referendum: Scotland votes 'No' to independence". *BBC News*, 19 set. 2014. Disponível em: https://www.bbc.com/news/uk-scotland-29270441. Acessado em: 15.07.2024.

BENVINDO, Juliano Zaiden. *On the limits of constitutional adjudication*: deconstructing balancing and judicial activism. Heidelberg: Springer, 2010.

______. *The rule of law in Brazil*: the legal construction of inequality. Oxford: Hart Publishing, 2022.

BERCOVICI, Gilberto. *Constituição e estado de exceção permanente*: atualidade de Weimar. Rio de Janeiro: Azougue, 2004.

BERMEO, Nancy. "On democratic backsliding". *Journal of Democracy*, vol. 27, 2016.

BERNAL-PULIDO, Carlos. "Transitional Justice within the Framework of a Permanent Constitution: The Case Study of the Legal Framework for Peace in Colombia". *Cambridge Journal of International & Comparative Law*, vol. 3, nº 4, 2014.

BERNSTEIN, Richard. "The retrieval of the democratic ethos". *Cardozo Law Review*, Nova York, nº 17, mar. 1996.

BICKEL, Alexander. *The Least Dangerous Branch*: the Supreme Court at the Bar of Politics. New Haven: Yale University Press, 1986.

BILLIER, Jean-Cassien; MARYIOLI, Aglaé. *História da Filosofia do Direito*. Trad. Maurício de Andrade. Barueri: Manole, 2005.

BISCARETTI DE RUFFÌA, Paolo. *Introducción al derecho constitucional comparado*: las "formas de Estado" y las "formas de gobierno". Cidade do México: Fondo de Cultura Económica, 1996.

BLOKKER, Paul. "Populism and Illiberalism". *In*: SAJÓ, Andrés; UITZ, Renata; HOLMES, Stephen (Coord.). *The Routledge Handbook of Illiberalism*. Abingdon: Routledge, 2022.

______. "Populist Constitutionalism". *In*: DE LA TORRE, Carlos (Coord.). *Routledge Handbook of Global Constitutionalism*. Londres: Routledge, 2018.

BOBBIO, Norberto. *O positivismo jurídico*: lições de filosofia do direito. Trad. Márcio Pugliesi. São Paulo: Ícone, 1995.

BOGDANOR, Vernon. *Brexit and Our Unprotected Constitution*. Londres: The Constitution Society, 2018.

BOMMARIUS, Christian. "Lecture-Germany's Sozialstaat Principle and the Founding Period". *German Law Journal*, vol. 12, nº 11, 2011.

BONAVIDES, Paulo. *Curso de Direito Constitucional*. 12ª ed. São Paulo: Malheiros, 2002.

______. *Teoria constitucional da Democracia Participativa*: por um Direito Constitucional de Luta e Resistência, por uma Nova Hermenêutica, por uma Repolitização da Legitimidade. São Paulo: Malheiros, 2001.

BOYRON, Sophie. *The Constitution of France*: a Contextual Analyses. Oxford: Hart Publishing, 2013.

BRITO, Miguel Nogueira de. "Originalismo e interpretação constitucional". *In*: AFONSO DA SILVA, Virgílio (Coord.). *Interpretação constitucional*. São Paulo: Malheiros, 2005.

BRITTO, Ricardo; SLATTERY, Gram. "Depois de sete anos, Brasil encerra esquadrão anticorrupção da Lava Jato". *Reuters*, 3 fev. 2021. Disponível em: https://www.reuters.com/article/us-brazil-corruption-idUSKBN2A4068. Acessado em: 15.07.2024.

BROOKS, Thom. "As a professor of law, I am convinced John Bercow's Brexit decision is correct". *The Independent*, 19 mar. 2019. Disponível em: https://www.independent.co.uk/voices/brexit-vote-deal-john-bercow-theresa-may-parliament-delay-a8829296.html. Acessado em: 15.07.2024.

BROWN, H. Lowell. *High Crimes and Misdemeanors in Presidential Impeachment*. Nova York: Palgrave Macmillan, 2010.

BROWN, Wendy. *Nas ruínas do neoliberalismo*: a ascensão da política antidemocrática no Ocidente. Nova York: Columbia University Press, 2019.

______. *Undoing the Demos*: Neoliberalism's Stealth Revolution. Nova York: Zone Books, 2017.

BRUNKHORST, Hauke. "Propriedade privada, crítica da reificação e a socialização dos meios de produção". *Civitas-Revista de Ciências Sociais*, vol. 15, 2015.

BURKE, Edmund. *Reflections on the French Revolution & Other Essays*. Londres: J.M. Dent & Sons, E.P. Dutton & Co., 1951.

BUSTAMANTE, Thomas; MENDES, Conrado. "Freedom without Responsibility: The Promise of Bolsonaro's COVID-19 Denial". *Jus Cogens*, vol. 3, nº 2, 2021.

BUSTAMANTE, Thomas; MEYER, Emílio Peluso Neder. "Legislative Resistance to Illiberalism in a System of Coalitional Presidentialism: Will It Work in Brazil?" *Theory and Practice of Legislation*, 2021.

BUSTAMANTE, Thomas; MEYER, Emílio Peluso Neder; BUSTAMANTE, Evanilda De Godoi. "Luís Roberto Barroso's Theory of Constitutional Adjudication: a Philosophical Reply". *The American Journal of Comparative Law*, vol. 69, nº 4, 2021.

BUSTAMANTE, Thomas; MEYER, Emilio Peluso Neder; GODOI, Evanilda. "Luís Roberto Barroso's Theory of Constitutional Adjudication: a Philosophical Reply". *The American Journal of Comparative Law*, vol. 69, nº 4, 2021.

BUSTAMANTE, Thomas; MEYER, Emilio. "Operation Car Wash on Trial". *Verfassungsblog*, 10 mar. 2021. Disponível em: https://verfassungsblog.de/operation-car-wash-on-trial/. Acessado em: 15.07.2024.

BUZAID, Alfredo. *Rumos políticos da revolução brasileira*. Brasília: Ministério da Justiça, 1970.

CALDWELL, Peter. *Popular sovereignty and the crisis of German constitutional law*: the theory & practice of Weimar constitutionalism. Durham: Duke University Press, 1997.

CÂMARA, Heloísa Fernandes. "Populistas e autoritários? Debates sobre usos do conceito". *Direito & Práxis*, vol. 12, nº 2, 2021.

CAMARGO, Margarida Maria Lacombe. *Hermenêutica e argumentação*: uma contribuição ao estudo do Direito. 3ª ed. Rio de Janeiro: Renovar, 2003.

CAMPOS, Francisco. *O Estado Nacional*: sua estrutura, seu conteúdo ideológico. Brasília: Conselho Editorial do Senado Federal, [1935], 2001.

CAMPOS, Pedro. *Estranhas catedrais*: as empreiteiras brasileiras e a ditadura civil-militar, 1964-1988. Rio de Janeiro: Eduff, 2014.

CANÇADO TRINDADE, Antonio Augusto. "Memorial em prol de uma nova mentalidade quanto à proteção dos direitos humanos no plano internacional e nacional". *Revista de Direito Comparado*, Belo Horizonte, vol. 3, 1998.

CANOTILHO, José Joaquim Gomes. *Brancosos e a interconstitucionalidade*: itinerários dos discursos sobre a historicidade constitucional. Coimbra: Almedina, 2006.

______. *Direito Constitucional e Teoria da Constituição*. 5ª ed. Coimbra: Almedina, 2001.

CARVALHO NETO, Menelick de. "Racionalização da Ordem Jurídica e da Democracia". *Revista Brasileira de Estudos Políticos*, nº 88, 2001.

______. *A sanção no processo legislativo*. Belo Horizonte: Del Rey, 1992.

______. "A interpretação constitucional sob o paradigma do Estado Democrático de Direito". *In*: CATTONI DE OLIVEIRA, Marcelo Andrade (Coord.). *Jurisdição e hermenêutica constitucional*: no Estado Democrático de Direito. Belo Horizonte: Mandamentos, 2004.

CARVALHO, Olavo de. "Do Marxismo Cultural". *O Globo*, 8 jun. 2002. Disponível em: https://olavodecarvalho.org/do-marxismo-cultural/. Acessado em: 15.07.2024.

CATONNI DE OLIVEIRA, Marcelo Andrade. *Devido processo legislativo*. Belo Horizonte: Mandamentos, 2000.

______. *Contribuições para uma Teoria Crítica da Constituição*. Belo Horizonte: Arraes Editores, 2017.

______. *Devido Processo Legislativo*: uma justificação democrática do controle jurisdicional de constitucionalidade das leis e do processo legislativo. 3ª ed. Belo Horizonte: Editora Fórum, 2016.

______. *Direito Constitucional*. Belo Horizonte: Mandamentos, 2002.

______. *Direito Processual Constitucional*. Belo Horizonte: Mandamentos, 2001.

______. *Teoria da Constituição*. Belo Horizonte: Initia Via, 2014.

CAVALCANTI, Themístocles. "Introdução à análise da Constituição de 1967: o esquema político da Constituição". *In*: SENADO FEDERAL. *Coleção Constituições Brasileiras*, vol. VI: 1967. 3ª ed. Brasília: Senado Federal, 2012.

CESÁRIO ALVIM, Juliana. "Constitucionalismo popular e democrático: uma boa ideia em contextos de autoritarismo crescente?" *Direito e Práxis*, vol. 13, nº 4, 2022.

CHOUDHRY, Sujit. "How To Do Constitutional Law and Politics in South Asia". *In*: TUSHNET, Mark; KHOSLA, Madhav (Coord.). *Unstable Constitutionalism*: Law and politics in South Asia. Cambridge: Cambridge University Press, 2015.

______. "Migration as a new metaphor in comparative constitutional law". *In*: ______ (Coord.). *The Migration of Constitutional Ideas*. Cambridge: Cambridge University Press, 2006.

CHOUDHRY, Sujit. "Will democracy die in darkness? Calling autocracy by its name". *In*: GRABER, Mark; LEVINSON, Sandford; TUSHNET, Mark. *Constitutional democracy in crisis?* Nova York: Oxford University Press, 2018.

CHOUDHRY, Sujit; KHOSLA, Madhav; MEHTA, Pratap. "Locating Indian Constitutionalism". *In*: ______ (Coord.). *The Oxford Handbook of the Indian Constitution*. Oxford: Oxford University Press, 2016.

CITTADINO, Gisele. *Pluralismo, Direito e justiça distributiva*: elementos da Filosofia Constitucional Contemporânea. 2ª ed. Rio de Janeiro: Lumen Juris, 2000.

CLÈVE, Clèmerson Merlin (Coord.). *Constituição, Democracia e Justiça*: aportes para um constitucionalismo igualitário. Belo Horizonte: Fórum, 2011.

COLLETTA, Ricardo. "Bolsonaro Defende Revisão de Política de Preços para Conter Alta dos Combustíveis". *Folha de S. Paulo*, 7 mar. 2022. Disponível em: https://www1.folha.uol.com.br/mercado/2022/03/bolsonaro-defende-revisao-de-politica-precos-para-conter-alta-dos-combustiveis.shtml. Acessado em: 15.07.2024.

COLLINGS, Justin. *Scales of Memory*: Constitutional Justice and Historical Evil. Oxford: Oxford University Press, 2021.

COLON-RIOS, Joel. "Five Conceptions of Constituent Power". *Victoria University of Wellington Legal Research Papers*, vol. 7, nº 31, 2017.

COMISSÃO EUROPEIA. *Rule of law framework*. Disponível em: https://ec.europa.eu/info/policies/justice-and-fundamental-rights/effective-justice/rule-law/rule-law-framework_en. Acessado em: 30.05.2019.

COMISSÃO NACIONAL DA VERDADE. *Relatório Final*. Cap. 17: "O Judiciário na ditadura". Brasília: CNV, 2014. Disponível em: http://cnv.memoriasreveladas.gov.br/images/documentos/Capitulo17/Capitulo%2017.pdf. Acessado em: 15.07.2024.

CONSTANT, Benjamin. *Political writings*. Tradução e edição de Biancamaria Fontata. Cambridge: Cambridge University Press, 1988.

CORSI, Giancarlo; ESPOSITO, Elena; BARALDI, Claudio. *Glosario sobre la teoría social de Niklas Luhmann*. México: ITESO, 1996.

CRUZ, Álvaro Ricardo de Souza. *Habermas e o direito brasileiro*. Rio de Janeiro: Lumen Juris, 2005.

______. *Hermenêutica jurídica e(m) debate*: o constitucionalismo brasileiro entre a teoria do discurso e a ontologia essencial. Belo Horizonte: Fórum, 2007.

______. *Jurisdição constitucional democrática*. Belo Horizonte: Del Rey, 2004.

______. *O discurso científico na modernidade*: o conceito de paradigma é aplicável ao Direito? Rio de Janeiro: Lumen Juris, 2009.

CRUZ, Álvaro Ricardo de Souza; MEYER, Emílio Peluso Neder; RODRIGUES, Eder. *Desafios Contemporâneos do Controle de Constitucionalidade*. Belo Horizonte: Arraes Editores, 2012.

DALY, Tom Gerald. "Democratic decay: Conceptualising an emerging research field". *Hague Journal on the Rule of Law*, vol. 11, nº 1, 2019.

DANTAS, Ivo. *Novo Direito Constitucional Comparado*. Curitiba: Juruá, 2010.

DE VILLE, Jacques. "Sovereignty without sovereignty: Derrida's declarations of independence". *Law and Critique*, vol. 19, nº 2, 2008.

DE, Rohit. "Constitutional Antecedents". *In*: CHOUDHRY, Sujit; KHOSLA, Madhav; MEHTA, Pratap (Coord.). *The Oxford Handbook of the Indian Constitution*. Oxford: Oxford University Press, 2016.

DELANEY, Erin. "Brexit Optimism and British Constitutional Renewal". *In*: GRABER, Mark; LEVINSON, Sandford; TUSHNET, Mark. *Constitutional democracy in crisis?* Nova York: Oxford University Press, 2018.

______. "Judiciary Rising: Constitutional Change in the United Kingdom". *Northwestern University Law Review*, vol. 108, nº 2, 2014.

______. "Stability in Flexibility: a British Lens on Constitutional Success". *In*: GINSBURG, Tom; HUQ, Aziz. *Assessing Constitutional Performance*. Nova York: Cambridge University Press, 2016.

DIAMOND, Jared. *Upheaval*: Turning Points for Nations in Crisis. Nova York: Little, Brown and Company, 2019.

DIAMOND, Larry. "Facing up to the democratic recession". *Journal of Democracy*, vol. 26, 2015.

DIMOULIS, Dimitri. *Positivismo jurídico*: introdução a uma teoria do direito e defesa do pragmatismo jurídico-político. São Paulo: Método, 2006.

DIXON, Rosalind. "The New Responsive Constitutionalism". *The Modern Law Review*, 2023.

______. *Responsive judicial review*: democracy and dysfunction in the modern age. Oxford: Oxford University Press, 2023.

DIXON, Rosalind; ISSACHAROFF, Samuel. "Living to Fight Another Day: Judicial Deferral in Defense of Democracy". *Wisconsin Law Review*, 2016.

DORSEN, Norman. "A Conversation between US Supreme Court Justices". *ICON*, vol. 3, nº 4, 2005.

DOUGLAS-SCOTT, Sionhaidh. "Brexit, Article 50 and the Contested British Constitution". *Modern Law Review*, vol. 79, nº 6, 2016.

DREWRY, Gavin. "The UK Supreme Court – A Fine New Vintage, or Just a Smart New Label on a Dusty Old Bottle?" *International Journal for Court Administration*, 2011. Disponível em: https://www.iacajournal.org/articles/60/galley/42/download/. Acessado em: 29.05.2019.

DRINÓCZI, Tímea. "Constitutional Identity in Europe: The Identity of the Constitution. A Regional Approach". *German Law Journal*, vol. 21, nº 2, 2020.

DRINÓCZI, Tímea; BIEŃ-KACAŁA, Agnieska. *Illiberal Constitutionalism in Poland and Hungary*: The Deterioration of Democracy, Misuse of Human Rights and Abuse of the Rule of Law. Abingdon: Routledge, 2021.

DUARTE, Melissa. "Damares Relaciona Gravidez na Adolescência no TikTok". *O Globo*, 2 jan. 2022. Disponível em: https://oglobo.globo.com/brasil/direitos-humanos/damares-relaciona-gravidez-na-adolescencia-ao-tiktok-25376786. Acessado em: 15.07.2024.

DUEHOLM, James. "Lincoln's Suspension of the Writ of Habeas Corpus: An Historical and Constitutional Analysis". *Journal of the Abraham Lincoln Association*, vol. 29, nº 2, 2008.

DUTRA, Deo Campos; VIEIRA, José Ribas. "O Direito Constitucional Comparado entre Renascimento e Consolidação". *Sequência*, nº 76, 2017.

DWORKIN, Ronald. "Constitutionalism and democracy". *European Journal of Philosophy*, vol. 3, nº 1, abr. 1995.

______. "Do values conflict? a hedgehog's approach". *Arizona Law Review*, vol. 43, nº 2, 2000.

______. "Impera el derecho sobre la política?" Trad. Eduardo Rivera López. *Revista Argentina de Teoria Jurídica*. Disponível em: http:// www.utdt.edu/departamentos/derecho/publicaciones/rtj1/dworkin.htm. Acessado em: 15.10.2004.

______. "Interpretation, morality and truth". *UCL Department of Political Science*. Disponível em: http://www.ucl.ac.uk/spp/seminars/0203/lsp.php. Acessado em: 12.05.2004.

______. "Response to overseas commentators". *I.CON*, vol. 1, nº 4, 2003.

______. "The 1984 McCorckle Lecture: Law's ambitions for itself". *Virginia Law Review*, vol. 71, 1985. (Trad. Emílio Peluso Neder Meyer e Alonso Reis Siqueira Freire).

______. *A matter of principle*. Oxford: Oxford University Press, 1985.

______. *A virtude soberana*: a teoria e a prática da igualdade. Trad. Jussara Simões. Rev. Cícero Araújo e Luís Moreira. São Paulo: Martins Fontes, 2005.

______. *Justice for Hedgehogs*. Cambridge: The Belknap Press of Harvard University Press, 2011.

______. *Justice in robes*. Cambridge: Harvard University Press, 2006.

______. *Law's Empire*. Cambridge: Harvard University Press, 1986.

______. *Levando os direitos a sério*. Trad. Nelson Boeira. São Paulo: Martins Fontes, 2002.

______. *O império do Direito*. Trad. Jefferson Luís Camargo. São Paulo: Martins Fontes, 1999.

______. *Uma questão de princípio*. Trad. Luís Carlos Borges. São Paulo: Martins Fontes, 2001.

ELGOT, Jessica; MASON, Rowena. "May laments 'very disappointing' EU elections as voters take Brexit revenge". *The Guardian*, 27 mai. 2019. Disponível em: https://www.theguardian.com/politics/2019/may/27/eu-elections-tories-and-labour-savaged-as-voters-take-brexit-revenge. Acessado em: 15.07.2024.

ELKINS, Zachary. "Is the Sky Falling? Constitutional Crises in Historical Perspective". *In*: GRABER, Mark; LEVINSON, Sandford; TUSHNET, Mark. *Constitutional democracy in crisis?* Nova York: Oxford University Press, 2018.

______. GINSBURG, Tom. MELTON, James. *The Endurance of National Constitutions*. Cambridge: Cambridge University Press, 2009.

ELLIOTT, Mark. "The Supreme Court's Judgment in Miller: In Search of Constitutional Principle (April 13, 2017)". *Cambridge Law Journal*, University of Cambridge Faculty of Law Research Paper No. 23/2017. Disponível em: https://ssrn.com/abstract=2952331. Acessado em: 15.07.2024.

ELSTER, Jon. "Constitutional Bootstrapping in Philadelphia and Paris". *In*: ROSENFELD, Michel (Coord.). *Constitutionalism, Identity, Difference, and Legitimacy*: Theoretical Perspectives. Durham: Duke University Press, 1994.

ELY, John Hart. *Democracy and distrust*: a theory of judicial review. Cambridge: Harvard University Press, 1980.

FALCÃO, Márcio; VIVAS, Fernanda. "Opinião da PGR que minimizou o não uso de máscara por Bolsonaro gera perplexidade, diz Rosa Weber". *G1 (Globo)*, 1 out. 2021. Disponível em: https://g1.globo.com/politica/noticia/2021/10/01/opiniao-da-pgr-que-minimizou-nao-uso-de-mascara-por-bolsonaro-gera-perplexidade-diz-rosa-weber.ghtml. Acessado em: 15.07.2024.

FALLON JR., Richard. *The Dynamic Constitution*: an Introduction to American Constitutional Law. Cambridge: Cambridge University Press, 2004.

FAVOREU, Louis. "El bloque de la constitucionalidad". *Revista del Centro de Estudios Constitucionales*, nº 5, 1990.

FERREIRA FILHO, Manoel Gonçalves. *A democracia possível*. São Paulo: Saraiva, 1979.

______. *O poder constituinte*. São Paulo: Saraiva, 1985.

FILHO, João. "Como atua o MP Pró-Sociedade, grupo que usa o aparato do Estado em defesa da ideologia bolsonarista". *The Intercept Brasil*, 1 nov. 2020. Disponível em: https://theintercept.com/2020/11/01/como-atua-o-mp-pro-sociedade-grupo-que-usa-o-aparato-do-estado-em-defesa-da-ideologia-bolsonarista/. Acessado em: 15.07.2024.

FINCHELSTEIN, Federico; CALDEIRA NETO, Odilon. "El destino final del gurú de Bolsonaro". *Clarín*, 31 jan. 2021. Disponível em: https://www.clarin.com/opinion/destino-final-guru-bolsonaro_0_xho5R70cBy.html. Acessado em: 15.07.2024.

FINN, John. *Constitutions in Crisis*: Political Violence and the Rule of Law. Nova York: Oxford University Press, 1991.

FIUZA, Ricardo Arnaldo Malheiros. *Direito Constitucional Comparado*. 4ª ed. Belo Horizonte: Del Rey, 2004.

FOLHA DE S. PAULO. "Entrevista: FHC diz que coloca 'mãos no fogo' pela lisura do voto". *Folha de S. Paulo*, 2 set. 1997. Disponível em: https://www1.folha.uol.com.br/fsp/brasil/fc020905.htm. Acessado em: 15.07.2024.

FOWKES, James. "Prorogation of the Legislative Body". *In*: GROTE, Rainer; LACHEMANN, Frauke; WOLFRUM, Rüdiger. *Max Planck Encyclopedia of Comparative Constitutional Law*. Oxford: Oxford University Press, 2015.

FRANCE PRESSE. "Alemanha legaliza o consumo recreativo da maconha a partir desta segunda (1º)". *G1*, 01 abr. 2024. Disponível em: https://g1.globo.com/mundo/noticia/2024/04/01/alemanha-legaliza-o-consumo-recreativo-de-maconha-a-partir-desta-segunda-1o.ghtml. Acessado em: 15.07.2024.

FRANKENBERG, Günther. "Authoritarian constitutionalism: coming to terms with modernity's dreams and demons". *Goethe-Universität Frankfurt am Main Faculty of Law Research Paper*, n. 3/2018. Disponível em: https://publikationen.ub.uni-frankfurt.de/files/45807/18_03_RPS.pdf. Acessado em: 15.07.2024.

FREITAS, Hyndara. "CNMP avaliará uso do termo 'Ministério Público' por entidades de direito privado". *Jota*, 24 jun. 2020. Disponível em: https://www.jota.info/coberturas-especiais/liberdade-expressao/cnmp-vai-avaliar-a-utilização-do-termo-ministério-público-por-entidades-de-direito-privado-24062020. Acessado em: 10.06.2024.

GADAMER, Hans-Georg. *O problema da consciência histórica*. 2ª ed. Pierre Frouchon (org.). Trad. Paulo César Duque Estrada. Rio de Janeiro: FGV, 2003.

______. *Verdade e método I*: traços fundamentais de uma hermenêutica filosófica. 5ª ed. Trad. Flávio Paulo Meurer. Petrópolis: Vozes, 2003.

GALLIE, W. B. "Essentially contested concepts". *Proceedings of the Aristotelian Society*, vol. 56, 1956.

GALUPPO, Marcelo Campos. "Comunitarismo e liberalismo na fundamentação do Estado e o problema da tolerância". *In*: SAMPAIO, José Adércio Leite (Coord.). *Crises e desafios da Constituição*. Belo Horizonte: Del Rey, 2004.

______. "Hermenêutica constitucional e pluralismo". *In*: CRUZ, Álvaro Ricardo de Souza; SAMPAIO, José Adércio Leite. *Hermenêutica e jurisdição constitucional*. Belo Horizonte: Del Rey, 2001.

______. *Igualdade e diferença*: Estado Democrático de Direito a partir do pensamento de Habermas. Belo Horizonte: Mandamentos, 2002.

GANIVET, Guy. *Colloque Amman sur "Le rôle de la Cour constitutionnelle dans la protection des droits de l'homme"*. Disponível em: http://www.conseil-constitutionnel.fr/conseil-constitutionnel/francais/publications/contributions-et-discours/2013/le-conseil-constitutionnel-et-la-protection-des-droits-de-l-homme.147432.html. Acessado em: 28.03.2018.

GARCÍA-PELAYO, Manuel. *Derecho constitucional comparado*. Madri: Alianza Universidad Textos, 1993.

GARDBAUM, Stephen. *The new commonwealth model of constitutionalism*: theory and practice. Cambridge: Cambridge University Press, 2013.

GARDNER, John. "Can There Be a Written Constitution?" *Oxford Legal Studies Research Paper No. 17/2009*. Disponível em: https://ssrn.com/abstract=1401244. Acessado em: 06.08.2024.

GARZÓN VALDÉS, Ernesto. "El papel del poder judicial en la transición a la democracia". *Isonomía*, nº 18, 2003.

GASPARI, Elio. "Os juízes no deserto de juristas". *Folha de S. Paulo*, 13 fev. 2019. Disponível em: https://www1.folha.uol.com.br/colunas/eliogaspari/2019/02/os-juizes-no-deserto-de-juristas.shtml. Acessado em: 15.07.2024.

GIELOW, Igor; SASSINE, Vinicius; URIBE, Gustavo. "Atrito com Bolsonaro Derruba Comandantes das Forças Armadas, na Maior Crise Militar desde 1977". *Folha de S. Paulo*, 30 mar. 2021. Disponível em: https://www1.folha.uol.com.br/poder/2021/03/comandantes-das-forcas-armadas-pedem-demissao-em-protesto-contra-bolsonaro.shtml. Acessado em: 15.07.2024.

GINSBURG, Tom. "The Jurisprudence of Anti-Erosion". *Drake Law Review*, vol. 66, 2018.

______. *Judicial Review in New Democracies*: Constitutional Courts in Asian Cases. Cambridge: Cambridge University Press, 2003.

GINSBURG, Tom; ELKINS, Zachary; BLOUNT, Justin. "Does the Process of Constitution-Making Matter?" *Annual Review of Law and Social Sciences*, vol. 5, nº 5, 2009. Disponível em: https://ssrn.com/abstract=1860392. Acessado em: 15.07.2024.

GINSBURG, Tom; HUQ, Aziz Z. *How to Save a Constitutional Democracy*. Chicago: University of Chicago Press, 2018.

GINSBURG, Tom; MOUSTAFA, Tamir. *Rule by Law*: The Politics of Courts in Authoritarian Regimes. Cambridge: Cambridge University Press, 2008.

GINSBURG, Tom; SIMPSER, Albert (Coord.). *Constitutions in Authoritarian Regimes*. Cambridge: Cambridge University Press, 2014.

GINSBURG, Tom; VERSTEEG, Mila. "Why do countries adopt constitutional review?" *The Journal of Law, Economics, & Organization*, vol. 30, nº 3, 2014.

GOMES, David. *A Constituição de 1824 e o problema da modernidade*: o conceito moderno de Constituição, a história constitucional brasileira e a Teoria da Constituição no Brasil. 2ª ed. Belo Horizonte: Conhecimento, 2024.

GONÇALVES, Bernardo. *Curso de Direito Constitucional*. 13ª ed. Salvador: Juspodivm, 2021.

GONÇALVES, Leandro; CALDEIRA NETO, Odilon. *Fascismo de camisas verdes*: do integralismo ao neointegralismo. São Paulo: FGV Editora, 2020.

GRIMM, Dieter. "Does Europe need a constitution?" *European Law Journal*, vol. 1, nº 3, 1995.

GROGAN, Joelle. "Right Restriction or Restricting Rights? The UK Acts to Address COVID-19". *Verfassungsblog*, 2020. Disponível em: https://verfassungsblog.de/right-restriction-or-restricting-rights-the-uk-acts-to-address-covid-19/. Acessado em: 13.08.2024.

GUERRA FILHO, Willis Santiago. *Teoria Processual da Constituição*. São Paulo: Celso Bastos, 2000.

GUERRA, Maria Pia. *Polícia e ditadura*: a arquitetura institucional da segurança pública de 1964 a 1988. Brasília: Ministério da Justiça e Cidadania, 2016.

GÜNTHER, Klaus. "Communicative freedom, communicative power and jurisgenesis". *Cardozo Law Review*, Nova York, nº 17, mar. 1996.

______. "Legal adjudication and democracy: some remarks on Dworkin and Habermas". *European Journal of Philosophy*, vol. 3, nº 1, abr. 1995.

______. "Uma concepção normativa de coerência para uma teoria discursiva da argumentação jurídica". *Cadernos de Filosofia Alemã*, São Paulo, nº 6, 2000.

______. "Un concepto normativo de coherencia para una teoria de la argumentación jurídica". Trad. Juan Carlos Velasco Arroyo. *DOXA*, nº 17-18, 1995.

______. *Teoria da argumentação no Direito e na moral*: justificação e aplicação. Trad. Cláudio Molz. Rev. Luís Moreira. São Paulo: Landy, 2004.

HÄBERLE, Peter. *Hermenêutica Constitucional*: a sociedade aberta dos intérpretes da Constituição: contribuição para a interpretação pluralista e procedimental da Constituição. Trad. Gilmar Ferreira Mendes. Porto Alegre: Sergio Antonio Fabris, 1997.

HABERMAS, Jürgen. "A short reply". *Ratio Juris*, vol. 12, nº 4, dez. 1999.

______. "Impera el derecho sobre la política?" Trad. Eduardo Rivera López. *Revista Argentina de Teoria Jurídica*. Disponível em: http:// www.utdt.edu/departamentos/derecho/publicaciones/rtj1/dworkin.htm.

______. "Intolerance and discrimination". *I-CON*, Nova York, vol. I, nº 1, 2003.

______. "Introduction". *Ratio Juris*, vol. 12, nº 4, dez. 1999.

______. *A constelação pós-nacional*: ensaios políticos. Trad. Márcio Seligman-Silva. São Paulo: Littera Mundi, 2001.

______. *A inclusão do outro*: estudos de teoria política. Trad. Paulo Asthor Soethe e George Sperber. São Paulo: Loyola, 2002.

______. *A New Structural Transformation of the Public Sphere and Deliberative Politics*. Hoboken: John Wiley & Sons, 2023.

______. *Aclaraciones a la ética del discurso*. Trad. José Mardomingo. Madri: Trotta, 2000.

______. *Between Facts and Norms*: Contributions to a Discourse Theory of Law and Democracy. Trad. William Rehg. Cambridge: MIT Press, 1996.

______. *Consciência moral e agir comunicativo*. Trad. Guido A. de Almeida. Rio de Janeiro: Tempo Brasileiro, 1989.

______. *Dialética e hermenêutica*. Trad. Álvaro Valls. Porto Alegre: L&PM, 1987.

______. *Era das transições*. Trad. Flávio Beno Siebeneichler. Rio de Janeiro: Tempo Brasileiro, 2003.

______. *Facticidad y validez*: sobre el derecho y el Estado democrático de derecho en términos de teoria del discurso. Trad. Manuel Jimenez Redondo. Madri: Trotta, 1998.

______. *Facticidade e validade*: contribuições para uma teoria discursiva do Direito e da democracia. Campinas: Editora Unesp, 2022.

______. *La lógica de las ciencias sociales*. Trad. Manuel Jimenez Redondo. Madri: Tecnos, 1990.

______. *Más allá del Estado nacional*. Trad. Manuel Jiménez Redondo. México: Fondo de Cultura Económica, 2000.

______. *Pensamiento postmetafísico*. Trad. Manuel Jimenez Redondo. Madrid: Taurus, 1990.

______. *Verdade e justificação*. Trad. Milton Camargo Mota. São Paulo: Loyola, 2004.

HAGGARD, Stephan; KAUFMAN, Robert. *Dictators and Democrats*: Masses, Elites and Regime Changes. New Jersey: Princeton University Press, 2016.

HAILBRONNER, Michaela. "Beyond Legitimacy: Europe's Crisis of Constitutional Democracy". *In*: GRABER, Mark; LEVINSON, Sandford; TUSHNET, Mark. *Constitutional democracy in crisis?* Nova York: Oxford University Press, 2018.

HALMAI, Gábor. "A Coup Against Constitutional Democracy: The Case of Hungary". *In*: GRABER, Mark; LEVINSON, Sandford; TUSHNET, Mark. *Constitutional democracy in crisis?* Nova York: Oxford University Press, 2018.

HART, Herbert. *O conceito de Direito*. Lisboa: Fundação Calouste Gulbenkian, 1994.

HENLEY, Jon. "Brexit weekly briefing: May resigns and Tories and Labour are savaged at EU polls". *The Guardian*, 28 mai. 2019. Disponível em: https://www.theguardian.com/politics/2019/may/28/brexit-weekly-briefing-may-resigns-tories-and-labour-savaged-at-eu-polls. Acessado em: 15.07.2024.

HESTERMEYER, Holger. "Disastrous Stability: Brexit as a Constitutional Crisis". *Verfassungsblog*, 2019. Disponível em: https://verfassungsblog.de/disastrous-stability-brexit-as-a-constitutional-crisis%ef%bb%bf/. Acessado em: 15.07.2024.

HEUN, Werner. *The Constitution of Germany*: a Contextual Analysis. Oxford: Hart Publishing, 2011.

HIRSCHL, Ran. *Comparative Matters*: The Renaissance of Comparative Constitutional Law. Oxford: Oxford University Press, 2014.

______. *Towards Juristocracy*: The Origins and Consequences of the New Constitutionalism. New Haven: Harvard University Press, 2004.

HÖFFE, Otfried. *Immanuel Kant*. Trad. Christian Viktor Hamm e Valério Rohden. São Paulo: Martins Fontes, 2005.

HOLMES, Stephen. “The antiliberal idea”. *In*: SAJÓ, András; UITZ, Renáta; HOLMES, Stephen (Coord.). *The Routledge Handbook of Illiberalism*. Abingdon: Routledge, 2022.

HOQUE, Ridwanul. “The Judicialization of Politics in Bangladesh: Pragmatism, Legitimacy, and Consequences”. *In*: TUSHNET, Mark; KHOSLA, Madhav (Coord.). *Unstable Constitutionalism*: Law and politics in South Asia. Cambridge: Cambridge University Press, 2015.

HOY, David Couzens. “Interpreting the law: hermeneutical and post-structuralist perspectives”. *Southern California Law Review*, vol. 58, nº 1, 1985.

HUNTINGTON, Samuel. *A terceira onda*: a democratização no final do século XX. São Paulo: Ática, 1994.

ISSACHAROFF, Samuel. *Fragile democracies*: contested power in the era of constitutional courts. Cambridge: Cambridge University Press, 2015.

JACKSON, Vicki. *Constitutional Engagement in a Transnational Era*. Nova York: Oxford University Press, 2010.

JACKSON, Vicki; TUSHNET, Mark (Coord.). *Proportionality*: New frontiers, new challenges. Nova York: Cambridge University Press, 2017.

JACOBSOHN, Gary Jeffrey. “How to think about the reach of constitutional identity”. *Comparative Constitutional Studies*, vol. 1, nº 1, 2023.

JACOBSON, Arthur; SCHLINK, Bernhard (Coord.). *Weimar*: a Jurisprudence of Crisis. Berkeley: University of California Press, 2000.

JARDIM, Flávio. “Atiradores de elite e o Direito”. *Jota*, 21 nov. 2018. Disponível em: https://www.jota.info/opiniao-e-analise/artigos/atiradores-de-elite-e-o-direito-21112018. Acessado em: 15.07.2024.

JELLINEK, Georg. *Sistema dei diritti pubblici subiettivi*. Milão: Giuffrè, 1912.

KALIL, Isabela. “Crise política, esquerdas e bolsonarismo”. *Revista ADUSP*, 2020.

KANT, Immanuel. *Fundamentação da metafísica dos costumes*. Trad. Paulo Quintela. (Os Pensadores). São Paulo: Abril Cultural, 1980.

KAVANAGH, Aileen. “Keeping it real in constitutional theory”. *Comparative Constitutional Studies*, vol. 1, nº 1, 2023.

______. *The collaborative constitution*. Cambridge: Cambridge University Press, 2023.

KAY, Richard. "Retroactivity and Prospectivity of Judgments in American Law". *In*: STEINER, Eva (Coord.). *Comparing the Prospective Effect of Judicial Rulings Across Jurisdictions*. Heidelberg: Springer, 2015.

KENTISH, Benjamin. "Donald Trump has lost popular vote by greater margin than any US President". *Independent*, 12 dez. 2016. Disponível em: https://www.independent.co.uk/news/world/americas/us-elections/donald-trump-lost-popular-vote-hillary-clinton-us-election-president--history-a7470116.html. Acessado em: 15.07.2024.

KOH, Harold. "Can the President be Torturer in Chief". *Indiana Law Journal*, vol. 81, 2006.

KOMMERS, Donald; MILLER, Russell. *The Constitutional Jurisprudence of the Federal Republic of Germany*: Revised and Expanded. Durham: Duke University Press, 2012.

KOONINGS, Kees. "Political Orientations and Factionalism in the Brazilian Armed Forces, 1964-85". *In*: SILVA, Patricio (Coord.). *The Soldier and the State in South America*. Hampshire: Palgrave Macmillan, 2001.

KOZICKI, Kátia. *Conflito e estabilização*: comprometendo radicalmente a aplicação do direito com a democracia nas sociedades contemporâneas. Florianópolis: Faculdade de Direito, Universidade Federal de Santa Catarina, 2000. (Tese de Doutorado).

KUHN, Thomas. *A estrutura das revoluções científicas*. Trad. Beatriz Vianna Boeira e Nelson Boeira. São Paulo: Perspectiva, 1994.

KUMM, Mathias. "The Idea of thick constitutional patriotism and its implications for the role and structure of European legal history". *German Law Journal*, vol. 6, nº 2, 2005.

LACOMBE, Margarida; VIEIRA, José Ribas. "O Impeachment e seu desenho constitucional conflitivo". *Jota*, 2016. Disponível em: http://jota.uol.com.br/o-impeachment-e-o-seu-desenho-institucional-conflitivo. Acessado em: 12.12.2016.

LANDAU, David. "The Myth of the Illiberal Democratic Constitution". *In*: SAJÓ, András; UITZ, Renáta; HOLMES, Stephen (Coord.). *Routledge Handbook of Illiberalism*. Abingdon: Routledge, 2022.

LARENZ, Karl. *Metodologia da ciência do Direito*. Trad. José Lamego. 3ª ed. Lisboa: Fundação Calouste Gulbenkian, 1997.

LARUELLE, Marlene. "Illiberalism: a Conceptual Introduction". *East European Politics*, vol. 38, nº 2, 2022. Disponível em: https://www.

illiberalism.org/illiberalism-conceptual-introduction/. Acessado em: 15.07.2024.

LAW, David; VERSTEEG, Mila. "Sham Constitutions". *California Law Review*, vol. 101, nº 4, 2013.

LEGRAND, Pierre. "Jameses at Play: a Tractation on the Comparison of Laws". *The American Journal of Comparative Law*, vol. 65, 2017.

LEITÃO, Matheus. "Campanha de juízes na internet em apoio a Sérgio Moro". *G1 (Globo)*, 10 mar. 2016. Disponível em: https://g1.globo.com/politica/blog/matheus-leitao/post/juizes-fazem-campanha-na-internet-em-apoio-sergio-moro.html. Acessado em: 15.07.2024.

LESSA, Pedro. *Do Poder Judiciário*: Direito Constitucional Brasileiro. Rio de Janeiro: Livraria Francisco Alves, 1915.

LEVITSKY, Steven; ZIBLATT, Daniel. *How Democracies Die*. Nova York: Crown, 2018.

LEYLAND, Peter. *The Constitution of the United Kingdom*: a Contextual Analyses. 2ª ed. Oxford: Hart Publishing, 2012.

LIMA, Danilo. *Legalidade e Autoritarismo*: o Papel dos Juristas na Consolidação da Ditadura Militar de 1964. São Leopoldo: Universidade do Vale do Rio dos Sinos, 2018. (Tese de Doutorado).

LOEWENSTEIN, Karl. "Militant democracy and fundamental rights, I". *American Political Science Review*, vol. 31, nº 3, 1937.

LOUGHLIN, Martin. *Foundations of Public Law*. Oxford: Oxford University Press, 2010.

______. *The British Constitution*: a Very Short Introduction. Oxford: Oxford University Press, 2013.

LUPION, Bruno. "Os militares não mudaram sua maneira de pensar depois da ditadura". *Deutsche Welle*, 4 jun. 2020. Disponível em: https://www.dw.com/pt-br/militares-não-mudaram-modo-de-pensar-depois-da-ditadura/a-53679430. Acessado em: 15.07.2024.

MACHADO, Eloísa; FERRARO, Luiza. "PGR e AGU se alinham em defesa dos atos de Bolsonaro, aponta estudo sobre ações ajuizadas no Supremo". *Folha de S. Paulo*, 19 ago. 2021. Disponível em: https://www1.folha.uol.com.br/poder/2021/08/pgr-e-agu-se-alinham-na-defesa-de-atos-de-bolsonaro-aponta-estudo-sobre-acoes-movidas-no-supremo.shtml. Acessado em: 15.07.2024.

MADISON, James; HAMILTON, Alexander; JAY, John. *The Federalist Papers*: Edited and with an Introduction by Michael A. Genovese. Nova York: Palgrave McMillan, 2009.

MAFEI, Rafael. *Como remover um Presidente*: teoria, história e prática do *impeachment* no Brasil. São Paulo: Zahar, 2021.

MAFEI, Rafael; BUSTAMANTE, Thomas; MEYER, Emilio. "From Antiestablishmentarianism to Bolsonarism in Brazil". *In*: SAJÓ, András; UITZ, Renáta; HOLMES, Stephen (Coord.). *The Routledge Handbook of Illiberalism*. Abingdon: Routledge, 2022.

MAGALHÃES, José Luiz Quadros de. *Direitos humanos na ordem interna*. Belo Horizonte: Interlivros, 1992.

______. *Estado plurinacional e Direito Internacional*. Curitiba: Juruá, 2012.

MAINWARING, Scott. *Rethinking Party Systems in the Third Wave of Democratization*: The Case of Brazil. Stanford: Stanford University Press, 1999.

MANDEL, Michael. "A Brief History of New Constitutionalism, or 'How We Changed Everything So That Everything Would Remain the Same'". *Israel Law Review*, vol. 32, nº 2, 1998.

MARCONDES, Danilo. *Filosofia analítica*. Rio de Janeiro: Jorge Zahar, 2004.

MARRANI, David. *Dynamics in the French Constitution*: Decoding French Republican Ideas. Abingdon: Routledge, 2013.

MARTINS, Ives Gandra da Silva. "Ives Gandra: minha interpretação do artigo 142 da Constituição Federal". *Consultor Jurídico*, 27 ago. 2021. Disponível em: https://www.conjur.com.br/2021-ago-27/ives-gandra-minha-interpretacao-artigo-142-constituicao. Acessado em: 15.07.2024.

______. *O Estado de Direito e o Direito do Estado*: Outros Escritos. São Paulo: Lex Editora, 2006.

MATOS, Andityas. "'Um governo revolucionário possui os poderes que quer possuir': a Teoria Pura do Direito enquanto teoria da violência diante da Assembleia Nacional Constituinte Brasileira de 1933/34". *Revista da Faculdade de Direito da UFMG*, nº 64, 2014.

MAUS, Ingeborg. "Judiciário como superego da sociedade: o papel da atividade jurisprudencial na 'sociedade órfã'". *Novos Estudos CEBRAP*, vol. 58, 2000.

MAZZUOLI, Valério de Oliveira. *Curso de Direito Internacional*. 5ª ed. São Paulo: RT, 2011.

MCCARTHY, Thomas. "Legitimacy and diversity: dialectical reflections on analytical distinctions". *Cardozo Law Review*, Nova York, nº 17, mar. 1996.

MCIILWAIN, Charles. *Constitutionalism*: Ancient and Modern. Ithaca: Cornell University Press, 1947.

MEHTA, Pratap Banu. *What Is Constitutional Morality*. Disponível em: http://www.india-seminar.com/2010/615/615_pratap_bhanu_mehta.htm. Acessado em: 15.07.2024.

MEIRELLES, Hely Lopes. "Poder de Polícia, Desenvolvimento e Segurança Nacional". *Revista de Direito Administrativo*, nº 125, 1976.

______. *Direito Administrativo brasileiro*. 44ª ed. São Paulo e Salvador: Malheiros e Juspodivm, 2019.

MELLO, Celso Duvivier Albuquerque. "O § 2º do art. 5º da Constituição Federal". *In*: TORRES, Ricardo Lobo (Coord.). *Teoria dos direitos fundamentais*. 2ª ed. Rio de Janeiro: Renovar, 2001.

MENDES, Conrado Hübner. "Debaixo da toga de Fux, bate um coração". *Época*, 18 jan. 2019. Disponível em: https://epoca.globo.com/debaixo--da-toga-de-fux-bate-um-coracao-23381940. Acessado em: 14 fev. 2019.

MENDES, Gilmar Ferreira. *Direitos fundamentais e controle de constitucionalidade*: estudos de Direito Constitucional. 3ª ed. São Paulo: Saraiva, 2004.

MENDES, Gilmar; BRANCO, Paulo. *Curso de Direito Constitucional*. 12ª ed. São Paulo: Saraiva, 2017.

MEYER, Emilio Peluso Neder Meyer. *Constitucional erosion in Brazil*. Oxford: Hart Publishing, 2021.

______. "Brexit e a unicidade da Constituição do Reino Unido: entre crise política, crise democrática e crise constitucional". *Revista de Direito Brasileira*, vol. 35, 2023.

______. "Constitucionalismo iliberal". *Direito e Práxis*, vol. 13, 2022.

______. "Illiberalism in Brazil: From Constitutional Authoritarianism to Bolsonarism". *Journal of Illiberalism Studies*, vol. 3, 2023.

______. "Judges and Courts Destabilizing Constitutionalism: The Brazilian Judiciary Branch's Political and Authoritarian Character". *German Law Journal*, vol. 19, nº 4, 2018.

______. "Presunção de inocência até a segunda instância?" *Jota*, 2016. Disponível em: https://www.jota.info/opiniao-e-analise/artigos/presuncao-de-inocencia-ate-a-condenacao-em-segunda-instancia-19022016. Acessado em: 15.07.2024.

______. "Repensando o Direito Constitucional Comparado no Brasil". *Revista de Investigações Constitucionais*, vol. 6, 2019.

______. "Um processo de desmistificação: compreendendo criticamente o constitucionalismo estadunidense". *Revista Direito Público*, vol. 15, 2018.

______. "Uma teoria dos direitos fundamentais a partir da Constituição de 1988: as principais contribuições para a construção de uma metódica brasileira". *In*: CLÈVE, Clemèrson Merlin; FREIRE, Alexandre (Coord.). *Direitos Fundamentais e Jurisdição Constitucional*. São Paulo: RT, 2014.

______. *A decisão no controle de constitucionalidade*. São Paulo: Método, 2008.

______. *Decisão e jurisdição constitucional*: crítica às sentenças intermediárias, técnicas e efeitos do controle constitucionalidade em perspectiva comparada. Rio de Janeiro: Lumen Juris, 2017.

______. *Ditadura e responsabilização*: elementos para uma justiça de transição no Brasil. Belo Horizonte: Arraes Editores, 2012.

MEYER, Emilio; BUSTAMANTE, Thomas. "A Portrait of Bolsonaro's Crimes against Humanity". *Verfassungsblog*, 5 nov. 2021. Disponível em: https://verfassungsblog.de/a-portrait-of-bolsonaros-crimes-against-humanity/. Acessado em: 15.07.2024.

MICHAELS, Jon D. *Constitutional Coup*: Privatization's Threat to the American Republic. Cambridge: Harvard University Press, 2017.

MICHELMAN, Frank. "Family quarrel". *Cardozo Law Review*, Nova York, nº 17, mar. 1996.

______. "Law's republic". *Yale Law Journal*, vol. 97, nº 8, jul. 1988.

______. "Morality, identity and constitutional patriotism". *Denver University Law Review*, Denver, nº 76, 1999.

MIGALHAS. "Advogados e Professores Assinam Manifesto por Bolsonaro". *Migalhas*, 17 out. 2018. Disponível em: https://www.migalhas.com.br/

quentes/289344/advogados-e-professores-assinam-manifesto-por-bolsonaro. Acessado em: 15.07.2024.

______. "Juízes Federais assinam moção em apoio a Sérgio Moro". *Migalhas*, 26 jun. 2019. Disponível em: https://www.migalhas.com.br/quentes/305142/juizes-federais-assinam-mocao-de-apoio-a-sergio-moro. Acessado em: 15.07.2024.

MIRANDA, Pontes de. "Preliminares de revisão constitucional". *In*: CARDOSO, Vicente (Coord.). *À Margem da História da República*. Brasília: Editora da Universidade de Brasília, 1981.

MOORE, Martin. *Democracy hacked*: political turmoil and information warfare in the digital age. Londres: Oneworld, 2018.

MORAES, Fausto de Santos. *Ponderação e Arbitrariedade*: a Inadequada Recepção de Alexy pelo STF. 2ª ed. Salvador: Juspodivm, 2018.

MOUNK, Yascha. *The People vs. Democracy*. Cambridge: Harvard University Press, 2018.

MUDDE, Cass (Coord.). *The Populist Radical Right*: a Reader. Londres: Routledge, 2017.

MÜLLER, Friedrich. *Métodos de trabalho do Direito Constitucional*. Trad. Peter Naumann. 2ª ed. São Paulo: Max Limonad, 2000.

MÜLLER, Jan-Werner. *What Is Populism?* Philadelphia: University of Pennsylvania Press, 2016.

MUNSHI, Sherally. "Comparative law and decolonizing critique". *American Journal of Comparative Law*, vol. 65, 2017.

NAPOLITANO, Marcos. *1964*: história do Regime Militar Brasileiro. São Paulo: Contexto, 2014.

NAVOT, Suzie. *The constitution of Israel*: a contextual analysis. Bloomsbury Publishing, 2014.

NEVES, Marcelo. *Transconstitucionalismo*. São Paulo: WMF Martins Fontes, 2008.

NIESEN, Peter. "Constituent power in global constitutionalism". *In*: LANG JR, Anthony; WIENER, Antje (Coord.). *Handbook on Global Constitutionalism*. 2ª ed. Cheltenham: Edward Elgar, 2023.

OLIVEIRA, Manfredo Araújo de. *Reviravolta linguístico-pragmática na filosofia contemporânea*. 2ª ed. São Paulo: Loyola, 2001.

______. *Ética e sociabilidade*. São Paulo: Loyola, 1993.

PAINE, Thomas. *Common Sense*. Mineola: Dover Publications, 1997.

PATRUS, Rafael Dilly. *Articulação Constitucional e Justiça de Transição*. Belo Horizonte: D'Plácido, 2016.

PEDRETTI, Lucas. "Os ecos de ORVIL em 2021, o livro secreto da ditadura". *Pública*, 30 ago. 2021. Disponível em: https://apublica.org/2021/08/os-ecos-do-orvil-em-2021-o-livro-secreto-da-ditadura/. Acessado em: 15.07.2024.

PEDRON, Flávio Quinaud. *Mutação constitucional na crise do positivismo jurídico*. Belo Horizonte: Arraes Editores, 2012.

PEREIRA, Anthony W. *Political (In)Justice*: Authoritarianism and the Rule of Law in Brazil, Chile, and Argentina. Pittsburgh: University of Pittsburgh Press, 2005.

PÉREZ, Maria Lourdes Santos. "Una filosofía para erizos: una aproximación al pensamiento de Ronald Dworkin". *DOXA*, Cuadernos de Filosofía del Derecho, nº 26, 2003.

PESSOA, Mário. *A Lei de Segurança Nacional*. Rio de Janeiro: Biblioteca do Exército; Revista dos Tribunais, 1971.

PIOVESAN, Flávia. *Direitos Humanos e o Direito Constitucional Internacional*. 12ª ed. São Paulo: Saraiva, 2011.

POLITICO. "EU election results country by country". *Politico*, 29 mai. 2019. https://www.politico.eu/article/eu-election-results-2019-country-by-country/. Acessado em: 15.07.2024.

POSNER, Richard. "No thanks, we already have our own laws". *Legal Aff*, 2004.

POUND, Roscoe. "Law in Books and Law in Action". *American Law Review*, vol. 44, nº 12, 1910.

QUINALHA, Renan Honório. *Justiça de transição*: contornos do conceito. São Paulo: Outras Expressões; Dobra Editorial, 2013.

QUINN, Benn. "Boris Johnson to appear in court over Brexit misconduct claims". *The Guardian*, 29 mai. 2019. Disponível em: https://www.theguardian.com/politics/2019/may/29/boris-johnson-appear-court-eu-referendum-misconduct-claims. Acessado em: 15.07.2024.

RAMALHETE, Clóvis. "A revolução como fonte do Direito: notas sobre a Teoria Jurídica das Revoluções". *Revista de Informação Legislativa*, vol. 11, nº 42, abr. 1974.

RAWLS, John. *O liberalismo político*. Trad. Álvaro de Vita. São Paulo: Martins Fontes, 2001.

______. *Uma teoria da justiça*. São Paulo: Martins Fontes, 1997.

REALE, Miguel. *Obras Políticas*: Tomo III. Brasília: Editora Universidade de Brasília, 1983.

REÁTEGUI, Felix (Coord.). *Justiça de transição*: manual para a América Latina. Brasília: Comissão de Anistia, Ministério da Justiça; Nova Iorque, Centro Internacional para a Justiça de Transição, 2011.

REHG, William. "Against subordination: morality, discourse and decision in the legal theory of Jürgen Habermas". *Cardozo Law Review*, Nova York, nº 17, mar. 1996.

REID, David. "Theresa May loses crucial vote on her Brexit deal for a third time". *CNBC*, 29 mar. 2019. Disponível em: https://www.cnbc.com/2019/03/29/brexit-theresa-may-loses-crucial-vote-on-her-deal-for-a-third-time.html. Acessado em: 15.07.2024.

REIS, Ulisses; MEYER, Emilio. "Undemocratic Legislation to Undermine Freedom of Speech in Brazil". *Blog I-Connect*, 3 fev. 2021. Disponível em: http://www.iconnectblog.com/2021/02/undemocratic-legislation-to-undermine-freedom-of-speech-in-brazil/. Acessado em: 15.07.2024.

REPOLÊS, Maria Fernanda Salcedo. *Habermas e a desobediência civil*. Belo Horizonte: Mandamentos, 2003.

______. *Quem deve ser o guardião da Constituição?* do Poder Moderador ao Supremo Tribunal Federal. Belo Horizonte: Mandamentos, 2018.

ROBERTSON, Roland. "Glocalization: Time-Space and Homogeneity-Heterogeneity". *In*: FEATHERSTONE, Mike; LASH, Scott; ROBERTSON, Roland (Coord.). *Global Modernities*. Londres: Sage, 1995.

RODRIGUES, Fabiana. *Lava Jato*: aprendizagem institucional e ação estratégica na justiça. São Paulo: WMF Martins Fontes, 2020.

ROSENBLATT, Helena. "The history of illiberalism". *In*: SAJÓ, Andrés; UITZ, Renata; HOLMES, Stephen (Coord.). *The Routledge Handbook of Illiberalism*. Abingdon: Routledge, 2022.

ROSENFELD, Michel. "Can rights, democracy, and justice be reconciled through discourse theory? Reflections on Habermas's proceduralist paradigm of law". *Cardozo Law Review*, Nova York, nº 17, mar. 1996.

______. "Deconstructing Constitutional Identity in Light of the Turn to Populism". *In*: HIRSCHL, Ran; ROZNAI, Yaniv (Coord.). *Deciphering the Genome of Constitutionalism*: The Foundations and Future of Constitutional Identity. Cambridge: Cambridge University Press, 2024.

______. *A identidade do sujeito constitucional*. Trad. Menelick de Carvalho Netto. Belo Horizonte: Mandamentos, 2003.

______. "O direito enquanto discurso: reduzindo as diferenças entre direitos e democracia". Trad. Cássius Guimarães Chai. *Revista do Ministério Público do Estado do Maranhão*, São Luís, nº 10, jan./dez. 2003.

ROSENFIELD, Luís. *Revolução Conservadora*: Genealogia do Constitucionalismo Autoritário Brasileiro (1930-1945). Porto Alegre: EdiPUCRS, 2021.

ROSSI, Amanda; CARNEIRO, Julia; GRAGNANI, Juliana. "#EleNão: a manifestação histórica liderada por mulheres no Brasil vista de quatro ângulos". *BBC News Brasil*, 30 set. 2018. Disponível em: https://www.bbc.com/portuguese/brasil-45700013. Acessado em: 15.07.2024.

ROZNAI, Yaniv. "Who Will Save the Redheads? Towards an Anti-Bully Theory of Judicial Review and Protection of Democracy". *William & Mary Bill of Rights Journal*, vol. 29, nº 2, 2020.

______. *Unconstitutional Constitutional Amendments*: The Limits of Amendment Powers. Oxford: Oxford University Press, 2017.

ROZNAI, Yaniv; OKUBASU, Duncan M. "Stability of constitutional structures and identity amidst 'political settlement': lessons from Kenya and Israel". *Comparative Constitutional Studies*, vol. 1, nº 1, 2023.

RUBINELLI, Lucia. *Constituent Power*: a history. Cambridge: Cambridge University Press, 2021.

RUNCIMAN, David. *How Democracy Ends*. Nova York: Basic Books, 2018.

SAJÓ, Andrés; UITZ, Renata; HOLMES, Stephen. "Preface". *In*: ______ (Coord.). *The Routledge Handbook of Illiberalism*. Abingdon: Routledge, 2022.

SAMPAIO, José Adércio Leite. *Direitos fundamentais*: retórica e historicidade. Belo Horizonte: Del Rey, 2004.

SANTOS, Boaventura de Souza. *Um discurso sobre as ciências*. 7ª ed. Porto: Afrontamento, 1995.

SANTOS, Boaventura de Souza; ABRÃO, Paulo; SANTOS, Cecília McDowell. TORELLY, Marcelo D. (Coord.). *Repressão e memória política no contexto ibero-brasileiro*: estudos sobre Brasil, Guatemala,

Moçambique, Peru e Portugal. Brasília: Ministério da Justiça, Comissão de Anistia; Portugal: Universidade de Coimbra, Centro de Estudos Sociais, 2010.

SANTOS, Rogério Dultra dos. "Francisco Campos e os fundamentos do constitucionalismo antiliberal no Brasil". *Dados*, vol. 50, nº 2, set. 2007.

SARLET, Ingo Wolfgang. "Constituição e proporcionalidade: o Direito Penal e os direitos fundamentais entre proibição de excesso e insuficiência". *Revista Brasileira de Ciências Criminais*, vol. 12, nº 47, mar./abr. 2004.

______. *A eficácia dos direitos fundamentais*. 10ª ed. Porto Alegre: Livraria do Advogado, 2011.

______. *Dignidade da pessoa humana e direitos fundamentais na Constituição de 1988*. 2ª ed. Porto Alegre: Livraria dos Advogados, 2002.

SARLET, Ingo; MARINONI, Luís Guilherme; MITIDIERO, Daniel. *Curso de Direito Constitucional*. São Paulo: RT, 2012.

SARMENTO, Daniel. *A ponderação de interesses na Constituição Federal*. Rio de Janeiro: Lumen Juris, 2002.

______. *Direitos fundamentais e relações privadas*. Rio de Janeiro: Lumen Juris, 2004.

______. *Por um constitucionalismo inclusivo*. Rio de Janeiro: Lumen Juris, 2010.

SARMENTO, Daniel; SOUZA NETO, Cláudio Pereira de. *Direito Constitucional*: teoria, história e métodos de trabalho. Belo Horizonte: Fórum, 2012.

SAUNDERS, Cheryl. "The Use and Misuse of Comparative Constitutional Law". *Indiana Journal of Global Legal Studies*, vol. 13, nº 1, 2006.

SCHAUER, Frederick. *Thinking Like a Lawyer*: a New Introduction to Legal Reasoning. Cambridge: Harvard University Press, 2009.

SCHEPPELE, Kim Lane. "Aspirational and Aversive Constitutionalism: The Case for Studying Cross-Constitutional Influence Through Negative Models". *I.CON*, vol. 1, nº 2, 2003.

______. "Autocratic Legalism". *The University of Chicago Law Review*, vol. 85, nº 2, mar. 2018.

SCHLINK, Bernhard. "Hercules in Germany?" *I.CON*, vol. 1, nº 4, 2003.

______. "The dynamics of constitutional adjudication". *Cardozo Law Review*, Nova York, nº 17, mar. 1996.

SCHMID, Carlo. "Germany and Europe". *International Affairs*, vol. 27, nº 3, 1951.

SCHMITT, Carl. *Political Theology*. Chicago: University of Chicago Press, 2005.

______. *The Crisis of Parliamentary Democracy*. Cambridge: MIT Press, [1923] 1988.

SIEYÈS, Emmanuel Joseph. *A constituinte burguesa*: qu'est-ce que le Tiers État? Rio de Janeiro: Freitas Bastos, 2014.

______. *Qu'est-ce que le tiers état?* Zahn, 1875.

SILVA FILHO, José Carlos Moreira da; ABRÃO, Paulo; TORELLY, Marcelo D. (Coord.). *Justiça de transição nas Américas*. Belo Horizonte: Fórum, 2013.

SILVA, José Afonso da. *Aplicabilidade das normas constitucionais*. 8ª ed. São Paulo: Malheiros, 2012.

______. *Curso de Direito Constitucional Positivo*. 16ª ed. São Paulo: Malheiros, 1999.

SINHA, Manisha. *The Slave's Cause*: a History of Abolition. New Haven: Yale University Press, 2016.

SIQUEIRA, Gustavo. "O parecer de Kelsen sobre a Constituinte Brasileira de 1933-1934". *Direito & Práxis*, vol. 6, nº 11, nov. 2015.

SKOUTARIS, Nikos. "'Our Precious Union': The Backstop and the Constitutional Integrity of the UK". *Verfassungsblog*. Disponível em: https://verfassungsblog.de/our-precious-union-the-backstop-and-the-constitutional-integrity-of-the-uk/. Acessado em: 15.07.2024.

SLAUGHTER, Anne-Marie. "A Typology of Transjudicial Communication". *University of Richmond Law Review*, vol. 29, nº 99, 1994.

SMILOVA, Ruzha. "The ideational core of democratic illiberalism". *In*: SAJÓ, András; UITZ, Renáta; HOLMES, Stephen (Coord.). *Routledge Handbook of Illiberalism*. Abingdon: Routledge, 2022.

SOARES, Inês Virgínia Prado; KISHI, Sandra Akemi Shimada (Coord.). *Memória e verdade*: a justiça de transição no Estado democrático brasileiro. Belo Horizonte: Fórum, 2009.

SOUZA NETO, Cláudio Pereira de. *Jurisdição constitucional, democracia e racionalidade prática*. Rio de Janeiro: Renovar, 2002.

SOUZA, Braz. *Do Poder Moderador*: ensaio de Direito Constitucional. Recife: Typographia Universal, 1864.

SOUZA, Jessé. *A tolice da inteligência brasileira*. São Paulo: Casa da Palavra, 2015.

STANCIOLI, Brunello de Souza. *Renúncia ao exercício dos direitos da personalidade ou como alguém se torna o que quiser*. Belo Horizonte: Del Rey, 2010.

STENNER, Karen. *The Authoritarian Dynamic*. Cambridge: Cambridge University Press, 2005.

STEPHENS JR., O. H. SCHEB II, John M. *American Constitutional Law, Volume I*: Sources of Power and Restraint. Belmont: Thomson Wadsworth, 2008.

STEVENS, John Paul. "Repeal the Second Amendment". *The New York Times*, 27 mar. 2018. Disponível em: https://www.nytimes.com/2018/03/27/opinion/john-paul-stevens-repeal-second-amendment.html. Acessado em: 15.07.2024.

STEVENS, Katharina. "Reasoning by precedent-between rules and analogies". *Legal Theory*, vol. 24, nº 3, 2018.

STONE SWEET, Alec. "The politics of constitutional review in France and Europe". *ICON*, vol. 5, nº 1, 2007.

STONE, Jon. "All the times EU has said 'no' to Theresa May's Chequers Brexit trade plan". *The Independent*, 21 set. 2018. Disponível em: https://www.independent.co.uk/news/uk/politics/eu-brexit-theresa-may-plan-trade-deal-chequers-tusk-leaders-macron-a8548516.html. Acessado em: 15.07.2024.

STRECK, Lenio. "Check list: 21 razões pelas quais já estamos em estado de exceção". *Conjur*. Disponível em: https://www.conjur.com.br/2017-jun-29/senso-incomum-check-list-21-razoes-pelas-quais-estamos-estado-excecao. Acessado em: 15.07.2024.

______. *Hermenêutica Jurídica e crise*: uma exploração hermenêutica da construção do Direito. Porto Alegre: Livraria do Advogado, 1999.

______. *Jurisdição Constitucional*. 5ª ed. Rio de Janeiro: Forense, 2018.

STRECK, Lenio; MEYER, Emilio Peluso Neder. "O HC de Lula – a maioria transformada em minoria: a 'colegialidade' em ação!" *Consultor Jurídico*, 2018. Disponível em: https://www.conjur.com.br/2018-abr-05/opiniao-hc-lula-maioria-transformada-minoria. Acessado em: 15.07.2024.

TEITEL, Ruti. "Transitional Justice and the Transformation of Constitutionalism". *In*: GINSBURG, Tom; DIXON, Rosalind (Coord.). *Comparative Constitutional Law*. Cheltenham: Edward Elgar, 2011.

TEUBNER, Günther. "De collisione discursuum: communicative rationalities in law, morality and politics". *Cardozo Law Review*, Nova York, nº 17, mar. 1996.

TEW, Yvonne. "Strategic Judicial Empowerment". *American Journal of Comparative Law*, 2022 (no prelo).

THE INTERCEPT BRASIL. *As mensagens secretas da Lava Jato*. Disponível em: https://theintercept.com/series/mensagens-lava-jato/. Acessado em: 15.07.2024.

THE TELEGRAPH. "How right or wrong were the polls about the EU referendum?" *The Telegraph*, 27 jun. 2016. Disponível em: https://www.telegraph.co.uk/news/2016/06/24/eu-referendum-how-right-or--wrong-were-the-polls/. Acessado em: 15.07.2024.

THORNHILL, Chris. *A sociology of transnational constitutions*. Cambridge: Cambridge University Press, 2016.

TIRADO, Felipe Guimarães Assis. *Human Rights, Transitional Justice and Transnational Law*: Towards Accountability for Crimes Against Humanity in Brazil. Belo Horizonte, 2018. (Dissertação de Mestrado).

TORELLY, Marcelo. *Governança Transversal dos Direitos Fundamentais*. Rio de Janeiro: Lumen Juris, 2016.

TORRES, Alberto. *O problema nacional brasileiro*: introdução a um Programa de Organização Nacional. Rio de Janeiro: Ed. Nacional, 1938.

TÓTH, Csaba. "Full text of Viktor Orbán's speech at Băile Tuşnad (Tusnádfürdő) of 26 July 2014". *The Budapest Beacon*, 29 jul. 2014. Disponível em: https://budapestbeacon.com/full-text-of-viktor-orbans-speech-at--baile-tusnad-tusnadfurdo-of-26-july-2014/. Acessado em: 30.05.2019.

TRAVESSONI, Alexandre; BOROWSKI, Martin (Coord.). *O debate sobre a teoria dos princípios formais de Robert Alexy*. São Paulo e Barcelona: Marcial Pons, 2022.

TULLY, James. "The Imperialism of Modern Constitutional Democracy". *In*: LOUGHLIN, Martin; WALKER, Neil (Coord.). *The Paradox of Constitutionalism*: Constituent Power and Constitutional Form. Oxford: Oxford University Press, 2007.

TUORI, Kaarlo; TUORI, Klaus. *The Eurozone Crisis*: a Constitutional Analysis. Cambridge: Cambridge University Press, 2014.

TUSHNET, Mark. "Constitutional hardball". *J. Marshall l. Rev.*, vol. 37, 2003.

______. *The Constitution of the United States of America*: a Contextual Analyses. Oxford: Hart Publishing, 2009.

______. *Weak courts, strong rights*: judicial review and social welfare rights in comparative constitutional law. Nova Jersey: Princeton University Press, 2009.

TUSHNET, Mark; KHOSLA, Madhav. "Unstable Constitutionalism". *In*: ______ (Coord.). *Unstable Constitutionalism*: Law and politics in South Asia. Cambridge: Cambridge University Press, 2015.

UNGER, Roberto Mangabeira. "The Critical Legal Studies Movement". *Harvard Law Review*, vol. 96, nº 3, 1983.

URBINA, Francisco. *A critique of proportionality and balancing*. Cambridge: Cambridge University Press, 2017.

VALE, André Rufino do. "O argumento comparativo na jurisdição constitucional". *Conjur*. Disponível em: https://www.conjur.com.br/2014-mai-03/observatorio-constitucional-argumento-comparativo-jurisdicao-constitucional#_ftnref4_7296. Acessado em: 15.07.2024.

VENTURA, Deisy. *Direito e saúde global*: o caso da pandemia de gripe A(H1N1). São Paulo: Outras Expressões/Dobra Editorial, 2013.

VIANA, Francisco José Oliveira. *Instituições Políticas Brasileiras*. Brasília: Conselho Editorial do Senado Federal, 1999.

______. *O Idealismo da Constituição*. Rio de Janeiro: Terra do Sol, 1927.

______. *Problemas de política objetiva*. São Paulo: Companhia Editorial de São Paulo, 1947.

VIANNA, Luiz Werneck; CARVALHO, Maria Alice Rezende de; BURGOS, Marcelo Baumann. *Quem somos*: a magistratura que queremos. Rio de Janeiro: Associação dos Magistrados Brasileiros, 2018.

VIEIRA DE ANDRADE, José Carlos. *Os direitos fundamentais na Constituição Portuguesa de 1976*. Coimbra: Almedina, 1976.

WALDRON, Jeremy. "The Core of the Case Against Judicial Review". *The Yale Law Journal*, vol. 115, 2006.

______. *Law and disagreement*. Oxford: Oxford University Press, 1999.

WALKER, Neil. "Post-Constituent Constitutionalism? The Case of the European Union". *In*: LOUGHLIN, Martin; WALKER, Neil (Coord.). *The Paradox of Constitutionalism*: Constituent Power and Constitutional Form. Oxford: Oxford University Press, 2007.

WALZER, Michael. *Politics and passion*: toward a more egalitarian liberalism. New Haven: Yale University Press, 2004.

WATERS, Melissa. "Getting Beyond the Crossfire Phenomenon: A Militant Moderate's Take on the Role of Foreign Authority in Constitutional Interpretation". *Fordham Law Review*, vol. 77, 2008.

WEILL, Rivka. *Conceptualizing Democratic Backsliding as a Threat to Constitutional Identity*: Israel as a Case Study. 2024. (Manuscrito com a autora).

YOO, John. "The judicial safeguards of federalism". *Southern California Law Review*, vol. 70, 1996.

ZANATTA, Carolina. "Associação de Juristas Evangélicos Fundada por Damares Alves Amplia Lobby no Governo". *Pública*, 12 jun. 2019. Disponível em: https://apublica.org/2019/06/associacao-de-juristas-evangelicos-fundada-por-damares-alves-amplia-lobby-no-governo/. Acessado em: 10.06.2024.

ZOLLER, Elisabeth. "French Constitutionalism". *Henri Capitant Law Review*, 2018.

ZURN, Christopher. *Deliberative Democracy and the Institutions of Judicial Review*. Cambridge: Cambridge University Press, 2007.

A Editora Contracorrente se preocupa com todos os detalhes de suas obras! Aos curiosos, informamos que este livro foi impresso no mês de agosto de 2024, em papel Polén Soft Natural 80 g/m².